Jörg Peters / Bernd Rolf

philo praktisch 2B

Lehrerheft

für die Jahrgangsstufen 7–9

C.C.BUCHNER

Lehrerheft zu philopraktisch 2 B

für die Jahrgangsstufen 7–9

herausgegeben von Jörg Peters und Bernd Rolf
erarbeitet von Christa Bohschke, Klaus Draken, Helmut Engels, Matthias Gillissen, Petra Krüger-Hufmann, Martina Levent, Jörg Peters, Martina Peters, Bernd Rolf, Rita Sandbrink und Claudia Schmidt

Bildnachweise:
Einband: Panini Verlags GmbH, Nettetal; Stefanie Perraut-Wendland, Bamberg; dpa Picture-Alliance, Frankfurt; fotolia.de; Lea Perraut, Bamberg; Amar Chitra Katha, Buddha, ©India Book House Pvt. Ltd, 1971, Mumbai 2002; akg-images; Adrian Fisk; dpa Picture-Alliance, Franfurt; The Art Archive/Musée Guimet Paris/Gianni Dagli Orti; Bundesamt für Strahlenschutz, Salzgitter

1. Auflage, 2. Druck 2018

Alle Drucke dieser Auflage sind, weil untereinander unverändert, nebeneinander benutzbar.

Dieses Werk folgt der reformierten Rechtschreibung und Zeichensetzung. Ausnahmen bilden Texte, bei denen künstlerische, philologische oder lizenzrechtliche Gründe einer Änderung entgegenstehen.

Layout und Satz: creo Druck & Medienservice GmbH, Bamberg
Druck und Bindung: Elanders GmbH, Waiblingen

www.ccbuchner.de

ISBN 978-3-7661-**6648**-7

Liebe Kolleginnen und Kollegen,

das Unterrichtswerk philopraktisch 2B für die Jahrgangsstufen 7–9 ist ein Angebot, Sie bei der verantwortungsvollen und keineswegs leichten Aufgabe zu unterstützen, mit Schülerinnen und Schülern Sinn- und Wertfragen zu reflektieren, ihnen Orientierungshilfen zu geben und so zur Entwicklung ihrer Persönlichkeit beizutragen. Es greift wichtige philosophische Fragen in aktueller Form auf und bietet eine Fülle von anregenden, altersgerecht aufgearbeiteten und differenziert einsetzbaren Materialien.

Erläuterungen zum Schülerband philopraktisch 2B

philopraktisch 2B macht Ihnen Vorschläge zu insgesamt 28 inhaltlichen Schwerpunkten, die sieben Fragenkreisen zugeordnet sind: Die Frage nach dem Selbst, Die Frage nach dem Anderen, Die Frage nach dem guten Handeln, Die Frage nach Recht, Staat und Wirtschaft, Die Frage nach Natur, Kultur und Technik, Die Frage nach Wahrheit, Wirklichkeit und Medien, Die Frage nach Ursprung, Zukunft und Sinn. Aus diesem Angebot können Sie diejenigen Themen auswählen, die für Sie und Ihre Schülerinnen und Schüler von besonderem Interesse sind.

Im Inhaltverzeichnis sind die Fragenkreise mit ihren jeweiligen Themen jeweils durch eine bestimmte Farbe und ein eigenes Logo gekennzeichnet, das sich auf den Doppelseiten in der Kopfzeile des jeweiligen Schwerpunktthemas wiederfindet. Jedes Schwerpunktthema besteht aus insgesamt fünf Doppelseiten. Im Anschluss an den Materialteil findet sich ein Überblick über die besonderen Methoden, die dem Unterrichtswerk zugrunde liegen. Die dort erläuterten Methoden sind im Aufgabenteil jeder Doppelseite durch Icons gekennzeichnet (z. B. G = Gedankenexperiment, RS = Rollenspiel), so dass im Unterricht bei Bedarf auf die Erläuterungen zurückgegriffen werden kann.

Zum Aufbau des Lehrerheftes

Zu jedem der im Schülerband aufgeführten Themen finden sich im Lehrerband sowohl methodische und didaktische Hinweise als auch inhaltliche Erläuterungen. Alle 28 Kapitel sind gleich aufgebaut: Jedes Kapitel beginnt mit einer generellen *Einführung*, die die philosophische Dimension des Themas und seine Bedeutung für die Schülerinnen und Schüler erläutert. Es folgen *methodisch-didaktische Hinweise*, wie man das Thema im Unterricht behandeln und mit anderen Unterrichtsgegenständen vernetzen kann. Der Hauptteil enthält *Hinweise zur Konzeption der Doppelseiten und zu den Aufgaben*. Hier finden Sie jeweils ein kurze Erläuterung zu Intention und Aufbau jeder Doppelseite und konkrete Lösungsvorschläge zu allen Aufgaben. Am Ende jedes Kapitels stehen ggf. *zusätzliche Materialien*, die der Vertiefung dienen oder zur Leistungsüberprüfung eingesetzt werden können.

Vielleicht geben diese Handreichungen Ihnen ja ganz praktische Ideen für die Gestaltung und Umsetzung des Materials in Ihrem Unterricht und bei der Auseinandersetzung mit philosophischen Fragen.

Wir wünschen Ihnen nicht nur interessante Diskussionen und anregende Stunden, sondern auch viel Spaß mit Ihren Schülerinnen und Schülern und natürlich mit philopraktisch 2B.

Ihr philopraktisch Autoren-Team

Fragenkreis 1: Die Frage nach dem Selbst

Fragenkreis 2: Die Frage nach dem Anderen

Fragenkreis 3: Die Frage nach dem guten Handeln

Fragenkreis 4: Die Frage nach Recht, Staat und Wirtschaft

Fragenkreis 5: Die Frage nach Natur, Kultur und Technik

Fragenkreis 6: Die Frage nach Wahrheit, Wirklichkeit und Medien

Fragenkreis 7: Die Frage nach Ursprung, Zukunft und Sinn

Gefühl und Verstand (Schülerband, Seite 8–17)

Einführung

Die Spannung zwischen Gefühl und Verstand ist Thema der Philosophie seit der Antike. Heute wendet man sich verstärkt den Gefühlen, ihrer Problematik, aber auch ihren Leistungen zu. Mit der Unterrichtseinheit werden folgende Ziele angestrebt:

1. Es gilt, die Fähigkeit der Schülerinnen und Schüler zu stärken, Gefühle wahrzunehmen und sie auch zuzulassen.
2. Es gilt, ihre Fähigkeit zu fördern, Gefühle zu beurteilen und zu bewerten.
3. Es gilt, ethisch positive Gefühle bei ihnen zu fördern.
4. Es gilt, ihre Fähigkeit zu unterstützen, die Wirkung von Gefühlen auf Tun und Lassen sowie auf das Denken zu beobachten und zu kontrollieren.

Zu 1.: Dieser Punkt lässt sich am besten ex negativo erläutern: Was kann der Mangel an Sensibilität für die eigenen Gefühle bewirken?

- Der Unsensible schadet sich selbst, niemand geht gerne mit Menschen um, die nur hören, was man wortwörtlich sagt, aber kein Gespür dafür haben, was in dem Gesprächspartner vor sich gehen mag.
- Bedenklicher ist der ethische Aspekt. Die eigenen Gefühle – seien es positive oder negative, angenehme oder unangenehme – wahrnehmen zu können, ist die Voraussetzung dafür, sich in andere einzufühlen und deren Gefühle wahrzunehmen. Die Wahrnehmung der Gefühle und Bedürfnisse anderer ist wiederum die Voraussetzung dafür, diese angemessen zu behandeln. Emotional Unsensible haben wenig Gespür dafür, was in anderen vor sich geht und was diese brauchen (Trost oder In-Ruhe-gelassen-Werden, aktive Hilfe oder nur das Vertrauen, sich auf den anderen verlassen zu können).
- Gefühle, die ich nicht wahrhaben will, können mein Wahrnehmen und meine angeblich rationalen Entscheidungen „hinterrücks“ bestimmen, ohne dass ich dies merke. Es kommt zu Fehlurteilen und zu Fehlhandlungen.
- Die eigenen negativen Gefühle nicht wahrhaben zu wollen, führt dazu, das eigene Negative auf andere zu projizieren und diese zu bekämpfen.
- Der ganze Reichtum der Gefühle gehört zu einem guten Leben; das sagen die meisten Philosophen, die sich mit dem Thema Lebenskunst beschäftigt haben.

Zu 2.–4.: Die oben genannten Lernziele 2 bis 4 machen deutlich, dass der Verstand als Beurteilungsinstanz unerlässlich ist. Die Wirkung von Gefühlen muss aus pragmatischen und ethischen Gründen gegebenenfalls eingeschränkt werden.
Als Kontrapunkt zur gegenwärtigen Tendenz, dem Handeln aus dem Gefühl heraus eine zu große Bedeutung einzuräumen, sollen hier die Leistungen des Verstandes ausdrücklich in den Blick genommen werden.

Methodisch-didaktische Hinweise

Das Kapitel enthält vergleichsweise viele Aufgaben, die sich an den einzelnen Schüler oder die einzelne Schülerin richten. Dies ist thematisch bedingt, denn es geht primär um Gefühle und darum, wie man mit ihnen umgehen sollte. Gefühle sind nur in der Erste-Person-Perspektive zugänglich, nur ich kann wissen, was und wie ich fühle. Aber man kann über die Gefühle, die man bei sich hat, sprechen und die Erfahrung machen, in welchem Maße Gefühle von anderen geteilt werden oder sich bei gleichen Anlässen von Person zu Person unterscheiden. Gefühle sind nicht nur von individuellen Faktoren abhängig, sondern auch vom jeweiligen gesellschaftlichen Umfeld, da sie formbar sind. Die Übung der Wahrnehmung eigener Gefühle oder der Gefühle anderer ist Sache

des Einzelnen. Diskutieren kann man aber über die Beurteilung und Bewertung von Gefühlen. Diskussionsmöglichkeiten gibt es auch bei der Frage, welche Rolle der Verstand bei der Lebensführung spielen sollte.
Da Gefühle etwas sehr Persönliches sind, muss darauf geachtet werden, dass niemand gedrängt wird, seine Gefühle zu äußern, oder dass über bestimmte Gefühle gelacht oder gespottet wird.
Das Kapitel *Gefühl und Verstand* steht in einem engen Bezug vor allem zu den Fragenkreisen 2 und 3 und zu den Kapiteln *Recht und Gerechtigkeit* und *Der Mensch als kulturelles Wesen.*

Hinweise zur Konzeption der Doppelseiten und den Aufgaben

1 Gefühle haben es in sich (Seite 8–9)

Die Doppelseite hat mehrere Funktionen:

1. Sie bestätigt Bekanntes: Gefühle zeigen sich in Mimik, Gestik und Körpersprache. Die Betrachtung der Abbildungen in M1 dient dabei der Vorbereitung auf die Doppelseite 4.
2. Sie macht deutlich, wie groß der Einfluss der Gefühle auf Denken, Handeln und Wahrnehmen ist (M2–M4): Es lohnt sich also, sich auf das Thema Gefühle einzulassen.
3. Sie zeigt, in welchem Maße Gefühle ambivalent sein können und dass es schwierig sein kann, sie zu bewerten und mit ihnen umzugehen (M2–M4).

A1 Nick wird offenbar von einer Vorfreude beflügelt. Er will schnell dahin, wo ihn etwas für ihn Wichtiges erwartet. Vielleicht freut er sich darauf, zu Hause eine tolle Geschichte zu erzählen, die er erlebt hat.
Homer ist verzweifelt, nicht einfach nur entsetzt. Er scheint sich voller Bekümmernis zu fragen: „Was mache ich nur?" Etwas hat ihn völlig überrascht, etwas Schlimmes, für das er vielleicht Verantwortung trägt: „Mein Gott, was habe ich nur getan?"

A2 Mögliche Zuordnungen: 1. Glück – Überdruss, 2. Neid – Dankbarkeit, 3. Begeisterung – Verliebtheit, 4. Hass – Achtung, 5. Neugier – Verachtung, 6. Wut – Entspanntheit, 7. Mitleid – Eifersucht, 8. Besorgtheit – Besessenheit, 9. Bitterkeit – Freude, 10. Furcht – Übermut, 11. Liebe – Wohlbehagen.

A3 Alle Tipps können hilfreich sein, dies aber abhängig von der jeweiligen Person. Nur Hasan Yildirim muss aufpassen, dass der nächstbeste Gegenstand nicht etwas Wertvolles ist.
Weitere Tricks:
- Ich sage mir: „Ja, ich bin wütend. Ja, ich bin eifersüchtig ..." Das dämpft mein Gefühl.
- Ich stelle mir den, der mich wütend gemacht hat, in einer scheußlichen Unterwäsche vor.
- Ich lenke mich ab und spiele ein Ballerspiel am Computer.
- Ich fange an, mein Zimmer aufzuräumen.

A4 Es ist verständlich, wie Ronja sich verhalten hat, aber nicht richtig. Sie hat sich vom Gefühl bestimmen lassen, statt ihre Verabredung einzuhalten.
Mögliche Antwort im Sinne einer kritischen Selbsterkenntnis: „Ich fürchte, ich hätte mich genauso verhalten und hinterher ein schlechtes Gewissen gehabt."

2 Manchmal ist man hin und her gerissen (Seite 10–11)

Verstand und Gefühl klaffen häufiger als von uns gewünscht auseinander. Die Doppelseite zeigt den Schülerinnen und Schülern etwas durchaus Vertrautes und lässt sie darüber nachdenken, in welchen Fällen wir eher dem Verstand oder eher dem Gefühl folgen sollten und was wir tun können, wenn das Gefühl in eine unvernünftige oder auch moralisch fragwürdige Richtung drängt.

A1 Wichtig ist bei dieser Übung, dass der Verstand keineswegs nur kritisieren soll, dass er vielmehr auch ermuntern kann.
Der Verstand könnte Folgendes sagen:

zum Neid:
- Ist doch egal, es kommt auf den inneren Wert an.
- So toll sind die Klamotten doch auch wieder nicht. Man kann auch ohne reiche Eltern gut aussehen, denn wahre Schönheit kommt von innen.
- Du hast dafür andere schöne Sachen, und es kommt nicht darauf an, ob er reiche Eltern hat, sondern ob er nett ist.

zur Wut:
- Nein, lieber nicht; wenn er es noch mal macht, sag es dem Lehrer, aber warne ihn vorher.
- Wenn du dem jetzt eine reinhaust, bekommst du Ärger. Außerdem ist der Typ viel größer und stärker als du.
- Lass das! Wenn du schlägst, schlägt er zurück, verteidige dich lieber mit Worten.
- Gewalt ist keine Lösung. Außerdem: Wenn du dich genauso lächerlich benehmen willst wie er, musst du nur auf deine Wut hören. Wenn nicht, dann vertrau mir.
- Ist gut. Strafe muss sein. Du sollst trotzdem nicht zu hart zuhauen.

zum Unbehagen:
- Zu viel Vorsicht schadet nur, sei allerdings auch nicht zu leichtsinnig.
- Du darfst nicht immer nur so misstrauisch sein. Vielleicht meint dein Freund es nur gut.
- Sei nicht so voreilig, du kannst die Freundschaft später noch kündigen.
- Vertrauen ist gut, Kontrolle ist besser, da hast du recht. Dennoch, wenn du ihn zur Rede stellst, formuliere vorsichtig, vielleicht geht nur deine Fantasie mit dir durch.
- Er ist dein Freund. Verlasse dich auf ihn. Wozu sind Freunde da?
- Keine Vorurteile! Schau, was er davon einhält.

zur Traurigkeit:
- Hallo! Du solltest dringend zum Arzt. Du versinkst noch in Depressionen.
- Sieh die Welt doch mal positiv und erfreue dich an den Leuten, den Tieren und der Natur!
- Einen Versuch ist es trotzdem wert, vielleicht bist du ja besser als die anderen. Wenn du schlau bist und viel lernst, kannst du später etwas Praktisches erfinden oder du wirst Physiker oder Mathematiker. Galileo Galilei ist schon lange tot und immer noch bekannt!
- Genieße dein Leben!
- Erfreue dich lieber an dem, was jetzt ist! Dann kommt dir alles viel schöner vor.
- Aber es gibt immer neue Blumen und auch immer neue Kinder.

zur Freude:
- Schön, dass du dich so freust, doch vergiss nicht, dass die Welt auch anders sein kann.
- Ich stimme zu.
- Schön, dass du Spaß am Leben hast! Solange du nicht übermütig wirst und auch an deine Pflichten denkst, ist das auch O.K.

A2 Die Schülerinnen und Schüler werden dem Verstandesmenschen eine konservative Kleidung (Anzug, Krawatte), dem Gefühlsmenschen aber eine flippige Kleidung in eher leuchtenden Farben und unkonventionellem Design entwerfen.

A3 Der Gefühlsmensch sagt

– *zum Verstandesmenschen:* Du bist sowas von spießig, dir fehlt jede Spontaneität, du kennst nur den rechten Winkel, du hängst bei anderen Leuten die Bilder gerade, du bist ein entsetzlicher Langweiler, ein Nerd, mit dir kann man auf keine Fete gehen.

– *über sich selbst:* Ich habe Freude am Leben, mit mir kann man lachen und Spaß haben, ich bin großzügig und lasse fünf auch mal gerade sein.

Der Verstandesmensch sagt

– *zum Gefühlsmenschen:* Du bist total unzuverlässig und sprunghaft, mit dir kann man nicht zusammen arbeiten und zusammen leben, immer muss man sich bei dir auf etwas Neues einstellen, du bist egoistisch und asozial.

– *über sich selbst:* Auf mich kann man sich verlassen, ich bin kein Spinner, ich fühle mich verantwortlich. Fünf gerade sein lassen? Nicht mit mir! Was ich mache, mache ich anständig.

A4 Die Bewertung fällt gewöhnlich zugunsten des Verstandes aus. Denn Gefühle verleiten uns, etwas zu tun, was unzweckmäßig ist und was wir hinterher bereuen. Der Verstand sollte unser Tun bestimmen. Dies entspricht auch der Erfahrung der Schülerinnen und Schüler. Aber manchmal sollte man auch auf den „Bauch" hören.

A5 Zum Handeln brauchen wir Gefühle. Der Verstand allein bewegt nichts. Je wichtiger eine Entscheidung, umso mehr wird sie von unbewussten Gefühlen bestimmt.
Mögliche Meinung der Schülerinnen und Schüler: Man sollte trotzdem den Verstand einsetzen. Roth stellt die Rolle der Gefühle überspitzt dar.

A6 Der Text bestätigt, dass der Verstand allein zur Lebensbewältigung nicht ausreicht. Ohne Gefühle sind wir fast handlungsunfähig.

3 Über das Denken nachdenken (Seite 12–13)

Vorgestellt werden die gewaltigen Leistungen des Verstandes bzw. der Vernunft und ihrer vielfältigen Funktionen. Dass beides zum Wesen des Menschen gehört, ist unumstritten. Wichtig ist der Hinweis, dass der Menschen die Ratio nicht einfach hat, sondern dass diese entwickelt werden muss; wichtig auch, dass es keineswegs immer einfach ist, sich rational zu verhalten, wo dies sinnvoll ist. (Anmerkung: In der Alltagssprache werden „Verstand" und „Vernunft" meist synonym gebraucht. In der Philosophie hat es der Verstand eher mit dem Konkreten, die Vernunft aber mit dem Grundsätzlichen zu tun.)

A1 Das Bild zeigt ein Wesen, dass aus Mensch und Pferd zusammengesetzt ist. Mit dem Pferdehaften sind Triebe und Gefühle gemeint, die ihren eigenen Willen haben und ohne die der Mensch nicht lebensfähig wäre. Der „Mensch" als Symbol für den Verstand muss das „Pferd" zügeln und in die gewünschte Richtung lenken.

A2 Die Selbstdarstellung des Verstandes überzeugt, wenn auch die Rolle der Gefühle nicht angemessen gewürdigt wird.
Ergänzungen: Leistungen des Verstandes sind auch die Regeln und Gesetze des Zusammenlebens wie Recht und Moral. Als wichtig wird wahrscheinlich die Aufgabe des Verstandes für die Lebensplanung angesehen.

A3 Entsprechende Situationen:
- A spielt am Computer, statt sich auf die Klausur vorzubereiten.
- B trifft sich mit einer Clique, die einen schlechten Ruf hat; die Eltern haben Mühe, B davon abzuhalten.
- C ernährt sich ungesund und schläft zu wenig. Seine Freundin ermahnt ihn.
- D möchte mit ihrem neuen Freund allein in den Urlaub fahren; die Eltern sind dagegen.

A4 Gefühle stammen aus der Vorzeit und sind heute z.T. nicht mehr zweckmäßig. Es ist sinnvoll, auf den Verstand zu hören, da Langzeitfolgen bedacht sein wollen. Weitere Beispiele:
- Schulden machen, weil man einen Gegenstand sofort haben möchte.
- Ausschlafen, obwohl man zur Schule müsste.
- Aus Übermut zu schnell mit dem Auto fahren und einen Unfall riskieren.

A5 Alle drei Philosophen sind der Ansicht, dass Vernunft zum Menschen gehört. Spinoza betont die wichtige Aufgabe der Vernunft, Leidenschaften zu kontrollieren, die einer Selbstbestimmung entgegenstehen (der Mensch wird sonst „getrieben") und bestätigt damit M1 und M2. Kant formuliert vorsichtiger als Aristoteles: Der Mensch muss seine Vernunft erst entwickeln. Dazu gehört Erziehung.

4 Gefühle erkennen und benennen (Seite 14–15)

Die Doppelseite dient der Übung, Gefühle der Mitmenschen zu erkennen. Dies ist notwendig, um mit ihnen angemessen umgehen zu können. Voraussetzung eines differenzierten Erkennens von Gefühlen ist wiederum ein differenzierter Wortschatz für Gefühle. Wir nehmen wahr, was wir schon kennen.

A1 Die in der Quelle vorgenommene Deutung: 1. leichte Traurigkeit; 2. Verachtung; 3. leichte Furcht; 4. Abscheu; 5. Ärger; 6. Überraschung oder Aufmerksamkeit.

A2 Beispielsweise: Beleidigtein, Glück, Niedergeschlagenheit, Ängstlichkeit, Ärger, Empörung.

A3 Jan bewundert Tom. Freddy ist neidisch und versucht vor sich selbst Tom schlechtzumachen.

A4
- Kim: Mitleid, Empörung, Angst vor den Folgen ihrer Äußerung
- Anja: Gefühl der Demütigung, Herabwürdigung, Kränkung
- Herr N: (vielleicht) Betroffenheit, Verletztsein, Rachegefühl
- Klassenkameraden: Genugtuung, dass dem Lehrer die Meinung gesagt worden ist, Bewunderung des Muts von Kim, vielleicht Neid auf die Leistung von Kim

A5
- Carla: enttäuscht, geknickt, frustriert
- Sven: niedergeschlagen, empört
- Sabine: enttäuscht, aufgebracht, empört
- Ekrem: bedrückt, schlecht gelaunt, niedergeschlagen
- Xenia: verärgert, verstimmt, erbost

A6 verdrossen, trübsinnig, schwermütig, pessimistisch, gereizt, missmutig, unwirsch

A7 Es ist gut, sich in andere zu versetzen, damit man sie verstehen und gerecht behandeln kann.

5 Selbstbeobachtung erwünscht (Seite 16–17)

Die text- und bildbezogenen Aufgaben dienen der Übung, die eigenen Gefühle wahrzunehmen und zu benennen. Die Fähigkeit, die eigenen Gefühle zu erkennen, ist nicht nur die Voraussetzung für vernünftige Entscheidungen, sondern auch für die Fähigkeit, sich in andere zu versetzen und ihre Gefühle nachzuempfinden (Empathiefähigkeit).

A1 Gefühle angesichts des Fotos und des dazugehörenden Textes können sein: Bewunderung, Faszination, Staunen, Neid, Schwindel, Angst, mulmiges Gefühl, Bangigkeit, Feigheit, Spannung

A2 Mögliche Gefühle: Empörung, Verachtung, Mitleid mit dem, der es nötig hat, so anzugeben, aber vielleicht auch Lust beim Nachvollzug der Zerstörung

A3 Mögliche Gefühle:
- auf Moritz bezogen: Mitleid, Peinlichkeit, Verlegenheit
- auf die Mutter bezogen: Ablehnung, Empörung, Geringschätzung

A4 Wer die eigenen Gefühle nicht wahrnimmt, kann sie auch bei anderen nicht wahrnehmen. Unbewusste Gefühle bestimmen das eigene Handeln, ohne dass man dies merkt.

A5 Auch unangenehme Gefühle gehören zum guten Leben, da man die guten sonst nicht zu schätzen wüsste und da das Leben durch sie reicher und lebendiger wird.

Geschlechtlichkeit und Pubertät (Schülerband, Seite 18–27)

Einführung

Die meisten Schülerinnen und Schüler möchten durchaus wissen, was mit ihnen während der Pubertät passiert und wieso die Geschlechtlichkeit auf einmal eine so dominante Rolle spielt. Das Ziel dieses Kapitels ist es daher, einige dieser Probleme zu thematisieren, mit denen sich sowohl die Teenager als auch ihre nächsten Angehörigen während der Adoleszenz konfrontiert sehen.
Auf Doppelseite 1 sollen sich die Schülerinnen und Schüler zunächst anhand von zwei Fotostrecken mit der Frage auseinandersetzen, wie sich (körperliche) Veränderungen – auch bei ihnen – während der Pubertät bemerkbar machen (personale Perspektive). Der Aspekt des Sich-selbst-nicht-Verstehens, der in den Texten der Doppelseite angesprochen wird, greift dann einen der wichtigsten Aspekte der Pubertät auf (personale / gesellschaftliche Perspektive).
Auf Doppelseite 2 folgt ein Perspektivwechsel, indem anhand von Bildern, Liedern und Statements die Frage thematisiert wird, warum Eltern in der Regel ihre Kinder während der Pubertät nicht (mehr) verstehen (gesellschaftliche Perspektive).
Doppelseite 3 versucht dann zu klären, warum es zu Störungen bei den Jugendlichen selbst sowie zwischen ihnen und Erwachsenen kommt. Hierzu werden die aktuellen wissenschaftlichen Positionen präsentiert, die die Jugendlichen auf ihre Realitätsnähe überprüfen können (personale / ideengeschichtliche Perspektive).
Da mit der Pubertät die Geschlechtsreife einsetzt, bedeutet dies, dass für die Jugendlichen Geschlechtlichkeit zu einem der wichtigsten Themen wird. Welche Gedanken Jungen und Mädchen in dieser Phase durchleben, wird auf Doppelseite 4 ebenso besprochen wie die Frage nach dem ersten Mal (personale Perspektive).
Das Kapitel schließt auf Doppelseite 5 mit einem Ausblick, was eventuell am Ende der eigenen Pubertät stehen könnte. Beispiele aus dem wissenschaftlichen Bereich, die Gedanken einer 16-Jährigen und eine Fantasiereise sollen hier Impulse setzen (personale / ideengeschichtliche Perspektive).

Methodisch-didaktische Hinweise

Anhand von Bildern (alle Doppelseiten), Auszügen aus Jugendbüchern (Doppelseiten 1, 2 und 4), eines Liedes (Doppelseiten 2) und einer Fantasiereise (Doppelseite 5) sollen die unterschiedlichen Facetten der Geschlechtlichkeit und Pubertät beleuchtet werden.
Da dieses Thema wahrscheinlich zu einem Zeitpunkt im Unterricht behandelt wird, zu dem sich alle Schülerinnen und Schüler in der Pubertät befinden, ist darauf geachtet worden, dass alle Doppelseiten möglichst empathisch angelegt worden sind, um auf diese Weise den Schülerinnen und Schülern zu signalisieren, dass nicht nur die Phase, die sie derzeit durchlaufen, ernst zu nehmen ist, sondern vor allem sie selbst.

Hinweise zur Konzeption der Doppelseiten und zu den Aufgaben

1 Manchmal verstehe ich mich selbst nicht (Seite 18–19)

Das Kapitel beginnt mit der offensichtlichen äußeren Veränderung vom Kind zum (jungen) Erwachsenen, die anhand von Fotostrecken verdeutlicht wird. Dann steht auf dieser Doppelseite das Sich-selbst-nicht-Verstehen der Pubertierenden mit den unterschiedlichen Ausprägungen der sich daraus ergebenden Konsequenzen im Zentrum des Interesses.

A1 Die beiden Fotostrecken zeigen eine weibliche Jugendliche im Alter von 12, 14, 16 und 19 Jahren sowie einen männlichen Jugendlichen im Alter von 11, 14, 16 und 19 Jahren. Auf den Bildern können deutlich die biologischen Veränderungen erkannt werden: Weisen Isabelle und Sascha auf den beiden ersten Fotos durchaus noch kindliche Züge auf, so zeigen die beiden letzten Fotos, dass sie reifer und erwachsener geworden sind, dass sie sich zu vollwertigen Mitgliedern der Gesellschaft entwickelt haben. Beide Jugendliche haben sich nicht nur biologisch verändert, sondern auch bewusst ihr Aussehen von Zeit zu Zeit neu gestylt: Während Isabelle gerne mit ihren Haaren experimentiert (lang und glatt, kurz, lang und lockig, als Pferdeschwanz gebunden), findet Sascha Ausdrucksmöglichkeiten über Accessoires (Kette, Ohrring).

A2 Die weiteren Veränderungen, die sich im Laufe der Zeit bei den beiden Jugendlichen eingestellt haben (können), sind sehr vielfältig und betreffen unterschiedliche Lebensbereiche (körperliche und geistige Entwicklung, Interessengebiete, Beziehungen etc.). Während Isabelle mit 16 schon fast die Pubertät hinter sich lassen kann, dauert sie bei Sascha etwas länger (dafür ist er auch später in diese Entwicklungsphase eingetreten). Am augenfälligsten hat sich während der Pubertät der Körper der beiden verändert. Ein Überblick:

Jungen:

Veränderung	Zeitraum
Hodenwachstum	9.–14. Lebensjahr
erster Erguss ohne Samen (nicht zwingend)	10.–14. Lebensjahr
Peniswachstum	10.–15. Lebensjahr
erste Schambehaarung	10.–15. Lebensjahr
erster pubertärer Längenwachstumsschub	11.–14. Lebensjahr
erste Achselbehaarung	etwa 12.–14. Lebensjahr
Oberlippenflaum und Stimmbruch	12.–15. Lebensjahr
erste Samenzellen (Spermarche)	im Durchschnitt mit 13,4 Jahren
erster Samenerguss	nach dem Zeitpunkt der Spermarche
Akne (nicht zwingend)	14.–21. Lebensjahr
Ende des Längenwachstums	15.–21. Lebensjahr

Mädchen:

Veränderung	Zeitraum
erste Schambehaarung	8.–13. Lebensjahr
erster pubertärer Wachstumsschub	8.–15. Lebensjahr
Wachstumsbeginn von Scheide und Gebärmutter	9.–13. Lebensjahr
Beginn der Brustentwicklung	9.–16. Lebensjahr
Die erste Monatsblutung (Menarche)	10.–16. Lebensjahr
volle Brustentwicklung	12.–17. Lebensjahr
Akne (nicht zwingend)	etwa ab 14.–15. Lebensjahr

nach www.wikipedia.de

A3 Lukas fällt auf, dass sich seine Schwester seit geraumer Zeit anders verhält, als es früher der Fall war. Dabei beobachtet er Folgendes:

1. Lena redet nicht viel. Sie stellt auch nur kurze Fragen und gibt kaum Antwort. Das, was sie von sich mitteilt, folgt einem stereotypen Muster.
2. Seine Schwester benutzt häufig sprachliche Ellipsen, die die anderen Familienmitglieder nicht unbedingt nachvollziehen können. Dies fordert Lena aber ein. Wer nachfragt, um Lenas Wortbeiträge zu verstehen, wird von ihr verbal attackiert. Wenn keiner nachfragt, bringt dies die Schwierigkeit mit sich, dass Lena dann meint, von den anderen Familienmitgliedern nicht beachtet zu werden.
3. Die Mutter hört bestimmte Kommentare ihrer Tochter nicht, übergeht sie und fängt an, von anderen Themen zu reden. Sie beschränkt sich auf das – für das Zusammenleben – Wesentliche, wie z. B. den Haushalt betreffende organisatorische Angaben. Die Mutter reagiert so, weil sie genau weiß, in welch schwieriger Phase ihres Lebens sich ihre Tochter befindet.
4. Lena erzählt nur das, was sie erzählen will. Werden ihre Ausführungen kommentiert, dann ist dies genauso schlecht, als wenn man nicht auf das, was sie gesagt hat, eingeht. In jedem Fall gib es eine „zickige" Antwort.

Lenas Verhalten lässt sich auf ihre Pubertät zurückführen. Sie ist auf der Suche nach sich selbst und nach dem Platz, den die Gesellschaft für sie vorgesehen hat. Außerdem ist sie sich selbst Dreh- und Angelpunkt, so dass sich dementsprechend alles um sie selbst zentriert und die anderen Familienmitglieder momentan nicht in ihrem Blickfeld sind. Diejenige, die auf moderate Weise versucht, dem Verhalten Lenas entgegenzusteuern, ist ihre Mutter.

A4 Çan befindet sich wie Lena (M2) in der Pubertät und ist ebenso hormonell gesteuert wie sie. Dies zeigt sich sowohl in seinem Handeln als auch in seinem Denken: Çan versucht Arzu, die ihm „den Kopf verdreht hat", zu imponieren, reagiert auf Provokationen bzw. Beleidigungen so überempfindlich, dass er bestenfalls Ärger mit seinen Lehrern bzw. der Schulleitung haben wird und selbst nicht weiß, warum er nicht mehr klar denken und sein Verhalten nicht erklären kann.

A5 Das Verhalten der Jugendlichen kann nur als gefährlich und übermütig bzw. tollkühn bezeichnet werden: Wer sich auf seinen Rollerblades von einem Lieferwagen ziehen lässt, wer bewusst nachts durch gefährliche Straßen oder Stadtteile spaziert oder wer in einem Einkaufswagen einen vereisten Hang herunterfährt, setzt – schlicht gesagt – sein Leben aufs Spiel. Solche Handlungen werden nicht von langer Hand geplant und vorbereitet, sondern entstehen Barbara Strauch zufolge aus einem unwiderstehlichen Drang heraus, etwas Verrücktes zu tun. Man gibt seinen Impulsen nach, um zu erfahren, wo die eigenen Grenzen liegen. In einer Welt, in der alles immer größer, höher und weiter sein muss, müssen auch die Kicks, die einen Adrenalinstoß erzeugen, immer gefährlicher werden.

A6 Die überwiegende Mehrzahl der Schülerinnen und Schüler wird das Verhalten der Jugendlichen als „cool", aber gleichzeitig auch als „verantwortungslos" beschreiben. Nur vereinzelt werden Jugendliche darüber berichten, etwas Ähnliches auch schon einmal gemacht zu haben. Als Beispiele könnten etwa genannt werden: das Aufspringen auf anfahrende Züge, das rückwärts Zulaufen auf die Dachkante eines Hochhauses etc.

2 Verstehen mich meine Eltern? (Seite 20–21)

Auf dieser Doppelseite geht es darum, deutlich zu machen, wie das Gefühlsleben der Pubertierenden von ihnen selbst bzw. von ihren Eltern wahrgenommen wird und wie beide Seiten damit umgehen.

A1 In dem Gespräch zwischen der Jugendlichen und ihren Eltern kann es um unterschiedlichste Themen gehen. Die Mimik der Beteiligten lässt vermuten, dass die Eltern sich der Tochter gegenüber kritisch äußern, z. B. über ihre Kleidung, ihr Makeup, ihren Freundeskreis, ihr

Benehmen, ihre Leistungen in der Schule usw. Möglicherweise machen die Eltern ihrer Tochter Vorhaltungen, ohne ein ernsthaftes Gespräch mit ihr zu suchen. Ein Zeichen dafür ist die Körpersprache des Mädchens. Die Jugendliche ist verschlossen, sie hat „zugemacht" und lässt nichts mehr an sich heran, denn sowohl Beine als auch Arme sind verschränkt. Egal wie viel und was die Eltern sagen, sie werden ihre Tochter nicht erreichen, weil sie weder hört noch hören will, was gesagt wird.

A2 Die Eltern werfen ihrem Sohn seinen Kleidungsstil, sein Aussehen, seinen Umgang und seine Interessen vor. All dies entspricht nämlich nicht ihrem und – was noch schlimmer ist – auch nicht dem Ideal der Nachbarn. Der zuletzt genannte Punkt dürfte wahrscheinlich sogar das größere Übel sein, da sie die diversen Anklagepunkte, die sie gegen ihren Sohn erheben, ständig durch die Frage unterbrechen: „Was sollen die Nachbarn sagen?" Den Eltern ist die Außenwirkung wichtiger als der Versuch, ihren Sohn bzw. die Bedürfnisse ihres Sohnes zu verstehen. Aus diesem Grund versuchen sie am Ende des Liedes ihren Sohn in zweifacher Weise unter Druck zu setzen, einmal, indem sie ihm direkt sagen, dass er materielle Nachteile in Kauf nehmen muss, weil sie ihn enterben werden, und einmal durch den Versuch, ihn psychisch zu verunsichern. Natürlich werden sie ihre Drohungen nicht wahr werden lassen, sofern er sich von seinem jetzigen Leben löst und sich ihrem Wertekanon anschließen sollte. Wenn sie allerdings sagen „Wir machen uns doch Sorgen", dann ist dies ein Appell an sein Gewissen, sich so zu ändern, dass er in ihr Weltbild passt.

Der Sohn könnte umgekehrt seinen Eltern vorwerfen, dass sie es bislang versäumt haben, ihn zu verstehen, sich für ihn zu interessieren oder sich die Mühe zu machen, sich in ihn hineinzuversetzen, um seine Wertvorstellungen, seine Gefühle usw. zu verstehen. Nicht was er denke, sondern nur, was andere über ihn denken, scheine ihnen wichtig zu sein. Die stereotype Frage „Was sollen die Nachbarn sagen?" und die übrigen Worthülsen („und wie du wieder aussiehst", „wo soll das alles enden") würden ihre Orientierung an reinen Äußerlichkeiten zeigen. Der Sohn könnte seine Eltern auch fragen, ob sie in ihrer Jugend nicht rebelliert und dies über Kleidung, Frisur und Musik zum Ausdruck gebracht haben. Sollten sie seine Frage bejahen, kann er ihnen vorhalten, dass sie in diesem Fall kein Recht hätten, sich über ihn in irgendeiner Weise aufzuregen, weil sie zu ihrer Zeit mit ihren Mitteln nicht anders agiert hätten als er heute.

A3 Mögliche Äußerungen Sinas:

- Mama, du warst total peinlich in deinem Bademantel und hast mich vor meinen Freundinnen unmöglich gemacht!
- Wie hättest du es früher gefunden, wenn deine Mutter in deine Pyjamaparty geplatzt wäre?
- Und wie du getanzt hast! Du bist doch nicht mehr 14! Leb dein Leben und lass mich in Ruhe!
- Warum kann ich nicht einfach mal mit meinen Freundinnen allein sein? Worüber wir reden, geht dich absolut nichts an.

Mögliche Äußerungen Annas:

- Papa, du warst total peinlich! Gott sei Dank hat mein Freund dich nicht gesehen, das hätte ich dir sonst nie verziehen.
- Warum musst du mich immer kontrollieren? Hast du überhaupt kein Vertrauen zu mir?
- Wie alt warst du denn, als du angefangen hast, dich mit Mädchen zu verabreden? Wärst du da gerne bespitzelt worden?
- Mir passiert schon nichts! Außerdem kannst du mich sowieso nicht 24 Stunden am Tag beschützen.

A4 Sylvas Vater möchte mit dem Satz „In der Pubertät ist der Mensch nackt" zum Ausdruck bringen, dass der Mensch in dieser Zeit auf der Suche ist, was ihm für sein Leben als bedeutend erscheint. Sylva selbst sagt ja, sie suche nach einem Sinn für ihr Leben – und habe ihn noch nicht gefunden. Solange sie ihn für sich nicht findet, wird sie „nackt" dastehen. Erst im Laufe der Zeit wird sie für sie sinnstiftende Überzeugungen und / oder Einstellungen finden.

Dieser Vorgang kann mit der Suche nach den richtigen Kleidungsstücken in einem Bekleidungsgeschäft verglichen werden. Zunächst geht man durch die Reihen und sucht sich diverse Kleidungsstücke aus, nimmt sie mit in eine Umkleidekabine und probiert sie dort an. Einige dieser Kleidungsstücke, die einem in der Hand so gut gefallen haben, passen aber nicht zum eigenen Typ und sehen am eigenen Körper einfach furchtbar aus. Andere Kleidungsstücke – so sagt man – „sitzen wie angegossen", während wiederum andere erst noch in der richtigen Größe herbeigeschafft werden müssen. Zum Schluss bleiben nur einige wenige Kleidungsstücke übrig, die einem wirklich gut gefallen und von denen man weiß, dass man sie tragen wird, weil zu einem passen. Genauso verhält es sich mit den Überzeugungen und Einstellungen zum Leben. Man sucht sie insbesondere während der Pubertät und findet viele. Dies gilt auch für Sylva, die – noch unsicher – in der Umkleidekabine steht, aber bereits ihre alte Kleidung, sprich: ihre Kindheit, abgelegt hat und im Moment viele Kleidungsstücke anprobiert, um diejenigen zu finden, die (zu) ihr passen. Man hat in dieser Phase des Anprobierens das Privileg, sich etwas Neues aussuchen zu dürfen, ist aber gleichzeitig auch ungeschützt, besonders verletzlich und empfindsam.

A5 Sylvas Vater macht seiner Tochter sehr behutsam klar, in welcher Situation sie sich derzeit befindet. Als Elternteil versucht er, sich in seine Tochter hineinzuversetzen, weil er ihr nur auf diese Weise verständlich machen kann, was mit ihr gerade passiert. Allein der Umstand, dass der Vater versucht, seine Tochter zu verstehen, zeigt schon, dass er um ein gutes Verhältnis zu Sylva bemüht ist. Sie dankt es ihm dadurch, dass sie ihm gegenüber offen ist und ihr Gefühlsleben, ihr Innerstes vor ihm ausbreitet und sich einen Rat von ihm erhofft.

A6 In Aufgabe 4 und 5 ist deutlich geworden, dass Sylva eine gute Beziehung zu ihrem Vater hat, während die Beziehungen, die in M1 bis M3 vorgestellt werden, aus unterschiedlichen Gründen gestört sind. In M1 und M2 stehen nicht die Jugendlichen mit ihren Problemen im Vordergrund, sondern vielmehr stellen sich die Eltern mit ihren Bedürfnissen ins Zentrum des Geschehens. In beiden vorgestellten Fällen ist die Botschaft, die die Eltern aussenden: „Du bist nicht so, wie wir uns das wünschen. Es wird Zeit, dass du dich anpasst." Genau das Gegenteil findet sich in M3. Beide Elternteile möchten nur das Beste für ihre Kinder und machen doch alles falsch. Die Mutter möchte bei den Freundinnen ihrer Tochter als modern, fortschrittlich, jugendlich und „hipp" angesehen werden, was das Verhältnis zu ihrer Tochter belastet, da diese in ihrer Mutter eben ihre Mutter und keine Freundin sieht. Annas Vater setzt die Beziehung zu seiner Tochter dadurch aufs Spiel, weil er ihr kein Vertrauen schenkt, sie bespitzelt und sie am liebsten den ganzen Tag kontrollieren würde. Wenn er seine Tochter nicht bald loslässt, könnte die Vater-Tochter-Beziehung ersthafte Risse bekommen.

A7 „Pubertät ist, wenn die Eltern anfangen, komisch zu werden." Die Aussage stimmt – jedenfalls aus der Sicht der Pubertierenden. Die Teenager glauben, nicht sie hätten sich verändert, sondern ihre Eltern, denn diese bringen ihnen auf einmal kein Verständnis mehr entgegen, schimpfen scheinbar wegen irgendwelcher Nichtigkeiten und setzen neue, nicht einzusehende Regeln, die auch noch befolgt werden sollen.

3 Vorübergehend störungsanfällig (Seite 22–23)

Auf dieser Doppelseite geht es darum, dass Jugendliche verstehen lernen, was an körperlichen und psychischen Prozessen hinter den Erscheinungsformen der Pubertät steht, wie diese Entwicklungsphase biologisch und psychologisch zu erklären ist.

A1 Das Gehirn gleicht während der Pubertät einer Baustelle, es wird zur Vorbereitung auf das selbständige Leben als Erwachsener umgebaut. Dies geschieht in zwei Phasen: Zunächst wächst die Großhirnrinde, die Nervenzellen nehmen an Zahl zu. Später werden alle Nervenzellen abgebaut, die nicht oder selten gebraucht werden, um das Gehirn effektiver zu

machen. Durch diese Umbaumaßnahmen erklären sich einerseits die besonderen Leistungen (Zunahme an Denkschärfe, Abstraktionsvermögen), andererseits die besonderen Probleme der Pubertät.

A2 Da der Umbau von den einfachen zu den komplexeren Regionen verläuft, wird das Gehirn in gewissen Zeiten der Pubertät von dem Teil des Gehirns gesteuert, der für Gefühle zuständig ist, und nicht von den Teilen, in denen Besonnenheit und Voraussicht ihren Sitz haben. Jugendliche in dieser Phase reagieren sehr emotional und können die Folgen ihres Tuns schwer einschätzen. Wenn das Bewertungssystem des Gehirns überfordert ist, greift es auf archaische Notfallprogramme zurück: Angriff, Flucht, Totstellen. Außerdem fällt es Pubertierenden schwer, die Gefühle anderer richtig zu deuten: Sie sehen Ärger und Ablehnung in Situationen, in denen diese gar nicht vorhanden sind, was zu zusätzlichen Schwierigkeiten führen kann.

A3 Der unterschiedliche Verlauf der Pubertät bei Mädchen und Jungen lässt sich durch den Einfluss verschiedener Hormone erklären: Östrogen bei den Mädchen, Testosteron bei den Jungen. Sie steuern einerseits die jeweiligen körperlichen Veränderungen, bringen aber auch eine Reihe geschlechtstypischer psychischer Probleme mit.

A4 Das Sexualhormon Östrogen fördert bei den Mädchen nicht nur das Reifen der körperlichen Geschlechtsmerkmale, sondern auch das Wachstum des Hippocampus, des Teils des Gehirns, der für das emotionale Gedächtnis zuständig ist. Daher kann es zu Stimmungsschwankungen („Zickenterror") kommen, aber auch zu Depressionen, die z. B. die Neigung zum Ritzen und zu Magersucht befördern können.

Bei Jungen ist das Eintrittsalter in die Pubertät sehr verschieden, was zu Verunsicherungen führen kann, da sie das Gefühl haben, ihre Männlichkeit unter Beweis stellen zu müssen. Da das männliche Gehirn sein Wachstum später abschließt als das weibliche, neigen Jungen vor allem zu risikobereitem Verhalten (Alkoholexzesse, aggressives Ausrasten, gefährliche Mutproben).

A5 Gefühle bzw. gefühlsgesteuerte Verhaltensweisen von

Adriana (rote Kärtchen)	Daniel (blaue Kärtchen)
– die Welt umarmen mögen – sich durch andere genervt fühlen – schlechte Laune – ausrasten – streiten – heulen – mies drauf sein – sich nicht schön finden – von anderen hübsch gefunden werden wollen	– durch das Aussehen eines Mädchens in Aufregung versetzt werden – Unzufriedenheit mit der eigenen Gestalt – Minderwertigkeitsgefühl – cool sein – einsam sein – (den Klassenclown spielen) – (beliebt sein wollen) – (Furcht, sich zu blamieren)

Bei der Einordnung dieser Punkte auf dem Gefühlsbarometer, die die Schülerinnen und Schüler nach individuellen Präferenzen vornehmen können, wird die negative Bewertung überwiegen.

A6 Was die Jungen an den Mädchen stört bzw. die Mädchen an den Jungen, werden diese selbst jeweils als völlig normal empfinden. Das Verhalten lässt sich aus den vorher genannten unterschiedlichen Entwicklungsfaktoren erklären. Dadurch, dass Schülerinnen und Schüler jeweils eigene Hitlisten erstellen, kann bei ihnen das Bewusstsein der Entwicklungsbedingtheit der jeweiligen Verhaltensweisen verstärkt werden.

A7 Um trotz der Unterschiede miteinander auszukommen, gibt es für Mädchen und Jungen prinzipiell zwei Strategien: 1. den anderen weitgehend aus dem Weg gehen, indem sie sich im Kreis ihresgleichen bewegen; 2. da, wo gemeinsames Agieren notwendig ist, Toleranz für das Verhalten der anderen aufbringen.

4 Frühlingserwachen (Seite 24–25)

In Bezug auf Geschlechtlichkeit unterscheidet man zwischen dem biologischen Aspekt *(sex)* und der sozialen Geschlechtsrolle *(gender)*. Auf dieser Doppelseite soll es um Fragen des Erwachens der Sexualität bei Jungen und Mädchen gehen. Im Anschluss an M3 und M4 bzw. über das Projekt könnte bei Interesse der Lerngruppe die Auseinandersetzung mit der künftigen Geschlechterrolle, mit unterschiedlichen gesellschaftlichen Frauen- und Männerrollen ergänzend eingebracht werden.

A1 Das erste Bild zeigt einen Jungen beim Rasieren, macht also auf das Wachstum der Körperbehaarung aufmerksam, das in der Pubertät einsetzt und als Zeichen für Männlichkeit betrachtet wird. In der Pubertät sprießen aber nicht nur die Haare am Körper, sondern auch die Muskeln, worauf das zweite Bild anspielt. Mancher Junge fragt sich, ob er schon genug Muskeln hat und ob er nicht durch Training, z. B. Bodybuilding, den Muskelaufbau fördern soll, um als männlich zu gelten.

A2 In dem witzig geschriebenen Text vertraut Bert seinem Tagebuch an, dass sein Körper nicht dem Idealbild eines männlichen Körpers entspricht und er sich nicht für muskulös genug hält, weshalb er mit einem Bodybuildingprogramm beginnen will. Außerdem beschreibt er seine Träume von nackten Frauenkörpern und seine Gedanken an nackte Mädchen, derer er sich trotz schlechten Gewissens nicht erwehren kann.
Mädchen werden sich vermutlich analog dazu Sorgen um die Größe ihres Busens und die Fraulichkeit ihrer Figur machen und sich gelegentlich der Gedanken an nackte Jungenkörper nicht erwehren können.

A3 Auf dem Foto sieht man einen Jungen und ein Mädchen, die – offensichtlich auf einer Fete – auf einem Sofa sitzend miteinander knutschen. Die Bildunterschrift besagt, dass dies laut einer Umfrage für Jugendliche das Wichtigste ist, was einen gelungenen Abend auszeichnet. Offenbar entspricht das einem Bedürfnis nach Nähe zum anderen Geschlecht und nach Erproben der eigenen Attraktivität. Dies könnten die Schülerinnen und Schüler bestätigen; in der Stellungnahme könnte aber auch vorgebracht werden, dass sich ein solcher Austausch von Zärtlichkeiten in der Öffentlichkeit „nicht gehört“ und dass es auch andere Kriterien für einen gelungenen Abend geben kann.

A4 Indem die Schülerinnen und Schüler sich in die Situation Maries hineinversetzen und stellvertretend für sie die Frage „Soll ich?“ beantworten, können sie ihre eigene Haltung zur Sexualität klären. Der Versuchung nachzugeben und es auf ungeschützten Geschlechtsverkehr ankommen zu lassen, wäre mit Sicherheit verantwortungslos von Marie. Insofern kann es nur als verantwortliches Handeln angesehen werden, sich entweder beim Geschlechtsverkehr zu schützen oder sich das erste Mal noch aufzusparen. Was Schülerinnen und Schüler hier an Stelle Maries antworten, hängt davon ab, für wie reif sie sich bzw. Marie halten und wie die Ernsthaftigkeit der Beziehung zwischen Marie und Max eingeschätzt wird.

5 Ich bin auf meinem Weg (Seite 26–27)

Zum Schluss des Kapitels geht es darum, Jugendliche den Weg und das Ziel der Entwicklung in der Pubertät in den Blick nehmen zu lassen und sie in ihrer persönlichen Orientierung zu bestärken.

A1 Das Bild zeigt einen Berg, der von Jugendlichen erstiegen wird. Während einige Jugendliche sich noch auf einem nur schwer gangbaren Weg befinden, dabei sind, sich durch Gestrüpp zu schlagen, Hindernisse zu überwinden, sieht man oben auf dem Berg einen Jugendlichen, der es geschafft hat: Er breitet die Arme aus und blickt in den freien, blauen Himmel. Die Überschrift „Mensch! Ich seh' die ganze Welt!“ lässt sich auf ihn beziehen. Das Bild kann als Darstellung der schwierigen Entwicklung in der Phase der Pubertät und des Erreichens des Entwicklungszieles gedeutet werden.

A2 Der Entwicklungspsychologe Gunther Klosinski nennt fünf Entwicklungsaufgaben von Jugendlichen in der Pubertät.

Die Aufgaben lassen sich wie folgt durch Beispiele veranschaulichen:

Trennung vom Elternhaus und Entwicklung einer inneren Unabhängigkeit von den Eltern	Ein Jugendlicher bezieht seine eigene Wohnung, hat einen eigenen Kleidungsstil, eine eigene Meinung usw.
Herausbildung seiner geschlechtlichen Identität	Ein Jugendlicher wird sich klar über seine sexuelle Orientierung, übernimmt eine bestimmte Frauen- bzw. Männerrolle.
Aufbau tragender Bindungen zu Partnern	Die / der Betreffende geht feste Beziehungen ein (zu Freund, Freundin, Ehepartner).
Hineinfinden in eine berufliche Tätigkeit, die den Lebensunterhalt sichert	Ein Jugendlicher löst sich aus der finanziellen Versorgung durch seine Eltern, übt eine bestimmte berufliche Tätigkeit aus oder befindet sich in der Ausbildung für einen bestimmten Beruf.
Aufbau einer neuen Beziehung zu den Eltern	Eltern sind für die Betreffende / den Betreffenden nicht mehr Erziehungsberechtigte, sondern gleichberechtigte Partner.

A3 In dem Interview könnten folgende Fragen gestellt werden, auf die der Text entsprechende Antworten gibt:

Was ist für dich Zuhause?	wo ich mich nicht auspowern muss, wo ich mich sicher fühle ...
Wie ist dein Verhältnis zu deinen Eltern?	manchmal Streit (wegen Hausaufgaben, Zimmer aufräumen, wegen des Tons), deshalb gelegentlich Strafen; manchmal keine Gespräche; Unterstützung durch die Eltern in allem, Eltern nicht als Vorbilder
Was sind deine Interessen?	Computer, Internet, Facebook, Lokalisten, Youtube; Fechten; nicht total auf Mode fixiert
Wie steht es mit der Liebe?	spielt eine Rolle, steht aber nicht im Vordergrund, Gespräche mit Freundinnen darüber
Wie siehst du deine Zukunft?	reich, beliebt, in einem großen Haus, evtl. als Studentin in einer WG mit Freunden, vielleicht auch mit Mann und zwei Kindern

A4 Lara hat schon eine innere Unabhängigkeit von den Eltern, aber noch keine eigene Wohnung. Sie ist dabei, ihre geschlechtliche Identität herauszubilden; Liebe spielt in ihrem Leben eine Rolle, aber sie hat noch keine feste Partnerbindung. Eine berufliche Tätigkeit, die ihren Lebensunterhalt sichert, übt sie noch nicht aus. Sie ist dabei, eine neue, gleichberechtigte Beziehung zu den Eltern aufzubauen.

A5 Die Fantasiereise zielt zum Abschluss darauf ab, das Selbstvertrauen der Schülerinnen und Schüler zu stärken und ihnen Zuversicht zu vermitteln, das Leben selbst steuern und dabei Schwierigkeiten und Hindernisse überwinden zu können. Es ist zu erwarten, dass die Schülerinnen und Schüler im anschließenden Gespräch derartige Eindrücke äußern.

Freiheit und Unfreiheit (Schülerband, Seite 28–37)

Einführung

Die Frage nach der Freiheit des Menschen ist in der Philosophiegeschichte ein großes und letztlich ungelöstes Problem. Der Begriff der Freiheit kann unter negativer (Freiheit von etwas) oder positiver (Freiheit für etwas) Perspektive betrachtet werden, er kann im sozialen Zusammenhang (familiär, gesellschaftlich, politisch) in Wechselwirkung mit dem Begriff der Verantwortung gesehen werden, und er kann in äußere Freiheit (Handlungsfreiheit) und innere Freiheit (Willens- oder Entscheidungsfreiheit) unterschieden werden.
Weil das Thema hier für Jugendliche der Sekundarstufe I angeboten wird, soll die abstrakte Analyse nicht Ansatzpunkt der Behandlung sein, sondern immer wieder der konkrete Bezug zur alltagsweltlichen Erfahrung. Wie weit die Annäherung an das philosophisch abstrakte Problem erreicht werden kann und soll, ist weitestgehend vom Leistungs- und Abstraktionsvermögen der konkreten Lerngruppe abhängig zu machen. Dieses Kapitel will dazu Anlässe, Anregungen und Materialien bieten, wobei die fünf Doppelseiten des Kapitels schrittweise und spiralförmig vertiefend in die Problematik einsteigen.

Methodisch-didaktische Hinweise

Das Kapitel *Freiheit und Unfreiheit* lässt sich als abgeschlossene, von den anderen Kapiteln des Buches unabhängige Einheit bearbeiten, es können aber auch Querverbindungen zu anderen Themen hergestellt werden. Direkte Verbindungen bieten sich an zum Kapitel *Gruppenverhalten* (Unfreiheit durch Gruppenzwänge, Seite 70–77), zum Kapitel *Entscheidung und Gewissen* (Seite 108–117) und *Freiheit und Verantwortung* (Seite 118–127, vorausgesetzt wird jeweils die Annahme der Entscheidungsfreiheit).
Die eingesetzten Textsorten und Methoden sind breit gefächert, sodass die Schülerinnen und Schüler verschiedene Zugänge finden, sich für das Thema zu interessieren. Ein Schwerpunkt liegt auf der Analyse von Fotografien und Gemälden (Doppelseiten 1, 3, 4) sowie von Karikaturen (Doppelseiten 4, 5). Die Doppelseite 2 zeigt exemplarisch den Verlauf und das Vorgehen bei einem Sokratischen Schülergespräch (s. hierzu auch die Hinweise im Methodenüberblick des Schülerbandes, S. 292).

Hinweise zur Konzeption der Doppelseiten und zu den Aufgaben

1 Freiheit, die ich meine (Seite 28–29)

Die Doppelseite führt mit Bildern und Zitaten in das Thema ein. Was wir unter dem Begriff „Freiheit" verstehen, soll bewusst gemacht und in einem ersten Schritt reflektiert werden werden (M1–M2), bevor der Text M3 zur allgemein anthropologischen Frage nach Freiheit und Verantwortung überleitet.

A 1 Die Aufgabe bietet mit dem gesprächsorientierten Erfahrungsaustausch einen alltagsbezogenen Zugang zur Reflexion des eigenen Vorverständnisses an.
Der Begriff „frei" steht im Alltagssprachgebrauch für vielfältige Inhalte. Es muss hier keine vorherbestimmbare Bedeutungsbreite erreicht werden, sondern die Spracherfahrung der Schülerinnen und Schüler sollte durchleuchtet werden.

Dies kann auch als sogenannte „Kopfstandmethode" direkt über die Frage „Was ist das Gegenteil von frei?" angegangen werden. Hier eine Beispielliste:

frei – besetzt	frei – fremdbestimmt
frei – gefangen	frei – gebunden
frei – beschäftigt	frei – genötigt
frei – in fester Beziehung	frei – durch Erziehung beschränkt
frei – fest angestellt	frei – verpflichtet
frei – gezwungen	frei – Unterricht/Arbeitszeit
frei – verplant	frei – domestiziert
frei – befangen	frei – an der Leine

A2 Die drei Abbildungen in M1 stammen aus unterschiedlichen historischen und kulturellen Kontexten und stellen Freiheit als Ziel und als Anlass für Gewalt zur Diskussion. Im Einzelnen: Eugène Delacroixs (1798–1865) Bild *Die Freiheit führt das Volk* verarbeitet den von ihm beobachteten dreitägigen Barrikadenkampf vom 26. bis 28. Juli 1830 in Paris gegen den absolutistisch denkenden König Karl X. Eine kurze Kommentierung von Werk und geschichtlichem Hintergrund findet man z. B. unter http://www.ceryx.de/kunst/hb_delacroix_freiheitfuehrtdas volk.htm. Das Gemälde bietet sich bei Interesse auch für eine methodisch systematische Bildbetrachtung an (vgl. *Ethik im Bild*, C.C. Buchners Verlag).

Das Plakat *Die Freiheit weint, wenn der Krieg brüllt* stammt aus dem Kontext christlich motivierter Friedensaktivisten. Die Ablehnung von Gewalt als Mittel zur Problemlösung kann hierdurch als religiös motiviert verstanden werden. Philosophiegeschichtlich bietet sich aber auch ein Rückgriff auf Thomas Hobbes und seine Ablehnung natürlicher Freiheit an: Hobbes zieht einem gedachten Naturzustand mit völlig unreglementierter individueller Freiheit die staatliche Bevormundung des Bürgers durch einen absoluten Herrscher vor, weil er sich die vorgesellschaftliche Freiheit nur als Kriegszustand aller gegen alle vorstellen kann, den es um jeden Preis zu vermeiden gilt.

Freedom go to hell: Gerade wenn vom „Kampf der Kulturen" die Rede ist, wird dem Individualismus des Westens mit seiner starken Betonung individueller Freiheit aus islamischer oder asiatischer Perspektive der Wert der Gemeinschaft entgegengehalten, der über individuelle Freiheitsrechte gestellt wird. Vielleicht gibt es Schülerinnen und Schüler mit Migrationshintergrund, die hierzu Erläuterndes beitragen können.

A3 Als konkurrierende Werte neben Freiheit könnten u. a. „Frieden", eigene „Sicherheit", „Gemeinschaft", „Tradition", „Religion" oder auch „Wohlstand" genannt werden. Den Schülerinnen und Schüler können aber auch weitere sinnvolle Werte einfallen.

A4/ A5 Das Problem wie auch die Chance, sich einem Begriff über Zitate anzunähern, ist die hohe Komplexität der dahinter stehenden Gedankengebäude:

Perikles steht sowohl für die attische Demokratie (bürgerliche Freiheiten) wie auch für militärische Auseinandersetzungen (außenpolitische Freiheit durch Macht).

Guttenberg wendet sich vor allem gegen staatliche Bevormundung im Sinne umfassender Sozialstaatlichkeit oder sozialistischer Tendenzen.

Virchow hat als politisch engagierter Mediziner eine aufklärerische und im Sinne der Naturwissenschaften vernunftorientierte Haltung im gesellschaftlich verantwortlichen Handeln vor Augen.

Rosa Luxemburg kämpft gegen politische Unterdrückung.

Wilson betont den Zusammenhang von Freiheit und dadurch notwendig werdenden Auseinandersetzungen.

Böll sieht aus historischer Perspektive die Notwendigkeit, sich für politisch-gesellschaftliche Freiheit einzusetzen.

Von Bismarck hebt mit skeptischer Haltung das Primat egoistischer Interessen gegenüber einem politischen Willen zu allgemeiner Freiheit hervor.

Camus sieht das strukturelle Problem individueller Freiheit in sozialen Kontexten.

Es geht im unterrichtlichen Kontext aber nicht vorrangig darum, dass die Schülerinnen und Schüler differenziert die Gedankenwelten der zitierten Persönlichkeiten verstehen, sondern dass deren Formulierungen Anlass für eigene Reflexionen werden.

A6/ A7 Der Jugendroman *Asphalt Tribe* behandelt den „Preis" der Freiheit, den jugendliche Ausreißer häufig zahlen. Die Szene bietet drastisch und ohne zu moralisieren den Standpunkt einer Clique jugendlicher Obdachloser an, die sich für diese Art der Freiheit entschieden zu haben scheint. Die Aufgaben 6 und 7 sollen vor allem das Verständnis der geschilderten Situation vertiefen. (Ein leseinteressierter Kurs könnte den leicht und gut geschriebenen Roman auch als Ganzschrift unter verschiedenen Fragestellungen sinnvoll bearbeiten.)

A8/ A9 Die Übertragung der Romansituation auf eigene Entscheidungskriterien und die Suche nach Argumenten können in ein aktives Rollenspiel überführt werden. Man sollte den Schülerinnen und Schüler dabei auch den Raum lassen, die Position der Verweigerung im Spiel zu erproben. Dies kann zum einen Abwehrhaltungen gegen Ansprüche der Erwachsenenwelt abbauen, zum anderen erweist sich die Stärke von Argumenten und Motiven erst in der Auseinandersetzung mit einer Gegenposition.

Medientipp: Avril Lavigne, *Nobody's Home*

Das Video zum gleichnamigen Song zeigt eindrucksvolle Bilder zum Thema Freiheit vor demselben Themenhintergrund wie der Roman *Asphalt Tribe*. So bietet eines der Anfangsbilder (Protagonistin vor Naturkulisse, Sonnenaufgang) deutlich positive Assoziationen zum Freiheitsbegriff an, während in den Schlussbildern des Clips (Straßenszene) eher Verlassenheitsgefühle nahegelegt werden.

Zunächst diese beiden Bilder aus dem Videoclip zu betrachten und im Anschluss die dazwischen liegenden Stimmungen und Gefühle des gesamten Clips mit den Schülerinnen und Schüler zu reflektieren, kann ein ansprechender und ertragreicher Gesprächsanlass sein. Der englischsprachige Text muss nicht zwingend verstanden werden. (Der Clip kann im Internet mit einschlägigen Suchmaschinen u. a. bei www.youtube.com gefunden werden.)

A10 Die handlungsorientierte Aufgabe regt zu einem kreativen Produktionsprozess an, dessen Ergebnisse im Anschluss gemeinschaftlich betrachtet und besprochen werden können.

A11 Die Grundfrage (1. Schritt: „Prolog", siehe Methodenüberblick im Schülerband, Seite 289) in diesem Gedankenexperiment zielt dahin, den Nutzen bzw. die Wünschbarkeit völliger Freiheit im Sinne von Allmacht zu erproben.

Der 2. Schritt, die Versuchsanordnung mit der Vorstellung von absoluter Machtausstattung, wird durch die Aufgabenformulierung vorgegeben.

Wenn die Schülerinnen und Schüler im 3. Schritt das Gedankenexperiment in Form einer Geschichte durchführen, sind äußerst unterschiedliche und hoffentlich auch phantasievolle, unrealistische bis abwegig erscheinende Ideen zu erwarten.

Ob die Gedanken der Schülerinnen und Schüler aber realistisch oder unrealistisch erscheinen, ist nicht entscheidend für den 4. Schritt („Epilog: Folgerungen aus dem Experiment"). Eher sollte auf die Verallgemeinerbarkeit, die Unterschiedlichkeit bzw. die Strittigkeit der entwickelten Phantasien geachtet werden, um die allgemeine Wünschbarkeit völliger Freiheit bewerten zu können.

2 Geschmack von Freiheit und Abenteuer (Seite 30–31)

Das philosophische Thema des Kapitels, das sich hinter der Thematik des Rauchens verbirgt, ist die Frage nach unserer Entscheidungsfreiheit. Ist unser Wille frei, oder sind wir durch äußere Einflüsse so bestimmt, dass wir nur diese eine bestimmte Entscheidung treffen konnten, die wir tatsächlich getroffen haben? Tatsächlich ist diese Frage bis heute zwischen Philosophen und Hirnforschern äußerst umstritten.

A1 Der Diskurs in M1 kreist anhand eines scheinbar banalen Beispiels um diese Frage, zu der die Schülerinnen und Schüler zunächst eine eigene Position suchen sollten.

A2 Die Tabelle in M2 stellt – ein mögliches Ergebnis zu Aufgabe 2 anbietend – Sätze systematisch gegenüber. So soll eine Klärung der möglichen Gegenpositionen des Determinismus (Bestimmtheitsglaube) und Indeterminismus (Freiheitsglaube) unterstützt werden.

A3/ A4 Die Problematik dieser Gegenüberstellung zweier plausibler Positionen kann von den Schülern und Schülerinnen selbständig zu lösen versucht werden. Der Determinismus ist insofern plausibel, als wir in all unseren Entscheidungen immer Beeinflussungen ausgesetzt sind. Hieraus lässt sich folgern, dass wir wie alles in der Natur von außen bestimmt sind. Der Indeterminismus hat unser Erleben zur Grundlage, nach dem wir tatsächlich zwischen möglichen Alternativen entscheiden. Dieses Erleben macht den Glauben an die Freiheit unserer Entscheidungen evident. Wenn nun dies beides plausibel ist, sich aber scheinbar auszuschließen scheint, stehen wir vor einem logischen Problem.
Vertieft wird dieses Problem auf Doppelseite 5, auf die man an dieser Stelle ggf. übergehen kann.

A5 M3 zitiert den alten Marlboroslogan „Der Geschmack von Freiheit und Abenteuer". Aufgabe 3 soll zunächst Raum bieten, hierzu eigene Assoziationen, Ideen und Vorstellungen auszudrücken.

A6 Die Abbildung eines zu diesem Slogan genutzten Werbebildes mit der veränderten Schriftzeile soll die Fragwürdigkeit der gedanklichen Verbindung von Freiheitsvorstellungen mit Rauchen ausdrücken.

A7 Der kurze Gesamttext kann als Diskussionsanlass für eigene Vorstellungen genutzt werden. Er kann aber auch die Unterscheidung von äußerer Freiheit (rechtliche und materielle Möglichkeiten in unserer Gesellschaft) und innerer Freiheit (ständige Manipulationsversuche von Werbung und Medien) klären helfen. Insofern kann dieser Text Anlass zu einer abstrakteren Kategorienbildung zwischen Handlungsfreiheit (es gibt wenig äußere Hindernisse, die Handlungen von mir beschränken) und Entscheidungsfreiheit (ohne es zu merken, lasse ich mich durch Medien, Gruppendruck usw. fremdbestimmen) unterstützen.
Hinweis: Wenn die Schülerinnen und Schüler aus eigener gedanklicher Kraft an diesem Thema nicht weiterkommen und genügend Interesse besteht, kann im Anschluss an diese Reflexionen die Doppelseite 5 gelesen werden, die diese Problematik auf abstrakterer Ebene behandelt.

3 Politische Freiheit (Seite 32–33)

Eines der wichtigsten Themenfelder für die Diskussion äußerer Freiheit ist die politische Dimension der Freiheit. Sie kann im Rahmen des Kapitels aber nur angerissen werden.

A1 Die Bilder zu M1 und M2 repräsentieren politische Freiheit. Allerdings ist es für junge Schülerinnen und Schüler u.U. schwierig, diesen Bezug ohne historischen Kontext zu erkennen. Daher soll bewusst als erster Schritt Raum für eigene Assoziationen gegeben werden.

Bild Freiheitsstatue

Über die Thematisierung der Freiheitsstatue als vielleicht dem amerikanischen Symbol für Freiheit kann allgemein das amerikanische Freiheitsideal thematisiert werden. Amerika kämpft nach eigener Aussage weltweit für die Freiheit. Man könnte diese Freiheit als Freiheit von Diktatur, von staatlichen Eingriffen in die persönlichen Freiheitsrechte oder von staatlichen Eingriffen in die Wirtschaft beschreiben.
Allerdings ist heute vor allem die Hinterfragung dieses Amerikabildes in den Medien präsent: Amerika als Unterdrücker, als Kriegstreiber und als Hegemonialmacht, die andere Staaten und deren Bürger unterdrückt.

Zusatzmaterial: *Bill of Rights*

Die als *Bill of Rights* bezeichneten 10 Zusatzartikel zur Verfassung der Vereinigten Staaten von Amerika von 1791 schreiben Freiheitsrechte fest, die historisch für das amerikanische Freiheitsideal stehen und ihre prinzipielle Gültigkeit behalten haben:

1. Trennung von Staat und Kirche, Meinungsfreiheit, Religionsfreiheit, Pressefreiheit, Versammlungsfreiheit

2. Recht zum Tragen von Waffen durch das Volk bzw. durch organisierte Milizen
3. Keine Zwangseinquartierung von Soldaten in Privathäusern
4. Keine Durchsuchung ohne richterlichen Durchsuchungsbefehl
5. Kein Prozess ohne ordentliche Anklage, kein neuer Prozess gegen Freigesprochene, Zeugnisverweigerungsrecht, Kompensationsrecht
6. Recht auf öffentlichen Geschworenenprozess in Strafsachen, Recht auf Beiziehung von Entlastungszeugen, Recht auf einen Anwalt
7. Recht auf ordentlichen Geschworenenprozess in Zivilsachen
8. Verbot überhöhter Kaution und besonders grausamer Strafen
9. In der Verfassung nicht erwähnte Grundrechte bleiben bestehen.
10. In der Verfassung nicht genannte Rechte liegen bei Einzelstaaten.

Bild Mauerfall

Der Mauerfall von 1989, den jetzige Schülerinnen und Schüler der Jahrgangsstufen 9 und 10 aufgrund ihres Geburtsdatums nicht miterlebt haben können, wird noch relativ häufig in den Medien erzählt. Besonders spannend wäre es, „Zeitzeugen" zu befragen, d. h. Personen zu finden, die noch in der damaligen DDR gelebt haben und den Mauerfall als Zugewinn an Freiheit erleben durften. Wenn es z. B. Eltern in ihrer Lerngruppe gibt, die aus den neuen Bundesländern stammen, wäre dies eine große Chance. Prinzipiell aber dürfte ein Erzählen der damaligen Verhältnisse ausreichen, um das subjektive Erleben von Befreiung zu verdeutlichen.

A2 Zur historischen Rekonstruktion der Situation, aus der heraus Amerika mit seiner Freiheitsvorstellung gegenüber Europa warb, sollten die Schülerinnen und Schüler Informationen bei den Geschichtskolleg/innen einholen. Tatsächlich erfolgte Einwanderung in die Vereinigten Staaten aus unterschiedlichen Gründen. „Einige versuchten der religiösen bzw. politischen Verfolgung zu entkommen oder wie die Pilgerväter ein eigenes religiöses Ideal zu verwirklichen. Andere wanderten aus wirtschaftlichen Gründen in die Neue Welt. Einige wenige verließen die Alte Welt aus Abenteuerlust. Der Import von Arbeitskräften (sowohl in der Form der Sklaven aus Afrika als auch angeworbene Arbeiter) ist hier ebenfalls zu nennen."

http://de.wikipedia.org/wiki/Einwanderung_in_die_USA (Stand: 27.06.2008)

Ein vertieftes historisches Wissen ist aber nicht Voraussetzung zur Weiterarbeit an diesem Thema.

A3 Die Piktogramme stellen den Versuch dar, Religionsfreiheit, Versammlungsfreiheit bzw. das Recht der freien Meinungsäußerung, freie Partnerwahl, freies und geheimes Wahlrecht, Freiheit der Person und das Recht auf Freizügigkeit im ganzen Bundesgebiet zu verbildlichen.

A4 Unser Grundgesetz gewährt allerdings noch weitere Grundrechte, z. B. freie Entfaltung der Persönlichkeit, das Recht auf Leben und körperliche Unversehrtheit, Gleichheit vor dem Gesetz, Gleichberechtigung der Geschlechter, Diskriminierungsverbot aufgrund von Abstammung, Rasse, Sprache, Heimat, Herkunft oder politischer Anschauung, Gewissensfreiheit und damit verbundenes Kriegsdienstverweigerungsrecht, Pressefreiheit, Freiheit von Kunst und Wissenschaft, Forschung und Lehre, elterliches Pflege- und Erziehungsrecht, Vereinigungsrecht, freie Berufswahl usw. (GG, Art 1–19). Der produktionsorientierte Auftrag, eigene Piktogramme zu entwickeln, soll verständnisklärende Wirkungen befördern.

A5/ A6 Der Bezug auf die grundlegenden Formulierungen unserer Verfassung, der Versuch, diese in ihrer erlebbaren Bedeutung zu konkretisieren, soll von der abstrakten Rechtssphäre zurück in alltagsbezogene Wirklichkeiten führen. Ggf. kann man die Schülerinnen und Schüler hier auch nach Beispielen suchen lassen, in denen gegen die Rechte des Einzelnen verstoßen wird. Gerade Jugendliche reagieren häufig sensibel gegenüber Bevormundungen, die sie dann klar zu benennen wissen. Es kann so Raum für das Einbringen eigenen Erlebens der Schülerinnen und Schüler sowie die Möglichkeit aktueller Recherchen im Internet geboten werden.

A7 Mit Mills Formulierung wird auf die soziale Notwendigkeit der Beschränkung absoluter Freiheit des Individuums hingewiesen. Darüber hinausgehende Beschränkungen werden von Mill weitestgehend abgelehnt.

A8 Die Aufgabe soll Raum für die Thematisierung grundsätzlicher und aktueller Aspekte bieten.

Presse- oder Internetrecherche bieten hier i. d. R. reichhaltige Informationsangebote.

A9 M6 bietet ein aktuelles Diskussionsbeispiel zum Streit um die notwendigen oder erlaubten Grenzziehungen zwischen individueller Freiheit und staatlichen Regulierungsbedürfnissen. Das Internet ist ein von vielen Schülerinnen und Schüler selbstverständlich genutztes Medium und insofern geeignet zur Problematisierung. Ggf. können aber auch aktuellere Diskussionsanlässe gefunden werden.

A10 Wenn mit M6 gearbeitet wurde, ist es sicherlich sinnvoll, die Schülerinnen und Schüler zu einer eigenen überlegten und begründeten Positionierung zu ermuntern. Hierbei kann es nicht um richtig oder falsch gehen, sondern allein um plausibel oder sogar überzeugend vorgetragene Plädoyers für verschiedene mögliche Überzeugungen – natürlich im Rahmen der grundgesetzlich vorgegebenen Spielräume.

4 Gedankenfreiheit (Seite 34–35)

Vor allem psychische Mechanismen lassen die alte Überzeug, die Gedanken seien immer frei, fragwürdig erscheinen. Die Doppelseite weist beispielhaft auf Formen der Beeinflussung unseres Denkens – und damit unserer Willens- bzw. Entscheidungsfreiheit – hin.

A1/ A2 Das Bild *Der Prophet* von 1982, ein Selbstporträt des englischen Künstlers Tony Bevan (*1951), arbeitet auf den ersten Blick mit zwei Symbolen: der Schere am bzw. im Kopf und den Handfesseln, die für Einschränkungen in der Freiheit des Denkens und des Handelns stehen können. Es kann sein, dass die Schülerinnen und Schüler den Begriff der „Schere im Kopf" nicht kennen bzw. das Bild an dieser Stelle „wörtlich" im Sinne äußerer Verletzung nehmen. In diesem Fall sollte die Lehrkraft informierend eingreifen. Ansonsten ist bei der Bildbetrachtung ein Spielraum für unterschiedliche Sichtweisen sinnvoll einzuräumen.

A3/ A4 Das alte Volkslied, das vor dem Hintergrund von Einschränkungen der äußeren Freiheit die Unberührbarkeit innerer Freiheit rühmt, kann zum Anlass für die Äußerung vorhandener Vormeinungen genutzt werden. Ggf. kann bereits auf die Unterscheidung von äußerer und innerer Freiheit (Doppelseite 3) zurückgegriffen werden und die hier vertretene Position kritisch hinterfragt werden.

A5 Die Karikatur legt zwar einen technischen (äußeren) Eingriff in die Gedankenfreiheit nahe, kann aber auch bereits zur Hinterfragung innerer bzw. psychologischer Eingriffe genutzt werden.

A6/ A7/ A8 Der Auszug aus George Orwells Roman *1984* thematisiert den Zusammenhang von Sprache und Denken bzw. von der Beeinflussbarkeit unseres Denkens durch Sprache. Neben den konkreten Beispielen im Text können hier auch aktuelle Sprachbeispiele gesucht werden (Verteidigungs- statt Kriegsministerium, Entsorgungspark statt Müllhalde, naturidentische Geschmacksverstärker statt künstliche Chemiezusätze usw.). Aber auch der z. T. durch die Jugendlichen selbst reduziert genutzte Sprachschatz kann zum Thema werden.

A9/ A10 Die Methode des „Redefinierens von Wörtern" kann als reales aktuelles Beispiel der von Orwell fiktiv dargestellten Technik angesehen und vor diesem Hintergrund kritisch diskutiert werden.

A11 Die Werbung bemüht sich seit langem um Konsumentenmanipulation u. a. durch Sprache. Schülerinnen und Schüler sind oft wahre Experten in Sachen Werbespots, die bewusst kritische Reflexion des dort Aufgenommenen kann allerdings nicht immer vorausgesetzt werden.

5 Ist unser Wille frei? (Seite 36–37)

Auch aktuell kreist die philosophische Diskussion im Kern um diese Frage. Die Doppelseite bietet nun auf abstrakterer Ebene Reflexionsanlässe zur philosophischen Dimension der Frage nach Willensfreiheit und stellt gegenüberstehende Positionen und plausible Vermittlungsversuche zwischen ihnen vor.

A1 Die Karikatur lässt den Menschen als Marionette seiner sozialen Umwelt erscheinen, aber sie gibt ihm auch eine Schere zum Durchtrennen der lenkenden Fäden in die Hand. Kurz vor

Ende des Kapitels *Freiheit und Unfreiheit* kann hier sinnvoll schon zu Beginn der Doppelseite eine begründete Stellungnahme der Schülerinnen und Schüler eingefordert werden.

A2/ A3 Der kurze Textauszug von Aristoteles setzt „volles Wissen" als entscheidendes Merkmal für Freiwilligkeit und damit Freiheit einer Handlung voraus – ein hoher Anspruch, der kontroverse Diskussionen auslösen könnte.

A4 Zunächst sollte Arthur Schopenhauers Text zur Willensfreiheit nur bis Zeile 9 gelesen werden. An dieser Stelle ergibt sich ein sinnvoller Ansatzpunkt für unterschiedliche Fortschreibungen, die auch unterschiedliche Deutungen der Freiheitsfrage nahelegen.

A5/ A6 Schopenhauer selbst vertritt im weiteren Textverlauf argumentativ und anschaulich die Position des Determinismus: Alles geschieht notwendig so, wie es geschieht, weil es Ursachen gibt, die völlig alternativlos dieses Geschehen verursachten. Sein Vergleich mit dem Wasser ist insofern schlüssig, als es den Mechanismus von Ursache und Wirkung und damit die Bestimmtheit des Geschehens klar werden lässt. Inkonsequent ist lediglich, dass es sich um denkendes Wasser mit Selbstbewusstsein handelt, eine Veränderung, an der in der philosophischen Diskussion gerade die Freiheitsfähigkeit festgemacht wird. Natürlich sollte den Schülerinnen und Schüler Raum für eigene Positionierungen gegeben werden.

A7/ A8 Das fiktive Interview mit dem Schweizer Philosophen Peter Bieri stellt dessen Verständnis eines anderen Freiheitsbegriffs für die Beurteilung der Freiheit der Entscheidung einer Person vor. Wenn es klar erkennbare Ursachen für die Entscheidung einer Person gibt, bedeutet das für Bieri nicht, dass die Entscheidung unfrei (determiniert) war, wenn die Ursache für die Entscheidung in der Person selbst liegt. Im Gegenteil sieht er gerade hierin die Voraussetzung für Freiheitsempfinden, weil hierdurch erst die Verbindung von Person und Entscheidung erlebbar wird.

A9/ A10 Der spanische Philosoph Fernando Savater legt in M5 durch die Abgrenzung der Begriffe Freiheit und Allmacht eine weitere Begründung für die Existenz von menschlicher Entscheidungsfreiheit vor. Seine Argumentation geht vor allem auf die Erste-Person-Perspektive ein, das Empfinden „Wenn du gewollt hättest ...", das schlüssig nur unter Voraussetzung einer freien Entscheidung gedacht werden kann.

Hinweis zum Projekt:

Die Frage nach Schicksal, Zufall oder Selbstbestimmung ist zentrales Motiv im Spielfilm *Forrest Gump*. Bei Zeit und Interesse lohnt es sich, den Film verteilt über mehrere Unterrichtsstunden und unterbrochen durch regelmäßige Klärungen und Reflexionen ganz anzuschauen. Vielleicht kann aber auch auf die Vorkenntnisse der Schülerinnen und Schüler über den mittlerweile mehrfach im Fernsehen gezeigten Film zurückgegriffen werden. Abhängig von der jeweiligen Lerngruppe kann die Freiheitsthematik hier abschließend noch einmal in unterschiedlicher Abstraktionstiefe behandelt werden. Der Spielfilm verbindet in seiner Handlung konsequent zwei äußerst unterschiedliche Biographien. Die Gegenüberstellung der Lebensläufe von Forrest und Jenny (s. Kopiervorlage, S. 26) hilft bei späteren Reflexionen zur Frage der Freiheit:

Äußerlich betrachtet erreicht Forrest alles, was als erstrebenswert gilt: Schulabschluss, Collegeabschluss, Militärorden, sportlichen Weltruhm, wirtschaftlichen Erfolg, Medieninteresse, Wohlstand, Ehe, Kind. Also ist er nach gesellschaftlichem Maßstab erfolgreich. Allerdings war kaum einer der „Erfolge" wirklich angestrebt. Wollte er, was passierte? Geschah alles nur zufällig?

Jenny erreicht trotz Intelligenz nicht ihren Collegeabschluss, wird nicht Sängerin, ist zeitweise drogenabhängig, scheitert in Beziehungen wie in wirtschaftlicher Hinsicht, lebt phasenweise als alleinerziehende Mutter und stirbt am Ende an einer unheilbaren Krankheit (AIDS?). Vor dem Hintergrund üblicher gesellschaftlich anerkannter Maßstäbe kann sie kaum als erfolgreich bezeichnet werden. Im Gegensatz zu Forrest setzt sie sich aber immer wieder Ziele. Sie will etwas erreichen, will ihr Leben selbst gestalten – und scheitert oft.

Gegenüberstellung der Lebensläufe der beiden Protagonisten Forrest und Jenny im Spielfilm *Forrest Gump*

Forrest	Jenny
• wächst ohne Vater bei seiner Mutter auf (Vater im „Urlaub“)	• wächst ohne Mutter beim Vater auf (Mutter gestorben)
• körperliche Probleme („Zauberbeine“)	• seelische Probleme (Missbrauch, Ängste)
• nicht intelligent (IQ 75)	• intelligent
• braucht jemanden, der ihm sagt, was er tun soll	• kümmert sich, hilft und sagt, was zu tun ist („Lauf, Forrest, lauf!“)
• kommt aufgrund seiner sportlichen Begabung zu einem Schulabschluss	• kann ihren Schulabschluss aufgrund ihrer intellektuellen Fähigkeiten erreichen
• erreicht aufgrund des Sports seinen Abschluss auf dem College	• muss das Mädchencollege verlassen, weil sie sich nur mit der Schuljacke bekleidet für ein Herrenmagazin hat ablichten lassen
• geht zum Militär und macht dort erfolgreich, was man ihm sagt	• engagiert sich in der Friedensbewegung (Antivietnambewegung)
• wird durch die finanzielle Ausbeute seiner sportlichen Erfolge im Anschluss an die Militärzeit zum Krabbenkutter-kapitän	• lebt und feiert intensiv und bekommt Drogenprobleme
• wird durch sein Laufen zu einem Sportidol, das den Menschen Sinn und Hoffnung zu vermitteln scheint	• will Sängerin werden, die den Menschen etwas zu sagen hat – scheitert aber in einer Nacktbar
• lebt am Ende gut versorgt im mütterlichen Haus und mäht „für umsonst“ die Wiesen der Gemeinde	• kann sich später mit einem Kellnerinnen-job selbst versorgen
• bleibt am Ende gesund, reich und mit seinem Sohn zurück	• wird unheilbar krank, heiratet kurz vor ihrem Tod noch Forrest, dem sie ihren Sohn hinterlässt

Leib und Seele (Schülerband, Seite 38–47)

Einführung

Das Kapitel wendet sich dem komplexen Verhältnis von Leib und Seele zu und trägt so zur Selbstfindung der Jugendlichen bei. Zunächst steht der Körper im Vordergrund (Doppelseite 1, 2). Hier geht es um folgende Lernziele:
- staunen darüber, was wir dem Körper verdanken,
- den Körper als zum Ich gehörig betrachten,
- Sorge für den eigenen Körper tragen,
- Körperbewusstsein und Leibgefühl entwickeln,
- den heutigen Körperkult in Frage stellen.

Bei all dem ist mehr oder minder auch die Seele mitgedacht, dies vor allem bei der problematischen Abwertung des Körpers in der Philosophiegeschichte und bei der Thematisierung der äußeren Erscheinung, die gerade für die Heranwachsenden so wichtig ist und mehr, als ihnen oft bewusst, von psychischen Faktoren abhängt.
Während die Doppelseite 3 der Klärung dessen dient, welche Vorstellungen von Seele die Schüler und Schülerinnen haben und was unter „Seele" überhaupt verstanden werden kann, regt die Doppelseite 4 die Diskussion der Frage an, ob die Seele das Eigentliche des Menschen ausmacht. Die vielfältige Wechselwirkung von Körper und Seele (im psychologischen Sinne) wird auf Doppelseite 5 zur Sprache gebracht. Das hier Vorgestellte dient der Lebenshilfe, insofern es hier auch um seelische und körperliche Gesundheit geht, und es hat eine ethische Bedeutung, da die Fähigkeit, die Befindlichkeit anderer Menschen richtig wahrzunehmen, für den angemessenen Umgang mit ihnen unerlässlich ist.

Methodisch-didaktische Hinweise

Ein methodischer Schwerpunkt des Kapitels *Leib und Seele* sind Übungen. Diese sind entweder ausdrücklich als Übungen ausgewiesen (S. 46) oder erscheinen indirekt als Materialien (S. 47, M3 und M4). Hier wird weniger geübt, was man schon kann, vielmehr sollen die vorgeschlagenen Tätigkeiten Erfahrungen ermöglichen: Phänomene werden sichtbar gemacht, die gewöhnlich übersehen werden, und bewusst wird, dass scheinbar Selbstverständliches sich keineswegs von selbst versteht.
Die phänomenologische Methode hat einerseits den Sinn, dass die Schülerinnen und Schüler über sich selbst, genauer: über ihren Leib, staunen, andererseits sollen Möglichkeiten eröffnet werden, den Leib in eine verantwortliche Lebensgestaltung einzubeziehen.
Das Kapitel *Leib und Seele* steht in einem engen Zusammenhang mit dem Kapitel *Sterben und Tod* (S. 268 ff.), vor allem mit den Doppelseiten „Weiterleben nach dem Tod" (S. 272 f.) und „Der Tod gehört zum Leben" (S. 274 f.).
Referieren könnten die Schülerinnen und Schüler über Yoga, Tai Chi und Chi Gong (s. Hinweis auf Doppelseite 5). Diese Techniken sind nicht nur für den Leib von Bedeutung, sondern haben auch einen großen Einfluss auf die Psyche.

Hinweise zur Konzeption der Doppelseiten und zu den Aufgaben

1 Unser Körper: einerseits – andererseits (Seite 38–39)

Auch wenn den Schülerinnen und Schülern die Ambivalenz der Körperlichkeit des Menschen bewusst werden soll, müsste betont werden, wie ungeheuer wichtig der Körper für uns ist, was er alles leistet und wie wir mit ihm umgehen sollten. Problematisiert wird die Auffassung, das Ich sei etwas ganz anderes als der Körper oder der Leib.

A1 Von links nach rechts:

a) Geschmack, Kühle, Saftiges, das Lecken mit der Zunge

b) Umarmen und Umarmtwerden, Gefühl des Zusammengehörens, Druck und Wärme des anderen, auch: Leben mit einer Behinderung (Trisomie 21, Down-Syndrom)

c) die Hand des Arztes auf der Schulter: körperliches Spüren, dass einem geholfen wird; ähnlich das Spüren des kühlen Stethoskops auf der Brust; auch: Erfahrung von Schmerz und Krankheit

d) Wenn man die Zunge auf und ab bewegt, klackt es so schön an den Zähnen; man spürt das Gewicht der Kügelchen an der Zunge.
Notwendig ist hier eine Diskussion über das Piercen: „Durch ein Piercing, besonders Zungenpiercing, können die Zähne mechanisch geschädigt werden, es entstehen möglicherweise Risse im Zahnschmelz und im Dentin (Zahnbein). Hierbei kann sogar das Zahnmark absterben, so dass in Einzelfällen Zähne gezogen werden müssen."

www.chirurgie-portal.de/zahnmedizin/zungenpiercing-lippenpiercing-piercing-mund.html (Stand: 11.04.2012)

e) Erfahrung, dass die Hand in unglaublichem Tempo die kompliziertesten Bewegungen ausführt, als ob es nichts wäre. (Tipp: Eine unbekannte Schrift nachschreiben lassen, dann merkt man, wie schwer das so Selbstverständliche ist!)

f) mit Armen, Händen, der Kopfhaltung etwas nachahmen können, was man selbst nicht ist

A2 Wärme und Kälte wahrnehmen, den Körper beim Sprung vom Drei-Meter-Brett spüren, Grimassen schneiden, Schmerzen im verstauchten Fuß haben usw.

A3 Lösungsvorschlag:

Lieber Robert!

[...] Du tust gerade so, als gäbe es Dich unabhängig von Deinem Körper und als sei Dein Körper Dein Besitz. Wenn Du für mich sorgst, dann sorgst Du in Wirklichkeit für Dich selbst, und wenn Du viel essen und trinken willst, so dass es dir schlecht wird, dann hast Du doch selbst entschieden. Du sagst, dass Du Dich an Kunst erfreust, während mich andere Körper scharf machen. Aber ist es nicht so, dass Du „Bild, Wort und Klang" nur durch mich wahrnehmen kannst und dass Dich andere Körper scharf machen? Zugegeben: Dass Dich andere Körper anmachen können, liegt an mir. Aber wie Du Dich dann entscheidest, das liegt doch wieder an Dir. Du sagst, dass Du redest, während ich stumm bleibe. Stimmt das denn? Erstens teile ich Dir genau mit, was Du brauchst: ob Du Dich ausruhen musst oder an die frische Luft gehen oder Dich ein wenig mehr bewegen oder etwas Anständiges essen. Außerdem gibt es – das dürfte Dir auch nicht unbekannt sein – die Körpersprache. Schau Dir doch andere Körper an, dann siehst Du genau, was mit diesen Menschen los ist.

Mich kränkt, dass Du nicht merkst, dass Du und Dein Körper ganz eng zusammengehören, ja eine Einheit sind.

Dein Körper (der in Wirklichkeit nichts anderes ist als Du selbst)

A4 Mein Leib ist mein Körper, so wie ich selbst ihn empfinde, von innen her erlebe. Niemand weiß, wie ich selbst meinen Leib erfahre. Von außen betrachtet bin ich Körper. Ich habe *Leib*-schmerzen, weil ich die Schmerzen in mir erlebe.

A5 Mögliche Ansätze: Geist und Seele machen das Wesentliche aus. Wenn jemand äußerlich schön ist, aber einen miesen Charakter hat, dann nutzt die ganze Schönheit nichts. Es gibt Menschen, die verwachsen sind, aber einen großartigen Geist haben, wie der Astrophysiker Stephen Hawking. Andererseits finden wir viele Menschen auch wegen ihres Äußeren, wegen ihres Körpers anziehend, attraktiv.

A6 Platon bewertet den Körper negativ: Er hält die Seele wie in einem Grab, macht sie unlebendig und unfrei. Nietzsche aber hat die größte Bewunderung für den Körper, weil er vernünftig ist: Er ist ungeheuer kompliziert und macht vieles für uns, ohne dass uns dies bewusst ist.

A7 Mögliche Antworten: Irgendwie hat Platon recht. Manchmal möchte ich mich aus meinem Körper lösen und davonfliegen. „Grab" ist aber maßlos übertrieben. Außerdem setzt Platon hier etwas voraus: dass die Seele auch unabhängig vom Körper existieren kann. Das ist aber fraglich. Nietzsche hat sicher auch recht: denn man muss dankbar sein für das, was unser Körper für uns leistet (wenn wir ihn gut behandeln).

2 Von äußerer und innerer Schönheit (Seite 40–41)

Die Doppelseite bildet eine Diskussionsgrundlage für die Frage, wie weit die äußere Erscheinung eines Menschen – das, was ihn für andere Menschen anziehend macht – auch von geistigen und seelischen Faktoren abhängig ist.

A1 Das Mädchen bürstet die Haare, damit sie schön glänzen und es gut aussieht. Der Mann lässt sich tätowieren. Er will durch sein Äußeres beeindrucken.
Die beiden Bilder regen zu weiterführenden Diskussionen an, z.B. über den Unterschied: momentane versus bleibende Veränderung; die Frage nach der (kulturabhängigen) Akzeptanz bestimmter Maßnahmen.

A2 Aussehen ist wichtig. Wenn man gut aussieht, kommt man bei anderen besser an. Oft genügt es auch, gepflegt zu sein.

A3 Zu Tom: Wenn dir Muskeln so wichtig sind, dann treib doch Sport. Außerdem: sich mit den am besten aussehenden Männern der Welt zu vergleichen, ist einfach Unsinn. Vergleiche dich mit den Leuten, die du persönlich kennst. Ein toller Typ wird man nicht durch das Aussehen, sondern durch sein Verhalten.
Zu Ricarda: Deine Freunde gehen dir nicht wegen deines Aussehens aus dem Weg, sondern weil du ununterbrochen damit beschäftigt bist. Kümmere dich mehr um andere als um dich, dann spielt ein Pickel auch keine Rolle mehr. Richte dein Interesse auf anderes: z.B. Musik, Film, Natur.

A4 Den Schülerinnen und Schülern sollte man sagen, dass sie diese Frage nicht beantworten müssen, sie müssen sich nicht outen. Sie dürfen auch von Menschen sprechen, die sie persönlich kennen, ohne ihre Namen zu nennen. Die Antworten sollten beurteilt werden.

A5 Text 1 spricht vom „Lebenshindernis", Text 2 an derselben Stelle von „Zwang". Der Ausdruck „Lebenshindernis" ist stärker als „Zwang", da er auf das Leben als Ganzes hinweist, das durch die Beschäftigung mit dem eigenen Aussehen versäumt werden kann. Andererseits ist Text 2 genauer, da er nicht nur vom Verhalten spricht, sondern genau sagt, wovon die Attraktivität eines Menschen ausgehen kann: von unseren Reden und Taten.

A6 Möglich: Die beiden Texte ergänzen sich, jeder sagt genauer, was der andere nur andeutet.

A7 Wichtiger als das Aussehen sind: beruflicher Erfolg, Charme, Witz, Freundlichkeit, innere Lebendigkeit, innere Ausstrahlung, ein Lächeln.

A8 Beispiel:

Er überprüft vor dem Spiegel seinen Waschbrettbauch.	Attraktiver wäre er wenn er anderen freundlich in die Augen sähe.

A9 Möglich: Wenn man kein anderes Lebensziel hat, als in Schönheitswettbewerben zu gewinnen, dann ist das O.K. Aber wenn man einen guten Beruf und später eine Familie haben möchte, dann sind andere Dinge viel wichtiger. Wer sich nur um die eigene Schönheit kümmert, ist egoistisch, kreist nur um sich selbst.

A10 Möglich: Wenn ich durch mein Aussehen andere abschrecken oder abstoßen würde, dann würde ich etwas machen lassen. Denn es ist wichtig, im Umgang mit anderen Menschen zumindest nicht abgelehnt zu werden. Aber nur um den anderen zu gefallen, würde ich nichts ändern lassen. Ich bin ich. Wichtiger als das bloße Aussehen sind Selbstbewusstsein und Offenheit für andere.

3 Die Seele: ein Vogel? (Seite 42–43)

Die Wiedergabe unterschiedlicher Seelenvorstellungen dient in der Hauptsache dazu, dass die Schülerinnen und Schüler ihre eigene Vorstellung von „Seele" klären. Da in diesem Zusammenhang der Glaube eine große Rolle spielt, sollte man nicht versuchen, eine allgemeine Entscheidung über Richtig oder Falsch der Auffassungen bzw. über Existenz oder Nichtexistenz der Seele zu fällen.

A1 Tiere nehmen die Seele wahr. Sogar technische Dinge reagieren auf die Seele. Die Seele ermöglicht das Lachen. Sie ist ein durchscheinendes Abbild des Menschen. Die Seele ist etwas Physisches, also eine Art Gegenstand. Sie lebt ewig. Wer die Seele eines anderen in Besitz hat, kann über diesen Menschen bestimmen. Die Seele entsteht erst durch Beten, Leiden und Nachdenken. – Nachvollziehen lässt sich allenfalls die Vorstellung, dass die Seele unsterblich ist und dass sie mit unseren Empfindungen zu tun hat. Sie ist gerade nichts Physisches oder Gegenständliches, sondern etwas Geistiges. Wenn man die Seele als Raum der Gefühle annimmt, ist sie nicht notwendig unsterblich, sondern nur etwas Psychologisches. Ein Mensch kann Macht über einen anderen Menschen haben. Das heißt aber nicht, dass er die Seele des anderen wirklich besitzt, es denn, man meint den Ausdruck bildlich.

A2 Zu erwarten ist z.B. Folgendes:
Seele als
- verkleinertes durchscheinendes Abbild des Menschen,
- quallenartige Form mit vielen Ausstülpungen,
- als Kreis- oder Kugelform,
- Knäuel aus durcheinander laufenden Linien,
- als grünes oder blaues Gebilde mit unbestimmtem Umriss.

A3 Unterschiede hängen von dem ab, was die Schülerinnen und Schüler in der Vergangenheit gehört und gelesen haben; dabei spielen Religion, Volksglaube, ethnischer Hintergrund, Sozialisation, Bildung des Umfeldes eine Rolle. – Die Seele wird erlebt als Ursprung von Gefühlen, als etwas, das unabhängig von unserem Wollen auf uns einwirkt, als etwas nicht genau Fassbares, als etwas, aus dem Vorstellungen in unser Bewusstsein drängen.

A4 Für den Pfarrer ist die Seele als das Eigentliche des Menschen, das seine Persönlichkeit ausmacht. Sie ist sozusagen ein „Ding", eine Substanz, die unabhängig vom Leib existieren kann und unsterblich ist. Das ist ein schöner Gedanke, aber er setzt den Glauben voraus. Für einen Psychologen ist die Seele kein „Ding", keine Substanz, sondern nur die Summe unserer inneren Vorgänge und Zustände. Das hat mit Unsterblichkeit nichts zu tun. Dass wir fühlen, denken usw., weiß jeder. Allerdings wäre es schade, wenn von uns nichts übrig bliebe als ein Häufchen Asche.

A5 Mögliche Äußerungen:
a) Die Seele als Gegenstand, der auch unabhängig vom Körper und nach dem Tod noch weiter existieren kann, gibt es nicht. Mit dem Tod ist alles aus.
b) Auch wenn ich das nicht beweisen kann, ist die Seele mehr als nur die Gesamtheit unserer inneren Empfindungen, sie ist der Kern des Menschen, das Eigentliche, das den Tod überdauert.

A6 Jeder hat schon die Erfahrung gemacht, dass wir nicht immer tun, was wir als richtig eingesehen haben, wir handeln nicht immer vernünftig. Die Vernunft ist das Eigentliche des Menschen, sie wird wie ein kleiner Mensch im Menschen dargestellt. Wir haben aber auch Begierden, starke Wünsche und Triebe, die oft dem, was die Vernunft sagt, widersprechen. Dieser Aspekt der Seele wird als eine vielköpfige Hydra, als Untier symbolisiert. Mit dem muthaften Seelenteil ist gemeint, dass wir auch die Kraft haben, unseren Willen durchzusetzen. Wir müssen Stärke aufbringen, um das zu verwirklichen, was vernunftgemäß ist. Es siegt aber keineswegs immer die Vernunft.

A7 Es gibt eine Ähnlichkeit zwischen Platons und Hesses Auffassung. Platon nennt Seelenteile, Hesse aber unterschiedliche Seelen. Die Seele, die der Steppenwolf für den Menschen hält, entspricht dem vernünftigen Seelenteil bei Platon.

A8 Jeder kennt dies, dass man hin- und hergerissen ist zwischen Vernunft und den vielen unterschiedlichen Gefühlen und Trieben, die man mit Wolf, Fuchs, Drache, Tiger, Affe und Paradiesvogel bezeichnen könnte. Wir haben sicher etwas in uns, das man als gefährlich, böse oder den Normen der Gesellschaft Widersprechendes („Bürgerschreck") beurteilen kann.

4 Regiert die Seele den Körper? (Seite 44–45)

Die Frage, ob der Mensch eine untrennbare Einheit von Körper und Seele ist oder die Seele den Wesenskern des Menschen ausmacht, darf nicht dogmatisch beantwortet werden. Ihre Problematik kann nur aufgewiesen und – ohne endgültigen Abschluss – diskutiert werden.

A1 Mögliche Antwort: Ja, die Fragen verwirren. Wenn ich das Ganze aus Vernunft, Seele und Körper bin, dann kann ich diese Teile oder die Summe aus diesen Teilen nicht außerdem noch besitzen. Ich bin ja das alles. Andererseits haben wir das Gefühl, etwas anderes als diese Teile zu sein. Denn wenn sich der Körper verändert, ich andere Gefühle habe oder ich etwas Neues denke, dann ist das Ich immer noch das Zentrum, der unausgedehnte Punkt, von dem aus das alles betrachtet wird, auf den alles bezogen wird. Wiederum andererseits: Wenn ich sage: „Ich habe in Italien schöne Ferien verbracht", dann meinen wir mit „ich" den ganzen Menschen mit Vernunft, Seele und Körper.

A2 Wie der Handwerker sich seiner Hände bedient, benutzen wir, um etwas zu tun, auch den ganzen Körpers. Der Benutzende und das Benutzte sind zweierlei. Die Seele bedient sich des Körpers. Sie ist das Beherrschende, er ist das Beherrschte. Der Mensch – das Selbst des Menschen – nun kann dreierlei sein: die Seele, der Körper oder beides zusammen. Der Körper ist das Beherrschte, das Gebrauchte, ist also nicht der Mensch. Körper und Seele zusammen können aber nicht das Beherrschende sein, da am Beherrschenden nicht das Beherrschte – der Körper – beteiligt sein kann. Also bleibt nur die Seele übrig, die man als den eigentlichen Menschen, als das Selbst des Menschen bezeichnen kann.

A3 Mit „Seele" meint Platon die Vernunftseele (siehe Doppelseite 3 *Die Seele: ein Vogel?*). Auch wenn sich der Körper, die Gedanken oder Gefühle verändern, bleibe ich noch ich selbst. Das Eigentliche des Menschen ist also das Ich, das man mit der Vernunftseele gleichsetzen kann. Andererseits übersieht Platon, dass auch der Körper Einfluss auf die Vernunftseele, auf das Denken hat. Ich denke anderes und tue anderes, wenn der Körper in einen anderen Zustand versetzt wird, etwa wenn ich müde werde, bei Krankheit oder durch den Genuss von Alkohol. Platon sieht den Menschen zu einseitig. Außerdem ermöglicht der Körper erst die Existenz der Seele (aber das sieht Platon anders, für ihn ist der Körper das Grab der Seele, sie lebt nach dem Tod befreit vom Körper weiter).

A4 So könnte es weitergehen:
Als der Mann in Freds Bett aufsteht und umhergeht, meint Freds Frau, es sei ihr Mann, aber sie wundert sich, dass er doch irgendwie ganz anders wirkt als sonst. – Bert glaubt zunächst, er träume weiter. Den Raum kennt er nicht, sein Körper ist völlig verändert. Er ist viel größer als vorher, unheimlich fett und hat ein Holzbein. Als er merkt, dass er nicht träumt, droht er wahnsinnig zu werden, aber er fängt sich. Irgendein Zauber muss mich verwandelt haben, denkt er. Eine Frau kommt in das Zimmer, die er nicht kennt. Er steht auf, völlig verunsichert. Er erinnert sich an seinen alten Körper, an seine Wohnung, an seine Fähigkeiten. Ich bin's immer noch, denkt er, ich bin Bert und muss sehen, wie ich mit diesem entsetzlichen Körper zurechtkomme. Ich werde erst einmal abnehmen. Dann mache ich viel Sport und lege mir eine anständige Beinprothese zu, mit der man sich gut bewegen kann. Wenn ich in den Spiegel schaue, könnte ich verzweifeln. Aber ich will das Beste daraus machen.
Eine andere Fortsetzung könnte zeigen, wie sich durch den neuen Körper auch allmählich der Charakter verändert.
Stephen Law hat die Geschichte von Fred und Bert in seinem Buch *Philosophie – Abenteuer Denken* weitererzählt und kommt zu dem – im Folgenden aber wieder in Frage gestellten –

Ergebnis, der Fall der vertauschten Gehirne scheine zu beweisen, dass sich eine Person nicht unbedingt da befinden müsse, wo sich ihr Körper befindet (vgl. ebda, S. 69 ff.).
Literarisch hat Thomas Mann das Thema „Körper – Geist" in *Die vertauschten Köpfe* dargestellt. Eine ausführliche Inhaltsangabe und Interpretation findet sich in: Engels, Helmut: *„Nehmen wir an ..." Das Gedankenexperiment in didaktischer Absicht,* Beltz Verlag, Weinheim und Basel 2004. S. 67–74.

A5 Es gibt Parallelen zwischen Platons Seele und dem Gehirn in diesem Gedankenexperiment. Für Platon wäre klar, dass das Gehirn, in dem sich übrigens nach seiner Auffassung auch die Vernunftseele befindet, hier entscheidend ist. Bert bleibt Bert. Nur der Körper, dessen sich Bert bedient, ist ein anderer geworden.

A6 Man kann das Gehirn als Träger der Seele bezeichnen, von wo aus sie auf den Körper wirkt.

A7 Die Seele ist für Dörner nichts anderes als ein Steuerungssystem für lebende Systeme, d. h. eine Art Programm, das aus mathematisch bestimmbaren Regeln besteht. Grundsätzlich ist es möglich, Roboter so zu bauen, dass sie auch Gefühle und Handlungsmotive haben. Dann müssten ihnen auch Rechte zukommen.
Empfohlene Hintergrundlektüre:
Luczak, Hania: *Signale aus dem Reich der Mitte,* GEO Nr. 11/2000, S. 136-162.
Der Aufsatz findet sich auch unter dem Titel *Wie der Bauch den Kopf bestimmt* unter: http://www.geo.de/GEO/mensch/medizin/686.html?p=1 (Stand: 29.03.12)

5 Von innen nach außen, von außen nach innen (Seite 46–47)

„Seele" wird hier nur im unverfänglichen psychologischen Sinne verstanden. Die Erfahrung der Wechselwirkung von Leiblichem und Seelischem, die jedermann zugänglich ist, soll durch die Auseinandersetzung mit den Texten und der Durchführung der Übungen verstärkt werden. Nimmt man die entsprechenden Erfahrungen ernst, dürfte sich dies auch auf die Lebensführung auswirken.

A1 Ich habe Schmetterlinge im Bauch. – Das hat ihm das Herz gebrochen. – Dabei überläuft es mich eiskalt. – Da geht einem das Herz auf. – Da bleibt dir die Luft weg. – Ich habe weiche Knie bekommen.

A2 Der Junge ist ratlos, er kommt nicht weiter. Vielleicht versteht er die Aufgabe nicht und weiß nicht, was er tun soll. Er ist bekümmert, aber noch nicht verzweifelt.

A3 Hinweis: Es muss damit gerechnet werden, dass sich bei solchen Übungen eine gewisse Heiterkeit einstellt. Sie kann damit zusammenhängen, dass manchem Schüler plötzlich ein Licht aufgeht und es ein Wiedererkennen gibt.

A4 Zu erwarten: Was Kerstin sagt, überzeugt. Von der Haltung und Bewegung hängt auch ab, wie ich mich fühle. Wenn es mir schlecht geht und ich dagegen angehen möchte, stelle ich mich gerade hin, bringe Spannung in meinen Körper und atme tief durch. Das hilft, wenn auch nicht immer.

A5 Sinnvoll: Joggen, tanzen, spazieren gehen, schwitzen, Übungen im Fitness-Center. Jeder muss selbst herausfinden, was ihm gut tut. Unsinnig dagegen: sich betrinken; das betäubt nur kurzzeitig und macht letztlich alles noch schlimmer.

A6 Der Mensch ist eine Einheit von Körper, Geist und Seele. Gedanken, Gefühle und Einstellungen zeigen sich auch körperlich. Daher kann die Bezeichnung für den sichtbaren Ausdruck auch als Bezeichnung für Geistiges und Seelisches gebraucht werden.

Freundschaft, Liebe und Partnerschaft (Schülerband, Seite 48–57)

Einführung

Zentrales Anliegen dieses Kapitels ist es, die teils sehr unterschiedlichen Vorerfahrungen der Lernenden aufzugreifen, darüber in einen Austausch zu kommen, um so mit Hilfe von entsprechenden Anregungen und Materialien zu einer differenzierteren und kritischen Sicht zunächst zum Freundschaftsbegriff gelangen zu können. Dies soll die Schülerinnen und Schüler schließlich dazu befähigen, zukünftige soziale Beziehungen, die darüber hinaus nicht selten mit Konflikten behaftet sind, selbstbestimmt, reflektiert und angemessen einzugehen bzw. zu bewältigen. Im Rahmen dieser thematischen Reflexion sollen sie dabei grundsätzlich angeregt werden, rationale Standpunkte zu entwickeln und auf deren Basis selbstverantwortete Entscheidungen zu treffen. Weiterhin soll im Rahmen dieser Thematik der Versuch unternommen werden, die Begriffe Freundschaft, Verliebtsein, die verschiedenen Formen der Liebe und den Begriff Partnerschaft voneinander abzugrenzen. Darüber hinaus werden dann im Rahmen des Kapitels auch Problemsituationen, die in diesen einzelnen sozialen Beziehungen auftreten bzw. auftreten können, thematisiert und reflektiert.

Methodisch-didaktische Hinweise

Durch die Materialien und die entsprechenden Aufgabenstellungen werden bei den Schülerinnen und Schülern unterschiedliche personale, soziale, Sach- und Methodenkompetenzen auf- bzw. ausgebaut. Hinweise zu den konkreten Kompetenzen werden im Rahmen der einzelnen Aufgaben gegeben.
Grundsätzlich kann die Behandlung des gesamten Kapitels produktorientiert geschehen, indem die Schülerinnen und Schüler z.B. eine Wandzeitung erstellen oder aber auch begleitend ein persönliches (Lern-)Tagebuch führen.
Denkbar wären auch differenzierte oder freie Aufgabenstellungen für unterschiedliche Gruppen. So könnten diese z.B. erste philosophische Essays zum Begriff Freundschaft oder Liebe erstellen und diese in einer Mappe sammeln. Bezogen auf den Einzelnen könnten gelungene Texte oder andere Formen der Auseinandersetzung mit dem Thema in einem Portfolio als einem Instrument der Selbstreflexion und -evaluation gesammelt werden. All diese Produkte könnten schließlich auch als Elemente zur Leistungsbeurteilung herangezogen werden.

Hinweise zur Konzeption der Doppelseiten und zu den Aufgaben

1 Freundschaft ist wichtig (Seite 48–49)

Ausgehend von den eigenen Erfahrungen mit und Vorstellungen von Freundschaften sollen sich die Schülerinnen und Schüler mit dieser Form einer sozialen Beziehung auseinandersetzen. Die Materialien und Arbeitsaufträge dieser Doppelseite können hierbei helfen, indem sie die unterschiedlichen Facetten von Freundschaft aufzeigen bzw. dazu veranlassen, Freundschaft kritisch und differenziert zu betrachten (M1, M2). In M3 setzen sich die Schülerinnen und Schüler weiterführend und vertiefend mit dem Freundschaftsbegriff auseinander, indem sie ihn schließlich auch aus der ideengeschichtlichen Perspektive beleuchten.

A1 Es ist anzunehmen, dass die Schülerinnen und Schüler folgende Zuordnungen vornehmen:

Bildbeschreibung	zugeordneter Text
zwei Hände	„Unseren Freundschaftsbund haben wir besiegelt. Wir hoffen, er hält ein Leben lang." *alternativ:* „Mein Kumpel und ich halten zusammen. Mit dem verstehe ich mich manchmal besser als mit meinen Eltern."
Gruppe von mehreren Jungen und Mädchen'	„In meiner Clique fühle ich mich geborgen. Dort werde ich von den anderen angenommen. Sie denken oft genauso wie ich und beschäftigen sich mit den gleichen Problemen. Außerdem gibt mir die Clique Sicherheit." *alternativ:* „Unseren Freundschaftsbund haben wir besiegelt. Wir hoffen, er hält ein Leben lang."
zwei Mädchen beim Sport	„Durch meine Freundin finde ich heraus, was alles in mir und was in ihr steckt. Ich messe mich mit ihr." *alternativ:* „Unseren Freundschaftsbund haben wir besiegelt. Wir hoffen, er hält ein Leben lang."
zwei Jungen	„Mein Kumpel und ich halten zusammen. Mit dem verstehe ich mich manchmal besser als mit meinen Eltern." *alternativ:* „Unseren Freundschaftsbund haben wir besiegelt. Wir hoffen, er hält ein Leben lang."

Durch die Zuordnung von Bildern und Texten soll deutlich werden, dass Freundschaft viele Facetten hat, die nicht alle in einer „Momentaufnahme“ (hier ein Bild) eingefangen werden können. Darüber hinaus kann es (auch zur Vorbereitung von Aufgabe 2) sinnvoll sein, zu den im Schülerbuch fett gedruckten Wörtern die entsprechenden Nomen zu finden und in einer Liste zu sammeln, um dann ggf. weitere Merkmale von Freundschaft zu ergänzen. Ausgehend von den Texten (in der Reihenfolge von oben nach unten) könnten demnach folgende Begriffe zugeordnet werden: Ansporn / Herausforderung, Akzeptanz, Zusammenhalt, Treue.

A2 Mit dieser Aufgabe sollen die Schülerinnen und Schüler die vorgegebenen und ihre persönlichen Beschreibungen von Freundschaft für sich bewerten und damit in eine vertiefende philosophische Auseinandersetzung zu diesem Begriff kommen. Bei dieser Aufgabe bietet sich an, die eigenen Beschreibungen den zuvor in Aufgabe 1 erarbeiteten Merkmalen von Freundschaft (Nomen) zuzuordnen. Da es sich hier um die persönliche Bewertung von Freundschaftsmerkmalen handelt und Freundschaft ganz individuell von den Freunden untereinander geregelt wird, sollte methodisch hier zunächst auf die gemeinsame Erarbeitung einer „Rangfolge“ (z.B. in Gruppenarbeit) verzichtet werden. Das schließt natürlich nicht ein anschließendes Plenums- oder Partnergespräch über die persönliche Wertung aus.

A3 Damit die Schülerinnen und Schüler die Texte zunächst selbständig erschließen und anschließend deren Inhalt den Mitschülerinnen und Mitschülern sinngemäß wiedergeben können, ist es ratsam, den „Experten“ Formulierungshilfen an die Hand zu geben. Es können z.B. sogenannte performative Verben (sagen, erzählen, berichten, behaupten, zustimmen ...) in zusammenhängenden Formulierungen benutzt werden (vgl. hierzu: Helmut Engels: *Geben Sie den Text wieder und ...!* in: Zeitschrift für Didaktik der Philosophie, 1/1990. S. 22–26).

Bezogen auf die vier Texte in M2 können z. B. folgende Formulierungshilfen hilfreich sein:
- .... ist (nicht) der Meinung / behauptet, dass ...
- Er begründet diese Meinung damit, dass ...
- Dies verdeutlicht er durch Folgendes / folgende(s) Beispiel(e):

Auch für die anschließende Stellungnahme zu den vier Freundschaftsbegriffen können Formulierungshilfen vorgegeben werden:
- Die Ansicht von ... überzeugt mich, weil ...
- Nicht überzeugend scheint mit der Gedanke, dass ...
- Für mich wurde der Gedanke / die Ansicht, dass ..., nicht gut begründet, denn ...
- Im Vergleich mit der Ansicht von ... erscheint mir die Meinung von ... weniger / eher überzeugend, weil ...
- Bezogen auf meine eigenen Erfahrungen kann ich ... zustimmen / nicht zustimmen, weil ...
- Angenommen die Gedanken von ... zum Freundschaftsbegriff wären richtig, dann ...

2 Mein Gefühl für dich (Seite 50–51)

Didaktischer Schwerpunkt der Materialien dieser Doppelseite ist die Auseinandersetzung mit dem Phänomen des Verliebtseins und dessen Abgrenzung zur Liebe. Durch den Test für Verliebte (M1), den Text M2 und den Liedtext von H. Grönemeyer (M3) soll zunächst ein Anknüpfungspunkt geschaffen werden, von dem ausgehend eine Auseinandersetzung mit diesem doch relativ intimen und emotionsgeladenen Thema stattfinden kann. Hierbei stehen die typischen Verhaltensweisen und Gefühlsregungen, die mit dem Zustand des Verliebtseins einhergehen, im Mittelpunkt der Betrachtung. Sicherlich werden die Schülerinnen und Schüler dieser Altersstufe bereits erste Erfahrungen mit dem „Verliebtsein“ haben und können so begründet und kritisch Stellung zu den einzelnen Aussagen bzw. Beschreibungen nehmen. Die begriffliche Abgrenzung zur Liebe kann dann mit M4, ausgehend von den Inhaltsangaben zu den drei Filmen (ggf. auch deren Betrachtung) eingeleitet werden. Mögliche Fragestellung hierbei wären: Wie verläuft in diesen Liebesgeschichten der Übergang vom Verliebtsein zur Liebe? Ist er für einen Außenstehenden erkennbar bzw. ist er überhaupt erkennbar? Gibt es im Film beobachtbare Verhaltensweisen, die man dem einen oder anderen Zustand zuordnen könnte?

A1/ A2 Die Durchführung und Bewertung des Tests dient der Schulung von differenzierter Selbstbeobachtung und kritischer Beurteilung.

A3/ A4 *Zu M2:*
- Im Leben des bzw. der Verliebten findet eine starke Veränderung auf der Ebene der sozialen Beziehungen statt, die Freunde werden unwichtiger, die Liebesbeziehung hat Vorrang. („Bis vor kurzem war es für dich das Wichtigste mit deinen Freunden loszuziehen. Jetzt drehen sich deine Gedanken nur noch um ...“)
- Der / die Verliebte trifft unvernünftige Entscheidungen und nimmt dafür sogar Nachteile in Kauf. („Du lässt zwei Bahnen fahren ... . Dass du deshalb zu spät zur Schule kommst, ist dir auf einmal egal.“)
- Gleichzeitig möchte der / die Verliebte aber nicht, dass Außenstehende seinen / ihren Zustand bemerken. („Natürlich darf das keiner merken ...“)
- Alle Gedanken kreisen um die / den Angebetete/n. („... musst du immer an ihn denken.“)
- Der / die Verliebte „errötet“, das heißt die starken Emotionen zeigen sich durch körperliche Reaktionen, die auch nicht mehr zu verbergen sind.

Zu M3:

In seinem Liedtext beschreibt H. Grönemeyer das Verliebtsein
- als ein Ereignis, das einen „erwischt“
- als schicksalhaft, gottgegeben („Ich weiß, dass dich der Himmel schickt ...“)
- als „verrückten“, „verwirrten“ Zustand, man ist „völlig von Sinnen“
- als traumähnlichen Zustand („Weck mich nicht auf ...“)

- als einen Zustand starker (seelischer) Erwärmung („Du hast mich restlos aufgetaut, ich schmelz dahin ...")
- als Zustand ohne Kontrolle über sich selbst, als Rauschzustand („... völlig von Sinnen, du treibst mich ins Delirium, narkotisiert")

In beiden Texten wird das Verliebtsein also ähnlich beschrieben. Die Gemeinsamkeiten können herausgearbeitet und durch die eigenen Erfahrungen der Schülerinnen und Schüler ergänzt werden. Bezüglich der Fragestellung, ob Jungen das „Verliebtsein" anders als Mädchen erleben, bietet sich an, eine geschlechtsspezifische Befragung durchzuführen. (Wie sehen die Mädchen die Jungen, wie sehen die Jungen sich selbst? – und entsprechend umgekehrt.)

A5 *Die Schöne und das Biest* (Originaltitel: *Beauty and the Beast*), Zeichentrickfilm der Walt-Disney-Studios aus dem Jahr 1991, der auf dem gleichnamigen Volksmärchen aus Frankreich basiert:

Ein Erzähler berichtet über einen herzlosen, oberflächlichen jungen Prinzen, der eines Tages eine hässliche Bettlerin abwies, die ihn um Asyl für die Nacht bat und ihm eine Rose dafür anbot. Sie ermahnte ihn mehrmals, sich nicht von ihrer äußeren Erscheinung irren zu lassen, dennoch blieb er hart, bis sie sich plötzlich in eine schöne Zauberin verwandelte. Alle Entschuldigungsversuche des Prinzen brachten nichts, denn die Zauberin hatte gesehen, dass sein Herz keine Liebe kennt. So verwünschte sie sein Schloss, verwandelte sämtliche Bewohner und machte aus ihm ein abscheuliches Biest. Dieser Fluch kann nur gebrochen werden, wenn er es bis zu seinem 21. Geburtstag schafft, eine Frau wahrhaftig zu lieben und ihre Liebe zu erringen, bevor die magische Rose verblüht, die ihm die Zauberin schenkte. [...] Es wird übergeblendet zu dem schönen Mädchen Belle, das sich inmitten seiner engstirnigen Dorfgemeinschaft nicht wohl fühlt. In ihren Büchern versunken träumt sie davon, eines Tages die Welt zu entdecken, was vor allem bei dem eitlen, aber hochgeachteten Gaston auf Unverständnis stößt, da er meint, Frauen sollten nicht lesen. Trotzdem möchte er unbedingt Belle zur Frau, weil sie das schönste Mädchen im Dorf ist, die jedoch findet sein ungehobeltes Verhalten und seine Dummheit unerträglich. Der einzige Mensch, der Belle etwas bedeutet, ist ihr Vater Maurice [der sich eines Tages im Wald verirrt und vom Biest gefangengenommen wird.] [...] Schließlich bietet Belle gegen den Willen ihres Vaters sich zum Tausch an und verspricht dem Biest, für immer im Schloss zu bleiben, wenn es ihren Vater gehen lässt. [...] Langsam kommen die beiden sich näher. Am Vortag des 21. Geburtstags des Biestes bemühen sich nun alle Schlossbewohner, diese letzte Chance zu nutzen. Belle und das Biest verbringen einen romantischen Abend, bevor das Biest ihr jedoch seine Liebe gestehen kann, beichtet sie ihm, dass sie ihren Vater furchtbar vermisst. Das Biest gibt ihr daraufhin seinen Zauberspiegel, in dem Belle sieht, dass Maurice sich allein auf den Weg gemacht hat, um sie zu retten, und jetzt vollkommen entkräftet im Wald herumirrt. Daraufhin lässt das Biest aus Liebe Belle zu ihrem Vater gehen und verspielt somit die wahrscheinlich letzte Chance, vom Fluch befreit zu werden. [...] [Es kommt zum Kampf zwischen Gaston und dem Biest.] Als das Biest die Oberhand gewinnt, fleht Gaston, der das Biest zuvor verspottet hatte, um sein Leben, und das Biest lässt ihn frei. Als das Biest sich Belle zuwendet, rammt ihm Gaston ein Messer in den Rücken, als er noch einmal zustechen will, stürzt er vom Dach und fällt in eine tiefe Schlucht. Das Biest, froh, Belle wenigstens noch einmal sehen zu dürfen, stirbt in ihren Armen, worauf Belle ihm ihre Liebe gesteht, nur Augenblicke, bevor das letzte Blatt der Rose fällt. In diesem Moment wird das Biest in den schönen Prinzen zurückverwandelt und ist wieder unversehrt. Belle erkennt ihr geliebtes Biest in seinen Augen und durch einen Kuss werden nun auch alle Gegenstände wieder zurück in Menschen verwandelt, sowie das Schloss wieder genauso strahlend und schön wird wie zuvor. Die Geschichte endet mit einer Hochzeit im opulenten Ballsaal, bei der alle Schlossbewohner sowie Belles Vater anwesend sind. *http://de.wikipedia.org/wiki/Die_Sch%C3%B6ne_und_das_Biest_(1991) (Stand: 11.04.2012)*

Pretty Woman (dt. *„Hübsche Frau“*) ist ein amerikanischer Liebesfilm von Garry Marshall aus dem Jahr 1990:
Finanzmogul Edward Lewis befindet sich auf einer Party, als er einen Anruf erhält: Seine Geliebte will ihn verlassen. Frustriert macht er sich im Luxussportwagen seines Freundes und Anwalts Phil auf den Weg nach L.A., um dort im hocheleganten Regent Beverly Wilshire abzusteigen. Auf dem Hollywood Boulevard hält er an, um nach dem Weg zu fragen. Die Prostituierte Vivian Ward, die glaubt, einen zahlungskräftigen Kunden gefunden zu haben, verlangt 5 Dollar für ihre Auskunft. Lewis ist beeindruckt von soviel Frechheit und lässt sich schließlich von Vivian zum Hotel fahren. Dort angekommen, nimmt er sie mit auf sein Zimmer. Am nächsten Morgen beschließt er, sie für eine Woche als Begleiterin zu engagieren. Die lebenslustige, aber gesellschaftlich völlig unerfahrene Vivian erhält in einer peinlichen Situation unerwartete Hilfe vom Hotelmanager, der sie eigentlich hinauswerfen wollte: Er verschafft ihr die Möglichkeit, für ein wichtiges Geschäftsessen das passende Kleid zu erwerben, und vermittelt ihr elementare Kenntnisse in Tischkultur. Vivian meistert das Dinner bis auf ein paar kleinere Fauxpas glänzend und zieht sich Lewis' Bewunderung zu, doch der Abend verläuft dennoch nicht wie geplant. Es macht ihm plötzlich keinen Spaß mehr, seinen Gewinn aus anderer Menschen Unglück zu ziehen – und er will nicht, dass Vivian schlecht von ihm denkt. Die folgende Woche wird zum märchenhaften und aufregenden Abenteuer für Vivian und zur unerwarteten Kehrtwende in Edward Lewis' Leben, der beginnt, die Welt mit Vivians Augen zu sehen. Bis auf ein Treffen zum Polo-Sport, bei dem Edward Vivian gegenüber seinem Anwalt Phil als Prostituierte zu erkennen gibt und diese daraufhin gekränkt ist, verläuft die gemeinsame Woche sehr harmonisch und aufregend. Eine Werft, ein Familienunternehmen, das Edward ursprünglich übernehmen und zerteilen wollte, um die einzelnen Teile mit Gewinn zu veräußern, will er nun sanieren. Der geld- und machthungrige Anwalt ist außer sich vor Wut und versucht, sich an Vivian zu vergehen. Lewis kann in letzter Minute eingreifen und wirft Phil hinaus. Edward möchte den Kontakt zu Vivian aufrechterhalten, ist jedoch nicht in der Lage, sich ihr gänzlich anzuvertrauen. Er schlägt ihr deshalb vor, seine Geliebte zu werden. Vivian, tief in ihren Gefühlen verletzt, lehnt dieses Angebot ab. Edward kann sich jedoch noch nicht zu einem weiteren Schritt überwinden, und so verlässt sie ihn, nachdem ihr Abkommen erfüllt ist. Allein gelassen hinterfragt Edward seine Entscheidung und merkt schließlich, dass er ohne Vivian nicht mehr leben möchte. Mit Hilfe des Hotelmanagers findet er sie und gesteht ihr seine Liebe. Der Film endet mit einem Happy End. *http://de.wikipedia.org/wiki/Pretty_Woman (Stand: 11.04.2012)*

Romeo + Juliet, der Film, 1996, von Baz Luhrmann, mit Leonardo DiCaprio und Claire Danes. Luhrmanns Fassung ist eine radikal moderne Neuinterpretation des Stückes *Romeo und Julia* von William Shakespeare mit den Mitteln der Videoclip-Ästhetik.
Die Tragödie spielt in der italienischen Stadt Verona und handelt von der Liebe Romeos und Julias, die zwei verfeindeten Familien angehören, den Montagues (Romeo) bzw. den Capulets (Julia). Die Fehde der Familien geht so weit, dass sich die Beteiligten regelmäßig zu Beleidigungen und blutigen Degenkämpfen hinreißen lassen, sobald sie in der Stadt aufeinandertreffen. Deshalb halten Romeo und Julia ihre Liebesbeziehung vor ihren Eltern verborgen. Ohne deren Wissen lassen sie sich vom Pater Lorenzo trauen, der insgeheim hofft, auf diese Weise einen ersten Schritt zur Lösung des Konflikts beitragen zu können. Trotzdem kommt es zwischen Romeo und Tybalt, einem Capulet und Cousin Julias, zum Kampf, in dessen Verlauf dieser von Romeo getötet wird. Romeo wird aus Verona verbannt und muss nach Mantua fliehen. Julia, die nach dem Willen ihrer unwissenden Eltern in aller Eile mit einem gewissen Paris verheiratet werden soll, bittet erneut Pater Lorenzo um Hilfe. Dieser überredet sie, einen Schlaftrunk zu sich zu nehmen, der sie für 42 Stunden in einen todesähnlichen Zustand versetzen werde, um so der Hochzeit zu entrinnen. Romeo soll durch einen Brief, der ihn allerdings wegen eines Missgeschicks nie erreicht, von diesem Plan in Kenntnis

gesetzt werden. In der Zwischenzeit sieht ein Freund Romeos die mittlerweile beigesetzte Julia in ihrer Familiengruft liegen, eilt zu Romeo und berichtet ihm von dem Tod seiner Liebsten. Romeo eilt nach Verona zum Grab seiner Frau, um sie noch ein letztes Mal zu sehen, dann nimmt er Gift und stirbt an ihrer Seite. Im selben Augenblick erwacht Julia aus ihrem todesähnlichen Schlaf, sieht, was geschehen ist, ergreift Romeos Dolch und tötet sich aus Verzweiflung ebenfalls. Als die verfeindeten Eltern von der tragischen Liebesbeziehung erfahren, erkennen sie ihre Mitschuld und versöhnen sich über dem Grab ihrer Kinder.

http://de.wikipedia.org/wiki/Romeo_und_Julia (Stand: 11.04.2012)

A6 *Liebe* (von mhd. *liebe*, „Gutes, Angenehmes, Wertes") ist die Bezeichnung für die stärkste Zuneigung, die ein Mensch für einen anderen Menschen empfinden kann. Sie muss nicht erwidert werden.

Im ersteren Verständnis ist Liebe ein mächtiges Gefühl und mehr noch eine innere Haltung positiver, inniger und tiefer Verbundenheit zu einer Person, die den reinen Zweck oder Nutzwert einer zwischenmenschlichen Beziehung übersteigt und sich in der Regel durch eine tätige Zuwendung zum anderen ausdrückt. Hierbei wird zunächst nicht unterschieden, ob es sich um eine tiefe Zuneigung innerhalb eines Familienverbundes (Elternliebe, Geschwisterliebe) handelt, um eine enge Geistesverwandtschaft (Freundesliebe, Partnerschaft) oder ein körperliches Begehren (geschlechtliche Liebe (Libido)). Auch wenn Letzteres oft eng mit Sexualität verbunden ist, muss sich nicht beides zwangsweise bedingen (vgl. platonische Liebe).

nach http://de.wikipedia.org/wiki/Liebe (Stand: 11.04.2012)

Verliebtheit ist ein intensives Gefühl der Zuneigung. Sie wird nach Ansicht von Psychologen von einer Einengung des Bewusstseins begleitet, die zur Fehleinschätzung des Objektes der Zuneigung führen kann. Fehler des anderen können übersehen oder als besonders positive Attribute erlebt werden. Verliebtheit ist kein Dauerzustand, sie besteht als eine Phase über einen längeren oder kürzeren Zeitraum, kann abflauen und sich auflösen oder in Liebe übergehen. Die Gefühle des Verliebtseins können einseitig sein, müssen also nicht erwidert werden. Eine weniger intensive Form der Verliebtheit wird auch als Schwärmerei für eine Person bezeichnet.

http://de.wikipedia.org/wiki/Verliebtheit (Stand: 11.04.2012)

3 Formen der Liebe (Seite 52–53)

Die Auseinandersetzung mit den verschiedenen Formen von Liebe ist das zentrale Anliegen der Materialien und entsprechenden Aufgabenstellungen auf dieser Doppelseite. Nachdem die Schülerinnen und Schüler im Rahmen der vorangegangenen Aufgabenstellungen versucht haben, den Unterschied zwischen Verliebtsein und Liebe zu benennen, soll nun mit Hilfe eines fiktiven Interviews mit Erich Fromm eine weitere Differenzierung des Begriffs Liebe vorgenommen werden, die Abgrenzung zur Nächstenliebe und Mutter- bzw. Kindesliebe. Durch die Materialien M3 bis M5 richtet sich dann der Fokus auf die gleichgeschlechtliche Liebe.

Hauptsächlich können im Rahmen der Aufgabenstellungen dieser Doppelseite folgende Kompetenzen auf- bzw. ausgebaut werden:

- ... vergleichen Werthaltungen kritisch und begründen ihre eigene Position
- ... prüfen individuelle Werthaltungen und Lebensorientierungen, respektieren und tolerieren sie

A1 *Liebe ist, wenn man auch mit wenig Geld jede Menge Spaß zusammen hat,* kann heißen:

- Liebe ist nicht auf Materielles angewiesen.
- Die Liebenden bereichern sich gegenseitig.
- Es ist allein die Person, die ich liebe und die mich erfreut, nicht das Geld (das Materielle).

Liebe ist wie ein Sechser im Lotto, kann heißen:

- Liebe ist ein großes (das größte) Glück.
- Liebe ist eine große „Bereicherung".

A2 Weitere „Liebe ist ...“-Sprüche findet man z.B. unter:
http://www.liebeundso.de/liebe-ist-sprueche.html

A3

Art der Liebe	Unterschied zu den anderen Arten von Liebe
Nächstenliebe – die Griechen nannten sie *agape*, – die Christen nennen sie *caritas*	Die Nächstenliebe ist eine allumfassende Liebe und bezieht sich auf alle Menschen, besonders auf die Hilflosen und Bedürftigen.
Mutterliebe	Die Mutterliebe ist die bedingungslose Liebe der Mutter zum Kind.
Kindesliebe	Die Kindesliebe ist die Liebe vom Kind zur Mutter. Sie beruht darauf, dass das Kind die Liebe der Mutter erfährt und von daher diese Liebe zurückgibt.
Liebe zwischen Erwachsenen	Diese Liebe ist für die, die sich lieben, eine Bereicherung, weil sie auf gegenseitigem Geben und Nehmen beruht. Der, der liebt, will nur das Beste für den anderen, will ihm alles geben, ohne selbst Ansprüche zu stellen. Jeder der Liebenden erfährt so eine Bereicherung der eigenen Existenz. Diese Liebe geht oft einher mit dem sexuellen Verlangen. Umgekehrt ist aber sexuelles Verlangen nicht automatisch Indiz für eine gegenseitige Liebe.

A4 Insbesondere die Einschätzungen der Schülerinnen und Schüler zu Fromms Abgrenzung von „unreifer“ und „wahrer Liebe“ können hier zu interessanten Diskussionen führen.

A5 Die Frage ist geeignet, im Sinne des Kernlehrplans „individuelle Werthaltungen und Lebensorientierungen zu prüfen“, indem man die Schüler dazu anhält, ihre Meinungen zu begründen.

A6 Haifa spürt die Wärme im Herzen, wenn sie bei Laura ist, es ist für sie eine Liebe wie im Märchen, obwohl dies „gegen ihre Erziehung“ ist. Sie hat sich verliebt. Diese Liebe beruht auf Gegenseitigkeit („Sie sahen sich in die Augen und schon geschah der Kuss“). Ihre Liebe ist „stärker als Stahl“ und Haifa nimmt viel Schmerz und Leid auf sich, verlässt ihr Elternhaus, aber die Liebe zu Laura „war genug, sie füllte die Lücken“. „Heute halten sie zusammen ... Sie sind nun ein Paar“.

Haifas Eltern reagieren auf deren „Outing“ mit Intoleranz. Für Haifas Mutter lässt sich die Tatsache, dass ihre Tochter eine gleichgeschlechtliche Liebesbeziehung hat, nicht mit ihrem Glauben vereinbaren (gleichgeschlechtliche Liebe mit sexuellem Verkehr gilt nach konservativer islamischer Auffassung als Unzucht). Haifas Vater reagiert sogar mit Gewalt und Verachtung. Er bespuckt seine Tochter und schlägt auf sie ein. Daraufhin kehrt Haifa ihren Eltern den Rücken und verlässt das Land, ihren Eltern ist es offensichtlich „egal“, wo ihre Tochter bleibt.

A7 Hier bietet es sich an, kurz auf die Geschichte des Paragraphen 175 StGB einzugehen und auf nach wie vor bestehende Diskriminierungen gleichgeschlechtlicher Liebe aufmerksam zu machen (z.B. „schwul“ als Schimpfwort gerade auch in der Jugendsprache etc.).

4 Wenn die Liebe Kummer macht (Seite 54–55)

Sicherlich haben einige Schülerinnen und Schüler schon ihre ersten eigenen Erfahrungen mit Liebeskummer gemacht. Von daher kann ein Austausch darüber gelingen und vor allem zu der Erkenntnis beitragen, dass jede/r diese Phase ähnlich emotional stark empfindet. Während die Materialien M1 bis M3 diesen Austausch initiieren sollen, hinterfragt das fiktive Interview mit Wolfgang Lenzen grundsätzlich die tradierten Moralvorstellungen im Zusammenhang mit Liebesbeziehungen.

Durch die Aufgabenstellungen zu den Materialien dieser Doppelseite können bei den Schülerinnen und Schülern besonders folgende Kompetenzen auf- bzw. ausgebaut werden:
- nehmen Gefühle und Stimmungen anderer wahr und benennen sie,
- lassen sich auf andere ein und nehmen die Perspektive anderer ein,
- beschreiben differenziert ihre Selbstwahrnehmung und Selbstbeobachtung,
- verfassen schriftlich eine Argumentation zu einem philosophischen Thema.

A1 Beide sitzen mit verschränkten Armen und voneinander abgewendet auf der Bank und blicken sich nicht an. Der Gesichtsausdruck des Jungen wirkt eher niedergeschlagen und traurig, während das Mädchen eher wütend und enttäuscht blickt. Beide demonstrieren wenig Gesprächsbereitschaft. Vorausgegangen sein könnte entweder ein Beziehungsstreit oder aber auch eine Aussprache über die gescheiterte Beziehung.

A2 Die Aussagen der Betroffenen machen deutlich, dass Liebeskummer einhergeht mit einem großen „beherrschenden" Gefühl, bei dem oft das rationale Handeln eines Menschen abgeschaltet wird („... weiß ich nicht, was ich tue", „... bin ich total ausgeflippt", „... habe ich stundenlang nur noch geheult", „Man kann an nichts anderes mehr denken", „... als ob es einem das Herz zerreißt"). Die Person neigt zu Verhaltensweisen wie totaler Hingabe an das Verlustgefühl bzw. Selbstaufgabe.

A3 Das Paar hat sich entfremdet („Du scheinst mir ... völlig fremd zu sein", „Es ist egal geworden, was mit uns passiert", „... kann dich kaum noch sehen"), es hat sich nichts mehr zu sagen („Es gibt nichts mehr zu reden", „jetzt wird es still um uns"), es versteht sich nicht mehr („Ich versteh nicht ein Wort mehr aus deinem Mund"). Als sprachliches Bild wird einmal das „Stehen im Regen" benutzt („Denn wir stehen hier im Regen", „Denn wenn's nur regnet, ist es besser aufzugeben"), die bisherige Beziehung wird mit einer Symphonie verglichen, die nun beendet ist („Das Ende ist schon lang geschrieben. Und das war unsere ... Symphonie").

Worterklärung: Sinfonie oder *Symphonie*: von altgriechisch σύμφωνος sýmphōnos „zusammenklingend", „harmonisch".

A4 *Professor Lenzen ist der Meinung, dass* es nicht unmoralisch ist, seinen Partner zu verlassen. *Er vergleicht die Liebesbeziehung mit* einem sportlichen Zweikampf oder einem Spiel, *denn* auch beim Einlassen auf das „Spiel der Liebe" muss einem bewusst sein, dass man entweder als Gewinner oder als Verlierer aus dem Wettkampf herausgehen kann, sprich, dass man verlassen werden kann und (den Partner) verliert.

Weiterhin ist Professor Lenzen der Meinung, dass es von daher auch nicht als unfair zu bezeichnen ist, wenn man durch das Verlassen des Partners diesen verletzt, denn auch der Verlassene hatte zu Beginn des Spiel die gleichen Chancen, Gewinner oder Verlierer zu sein, und hat während des Spiels (der Liebesbeziehung) gleichermaßen die Freuden genießen können.

A5 Wenn eine Beziehung in eine Krise gerät, ist es zunächst wichtig, dass beide Partner miteinander in ein offenes und ehrliches Gespräch kommen (vgl. hierzu auch den Text M2 von Seite 57 des Schülerbandes).

5 Für ein Leben lang? (Seite 56–57)

Durch die Auseinandersetzung mit Biografien verschiedener Partnerschaften (M1) erhalten die Schülerinnen und Schüler eine erste differenzierte Sicht auf diese Form des Zusammenlebens. Des Weiteren ermöglichen das Zitat von Rilke und der Text von Doris Wolf (M2) Bedingungen für das Gelingen von Beziehungen bzw. Partnerschaften zu reflektieren und zu diskutieren. Durch die Aufgabe im Zusammenhang mit dem Partnerschaftshaus (M3) setzen die Lernenden sich dann schließlich noch einmal mit den eigenen Vorstellungen von einer guten Partnerschaft auseinander, indem sie u. a. eine Wertung der einzelnen „Bausteine" vornehmen.

A1/ A6 Siehe Kopiervorlage, S. 42.

A2 Ähnlich wie bei der Freundschaft werden die Erwartungen, die an eine Partnerschaft gestellt werden, meist zu hoch angesetzt. Das, was man von einem Einzelnen nie verlangen würde, nämlich dass er ständig glücklich ist, erwartet man aber von einer Partnerschaft.

A3 Eine Partnerschaft besteht aus zwei Individuen, die jeder für sich „Probleme“ mit in die Beziehung bringen können. Von daher sind Beziehungsprobleme unausweichlich. Ernsthaft gefährdet ist eine Partnerschaft nur dann, wenn einer der beiden ständig das Gefühl hat, mehr zu geben als zu bekommen.

Doris Wolf rät:

- Es muss uns gelingen, den richtigen Partner zu finden, und man selbst muss der richtige Partner sein.
- Jeder Partner sollte die Verantwortung für das Gelingen der Partnerschaft tragen und seinen Teil zum Gelingen der Partnerschaft beitragen.
- Eine Partnerschaft muss gehegt und gepflegt werden wie eine Pflanze.
- Jedem Partner sollte bewusst sein, dass gelegentliche Beziehungsprobleme und Streitereien zum Beziehungsalltag gehören.
- Jeder Partner sollte die „Spielregeln“ der Partnerschaft einhalten.
- Man sollte immer mal wieder prüfen, ob man etwas vermisst oder ob es Gewohnheiten am anderen gibt, die einen stören.
- Man sollte aber nicht ständig endlose Diskussionen führen.

A4 Das Partnerschaftshaus kann gemeinschaftlich gestaltet und im Klassenzimmer aufgehängt werden.

A5 Die Beantwortung dieser Frage kann nur individuell, entsprechend der persönlichen Sicht und Ausprägung dieser drei Formen sozialer Beziehungen vorgenommen werden.

Lebensläufe der Liebe

Paar	Schwierigkeiten	Bewältigung
Marianne und Stefan In dieser Beziehung finden sich Freundschaft (z. B. gemeinsame Interessen), Liebe und Partnerschaft wieder.	Sie hatten immer wieder unterschiedliche Auffassungen zu Fragen des Alltags (z. B. der Kindererziehung ...).	Sie haben sich aber immer wieder „zusammengerauft" und durch gemeinsame Aktivitäten, die den Interessen beider entsprachen, Freude und Gemeinsamkeit erlebt.
Natalia und Richard Diese Beziehung scheiterte, weil die gemeinsamen Interessen verlorengingen (Freundschaft), schließlich auch die gegenseitige Liebe.	Nach der Geburt der Kinder gingen die Interessen bzw. Aufgabengebiete der beiden auseinander. Natalia musste sich um die Kinder kümmern, Richard ging seinen eigenen Interessen nach. Durch die Tatsache, dass beide schließlich eine Wochenendehe führen mussten, da Richard in einer anderen Stadt arbeiten musste und Natalia nicht umziehen wollte, kühlte die Beziehung immer mehr ab. Schließlich verliebte sich Richard in eine andere Frau. Es kam zur Scheidung.	
Bernhard und Josie Diese Beziehung beinhaltet alle drei Beziehungsarten, Freundschaft, Liebe und Partnerschaft.	Beide haben gemeinsam die schwere Zeit nach dem Krieg gemeistert und fünf Kinder großgezogen. Nun, da Josie im Alter an Demenz erkrankt ist, pflegt Bernhard sie.	Das gemeinsame, teils schwere Leben hat die beiden zusammengeschweißt. Beide waren sich stets treu.
Marianne und Heinrich In dieser Beziehung hat sich die Liebe verbraucht. Man könnte sagen, dass diese Partnerschaft nun noch wegen einer gegenseitigen materiellen Abhängigkeit existiert.	Beide haben offensichtlich ihre Liebe über die Jahre nicht gepflegt und haben sich nun nichts mehr zu sagen.	Aus ganz pragmatischen Gründen bleiben sie aber zusammen, da jeder sich dadurch Vorteile erhofft.

Begegnung mit Fremden (Schülerband, Seite 58–67)

Einführung

Auch wenn in der Schülerschaft vieler Schulen zahlreiche Nationalitäten vertreten sind, wissen die Schülerinnen und Schüler oft nicht oder zumindest nur unzureichend Bescheid über die Kultur, die Sitten und Bräuche, die Religion usw. ihrer Mitschülerinnen und Mitschüler aus anderen Nationen. Dieses Kapitel verfolgt daher das Ziel, einige Fragen und Probleme, die im Zusammenhang mit dem Fremden auftreten, ins Zentrum der Aufmerksamkeit der Schülerinnen und Schüler zu rücken, um Verständnis für das Handeln des Anderen hervorzurufen.
Doppelseite 1 ermöglicht den Schülerinnen und Schülern anhand eines Bildes und eines Gedichts und einer fiktiven Werbung einen ersten Zugang zum Thema, indem sie sich zunächst mit der Frage auseinandersetzen, was es bedeutet, „irgendwie anders" zu sein (personale / gesellschaftliche Perspektive). Anschließend sollen die Schülerinnen und Schüler erarbeiten, dass der Heimatbegriff für alle Menschen auf der Welt identisch ist (personale / gesellschaftliche Perspektive). An das Thema Heimat knüpft die Doppelseite 2 insofern an, als dort der Blick auf diejenigen gerichtet ist, die ihre Heimat verlassen mussten und nun versuchen, sich in Deutschland eine neue Existenz aufzubauen (gesellschaftliche Perspektive). Die Erfahrungen, die Deutsche mit Ausländern und Migranten und die Ausländer und Migranten mit Deutschen gemacht haben, stehen im Fokus von Doppelseite 3 (gesellschaftliche Perspektive).
Auf Doppelseite 4 geht es um die Frage, wie es überhaupt zu Nationalismus, Fremdenfeindlichkeit und Rassismus kommt. Anhand eines realen Beispiels, den Forschungsergebnissen von Völkerkundlern sowie einer philosophischen Unterhaltung zwischen Tochter und Vater sollen die Schülerinnen und Schüler versuchen, Antworten auf diese Frage zu finden (gesellschaftliche Perspektive / Ideenperspektive). Auf der letzten Seite schließlich sollen die Schülerinnen und Schüler anhand von Sprichwörtern erkennen, dass Gastfreundschaft überall in der Welt etwas Selbstverständliches ist. Darüber hinaus soll an einem fiktiven Interview mit Kant deutlich werden, dass das Gastrecht ein Recht ist, auf das jeder Mensch überall auf der Welt Anspruch hat (gesellschaftliche Perspektive / Ideenperspektive).

Methodisch-didaktische Hinweise

In Bildern (auf allen Doppelseiten), Gedichten (Doppelseite 1), authentischen Berichten (Doppelseiten 3 und 4), Sprichwörtern (Doppelseite 5), in einem Fragebogen (Doppelseite 1), einem Lied (Doppelseite 2) und einem fiktiven philosophischen Interview mit Kant (Doppelseite 5) werden zentrale Aspekte, die den Umgang mit Fremden betreffen, angesprochen.
Das Thema dieses Kapitels ist deshalb besonders wichtig, weil das Zusammenleben mit Menschen aus unterschiedlichen Kulturen, insbesondere in Ballungsgebieten wie z. B. dem Ruhrgebiet, mittlerweile zum Alltag, also auch zur Realität der Schülerinnen und Schüler gehört.

Hinweise zur Konzeption der Doppelseiten und zu den Aufgaben

1 Heimat – bunt gemischt (Seite 58–59)

Auf dieser Doppelseite sollen die Schülerinnen und Schüler in einem ersten Zugang zu dem Thema „Begegnung mit Fremden" herausarbeiten, dass man den Anderen nur dann verstehen kann, wenn man sich in ihn hineinversetzt und seine Andersartigkeit akzeptiert. Außerdem sollen sie lernen, dass der Begriff „Heimat" für alle Menschen aus allen Kulturen und Religionen identisch ist und sie alle dasselbe damit verbinden.

A1 Das Bild zeigt Kleckse in unterschiedlichen Farben, Formen und Größen, die einander dennoch ähnlich sind und zusammen ein harmonisches Ganzes ergeben. Die unterschiedlichen Zusammensetzungen der Farben, Formen und Größen symbolisieren die Einzigartigkeit der Menschen, die sich aber als Gattungswesen nicht unterscheiden. Dass jeder Mensch ein Individuum ist, kann schon allein am Aussehen oder an Charaktereigenschaften des Einzelnen festgemacht werden. Geht man noch einen Schritt weiter, lässt sich das Bild auch auf die unterschiedlichen Nationen, Völker, Ethnien, Kulturen oder Religionsgemeinschaften anwenden.

A2 Menschen, die aus verschiedenen Kulturen stammen, finden sich z. B. in der Nachbarschaft, im Kindergarten, in der Schule oder im Sportverein. Für Kinder ist es in der Regel völlig egal, ob jemand aus Deutschland, Italien, China, Amerika oder der Türkei stammt. Ihnen geht es nur darum, dass man gut miteinander auskommt und miteinander spielen kann. Für Jugendliche heutzutage ist sicherlich auch das Internet ein Forum, in dem sie sich je nach Interessengebiet verschiedenen Gruppen anschließen und dann Kontakte zu Menschen anderer Herkunft oder Kultur finden.

A3 Die Blaukarierten fordern von den Rotgefleckten, sie mögen sich als Fremdlinge aus dem Land der Blaukarierten zurückziehen. Ironischerweise erheben die Rotgefleckten ihrerseits in Bezug auf ihr Land die gleiche Forderung gegenüber den Grüngestreiften. Diese wiederum erwarten, dass sich die in ihrem Land lebenden Blaukarierten in ihren eigenen Staat zurückkehren, sodass sich der „Kreis der Ablehnung" schließt und gleichzeitig als absurd entlarvt. Lediglich im Land der Buntgemischten ist jeder willkommen. Hier leben alle „Farbmuster" friedlich neben- und miteinander.

A4 Das Besondere an den Buntgemischten besteht darin, dass sie als einzige Gruppe, als einziger Staat Toleranz gegenüber dem Fremden aufweisen. Sie sind in der Lage zu abstrahieren und zu erkennen, dass prinzipiell jeder Mensch dasselbe für sein Leben einfordert (Frieden, Schutz, Sicherheit, Eigentum), wobei es keine Rolle spielt, aus welchem Teil der Welt er stammt, welche Hautfarbe er hat und welcher Religion er angehört. Vielmehr ist diese Gesellschaft dazu bereit, einen Neuen, beispielsweise einen Gelbgetupften, aufzunehmen und ihm zu helfen, Fuß in seiner neuen Heimat zu fassen. In der Folge weist sich diese Gesellschaft durch spannende Vielfalt statt durch langweilige Eindimensionalität aus, was durch die Farben im Schriftbild anschaulich gemacht wird und so die Botschaft von M1 verstärkt.

A5 Mögliche Antworten für den Fragebogen lauten:

Zu 1: 1. das Dorf oder die Stadt, in der ich lebe; 2. mein Heimatland; 3. meine Sprache; 4. die Menschen aus meinem Umfeld; 5. die Landschaft, in der ich aufgewachsen bin; 6. die typischen Gerüche meines Umfelds; 7. die Kultur, die mich geprägt hat; 8. die Speisen meiner Mutter; 9. das Spielen mit Freunden am Bach; 10. das Haus, in dem ich geboren wurde und aufgewachsen bin.

Die Antworten der Schülerinnen und Schüler fallen vermutlich nicht sehr unterschiedlich aus. Bei der Erstellung der Liste macht es nämlich keinen Unterschied, aus welcher kulturellen Tradition jemand stammt, da in Bezug auf den Begriff Heimat alle Menschen sehr ähnliche Empfindungen und Vorstellungen haben.

Zu 2: Der Gegenstand, den jemand auf der Flucht mitnimmt, wird einer sein, an dem man sehr hängt. Die Möglichkeiten (Kuscheltier, Foto, Tagebuch, Schmuckstück usw.) sind nahezu unerschöpflich. Neben dem emotionalen Aspekt werden manche Jugendliche vielleicht auch pragmatische Gründe anführen und z. B. Laptop, Handy, iPod oder dergleichen wählen, die es ermöglichen, mit Freunden in Kontakt zu bleiben, Lieblingsmusik und -spiele dabeizuhaben etc.

Zu 3: Hier kommt es natürlich darauf an, welche Nationalität die Schülerinnen und Schüler vertreten. „Typische" Beiträge für einen Heimatabend wären Speisen und Getränke sowie kulturelle oder folkloristische Einlagen – auf jeden Fall wird es ein Stück weit auch um die Bedie-

nung bestimmter Klischees gehen. Um deutlich zu machen, aus welchem Land man stammt, könnten die Schülerinnen und Schüler an einem „Heimatabend" z. B. Folgendes präsentieren: Brasilien: Fußballspiel, Fejoada; Spanien: Tango, Tapas; Mexico: Gitarrenmusik, Tacos und Burritos; Türkei: Saz, Döner und Köfte; Italien: Opern, Spaghetti und Pizza; England: Beatles, Bohnen in Tomatensauce; Deutschland: klassische Musik von Bach, Haxe und Sauerkraut; Österreich: Musik von Mozart, Germknödel, Salzburger Nockerln und Wiener Schnitzel, etc.

Zu 4: Das Gefühl, ein Fremder zu sein, schlägt sich z. B. im Nicht-dazu-Gehören, im Ausgrenzen oder sogar in Ablehnung nieder. Um sich vorzustellen, wie sich ein Fremder fühlt, mag man sich folgendes Beispiel vor Augen führen: Ein Kind geht auf den Spielplatz in der Nachbarschaft. Dort spielen bereits einige ihm bekannte Kinder ein Spiel, das es auch gerne spielt. Das Kind schaut den anderen beim Spielen zu, wird von ihnen aber nicht eingeladen, am Spiel teilzunehmen. Es hat auch nicht den Mut zu fragen, ob es mitspielen darf. Das Kind muss sich schrecklich fühlen, weil es keinen Grund erkennt, warum es nicht mitspielen darf, und nicht weiß, warum es von den anderen ausgegrenzt wird und nicht Teil der Gruppe sein darf. Ähnlich ausgegrenzt fühlt sich ein Fremder, der in seiner Nachbarschaft keinen Kontakt zu seinen Nachbarn bekommt, weil alle ihm aus dem Weg gehen, da er anders aussieht, anders spricht, anderen Sitten und Bräuchen nachgeht etc.

Zu 5: Eine neue Mitschülerin oder ein neuer Mitschüler kann besonders gut integriert werden, wenn man sie bzw. ihn zu sich nach Hause einlädt, gemeinsam etwas unternimmt, zusammen spielt, viel miteinander spricht, damit die bzw. der Neue möglichst schnell die deutsche Sprache erlernt. Darüber hinaus kann man erwarten, dass der bzw. die Neue sich teilweise anpasst, ohne die eigene Identität aufzugeben, dass man selbst etwas über die Kultur lernt, aus der die bzw. der Neue stammt, dass man die Sitten und Bräuche, das Essen und eventuell die Religion kennenlernt, dass man sich auch mal bei ihr bzw. ihm zu Hause trifft etc.

Zu 6: Beide Möglichkeiten sind denkbar: Wenn man in der Fremde auf Landsleute trifft, verklärt sich unter Umständen das Bild vom Heimatland, so dass es durchaus in der Folge zu Heimwehgefühlen kommen kann. Andererseits können die Landsleute in der Fremde auch einmal über schlimme Momente hinweghelfen, da sie ja ein Stück Heimat verkörpern. Je mehr Landsleute sich in derselben Region aufhalten wie man selbst, umso einfacher könnte es sein, kein Heimweh aufkommen zu lassen, weil man sowohl die Muttersprache als auch Sitten und Bräuche pflegen kann.

A6 An den Sprecher im ersten Gedicht wird immer wieder von außen herangetragen, dass Deutschland nicht seine Heimat sein kann. Die Heimat, in die er nach Wunsch der Deutschen zurückkehren soll, muss daher der Ort sein, dem er aufgrund seiner Sprache, seiner Religion, seines Aussehens und seiner Sitten und Bräuche zugeordnet wird. Das lyrische Ich scheint sich dieser Ansicht der Deutschen zunächst nicht zu widersetzen, sondern sie als Möglichkeit zu akzeptieren. Die nähere Prüfung ergibt jedoch, dass die Sichtweise der Deutschen nicht funktioniert: Ein „Zurück" ist nämlich nur zu einem Punkt möglich, an dem man schon war. Da es für ihn aber „keinen Beginn" in dem Land gab, das ihm die Deutschen als Heimat unterstellen, ist folglich auch kein Zurück in eine Heimat möglich, die nie eine gewesen ist. Fazit: Wer in Deutschland geboren ist und lebt, hat jedes Recht, dieses Land auch als seine Heimat zu betrachten – und er könnte dies wahrscheinlich sogar, wenn er nicht von den Deutschen in die Rolle des Fremden gedrängt würde.

Der Sprecher des zweiten Gedichts zeigt deutlich, welche Unterschiede zwischen den Generationen herrschen: Sowohl Vater als auch Sohn sagen, dass sie nicht in der Fremde, sondern in der Heimat sterben wollen. Während der Vater Deutschland als Fremde und die Türkei als Heimat bezeichnet, gilt für den Sohn, dass für ihn Deutschland die Heimat und die Türkei die Fremde ist. Der Vater ist in der Türkei aufgewachsen, hat dort einen großen Teil seines Lebens verbracht und musste wahrscheinlich aus wirtschaftlichen Zwängen sein Vaterland verlassen,

in das er wieder zurückkehren will, um dort seinen Lebensabend zu verbringen. Für den Sohn kann die Heimat des Vaters nicht seine Heimat sein, auch wenn sich dort sein Ursprung findet. Seine Heimat ist Deutschland, denn dort ist er aufgewachsen, dort hat er seine Freunde und dort ist er mit der Kultur groß geworden. Die Türkei ist ihm größtenteils fremd, weil er vermutlich nicht mehr mit allen Sitten und Bräuchen vertraut ist oder bereits mit einigen gebrochen hat, weil er vielleicht die Sprache nur noch rudimentär beherrscht und weil er bestimmte Traditionen nicht mehr versteht. Aus diesem Grund will er später einmal seinen Lebensabend nicht in der Türkei, sondern in Deutschland verbringen. Eine immanente Kritik an dem möglicherweise nur noch reflexhaften Wunsch des Vaters nach einer Rückkehr aus „der Fremde“ (Deutschland) in „die Türkei“, stellt die letzte Zeile des Gedichts dar: Der Sohn stellt nämlich „der Fremde“ (Türkei) einen ganz konkreten Ort gegenüber: die Stadt Bamberg, in der er lebt. Heimat entsteht, wenn man sich auf seine neue Umgebung einlässt, und fremd bleibt alles, was man nicht wirklich kennt.

A7 Die Schülerinnen und Schüler sollen hier darstellen, dass Heimweh ein Schmerz ist, den man nicht mit anderen teilen kann. Heimweh mag auch zu einer Lethargie führen, aus der man kaum herauskommt, weil einem die vertraute Umgebung, die Familie, die Landschaft, die Freunde usw. fehlen. Eventuell können die Schülerinnen und Schüler in einem Rollenspiel aufzeigen, welche Möglichkeiten bestehen, mit Heimweh fertig zu werden.

2 In Deutschland ankommen ... (Seite 60–61)

Diese Doppelseite greift die Fragen auf, warum Migranten überhaupt nach Deutschland kommen, wie sie sich eingliedern (können) und wie das Verhältnis der Deutschen zu ihnen ist.

A1 Die Bilder in der oberen Reihe zeigen 1. Schloss Neuschwanstein, 2. ein bayerisches Paar auf einer grünen Wiese, das eine Bretzel isst, und 3. Jugendliche, die ausgelassen in einer Diskothek feiern. In der unteren Reihe sieht man 1. Menschen, die aus unterschiedlichen Ländern stammen, mit unterschiedlichsten Sitten und Bräuchen aufgewachsen sind, verschiedene Hautfarben haben, unterschiedlichen Religionen angehören und alle in Deutschland leben, 2. Bergleute aus dem Ruhrgebiet, die unter Tage arbeiten, und 3. das Brandenburger Tor. All diese Fotos machen deutlich, wie unterschiedlich die Landschaften und die Menschen sind, die in Deutschland leben. Wer über den Deutschen spricht, kann sich also kein Pauschalurteil erlauben, weil die Vielfältigkeit sehr groß ist. Und wer über Deutschland spricht, muss spezifizieren, über welche Region er etwas erzählen möchte, denn auch diese sind in der Regel nicht miteinander vergleichbar.

A2 Alle Gründe, die die Jugendlichen bzw. die Männer und Frauen dafür angeben, warum sie nach Deutschland ausgewandert sind, sind nachvollziehbar. Ihre Gründe sind folgende:

Guiseppe	hat hier Arbeit gefunden
Vijay	kann hier mehr Geld verdienen als in Indien
Milana	ist mit ihren Eltern dem Krieg in Bosnien entflohen
Ayşe	darf endlich mit ihrem Ehemann zusammenleben
João	sein Lebensraum, seine Heimat (Regenwald) wurde zerstört
Amy	liebt die deutsche Kultur und Lebensweise
Julia	ist aus Russland nach Deutschland gekommen, weil sie eigentlich Deutsche ist
Phuong	braucht keine Angst mehr zu haben, für das, was er sagt, ins Gefängnis gesteckt zu werden

A3 Das Bundesamt für Migration und Flüchtlinge stellt Deutschland folgendermaßen dar:

Deutschland	– ist ein modernes Land – ist weltoffen – ist aufgeschlossen – hat einen hohen Lebensstandard – ist ein Land, in dem viele Nationen zusammenleben – verfügt über ein buntes kulturelles Leben – bietet vielfältige Möglichkeiten der Freizeitgestaltung – eröffnet jedem die Möglichkeit, Menschen aus anderen Kulturen zu begegnen

Wer beschlossen hat, längerfristig in Deutschland zu bleiben, entweder als Migrant oder Flüchtling, der sollte seinen Teil dazu beitragen, um sich in der neuen Heimat wohlzufühlen.

- Um in Deutschland Fuß zu fassen, muss man die deutsche Sprache beherrschen.
- Um einen qualifizierten Beruf ausüben zu können, benötigt man Schulabschlüsse und eine Berufsausbildung.
- Wer sich in einer Leistungsgesellschaft schnell zurechtfinden will, darf sich vor Bildung nicht verschließen.

A4 Die Toten Hosen vertreten die Auffassung, dass die Deutschen kein gutes Verhältnis zu Mitbürgern und Mitbürgerinnen mit Migrationshintergrund haben:

1. Die Deutschen sehen in Migranten häufig einen Feind und dulden nur diejenigen in ihrem Land, die versprechen, dass sie nur kurze Zeit bleiben, um dann wieder in ihre Heimat zurückzukehren.
2. Die Punk-Band kritisiert, dass viele Migranten in Deutschland nicht ruhig schlafen können, weil sie Angst vor Übergriffen haben müssen.
3. Die Gruppe klagt all jene Deutschen an, die zusehen, wie Gewalttätigkeiten gegenüber Mitbürgern mit Migrationshintergrund verübt werden, ohne selbst in irgendeiner Form einzuschreiten, um den Migranten zu helfen.
4. Die Toten Hosen fordern die Deutschen daher auf,
   a) sich nicht schuldig zu machen, indem man die Neo-Nazis in Städten marschieren und sie vielleicht wieder Oberhand gewinnen lässt,
   b) nicht einfach wegzusehen, falls Rechtsradikale sich gegen Migranten stellen,
   c) nicht hinzunehmen, dass ein Viertes Reich etabliert wird,
   d) der Welt zu zeigen, dass die Deutschen für ihre Mitmenschen einstehen.

A5 Je nachdem, in welcher Region diese Umfrage durchgeführt wird, wird das Ergebnis natürlich unterschiedlich ausfallen. Wahrscheinlich dürften bestimmte Vorurteile, die beide Gruppen hegen, in einer Umfrage zutage treten, so z. B. dass es kein Verständnis dafür gibt, dass etliche muslimische Mädchen ein Kopftuch tragen, dass die deutschen Mädchen im Umgang mit Jungen viel freizügiger sind, dass die deutschen Jungen „Weicheier“ sind, die nichts zu sagen haben, oder dass insbesondere muslimische Jungen sich immer aufspielen müssen und oft gewalttätig sind.

3 Zwischen den Kulturen (Seite 62–63)

Die Schülerinnen und Schüler sollen sich anhand von Fallbeispielen klarmachen, was es heißt, als Migrant(in) in Deutschland zu leben, um sich dann mit dem Phänomen des Kultur-Zappings auseinanderzusetzen.

A1 Sowohl die Deutschen haben ein neues Bild von Ausländern als auch umgekehrt die Ausländer von den Deutschen. Beide Seiten hatten vier Wochen lang Zeit, einander kennenzulernen. So haben die Deutschen erfahren, dass viele Ausländer kontaktfreudig sind, und die Ausländer, dass die Deutschen gerne feiern und auch lachen können. Beide Seiten sind von Anfang an positiv aufeinander zugegangen, weil sie den Wunsch hatten, ein friedliches Sportfest miteinander zu erleben. So wurden Vorurteile abgebaut bzw. konnten gar nicht erst entstehen.

A2 Folgende Erfahrungen macht die die türkische Familie mit der deutschen Oma, die unter ihnen wohnt:

Oma beschwert sich, es sei zu laut

- Es ist zu laut in der Küche der türkischen Familie.
- Es rollt etwas über ihrem Kopf.
- Es ist zu laut im Wohnzimmer der türkischen Familie.
- Die türkische Familie zeigt der Oma alles, was Krach machen könnte, auch einen Schreibtischstuhl.
  → Die Beschwerden gehen weiter, auch nachdem ein dicker Läufer unter dem Stuhl das Geräusch dämpft.

Die deutsche Oma will unbedingt etwas finden, das sie an der türkischen Familie stört. Es geht gar nicht um eine reale Belästigung, sondern darum, dass sie ihre Vorurteile bestätigt sehen möchte. Die türkische Familie hat also von Anfang an keine Chance.

A3 Viele Deutsche sehen in Migranten immer noch Ausländer, auch wenn diese schon seit mehreren Generationen in Deutschland leben, sich haben einbürgern lassen und zu Deutschen geworden sind. Zu einer Fehleinschätzung trägt – insbesondere wenn es sich um Migranten aus Süd-Ost-Europa handelt – auch ihr äußeres Erscheinungsbild bei, da sie in der Regel die Herkunft ihrer Vorfahren nicht leugnen können. Canan Büyrü beschreibt humorvoll, dass sie sich wohl nie ganz als Deutsche fühlen kann, weil sie, obwohl in Hannover geboren und aufgewachsen, immer noch als Türkin angesehen wird. Mittlerweile sieht sie aber einen Vorteil darin, in zwei Kulturen groß geworden zu sein, weil sie auf diese Weise die Vorteile beider Kulturen für sich in Anspruch nehmen kann, ohne auf die eine oder die andere verzichten zu müssen.

A4 Kultur-Zapping bedeutet so viel wie zwischen den Kulturen hin und her zu wechseln, aber auch zwei oder mehrere Kulturen zum eigenen Vorteil miteinander zu vereinen. Büyrü gibt dem Leser einige Beispiele an die Hand, die ihre Position verdeutlichen sollen: Wenn sie auf einem Sessel sitzt, der mit feinem türkischen Stoff überzogen ist, aber in deutscher Wertarbeit gefertigt wurde, dann werden die positiven Elemente zweier Kulturen miteinander vereint. Zwischen den Kulturen hin und her zu springen, praktiziert Canan Büyrü z.B. durch den Wechsel der Sprachen, wenn sie auf einem Familienfest türkisch, in der Schule dann aber Deutsch spricht.

A5 Naima El Moussaoui will als Deutsche und nicht als Marokkanerin angesehen werden. Sie ist es leid, immer zwischen zwei Kulturen pendeln zu müssen. Sie will wissen, wo sie sich daheim fühlen darf. Deshalb hat sie die Entscheidung getroffen, sich in Deutschland einbürgern zu lassen. Die Einbürgerung fiel ihr leicht, weil sie Deutsch spricht, Deutsch denkt und Deutsch ihre sicherste Ausdrucksmöglichkeit ist. Die Einbürgerung bringt ihr auch zahlreiche Vorteile: Sie erhält alle Bürgerrechte, ist eine Gleichberechtigte in Deutschland, kann sich in der ganzen Welt frei bewegen und braucht zukünftig kaum noch ein Visum. Dafür muss sie aber mit der Beleidigung leben, sie sei jetzt eine „Frau Kartoffel".

A6 Canan Büyrü ist der Ansicht, dass sie nicht zwischen zwei Stühlen sitzt, weil sie für sich entschieden hat, das Positive aus den beiden Kulturen, in und mit denen sie aufgewachsen ist, für sich nutzbar zu machen. Naima El Moussaoui dagegen hat lange zwischen den Stühlen gesessen und sich z.B. dafür geschämt, dass ihr Vater alle Menschen geduzt hat, weil er die Unterscheidung zwischen „du" und „Sie" aus dem Arabischen nicht kennt. Später hat sie sich dafür geschämt, dass sie sich für ihren Vater geschämt hat. Aber auch sie hat einen Schlussstrich gezogen, weil es für sie bedrückend war, mit zwei Kulturen umgehen zu müssen. Seit sie die deutsche Staatsbürgerschaft besitzt, fühlt sie sich endlich frei und weiß, dass sie nicht mehr zwischen zwei Stühlen sitzen muss, sondern sich auf einen setzen darf.

4 Fremdenfeindlichkeit und Rassismus (Seite 64–65)

Auf dieser Doppelseite sollen die Schülerinnen und Schüler ausgehend von einem Fallbeispiel erfahren, wie Fremdenfeindlichkeit geschürt wird und was man dagegen unternehmen kann. Außerdem soll anhand von völkerkundlichen Untersuchungen deutlich werden, welche anthropologischen Gründe für Fremdenfeindlichkeit und Rassismus verantwortlich sein könnten.

A1/A2 Auch wenn das Vorhaben, homogene ethnische Gruppen zu bilden, auf den ersten Blick kleinere Nachbarschaftsprobleme, die aus unterschiedlichen kulturellen Gewohnheiten resultieren, zunächst minimieren könnte, werden langfristig die Nachteile überwiegen, da Möglichkeiten zur Begegnung und damit zum Abbau von Vorurteilen komplett entzogen werden: Jede Ethnie lebt isoliert für sich und pflegt nur die eigene Sprache, die eigene Religion und die eigenen Bräuche und Sitten. Auf diese Weise müssen die eigenen Gewohnheiten und Werte in keiner Weise mehr hinterfragt werden und es wird ungewollt ein Nationalismus geschürt, der gegebenenfalls sogar in handgreiflichen Auseinandersetzungen und Schlimmerem enden kann.

A3 Jelloun vertritt die Auffassung, dass kein Mensch als Rassist auf die Welt kommt, sondern dass Menschen mit einer bestimmten festen Überzeugung andere Menschen dazu bringen können, nach ihrem Willen zu handeln. Dies sind primär Politiker oder Religionsführer, die ihre Anhänger dazu verleiten, Menschen, die andere Ansichten vertreten, zu hassen und zu bekämpfen. Um ihr Ziel zu erreichen, schüren sie Angst vor dem Fremden.

Jelloun stellt nicht nur dar, wie es zu Rassismus kommt, sondern gibt auch Tipps, wie man Rassismus vorbeugen kann:

Menschen zweier Ethnien leben zusammen in einem Haus und grüßen sich nicht einmal im Treppenhaus.	Grund: Jede unbekannte Ethnie erweckt zunächst Misstrauen. Vorbeugung: Die Nachbarn zum Abendessen einladen, damit sie sehen, dass man im Prinzip genauso lebt wie sie.
Menschen aus unterschiedlichen Kulturen fürchten einander.	Grund: Sie wissen nichts über den anderen. Vorbeugung: Durch gegenseitigen Besuch lernt man sich kennen. Lacht man zusammen, dann heißt das, dass man sich miteinander wohlfühlt. Teilt man gute und schlechte Augenblicke, so zeigt dies, dass man dieselben Freuden oder Sorgen hat.
Man versteht das Handeln einer Ethnie nicht.	Reisen sind eine gute Gelegenheit, um Völker, Kulturen, Traditionen etc. kennenzulernen.
Rassisten glauben, Fremde seien minderwertig und dürften deshalb schlecht behandelt werden.	Der Fremde fordert nicht ein, geliebt zu werden. Seine berechtigte Forderung lautet, dass jeder seine menschliche Würde achtet. Umgekehrt muss er natürlich auch die Würde desjenigen achten, der für ihn ein Fremder ist. Konkret heißt das: 1. Man muss den Anderen achten. 2. Man muss dem Anderen zuhören. 3. Vielleicht kann der Fremde sogar eines Tages ein Freund werden (wenn man sich besser kennengelernt hat).

A4 Das Eipo-Beispiel verdeutlicht zum einen, dass Hass auf Andere wohl so alt ist wie die Menschheit, und zum anderen, dass Hass ein Phänomen ist, das weltweit auftritt. Der Andere stellt nämlich immer – solange man ihn nicht kennt – eine Bedrohung bzw. Konkurrenz dar. Aus diesem Grund muss der Andere eliminiert werden, z.B. dadurch, dass man ihn – wie es der Stamm der Eipo vorhatte – von einem Flugzeug aus mit Felsbrocken bewirft.

A5 Das litauische Sprichwort „Fremder Atem stinkt immer!“ besagt, dass alle, die nicht der eigenen Gruppe angehören, grundsätzlich negativ betrachtet werden, weil sie anders sind als man selbst. Hinzu kommt, dass man das Gewohnte – sofern es einen positiven Status besitzt – schätzt und Veränderungen in der Regel gegenüber nicht aufgeschlossen ist. Fremde bringen aber zwangsläufig Sichtweisen und Vorstellungen aus ihrer Kultur mit in eine existierende Gesellschaft ein. Die sich daraus ergebenden Neuerungen sind von der alten Gesellschaft oft nicht gewollt und werden insbesondere von denen nicht geschätzt, die die alten Traditionen bewahren wollen. Sie würden lieber in einer Enklave leben, in die nichts Neues, also kein stinkender Atem, eindringen kann.

A6 Folgende Gründe könnten dafür verantwortlich sein, dass das Ehepaar die Gewalttat nicht wahrnehmen will:

1. Sie haben Angst vor Neonazis, bangen um ihr eigenes Leben und wollen daher so schnell wie möglich die Szenerie verlassen.
2. Sie haben keine Zivilcourage und wollen nicht in eine möglicherweise schwierige Situation hineingezogen werden, die sie nicht direkt betrifft.
3. Sie täuschen vor, nichts zu sehen, weil sie das Verhalten der Neonazis billigen.

A7 Siehe hierzu Kopiervorlage, S. 52.

A8 Die Theorie der Völkerkundler könnte folgendermaßen auf die Karikatur bezogen werden: Dem angreifenden Neonazi geht es nicht um eine Auseinandersetzung mit einem Konkurrenten, denn eine echte Bedrohung liegt nicht vor. Also wird durch das aggressive Verhalten die Überzeugung der eigenen Gruppe demonstriert und gefestigt, die sich für etwas Besseres hält: Indem man den Anderen herabsetzt, wird Gleichwertigkeit ausgeschlossen. Auch das Ehepaar könnte vor allem deshalb wegschauen, weil sich die Aggression nicht gegen die eigene „Gruppe“ richtet.

5 Gastfreundschaft in aller Welt (Seite 66–67)

Auf der letzten Doppelseite dieses Kapitels sollen die Schülerinnen und Schüler sich mit den Fragen auseinandersetzen, wie Gastfreundschaft praktiziert werden kann und worin sich Besuchs- und Gastrecht unterscheiden.

A1 Olli und Julia sind mit einer Autopanne auf dem Weg nach L.A. liegengeblieben. In dieser Situation erfahren sie aber dennoch Hilfe und Gastfreundschaft:

Mitfahrgelegenheit	Eine Amerikanerin namens Sandy spricht die beiden Deutschen an und will sie ein Stück des Weges in ihrem Wagen mitnehmen.
Abschleppen	Hilfe durch einen Automechaniker ist nicht möglich, da an einem Sonntag alle Werkstätten geschlossen sind. Sandy schleppt den Wagen dennoch zu einer Werkstatt ab, damit am kommenden Morgen der Wagen sofort repariert werden kann.
Übernachten	Sandy bietet den beiden Deutschen nicht nur eine Übernachtungsmöglichkeit im eigenen Hause an, sondern lässt sie sogar in ihrem Ehebett schlafen, weil ihr Mann verreist ist. Sie selbst schläft auf der Couch.
Vertrauen	Sandy lässt ihr gesamtes Erspartes auf dem Küchentisch liegen, während sie das Abendessen besorgt.
Spaß haben	Sandy unterhält sich mit den beiden Deutschen bis tief in die Nacht. In dieser Zeit werden sie wohl viel von- und übereinander erfahren haben.

A2 Die Sprichwörter stammen aus unterschiedlichen Jahrhunderten und aus unterschiedlichen Kulturen. Ohne Ausnahme wird eingefordert, dass Gäste umsorgt und gut behandelt werden sollen. Die Sprichwörter unterscheiden sich lediglich in ihrer Akzentsetzung. So stellen das indische und israelische Sprichwort heraus, dass Gastfreundschaft die eigene gute bzw. gottesfürchtige Gesinnung widerspiegelt, das afrikanische und chinesische Sprichwort sowie das Zitat von Nietzsche betonen den Nutzen der Gastfreundschaft: dauerhafte Verbreitung des

eigenen guten Rufes, freundlicher Empfang bei eigenen Reisen in die Fremde, Eindämmung feindlicher Gesinnung beim Fremden.

A3

Besuchsrecht	Gastrecht
Ein Fremder darf sich für kurze Zeit auf fremdem Boden, d.h. in einem Staat, dessen Bürger er nicht ist, aufhalten.	Ein Fremder darf sich für eine gewisse Zeit auf fremdem Boden, d.h. in einem Staat, dessen Bürger er nicht ist, aufhalten.
Das Besuchsrecht steht allen Menschen zu, weil die Erdoberfläche allen Menschen gehört.	Das Gastrecht wird dem Fremden so lange gestattet, wie dies (im Einzelfall) vertraglich geregelt ist.
Die Voraussetzung für einen solchen Aufenthalt besteht darin, dass der Fremde sich nicht anstößig verhält, er also weder Waren zu teuer verkauft, noch Verbrechen oder Unzucht in irgendeiner Form begeht.	Das Recht auf Gastfreundschaft sieht vor, dass zwischen dem Fremden und den Einheimischen ein Austausch von Gedanken, Wissenschaft, Waren etc. stattfindet. Das Ziel dieses Austausches besteht darin, friedlich miteinander in Beziehung zu treten und gemeinsame Abkommen zu treffen.

Kant gesteht jedem Menschen ein *Besuchsrecht* in einem fremden Land zu. Allerdings bestehe kein Anspruch auf *Gastrecht*. Dieses müsse im Einzelfall geklärt werden. Übergriffe gegen Reisende verbietet das *Recht auf Gastfreundschaft*, das die Möglichkeit vorsieht, dass die Menschen zweier Länder friedlich miteinander in Kontakt treten, Beziehungen zueinander aufbauen und gemeinsame Abkommen schließen, wodurch die Staaten enger aneinandergeschweißt werden.

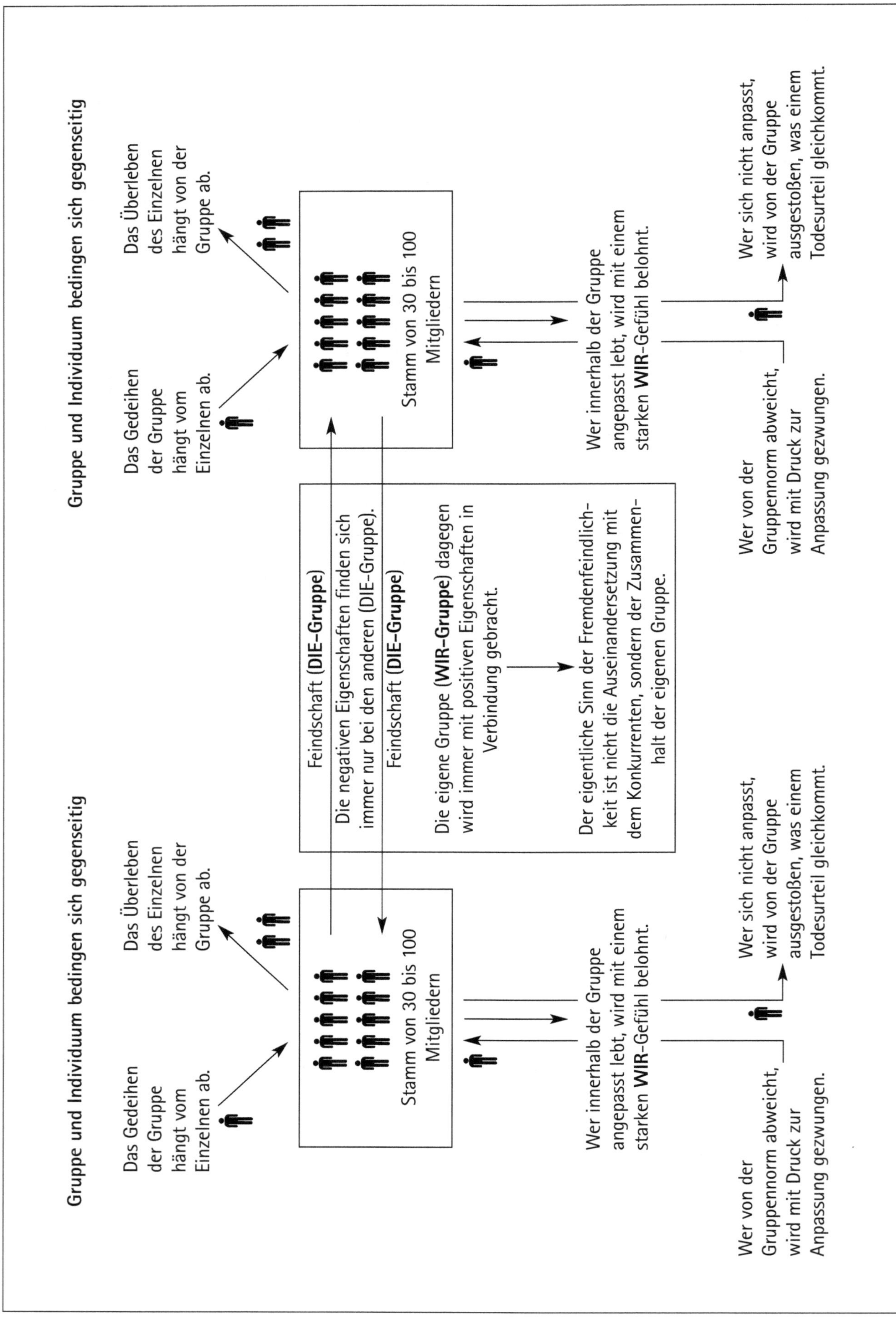
Gruppe und Individuum bedingen sich gegenseitig
Das Gedeihen der Gruppe hängt vom Einzelnen ab.
Das Überleben des Einzelnen hängt von der Gruppe ab.
Stamm von 30 bis 100 Mitgliedern
Wer innerhalb der Gruppe angepasst lebt, wird mit einem starken WIR-Gefühl belohnt.
Wer von der Gruppennorm abweicht, wird mit Druck zur Anpassung gezwungen.
Wer sich nicht anpasst, wird von der Gruppe ausgestoßen, was einem Todesurteil gleichkommt.
Feindschaft (DIE-Gruppe)
Die negativen Eigenschaften finden sich immer nur bei den anderen (DIE-Gruppe).
Feindschaft (DIE-Gruppe)
Die eigene Gruppe (WIR-Gruppe) dagegen wird immer mit positiven Eigenschaften in Verbindung gebracht.
Der eigentliche Sinn der Fremdenfeindlichkeit ist nicht die Auseinandersetzung mit dem Konkurrenten, sondern der Zusammenhalt der eigenen Gruppe.
Gruppe und Individuum bedingen sich gegenseitig
Das Gedeihen der Gruppe hängt vom Einzelnen ab.
Das Überleben des Einzelnen hängt von der Gruppe ab.
Stamm von 30 bis 100 Mitgliedern
Wer innerhalb der Gruppe angepasst lebt, wird mit einem starken WIR-Gefühl belohnt.
Wer von der Gruppennorm abweicht, wird mit Druck zur Anpassung gezwungen.
Wer sich nicht anpasst, wird von der Gruppe ausgestoßen, was einem Todesurteil gleichkommt.

Rollen- und Gruppenverhalten (Schülerband, Seite 68–77)

Einführung

Im Rahmen der Auseinandersetzung mit der Thematik dieses Kapitels erhalten die Schülerinnen und Schüler gemäß den Aufgaben und Zielen des Faches die Möglichkeit, ihre Reflexions- und Urteilsfähigkeit zunächst im Hinblick auf ihre verschiedenen sozialen Rollen, die sie innerhalb der Gesellschaft einnehmen, auszubauen. Dazu gehört auch, dass sie die Konflikte, die aus den unterschied-lichen Erwartungen an die soziale Rolle entstehen, als gesellschaftlich bedingt erkennen, entsprechend bewerten und für sich Handlungsmuster zu deren Bewältigung entwickeln. Damit werden sie dem Ziel einer sich selbst bestimmenden Persönlichkeit näher gebracht.
Als inhaltlichen Schwerpunkt des Kapitels werden die Erscheinungen innerhalb gesellschaftlicher Gruppen und die damit verbundenen soziologischen Erklärungen thematisiert. Die Schülerinnen und Schüler, die sich gerade in der Phase ihrer Ablösung vom Elternhaus befinden und Orientierung und Halt in sog. Peer-Groups suchen, haben hier die Möglichkeit, mit dem Wissen über Strukturen, die innerhalb von Gruppen existieren, ihre eigene Situation zu hinterfragen. Damit reflektieren und beurteilen sie ihre eigenen Denk-, Handlungs- und Verhaltensmuster.
Insgesamt dienen die Materialien und Aufgaben dieses Kapitels vor allem dem Ausbau der personalen und sozialen Kompetenzen bei den Schülerinnen und Schülern, indem diese angeregt werden, rationale Standpunkte zu entwickeln und auf deren Basis selbst verantwortete Entscheidungen zu treffen.

Methodisch-didaktische Hinweise

Um den Schülern einen handlungsorientierten Zugang zur Thematik und den damit verbundenen Fragestellungen zu ermöglichen, werden bei den Aufgabenstellungen des Kapitels neben den eher fachspezifischen (z. B. dem Gedankenexperiment) auch eine Vielzahl von allgemeinen und kooperativen Methoden vorgeschlagen. Die Methoden Blitzlicht und Kugellager (S. 69 und 71) z. B. fordern die Beteiligung *aller* Schülerinnen und Schüler der Lerngruppe und fördern so in besonderer Weise einen intensiven gedanklichen Austausch. Beim Einsatz der Fish-Bowl-Methode (S. 77, Aufgabe 11) z. B. kann das begründete Argumentieren in den Mittelpunkt der Beobachtung gestellt werden, sodass die Schülerinnen und Schüler die Möglichkeit erhalten, diese Kompetenz weiter auszubauen. Beim Einsatz des Rollenspiels (S. 71, Aufgabe 3) sollte darauf geachtet werden, dass dieses nicht nur „angespielt" und von daher die gemachten Beobachtungen nur der privaten Interpretation der Schülerinnen und Schüler überlassen werden. Dem Spiel sollte nach Möglichkeit eine allgemeine „Aufwärmphase" vorangehen, und im Anschluss sollte eine intensive Reflexionsphase basierend auf konkreten Beobachtungsaufträgen, stattfinden. Nur so kann das Rollenspiel in seinem Einsatz im Unterricht wirksam, bereichernd und motivierend für die Schülerinnen und Schüler sein.
Hilfreiche Literaturangaben und Erläuterungen zum richtigen Einsatz von Rollenspielen im Unterricht findet man u. a. über den folgenden Link:
http://methodenpool.uni-koeln.de/download/rollenspiele.pdf

Hinweise zur Konzeption der Doppelseiten und zu den Aufgaben

1 Auf der Bühne des Lebens (Seite 68–69)

Die Materialien dieser Doppelseite dienen der Einführung in den Begriff der „sozialen Rolle". Den Schülern und Schülerinnen soll bewusst werden, dass soziale Rollen immer mit den an sie gerichteten gesellschaftlichen Erwartungen verknüpft sind und dass sich der Einzelne im Spannungsfeld dieser Erwartungen an die unterschiedlichen sozialen Rollen befindet. Durch den Text über Natascha K. erhalten die Schüler u. a. die Möglichkeit, die Beziehung zwischen Sozialisation und sozialer Rolle zu reflektieren.

A1 Von oben nach unten:
1. ein offensichtlich verliebtes junges Paar, beide hier in ihrer Rolle als Partner in einer Liebesbeziehung (Mann und Frau), als Freund/Freundin;
2. eine jüngere berufstätige Frau kassiert in einem Supermarkt, ihre Kunden erwarten eine korrekte und freundliche Bedienung;
3. eine junge Sportlerin am Start, von ihr wird sportliche (Höchst)Leistung erwartet (es kann sich hier um eine Schülerin beim Training im Sportunterricht oder eine Vereinssportlerin handeln, die für einen Wettkampf trainiert);
4. Vater mit seinem kleinen Sohn, in seiner Rolle als verantwortlicher und fürsorglicher Betreuer, das Kind in der Rolle des Schutzbedürftigen.

A2 Ausgewählte Beispiele: Tochter / Sohn: Gehorsam, Solidarität, Ehrlichkeit, Fleiß, Ordnung, Schulerfolg, ...; Freund / Freundin: Solidarität, Loyalität, Offenheit, Ehrlichkeit, Treue, Toleranz, ...; Bruder/Schwester: Solidarität, Gerechtigkeit, Hilfsbereitschaft, ...; Klassensprecher / Klassensprecherin: Solidarität, Einsatz für die Interessen der Mitschüler / innen, Übernahme von Verantwortung, Gerechtigkeit, Mut, ...; Mitglied in einem Verein: Einhaltung der Vereinsregeln, Teilnahme an Veranstaltungen, Einsatz für den Verein, ...; Mitglied einer Fußballmannschaft: gute sportliche Leistungen, Teamgeist, Einsatzbereitschaft, Akzeptanz der Regeln, Solidarität, ...; Praktikant / Praktikantin in einem Betrieb: Pünktlichkeit, Höflichkeit, Fleiß, Einsatzbereitschaft, Interesse, ...

A3 Da Natascha in den acht Jahren ihrer Gefangenschaft bestimmte soziale Rollen nicht weiter „erfahren" konnte, hatte sie auch kaum die Möglichkeit, diese Rollen zu „erlernen". Das kann dazu führen, dass sie nach ihrer Freilassung gesellschaftliche Erwartungen an bestimmte Rollen, die sie nun wieder übernehmen muss, nicht vollständig erfüllen kann, was zu Konflikten führen kann. Hier wäre es sinnvoll, von den Schülerinnen und Schülern konkrete Beispiele finden zu lassen. Natascha hat keine Erfahrung damit, wie man sich z. B. in einer Gruppe von Gleichaltrigen (in der Schulklasse, in der Clique) verhält oder welche Erwartungen z. B. mit der Rolle einer volljährigen jungen Frau verbunden sind. Problematisch kann sich auch eine zukünftige Beziehung zu einem Freund gestalten, da Natascha außer zu ihrem Entführer keinerlei Kontakte zu Gleichaltrigen anderen Geschlechts hatte.

A4 Die Grafik spielt mit den Begriffen „Rolle" und „Textrolle". Ein Schauspieler lernte früher seine Rolle nach dem auf Schriftrollen aufgezeichneten Probentext, um eine Gestalt zu verkörpern. Der Schauspieler nahm also (und nimmt auch heute noch) eine Rolle ein. Aber nicht nur Schauspieler verkörpern unterschiedliche Rollen, sondern dies trifft auf jeden Mensch jeden Tag zu (vgl. Aufgabe 2). Da wir uns so (oft unbewusst und unreflektiert) in unzähligen Rollen wiederfinden, muss sich jeder Mensch die Fragen gefallen lassen, wann er denn eigentlich er selbst ist, wenn er doch immer nur Rollen spielt, und ob er es überhaupt jemals sein kann. Aber in jedem Fall hat jeder Mensch (unabhängig von seinen Rollen) eine Bedeutung, er ist wichtig – auch diese übertragene Bedeutungsebene von „eine Rolle spielen" wird in der Grafik noch angesprochen.

A5 Hier bietet sich eine tabellarische Gegenüberstellung an (s. Kopiervorlage, S. 60). Es wäre sinnvoll, die allgemeinen Aussagen auch durch Beispiele ergänzen zu lassen.

A6 Eine Rolle „spielen“ bedeutet, sich an zwei Dingen zu orientieren, an der Rollenvorgabe (Welche Rolle soll ich übernehmen? Was ist mit dieser Rolle verbunden?) und am Publikum, hier die Gesellschaft (Was wird von mir in dieser Rolle erwartet?). Damit wird der Definition der sozialen Rolle z.B. von Ralf Dahrendorf als einem „Bündel von Verhaltenserwartungen, die in einer gegebenen Gesellschaft an die Träger der Positionen gestellt werden“ entsprochen. Dahrendorf beschreibt in diesem Zusammenhang drei Merkmale:

(1) Soziale Rollen sind [...] vom Einzelnen prinzipiell unabhängige Komplexe von Verhaltenserwartungen.

(2) Ihr besonderer Inhalt wird nicht von irgendeinem Einzelnen, sondern von der Gesellschaft bestimmt und verändert.

(3) Die in Rollen gebündelten Verhaltenserwartungen begegnen dem Einzelnen mit einer gewissen Verbindlichkeit des Anspruchs, so dass er sich ihnen nicht ohne Schaden entziehen kann.

http://infosoc.uni-koeln.de/fs-soziologie/texte/MakroSoSe01/DAHRENDORF_Soziale_Rolle.doc (Stand: 16.07.2008)

A7 Thomas hat einem Mitschüler (eventuell seinem Freund) einen Gefallen getan und ihn die Hausaufgaben abschreiben lassen. Dabei wird er vom Lehrer ertappt. Das kann seinem Ansehen schaden bzw. negative Folgen für ihn haben. Thomas steht vor folgendem Problem: In seiner Rolle als Mitschüler bzw. Freund erwartet man von ihm Solidarität und Hilfsbereitschaft, in seiner Rolle als (vielleicht sogar guter) Schüler erwartet sein Lehrer von ihm, dass er Ehrlichkeit und Fleiß konsequent umsetzt, das heißt auch Faulheit und Unehrlichkeit bei Mitschülern nicht unterstützt. Beiden Erwartungen kann Thomas in dieser Situation nicht gleichzeitig entsprechen, er befindet sich also in einem Interrollenkonflikt (Konflikt zwischen zwei unterschiedlichen Rollen).

A8 Wichtig ist bei dieser Aufgabe, darauf zu achten, dass auch tatsächlich Konflikte von den Schülerinnen und Schülern benannt werden, die aufgrund unterschiedlicher, von außen an sie herangetragener, unvereinbarer Erwartungen an Rollen entstanden sind, es sich also nicht um Situationen handelt, die nur aufgrund eines Konfliktes zwischen den eigenen Interessen und den Interessen eines anderen entstehen (z.B.: Mein Freund will mit mir zusammen ins Kino gehen, ich habe aber keine Lust dazu, weil ich lieber daheim bleiben möchte.).

A9 Marcel befindet sich in einem Intrarollenkonflikt. Er steht in seiner Rolle als Sohn zwischen den Erwartungen seiner Mutter und seines Vaters. Leonie befindet sich in einem Interrollenkonflikt. Sie ist in dieser Situation in ihren Rollen als Freundin und als Tochter den unterschiedlichen Erwartungen der Beteiligten ausgesetzt.
Rollenkonflikte dieser Art sind nicht zu „lösen“, da hier die Erwartungen an den Einzelnen immer gegensätzlich oder unvereinbar sind. Man kann sie nur „bearbeiten“, indem man sich entweder für einen Aspekt bzw. eine Rolle entscheidet und damit in Kauf nimmt, dass der vernachlässigte Aspekt (die vernachlässigte Rolle) negative soziale Reaktionen mit sich bringt, oder beide Erwartungen mit Einschränkungen zu erfüllen versucht. Das heißt, es kann sich bei einem Rollenkonflikt immer nur um ein Abwägen, nicht um ein grundsätzliches Vermeiden negativer Folgen handeln.

2 Meine Clique und ich (Seite 70–71)

Diese Doppelseite eröffnet die Auseinandersetzung mit der Frage nach der Beeinflussung des Einzelnen durch Gruppen. Nach einer Hinführung zum Thema durch das Bild M1 beschreibt der Informationstext M3 das sogenannte „Happy Slapping“. Vorgeschaltet ist in M2 ein hierzu relevanter Auszug aus dem Strafgesetzbuch. Durch den sich anschließenden Text M4 „Jugendliche und ihre Gruppen“ werden grundlegende Informationen zum Thema gegeben, in dessen Zusammenhang dann auch der Begriff der Deindividuation erläutert wird, der z.B. das in M3 beschriebene Phänomen bezeichnet, dass der Einzelne durch Anpassung an die Gruppe eher bereit ist, Handlungen zu begehen, die von der gesellschaftlichen Norm abweichen. Bei der Bearbeitung der Aufgaben im Zusammenhang mit dem Filmplakat M5 können die Informationen aus dem vorangegangenen Text herangezogen und damit gefestigt werden.

A1 Der Urteilsspruch müsste sich einerseits auf den im Buch abgedruckten § 131 und andererseits auf § 223, § 224 und § 226 des Strafgesetzbuches beziehen.

A2 Hier ist zu erwarten, dass die Schüler sich dieser Aussage eher anschließen bzw. sogar eine Beziehung zu eigenen Erfahrungen herstellen. Je nach Lerngruppe kann diese Aufgabe auch methodisch verändert bearbeitet werden:
Jeder Schüler notiert auf einem Zettel in wenigen Worten (ggf. Vorgabe der Anzahl der Wörter), welche Gedanken ihm zu der Aussage durch den Kopf gehen. Die Zettel werden anschließend gesammelt, ggf. gebündelt und als Ausgangspunkt für weitere vertiefende Gespräche herangezogen.

A3 Bei dieser Aufgabe kommt es besonders darauf an, dass die unterschiedlichen Beweggründe der einzelnen Gruppenmitglieder, die letztendlich zur Tat führen, zum Ausdruck kommen. Ausgehend von entsprechenden Äußerungen innerhalb der Rollenspiele können als Hinführung auf den Text „Jugendliche und ihre Gruppen“ (M4) hier bereits Aspekte wie Zusammenhalt in der Gruppe, Wir-Gefühl, Anpassung an die Gruppennorm oder Gruppenanführer thematisiert werden.

A4 Bei einer guten Gemeinschaft im Kurs können auf Wunsch der Schülerinnen und Schüler einzelne Erlebnisse ggf. auch in der Gruppe diskutiert werden.

A5 In der Phase der Pubertät löst sich der Jugendliche allmählich vom Elternhaus. Als Ersatz dafür werden nun Gleichaltrige für ihn als Bezugspersonen wichtig. Mit ihnen kann sich der Jugendliche identifizieren, in ihren Gruppen kann er gleiche Interessen verfolgen, Anerkennung erhalten und seine Persönlichkeit einbringen und ausbauen. Gleichzeitig erhält er hier Verhaltens- und Rollenmuster, an denen er sich orientieren kann. All dies ist für seine weitere Entwicklung auf dem Weg zum Erwachsenen wichtig.

A6 a) Bei dieser Aufgabenstellung soll der Konflikt, in dem sich der Einzelne durch den Druck der Gruppe befindet, in Art eines inneren Monologs beleuchtet werden. (Eine methodische Alternative wäre ein Gespräch mit „meinem Spiegelbild“.)

b) Bei der Formulierung der Antwort durch Samira ist zu erwarten, dass die Schüler durchaus unterschiedliche Aspekte ansprechen:
- Samira zeigt Empathie oder tröstet,
- Samira äußert sich quasi als objektive Instanz, indem sie den Konflikt und dessen Ursachen analysiert,
- Samira zeigt Lösungsansätze auf.

A7 Die Äußerung der Beteiligten verdeutlicht die im Text erklärten Begriffe Wir-Gefühl, Gruppennorm und Deindividuation. Der Einzelne verhält sich in der Gruppe anders, er passt sich den Erwartungen der Gruppe an und ist eher bereit, Handlungen zu begehen, die von der gesellschaftlichen Norm abweichen.

A8 a) Auch wenn sie den Film nicht kennen, werden die Schüler voraussichtlich richtig vermuten, dass die Protagonisten eine Clique von drei Mädchen und eine Außenseiterin sind. Anhand des Erscheinungsbilds der Mädchen werden sie weiterhin vermuten, dass offensichtlich unterschiedliche Interessen bezüglich der Selbstdarstellung zwischen den Mitgliedern der Clique und der Außenseiterin eine Rolle in dem Film spielen.

b) Die drei Mädchen auf der rechten Seite ähneln sich ganz deutlich in ihrer Selbstdarstellung (kurze Röcke, hochhackige Schuhe, Betonungen ihrer Weiblichkeit durch die Körperhaltung). Ihr gemeinsames Interesse ist offensichtlich, „angesagt“ aussehen zu wollen: modisch, hübsch und sexy. Diesem Bild durchweg zu entsprechen wird deshalb auch die zentrale Norm dieser Gruppe sein. Das blonde Mädchen im Vordergrund ist die Anführerin der Clique (Positionierung vor den beiden anderen Mädchen, selbstbewusste Kopfstellung, leicht überheblicher Gesichtsausdruck). Die beiden Mädchen im Hintergrund sind „Mitläuferinnen“, sie stehen hinter ihrer Anführerin und haben einen eher nichtssagenden Gesichtsausdruck.

c) Das Mädchen auf der linken Seite ist die zentrale Figur in dem Film. Es existiert offensichtlich ein Konflikt zwischen der Clique und ihr. Sie unterscheidet sich in ihrem gesamten Erscheinungsbild deutlich von den anderen Mädchen und entspricht damit offensichtlichen nicht der Norm der Gruppe. Ihr Gesichtsausdruck verrät Unsicherheit und Angst, gleichzeitig aber auch gewisse Ansätze von Selbstbewusstsein.

3 Gruppenzwang (Seite 72–73)

Diese Doppelseite zeigt weitere Aspekte der Beeinflussung des Einzelnen durch die Gruppe auf. Während die vorangegangene Doppelseite *Meine Clique und ich* das Phänomen der Deindividuation problematisierte, bei dem der Einzelne unter dem Einfluss der Gruppe eher zu gesellschaftlich abweichenden Handlungen bereit ist, wird hier im Zusammenhang mit dem Asch-Experiment untersucht, was den Einzelnen dazu veranlasst, sich in seiner Meinungsäußerung dem Druck der Gruppe anzupassen oder sich ihm zu widersetzen. Durch die Auszüge aus dem Roman *Die Welle* wird auf den Aspekt der Manipulation von Gruppen durch einen Gruppen(an)führer eingegangen. Zu dieser Thematik bieten sich fächerübergreifende Ansätze z. B. in Deutsch oder Geschichte an.

A1/ A2/ A3 Für die Beantwortung dieser Fragen können die Schüler zunächst auf den Informationstext M4 von Doppelseite 3 *Meine Clique und ich* zurückgreifen und damit die dargestellte Situation und den Begriff Gruppenzwang erklären: Das Mädchen befindet sich in dem Konflikt zwischen den Erwartungen der Gruppe (Erfüllen der Gruppennorm) und der eigenen Einstellung zum Sachverhalt. Ihm ist bewusst, dass, wenn es sich nicht konform verhalten wird, dies mit einem Verlust an Ansehen, Sympathie oder sogar mit einem Ausschluss aus der Gruppe verbunden sein kann („Wenn ich jetzt nicht mitmache, bin ich draußen."). Für die Bearbeitung dieser Aufgabe ist es unerheblich zu wissen, was von dem Mädchen gerade verlangt wird. Man kann hier mögliche Beispiele von den Schülern finden lassen.

A4 Hier muss besonders hervorgehoben werden, dass es sich im Asch-Experiment um Gruppen handelte, deren Mitglieder sich vor dem Versuch nicht kannten. Es gab also keinen Hintergrund (Gruppennorm), der eine Anpassung an die Meinung der Gruppe hätte begründen können.

A5 Lösungen s. Schülerband, S. 73.

A6 Die Reaktionen werden von Ablehnung (der Manipulation) bis Zustimmung zur Zielsetzung des Experiments (Aufzeigen der Mechanismen von Befehl und Gehorsam und Gruppenzwang) reichen. Wichtig ist, dass die Schülerinnen und Schüler begründet Stellung nehmen.

A7 In diesem Fall unterlagen die Schülerinnen und Schüler aus einem durch die Autorität des Anführers stark provozierten Wir-Gefühl heraus dem Gruppendruck. Sie passten sich der Gruppennorm an. Die Äußerungen von Amy und Brad verdeutlichen letztendlich das Bedürfnis des Einzelnen nach Schutz durch die Gruppe. Dadurch kann die Gruppe (oder deren Anführer) Macht über den Einzelnen ausüben.
Hier bietet sich eine Thematisierung der Parallelen zu Erscheinungen während des Nationalsozialismus an.

4 Die Macht des „Man" (Seite 74-75)

Die Materialien dieser Seite thematisieren und problematisieren die generelle, teils überzogene Orientierung des Einzelnen an den Anderen, hier als das „Man" bezeichnet. Ausgehend von dem Comic M1, der diese Erscheinung karikiert, dienen das fiktive Interview mit Martin Heidegger (M2) und die Aussagen unterschiedlicher Philosophen (M3) als weitere Impulse für eine philosophische Auseinadersetzungen mit dieser Problematik.

A1 Der Comic karikiert die überzogene Orientierung des Einzelnen an dem, was „die Anderen" besitzen oder tun. Die dargestellte Frau wirkt wie besessen von dem Wunsch, den Nachbarn und Freunden in nichts nachzustehen. Auch der versteckte Hinweis ihres Mannes auf das entsprechende christliche Gebot lässt sie nicht zur Besinnung kommen. Die Behauptung der Frau, „gottesfürchtig" zu sein, steht damit im Widerspruch zu ihrem tatsächlichen Verhalten.

A2 Dem Comic liegt das geflügelte Wort „Der Rasen meines Nachbarn ist grüner als der eigene" zugrunde. Aus diesem Grund können zahllose Beispiele angeführt werden: Das Smartphone, das jemand besitzt, ist besser als das eigene; die Kleidung, die jemand trägt, ist schöner oder teurer als die eigene; die Reise, die jemand macht, ist luxuriöser als die eigene usw.

A3 Die wesentlichen, passenden Aussagen sind zu finden in Zeile 7 ff (Die Art und Weise ...), Zeile 15 ff (In der alltäglichen ...), Zeile 30 ff (Was die meisten tun ...).

A4 Die Aussagen von Thomas von Aquin und Ayn Rand sprechen im Prinzip das gleiche Phänomen wie der Text von Heidegger an. Beide kritisieren an der Orientierung an einem „Man" („Anweisungen eines anderen", „Führer"), dass sich der Einzelne dabei selber aufgibt („so gut wie tot", „ein Wrack, das zum Verschrotten abgeschleppt wird"). Platons Aussage geht noch weiter. Er bringt zum Ausdruck, dass es der Mensch selber ist, der sich durch seinen Wunsch nach einem „Meister" und „Beschützer" letztendlich den Tyrannen „hochpäppelt".

A5 Diese Tendenz ließe sich nur aufhalten, wenn jeder Einzelne sein Handeln und Denken selbstverantwortlich übernimmt. Das erfordert von dem Einzelnen Selbstbewusstsein, Selbstvertrauen und Mut zur eigenen Entscheidung (Zivilcourage).

5 Selber denken (Seite 76-77)

Die ersten beiden Materialien dieser Doppelseite beschreiben und problematisieren das Phänomen des Gruppendenkens, das die Anpassung an eine entweder nur vermutete oder auch geäußerte Gruppenmeinung bezeichnet. Entscheidungen, die hierbei getroffen werden, sind oft realitätsfern. Die Behandlung der Thematik „Beeinflussung des Einzelnen durch die Gruppe" wird damit um einen weiteren Aspekt ergänzt. Die Texte von Popper und Kant dienen einer vertiefenden Auseinandersetzung mit dem kritischen Denken.

A1 Hier wird das Gruppendenken karikiert, bei dem der Einzelne seine Kritik zurückhält, weil er unter dem Zwang steht, sich der Gruppenmeinung anzupassen. Der Widerspruch zwischen dem, was die Personen auf dem Bild behaupten („Jawohl [wir sind alle gegen Gruppendenken]!") und dem, was sie tatsächlich tun (ausnahmslos alle stimmen zu und halten eigene Kritik zurück), ist offensichtlich. Auch wenn die Schülerinnen und Schüler die Informationen zum Gruppendenken erst in M2 erhalten, ist davon auszugehen, dass sie die Karikatur in diesem Sinne deuten können.

A2/ A3 Die Bearbeitung dieser Aufgabe erfordert bei den Schülern ein gewisses Maß an Offenheit und Mut. Im Schulalltag gibt es hierzu jedoch zahlreiche Beispiele, die man auch allgemein ansprechen kann. Wichtig ist jedoch, genau zu unterscheiden, ob es sich wirklich um Gruppendenken handelt oder ob in dem einzelnen Beispiel Angst vor der Autorität einer einzelnen Person Ursache für das Zurückhalten der Kritik ist.

A4 Bei dieser Aufgabe sollte besonders auf die Frage „Wie hat die Gruppe reagiert?" eingegangen werden, um ggf. zu erkennen, dass die negativen Reaktionen, die man erwartet hat, oft ausbleiben. Dies ist für die spätere Bearbeitung von Aufgabe 10 hilfreich.

A5 Die Erfahrung, dass man sich dem Gruppendruck gebeugt hat, hat jede Schülerin bzw. jeder Schüler schon einmal gemacht. Dabei beschäftigt den Einzelnen insbesondere das unangenehme Gefühl, das sich eventuell sofort, meistens aber erst zu einem späteren Zeitpunkt einstellt, wenn man sich bewusst wird, dass man einer bestimmten Aussage oder Entscheidung nicht hätte zustimmen sollen oder dürfen.

A6 Die Schülerinnen und Schüler können zur Bewältigung dieser Aufgabe ihrer Fantasie freien Lauf lassen und sich gemeinsam überlegen, wie ein Standbild – oder alternativ ein Symbol – den Begriff „Gruppendenken" deutlich machen kann. Die Aufgabe ist dann „gut" gelöst, wenn die Mitschülerinnen und -schüler das vorgestellte Standbild bzw. Symbol sinnvoll interpretieren können.

A 7 Im Unterricht würden keine ernsthaften Diskussionen stattfinden, da sich ja jeder einer vermuteten Meinung anpassen und seine eigene Meinung zurückhalten würde. Ein gedanklicher Austausch käme nicht zustande, so dass der Einzelne kaum Denkanstöße für eine differenzierte Meinungsbildung erhielte. Das aber entspricht gerade nicht der Zielsetzung von Unterricht im Fach Praktische Philosophie.

A 8 Beispiele:

- Kritisches Denken kann nur in der Auseinandersetzung mit den Anderen (der Gruppe) stattfinden.
- Kritisches Denken kann nicht nur aus mir selber entspringen, sondern findet immer in einem Dialog mit dem Anderen statt.
- Der Einsatz des eigenen Verstandes im Dialog mit dem Anderen ermöglicht erst kritisches Denken.

A 9 Es sollte auf die zentralen Begriffe – Unmündigkeit, Leitung eines anderen, Mut – eingegangen werden. Weiterhin kann die Metapher Hausvieh (Zeile 23) näher untersucht werden.

A 10 Eine Strategie könnte z. B. diese drei Schritte beinhalten, die im Einzelnen von den Schülern durch weitere Hilfsfragen noch näher differenziert werden können:

1. die Bewusstmachung der Situation (Vertrete ich wirklich meine Meinung oder füge ich mich in dieser Situation dem Druck der Gruppe? Welche Gründe wie z. B. Bequemlichkeit, Feigheit usw. stecken dahinter?)
2. die Bewusstmachung der möglichen Folgen unter Einbeziehung bereits gemachter Erfahrungen in einer ähnlichen Situation (Was könnte im schlimmsten Fall passieren, wenn ich meine eigene Meinung vertrete bzw. nicht vertrete? Welche Erfahrungen habe ich in ähnlichen Situationen bereits gemacht?)
3. die bewusste Entscheidung unter Einbeziehung der erhaltenen Informationen bzw. die Vertagung der Entscheidung, wenn ich noch weitere Informationen für die Entscheidung benötige

A 11 Ausgangsüberlegung: Entscheidungen, die in einer Gruppe von Personen getroffen werden, bergen, wie im Text M2 beschrieben, immer die Gefahr, dass Mitglieder der Gruppe dazu tendieren, sich in ihrem Votum der Gruppenmeinung anzupassen. Wenn dies auf eine hohe Zahl von Personen der Gruppe zutrifft, kommt unter diesen Umständen eine Entscheidung zustande, die nicht der tatsächlichen Meinung der Mehrheit entspricht.

Rollenspiele

Rollenmerkmale des Schauspielers	übertragbar auf die Rollen in der Gesellschaft (soziale Rolle)?
• einen vorgegebenen Text lernen	ja – Man muss die Verhaltensweisen, die innerhalb einer Rolle erwartet werden, erlernen bzw. beherrschen (Sozialisation).
• ein vorgegebenes Kostüm tragen	ja – (Im konkreten Sinn): Viele Rollen beinhalten auch ein äußeres Erscheinungsbild oder Auftreten. (Im übertragenen Sinn): Der Einzelne muss sich seiner Rolle „anpassen“, er muss in die Rolle „schlüpfen“.
• sich an Regieanweisungen halten	ja – Die Regieanweisungen entsprechen den Erwartungen der Gesellschaft an die Rolle. Diesen Erwartungen nicht zu entsprechen wird in der Regel nicht ohne Schaden für den Einzelnen sein.
• die Rolle so authentisch wie möglich spielen	ja – Je mehr der Einzelne sich den Erwartungen der Gesellschaft an die Rolle anpasst, umso mehr wird er in seiner Rolle akzeptiert, umso erfolgreicher ist er in dieser Rolle.
• auf die Mitspieler eingehen	ja – Die Mitspieler sind gleichzusetzen mit der Gesellschaft.
• Erfolg, wenn die Rolle gut gespielt wird	ja – Bei „guter“ Übernahme der Rolle wird dies von der Gesellschaft „belohnt“.
• Misserfolg, wenn die Rolle schlecht gespielt wird	ja – Bei Nichteinlösen der Erwartungen an die Rolle wird dies von der Gesellschaft sanktioniert.

Interkulturalität (Schülerband, Seite 78–87)

Einführung

In diesem Kapitel geht um die Beziehung und die Unterschiede zwischen den Kulturen und um die Möglichkeit, trotz der Unterschiede zu einem Austausch zu kommen.
Zum Auftakt des Kapitels stehen Abbildungen, auf denen typische Gegenstände oder Begriffe dargestellt sind, die (nahezu) eindeutig bestimmten Ländern zugeordnet werden können. Schon an dieser Stelle sollen die Schülerinnen und Schüler dafür sensibilisiert werden, dass es eigentlich nichts gibt, auf das eine Nation alleinigen Anspruch hat. Durch die Stellungnahmen von vier jugendlichen Migranten, die sich zu ihrem Verhältnis zu Deutschland und den Deutschen äußern, sowie eine Gegenüberstellung von (Vor-)Urteilen der Deutschen in Bezug auf die Polen und umgekehrt soll in die Problematik der Interkulturalität eingeführt werden (personale / gesellschaftliche Perspektive). Die ideengeschichtliche Perspektive wird mit der Behandlung der Frage aufgenommen, warum es Feindbilder gibt, was sie sind und wie sie entstehen (Doppelseite 2). Anhand des Problems der genitalen Verstümmelung von Frauen soll dann (Doppelseite 3) erörtert werden, ob jegliche Form von Andersartigkeit toleriert werden muss, nur weil sie den Sitten und Bräuchen einer Kultur entspricht (ideengeschichtliche / soziale Perspektive). Dies führt unweigerlich zu der Frage, wie man andere Kulturen verstehen und Verständnis für sie aufbringen kann, was in die Diskussion um die Prinzipien der Toleranz mündet (Doppelseite 4). Das Kapitel endet mit einem Ausblick, ob die Menschen, trotz ihrer kulturellen Vielfalt, nicht doch viele gemeinsame Werte besitzen, die sie eigentlich dazu verlassen müssten, friedlich miteinander zu leben (Doppelseite 5).

Methodisch-didaktische Hinweise

Doppelseite 1 führt über Bilder, Stellungnahmen und Fallbeispiele in die Thematik des Kapitels ein. Auf den Doppelseiten 2, 3 und 4 steht die Auseinandersetzung mit philosophischen und soziologischen Positionen im Vordergrund. Exemplarisch können anhand des Films *L.A. Crash* auf der Doppelseite 2 die Gründe, die zu rassistischen Handlungen führen, herausgearbeitet werden. Um die Gemeinsamkeiten der Menschen trotz ihrer unterschiedlichen Kulturen zu erschließen, bieten sich auf der Doppelseite 5 insbesondere die Beschäftigung mit dem Bild *The Golden Rule* (Die Goldene Regel) und einem Comic, das die Ringparabel aufgreift, an.

Hinweise zur Konzeption der Doppelseiten und zu den Aufgaben

1 Anpassung oder Abgrenzung? (Seite 78–79)

Diese Doppelseite führt in die Fragestellung ein, was Interkulturalität eigentlich ist und ob mit ihr Anpassung oder Abgrenzung verbunden ist.

A1 Jesus/Kreuz – Israel; Pizza – Italien; Döner Kebab – Türkei; Demokratie – Griechenland; Automarke Toyota – Japan; Hamburger – USA; Zahlen – Arabien; Kaffe – z.B. Brasilien, Guatemala oder andere südamerikanische Staaten.

A2 Durch die Collage wird deutlich, dass wir alle täglich mit Dingen zu tun haben, die nicht unserem Heimatland entspringen und die wir trotzdem schätzen.

A3 *Ali* fühlt sich als Deutscher und behauptet, er kenne die türkische Kultur kaum. Das mag zwar stimmen, weil er nach spätestens zwei Wochen Türkeiurlaub wieder zu seinen Freunden nach Deutschland zurückkehren will, aber sein Frauenbild scheint – über die Eltern vermittelt – eher türkisch-traditionellen Vorstellungen verhaftet: Er darf, obwohl er mit 16 Jahren das jüngste Familienmitglied ist, mit seinen Freunden zu allen Partys gehen, weil er männlichen Geschlechts ist, während seine älteren Schwestern abends das Haus nicht mehr verlassen dürfen und somit der elterlichen Kontrolle unterliegen. Ali möchte ebenso wie seine Eltern, dass seine Schwestern jungfräulich in die Ehe gehen, und will später auch selbst eine Jungfrau heiraten. Diese Ansicht wird unreflektiert geäußert und nicht weiter hinterfragt, eine Auseinandersetzung mit den unterschiedlichen Moralvorstellungen seines Herkunfts- und seines Heimatlandes hat er noch nicht geleistet.

Imans Familie stammt aus Marokko. Sie selbst wurde aber in Deutschland geboren. Nach eigener Aussage fühlt sie sich weder der einen noch der anderen Kultur zugehörig, bekennt sich aber über das Tragen eines Kopftuches demonstrativ zum muslimischen Glauben und grenzt sich auch über ihren Freundeskreis bewusst von ihren deutschen Mitschülerinnen und Mitschülern ab. Sie scheint so auch Konflikte vermeiden und einem evtl. vorhandenen Gefühl der Heimats- und Identitätslosigkeit aus dem Weg gehen zu wollen.

Branca fühlt sich wie Ali wohl in Deutschland, aber ihre Motive sind andere. Während Ali noch als Baby die Heimat verlassen hat, war Branca bereits acht Jahre alt. Sie fühlt sich in Deutschland sicher und schätzt den Frieden, den sie in ihrer Heimat nicht kennengelernt hat. Außerdem schätzt sie, dass ihre Eltern in ihrer neuen Heimat kein Schulgeld für ihren Schulbesuch bezahlen müssen. Aus den guten Erfahrungen, die Branca in Deutschland gemacht hat (wenn man von den wenigen Ausnahmen absieht, in denen sie von Deutschen nicht gut behandelt worden ist), zieht sie die Konsequenz, dass sie ihrem neuen Heimatland zumindest ein wenig das zurückgeben will, was sie dort wie selbstverständlich bekommen hat.

Chabraska mag Deutschland und die Deutschen nicht besonders gut leiden. Er fühlt sich als Fremder, als „Alien", weil er überall aufgrund seiner Hautfarbe angestarrt wird. Hinzu kommt, dass er häufig diskriminierende Ausdrücke wie „Neger", „Nigger" und (mittlerweile auch) „Schwarzer" über sich ergehen lassen muss. Er selbst sieht sich als „Afrodeutscher", womit er einerseits auf seinen Ursprungskontinent Afrika und andererseits auf das Land hinweist, in dem er lebt, nämlich Deutschland. Chabraska unterstellt den Deutschen, sie seien voller Vorurteile, und will deshalb Deutschland nach einem Medizinstudium den Rücken kehren und nach Afrika gehen, das er mit 5 Jahren verlassen hat. Die Frage, ob er sich dort dann auch fremd fühlen könnte, stellt er sich nicht.

A4 Die Schülerinnen und Schüler werden hier unterschiedliche Auffassungen vertreten. Wichtig ist dabei, dass sie auf plausible und logische Begründungen achten.

A5 Vorurteile entstehen unter anderem dadurch, dass man Angst vor dem Anderen, vor dem Fremden hat. Vorurteile stehen sowohl räumlich – man achte auf die Vorsilbe „vor" – als auch zeitlich vor einem Urteil. Vereinfacht formuliert heißt das, sie entstehen, weil man unreflektiert Aussagen über eine Nation, Religion oder Kultur von anderen übernimmt oder Einzelbeobachtungen pauschalisiert. Dies trifft natürlich auch auf die Sicht der Deutschen auf die Polen und die Sicht der Polen auf die Deutschen zu.

A6 Wer Beispiele für Vorurteile zwischen den Nationen sucht, sollte folgende Internetseite aufrufen: www.marketing-und-vertrieb-international.com/kunden/mentalitaeten.htm

Vorurteile werden gerne verdammt und scheinen etwas Negatives zu sein. Dies stimmt, solange es sich bei einem Vorurteil um ein vorab wertendes Urteil handelt, das nicht reflektiert wurde. Andererseits sind Vorurteile notwendig, denn sonst kämen die Menschen vor lauter Nachdenken und Prüfen nicht zum Handeln. Vorurteile werden aufgrund bisheriger Erfahrungen unbewusst erstellt. Auf diese Weise wird eine Modellvorstellung aufgebaut, die sich ändern kann, sofern dieses Modell überprüft wird.

Es gibt unzählige Vorurteile zwischen den Nationen, wovon die meisten negativer Art sind. Aber es gibt auch zahlreiche positive Vorurteile. Hier einige Beispiele: Der Spanier ist stolz, die Französinnen sind die schönsten Frauen der Welt, die Deutschen sind pünktlich und die Italiener haben die beste Küche überhaupt.

2 Kulturelle Konflikte (Seite 80–81)

Auf dieser Doppelseite werden anhand von Schlagzeilen, einer philosophischen Position und einem Film die Auswirkungen von kulturellen Konflikten dargestellt.

A1 *Schlagzeile 1:* Die Buddha-Statuen von Bamiyan, einer Provinz im heutigen Afghanistan, wurden am 12. März 2001 auf Anordnung des Anführers der terroristischen Taliban-Miliz, Mullah Mohammed Omar, gesprengt. Zuvor hatte der damalige UN-Generalsekretär Kofi Anan die Taliban noch aufgefordert, von ihrem Vorhaben abzulassen, ein 1600 Jahre altes UNESCO Weltkulturerbe zu zerstören. Bevor die Taliban die größten Buddha-Statuen der Welt (55 und 35 Meter hoch) mit Dynamit sprengten, hatten sie 26 Tage lang vergeblich versucht, sie mit Panzern, Raketen und Geschützen zu Fall zu bringen.

Mit der vor einigen hundert Jahren in dieser Region erfolgten Verdrängung des Buddhismus durch den Islam verloren die Statuen zunehmend an Bedeutung und wurden immer wieder angegriffen, weil die Darstellung menschlicher Figuren unerwünscht war. So wurden den Buddha-Statuen zuerst der Schmuck, dann die Gesichter und schließlich auch noch die Hände geraubt, um dann zu Beginn des 21. Jahrhunderts vollkommen zerstört zu werden.

Schlagzeile 2: Noch einmal ist Mohammed Omar der Schlagzeilenlieferant. Sein Ausspruch, die Taliban würden „die Amerikaner wie Schweine durch die Gegend jagen", zeugt vom tiefsitzenden Hass auf die USA. Aus dem Munde eines Muslim, der ein Schwein als ein unwürdiges Tier betrachtet, erlangt die Beleidigung eine besondere Bedeutung.

Mullah Omars Hass auf die Amerikaner hängt damit zusammen, dass die USA und andere westliche Staaten Harmid Karzai zum Regierungschef Afghanistans gemacht haben und seither versuchen, das Regime der Taliban zu zerstören. In einem Interview sagte Mohammed Omar: „Unsere Position ist eindeutig. [...] Wir werden jeden töten, der die USA und ihre Verbündeten in irgendeiner Weise unterstützt. Amerika ist das schlimmste Übel auf Erden. Wer ein Freund der USA ist, ist gleichzeitig ein Feind des Islam. Dschihad bedeutet: Die Feinde des Islam zu töten. [...] Die Taliban sind vereint. Wir werden den USA und ihren Koalitionspartnern schwere Zeiten bereiten. Wir werden sie wie Schweine durch die Gegend jagen."

The Rediff Interview / Mullah Omar, April 12, 2004, auf: http://www.rediff.com/news/2004/apr/12inter.htm, (Stand: 10.10.2009, aus dem Englischen übersetzt von Martina Peters)

Schlagzeile 3: Beim sogenannten Karikaturen-Streit geht es um zwölf Karikaturen des Propheten Mohammeds, die am 30. September 2005 in der dänischen Zeitung Jyllands Posten erschienen sind. Sie waren der Auslöser für Demonstrationen gegen den dänischen Staat in der gesamten islamischen Welt. Bei diesen Demonstrationen wurden nicht nur dänische Lebensmittel aus islamischen Geschäften verbannt, sondern auch Dänemark-Fahnen verbrannt. Abbildungen von Mohammed sind in weiten Teilen der islamischen Welt verboten. Das in der Debatte so oft herangezogene Bilderverbot wurde und wird aber in der islamischen Welt nicht überall gleich ausgelegt. Die Kritik von muslimischer Seite richtete sich primär gegen die wachsende islamfeindliche Haltung Dänemarks bzw. der gesamten westlichen Welt sowie die Gleichsetzung von Islam und Terrorismus. (Die umstrittenen Karikaturen zeigen den Propheten Mohammed z. B. in einem Bild als Bombenleger.)

A2 Ein Feindbild bezieht sich auf einen Menschen, auf Gruppen von Menschen (wobei es sich meistens um Minderheiten handelt), auf Völker oder Staaten. Das Feindbild ist immer mit negativen Konnotationen verbunden, indem man im anderen das Böse sieht. Dem gegenüber steht grundsätzlich ein positives Selbstbild, um sich über den anderen zu erheben bzw. ihn zu erniedrigen.

A3 Es sollte deutlich werden, dass Feindbilder immer in einem historischen Kontext zu sehen sind (vgl. M1/A1 zu dieser Doppelseite).

A4 Huntington sieht einen Kampf der Kulturen. Staaten wie China oder Indien, die gerade wirtschaftlichen Wohlstand entwickeln und die an militärischer und politischer Macht gewinnen, werden auf ihre eigenen kulturellen Werte bestehen und jene abwerfen, die sie vom Westen aufgezwungen bekommen haben. Als besonders gefährlich sieht Huntington aber die sogenannten Bruchlinien zwischen den Kulturen an. Damit meint er insbesondere solche Gesellschaften, die lediglich durch Ideologie oder historische Umstände, aber nicht kulturell geeint sind. So sind mittlerweile die Sowjetunion und Jugoslawien als Staaten nicht mehr existent, sondern in viele kleine Staaten zerfallen. Aber auch jene Staaten können in Zukunft betroffen sein, die starken Erschütterungen ausgesetzt sind. Als Beispiele führt Huntington hierzu die Ukraine, Nigeria oder Sri Lanka an.

A5 Verstärkte politische Anstrengungen – z.B. durch die UN – und Bemühungen um einen Dialog der Kulturen (vgl. dazu A4 auf Doppelseite 5) können der von Huntington befürchteten Entwicklung entgegensteuern.

A6

Wer gegen wen?	rassistische Handlung	Grund
• Jean (weiße Amerikanerin) gegen Daniel (Mexikaner)	• Jean sagt, Daniel sei ein „Knacki"	• Angst
• Ryan (weißer Polizist) gegen Christine (Afroamerikanerin)	• Ryan belästigt Christine bei einer Körperabtastung sexuell	• Schikane
• Sachbearbeiterin einer Krankenversicherung (Afroamerikanerin) gegen Ryan (weißer Polizist)	• Sachbearbeiterin bewilligt die Hilfe für Ryans an Prostatakrebs erkrankten Vater nicht	• Rache wegen Hetze gegen Afroamerikaner
• Farhad (Perser) gegen Daniel (Mexikaner)	• Farhad will Daniel erschießen, weil er aufgrund seiner mangelnden Englischkenntnisse glaubt, der Mexikaner wolle ihn betrügen	• mangelnde Sprachkenntnisse
• Anthony (Afroamerikaner) gegen Vanbesitzer (Koreaner)	• Anthony lässt nach einem von ihm verschuldeten Unfall den Vanbesitzer am Tatort zurück	• Asiaten werden als minderwertig betrachtet
• Vanbesitzer (Koreaner) gegen illegale Einwanderer (Chinesen)	• Vanbesitzer betreibt Menschenhandel und will die Chinesen verkaufen	• Geld

A7 Nahezu jeder, der in dieser Geschichte rassistisch gehandelt hat, bekommt die Möglichkeit, sein Fehlverhalten zu korrigieren, und nutzt sie auch. Jean beispielsweise verstaucht sich den Fuß, als sie die Treppe in ihrem Haus hinuntergehen will. Als sie ihre beste Freundin telefonisch um Hilfe bittet, spielt diese den Fall herunter und lässt Jean im Stich. Schließlich wird Jean von ihrer lateinamerikanischen Haushaltshilfe gefunden und versorgt. Zum ersten Mal empfindet Jean etwas für ihre Hausangestellte und umarmt die Frau, der sie zuvor aufgrund ihrer Herkunft nur Misstrauen und Argwohn entgegengebracht hatte.

A8 Die Gefahren durch kulturelle Konflikte sind – sofern Huntington recht hat – groß.
Gerade die zunehmende Vernetzung in einer globalisierten Welt bietet vielleicht aber auch neue Möglichkeiten, einander kennen und respektieren zu lernen.

3 Andersartigkeit ertragen (Seite 82–83)

Die Doppelseite will die Schülerinnen und Schüler über das Beispiel der weiblichen Genitalverstümmelung, der möglichen Begründung einer solchen Maßnahme als auch der Kritik daran für die Frage nach der Sinnhaftigkeit von kulturellen Bräuchen sensibilisieren.

A1 Weltweit sind ca. 140 Millionen Frauen von Genitalverstümmelung betroffen, hauptsächlich in Afrika, wo in manchen Ländern (z.B. Somalia, Guinea, Sierra Leone) über 90% der Frauen Opfer dieser Maßnahme werden. Vgl. hierzu:
www.welt.de/politik/ausland/article4554517/So-brutal-werden-Frauen-verstuemmelt.html (Stand: 03.04.2012)

A2 Der Text löst sehr intensive und kaum zu beschreibende Gefühle aus, und zwar unabhängig davon, welches Geschlecht man selber hat, denn jeder Einzelne empfindet beim Lesen des Textes die Schmerzen, die die fünfjährige Waris Dirie durchgestanden haben muss. Der erste Gedanke, der wohl jedem spontan durch den Kopf geht, lautet wahrscheinlich: „Gott sei Dank bin ich nicht betroffen."

A3 Waris Dirie stammt aus einer muslimischen Somali-Nomadenfamilie vom Clan der Darod. *Waris* bedeutet „Wüstenblume". Als Fünfjährige wurde sie Opfer weiblicher Genitalverstümmelung. Im Jahr 1997, auf dem Höhepunkt ihrer Modelkarriere, berichtete Waris Dirie erstmals der Journalistin Laura Ziy für die Zeitschrift *Marie Claire* über ihre Beschneidung und löste damit ein weltweites Medienecho aus. Im selben Jahr wurde sie UN-Sonderbotschafterin gegen Beschneidung. Sie veröffentlichte 1998 das Buch *Wüstenblume* (Originaltitel: *Desert Flower*), in dem sie u. a. von ihrer Beschneidung erzählt. Durch ihre Berühmtheit schaffte sie es, auf dieses Thema aufmerksam zu machen. 2005 erschien *Schmerzenskinder*, für das Waris Dirie zwei Jahre mit einem Team undercover in den afrikanischen Communities in Europas Hauptstädten recherchierte. Mit dem Buch startete sie eine europaweite Kampagne gegen FGM [Female Genital Mutilation – die englische Bezeichnung für weibliche Genitalverstümmelung]. Im Jahr 2002 gründete Dirie die *Waris Dirie Foundation* in Wien. Die Stiftung sammelt Geld, um auf das weltweite Problem von FGM aufmerksam zu machen und Betroffenen zu helfen. Sie eröffnete die Weltkonferenz gegen FGM in Nairobi, hielt eine vielbeachtete Rede und veröffentlichte erstmals das *Waris-Dirie-Manifest gegen FGM.* Am 25. Januar 2006 sprach Waris Dirie vor den versammelten Ministern aller EU-Mitgliedsstaaten in Brüssel. Hierauf setzte die Europäische Union den Kampf gegen weibliche Genitalverstümmelung auf ihre Agenda. Danach wurden in vielen europäischen Ländern Gesetze verschärft und Präventionsmaßnahmen initiiert. 2007 startete Waris Dirie eine Kampagne gegen FGM zusammen mit Scotland Yard und der BBC in Großbritannien. Der arabische Sender Al Jazeera lud Waris Dirie in die populäre Talkshow von Riz Khan ein. Sie sprach erstmals in einem arabischen Sender vor über 100 Millionen Zusehern über das Tabuthema „Weibliche Genitalverstümmelung". Es folgte ein weiteres Aufklärungsprogramm über FGM mit Waris Dirie für Jugendliche auf dem *Pan Arabic Youth Channel.*

http://de.wikipedia.org/wiki/Waris_Dirie (Stand: 03.04.2012, gekürzt)

A4 Lösungsvorschlag: Eine Rede im Namen von Waries Dirie:

Sehr geehrte Damen und Herren,

mein Name ist Waris Dirie. Wie Sie sicherlich wissen, werden jährlich ca. 2 Millionen Frauen und Mädchen beschnitten. Das sind etwa 6.000 Beschneidungen pro Tag. Die Schmerzen und Qualen, die diese Frauen und Mädchen durchleben, sind kaum erfassbar, aber vielleicht kann ich Ihnen dennoch hier und jetzt zumindest einen kleinen Eindruck davon vermitteln. Stellen Sie sich vor, man würde Ihnen mit einer Rasierklinge nicht nur die Klitoris, sondern zudem noch die kleinen und großen Schamlippen abschneiden und anschließend die Wunde zunähen. Was fühlen Sie? Schmerzen, die Ihnen durch Mark und Bein gehen? Dann haben Sie eine ungefähre Vorstellung davon, wie sich die Frauen und Mädchen fühlen, die sich einer Beschneidung haben unterziehen müssen, damit sie in ihrer Gesellschaft, in ihrer Kultur als Frau gelten. Die zugenähte Vagina wird nach der Eheschließung vom Ehemann entweder mit einem Messer geöffnet oder dadurch, dass er sich gewaltsam Einlass verschafft. Ich frage Sie, möchten Sie in der Situation sein, in der sich diese Mädchen und Frauen befinden? Aus Ihren Reaktionen entnehme ich, dass Sie kaum einen ihrer Plätze einnehmen möchten. Halten Sie sich bitte vor Augen, dass – so die Schätzungen – zwischen 100 und 157 Millionen Frauen davon weltweit betroffen sind. Wenn Sie sich jetzt in Ihrer Haut immer unwohler fühlen, dann kann ich das gut verstehen. Aus den genannten Gründen sollten auch Sie sich stark dafür machen, dass diese Art der Verstümmelung aus allen Kulturen verbannt werden sollten. Frauen, die beschnitten wurden, führen kein eigentlich weibliches Dasein mehr. Für sie ist Sexualität nichts Angenehmes und Schönes, sondern etwas sehr Schmerzhaftes.

Wie Sie vielleicht wissen, gibt es von der EU mittlerweile Programme, die sich gegen die weltweite genitale Verstümmelung von Frauen richten. Gesetze wurden verschärft, Präventionsmaßnahmen initiiert, doch noch immer findet dieser brutale Akt statt. Helfen auch Sie mit, dass die Frauen und Mädchen in den betroffenen Ländern künftig nicht mehr leiden müssen und Beschneidungen generell verboten werden. Bitte unterstützen Sie meine Stiftung.

Vielen Dank für Ihre Aufmerksamkeit.

A5 Während der Universalismus davon ausgeht, die Menschenrechte zu einem einzigen, also universalen Prinzip erheben zu können, betont der Kulturrelativismus den Pluralismus der unterschiedlichen Gesellschaften. Außerdem behauptet er, man könne unterschiedliche Kulturen nicht miteinander vergleichen und eine Kultur könne nur aus sich heraus bewertet werden. Daher kann man kulturelle Phänomene nur solange sie im eigenen Kontext stehen, betrachten und beurteilen.

A6/ A8 Es ist richtig, dass unterschiedliche Gesellschaften auch unterschiedliche Regeln haben und dass sich viele Regeln sinnvoll auch nur auf bestimmte Regionen beziehen lassen. Schwierig wird es, wenn Moralprinzipien mit anderen Regeln, etwa Verkehrsregeln, gleichgesetzt werden – eine Gefahr, in die der Kuturrelativist geraten kann. Die Deklaration der Menschenrechte durch die Vereinten Nationen beweist, dass gewisse Grundrechte aber als universell, für alle Menschen unabhängig von ihrem kulturellen Kontext, gültig angesehen werden.

4 Prinzipien der Toleranz (Seite 84–85)

Im Fokus dieser Doppelseite steht die Frage nach der Toleranz. Sie soll einerseits definiert und andererseits dahingehend überprüft werden, ob sie auch der Intoleranz standhält.

A1 Toleranz bedeutet, dass man in der Lage ist, Überzeugungen, Handlungen, Bräuche und Sitten zu ertragen, auch wenn sie einem nicht vertraut sind und fremd vorkommen. Toleranz bedeutet aber nicht, alles zu tolerieren, denn es gibt genügend Überzeugungen (Nationalsozialismus), Handlungen (Gewalt), Bräuche und Sitten (weibliche Genitalverstümmelung), die inakzeptabel sind und nicht toleriert werden dürfen.

A2 Heiner Geißler ist sich der Tatsache bewusst, dass Deutschland ein Einwanderungsland geworden ist und dass die Deutschen künftig mit Menschen zusammenleben werden (müssen), die eine andere Herkunft und eine andere Muttersprache haben sowie andere Sitten und Bräuche besitzen. Er sieht in der multikulturellen Gesellschaft eine große Chance, wenn drei Bedingungen erfüllt werden:

1. Alle Kulturen müssen die Bereitschaft mitbringen, miteinander zusammenleben zu wollen.
2. Die Deutschen dürfen nicht die Fehler begehen, die Eigenarten der anderen Kulturen nicht zu respektieren oder sie germanisieren oder assimilieren zu wollen, denn jeder Mensch ist nicht nur mit seiner ursprünglichen Heimat verwurzelt, sondern auch der Geschichte seines Volkes verhaftet. Kurz gesagt: Die Deutschen dürfen den anderen Kulturen nicht ihre Identität rauben.

3. Diejenigen, die nach Deutschland gekommen sind, müssen ihrerseits die universellen Menschenrechte und die Grundwerte der Deutschen achten und anerkennen und natürlich die deutsche Sprache beherrschen.

Wenn all diese Bedingungen erfüllt werden, sieht Geißler keine Probleme eines gemeinsamen Zusammenlebens unter großer gegenseitiger Akzeptanz.

A3 Nach Locke sind folgende Rechte und Freiheiten unverletzlich:

1. Jeder hat die Freiheit, einer Religionsgemeinschaft seiner Wahl beizutreten. Niemand darf in der Wahrnehmung seiner bürgerlichen Rechte beeinträchtigt werden, nur weil er einer Religion angehört.
2. Alle Rechte und Freiheiten, die dem Einzelnen als Menschen zustehen, dürfen nicht berührt werden.
3. Alle Rechte und Freiheiten, die einem Menschen als Bürger eines Staates zugestanden werden, müssen geachtet werden. Wer diese Rechte und Freiheiten (2. und 3.) verletzt, muss damit rechnen, bestraft zu werden. Im schlimmsten Fall erleidet der Angreifer den Tod, nämlich dann, wenn der Angegriffene von seinem Recht auf Notwehr Gebrauch macht, denn keinem Menschen darf Gewalt oder Unrecht angetan werden.
4. Die Menschen sollen sich nicht nur gerecht zueinander verhalten, sondern darüber hinaus auch noch Barmherzigkeit, Güte und Freigebigkeit walten lassen. Locke führt dafür drei Gründe an: a) es steht im Evangelium geschrieben; b) dies befiehlt uns die Vernunft und c) fordert dies die Gemeinschaft, in die wir hineingeboren wurden.

A4

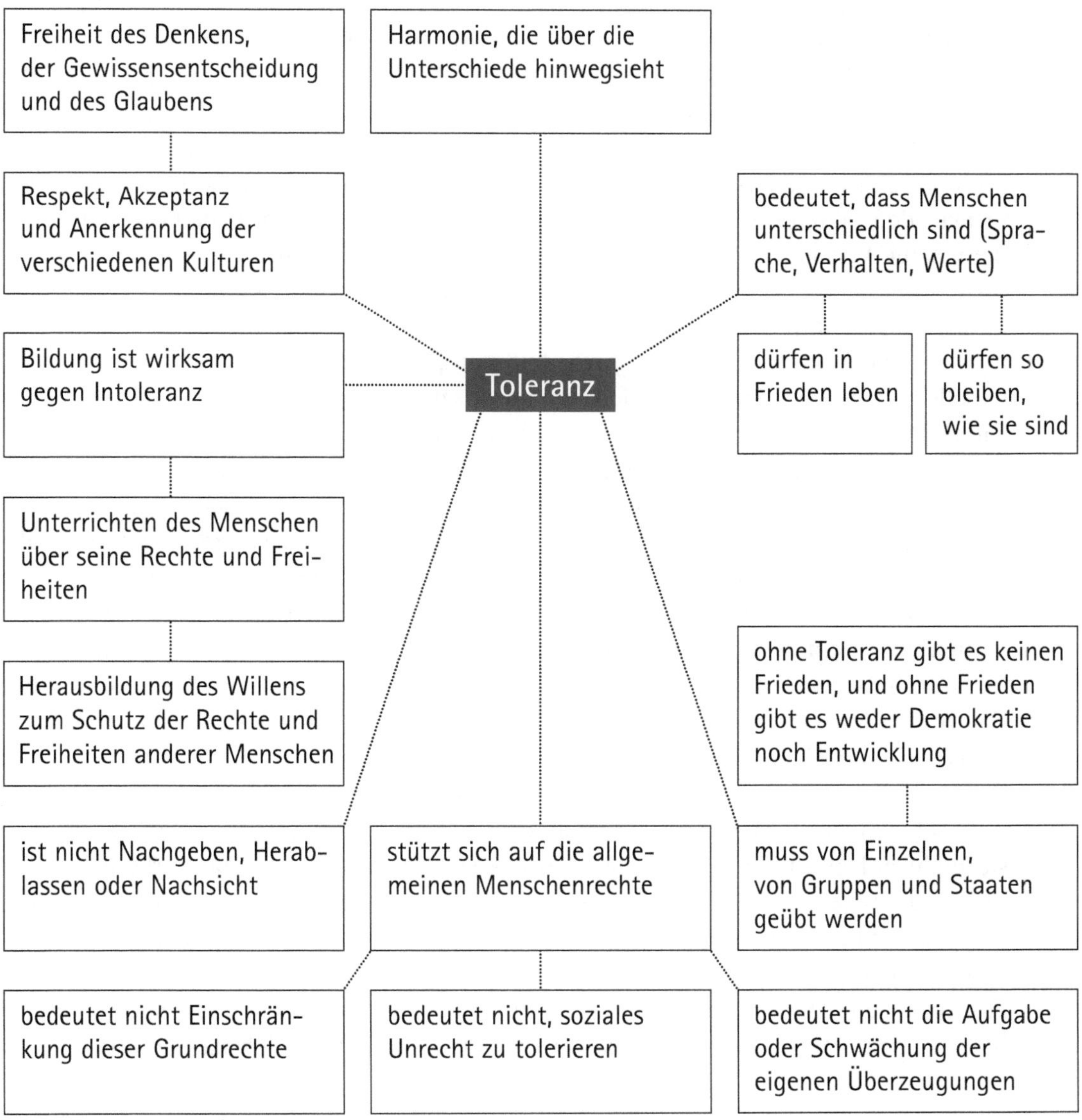

A5 1. Menschen sollen einander tolerieren, egal ob sie alt oder jung sind.
2. Menschen sollen einander tolerieren, egal welche Hautfarbe sie haben.
3. Menschen sollen einander tolerieren, egal welcher Religion sie angehören.
4. Menschen sollen einander tolerieren, egal ob sie konservativ oder fortschrittlich eingestellt sind.
5. Menschen sollen einander tolerieren, egal welcher politischen Richtung sie angehören.

A6 Die Grenzen der Toleranz werden da erreicht, wo der andere mir und ich ihm nicht mehr entgegenkomme, wo er sich nicht bemüht, mich zu verstehen und ich mich nicht bemühe, seine Sichtweise der Dinge wohlwollend zu beleuchten (vgl. dazu auch A4 der vorangegangenen Doppelseite).

A7 Die Aussage Karl Raimund Poppers zielt auf die Grenzen der Toleranz: Wer (ein Übermaß an) Intoleranz duldet, setzt damit die Vorherrschaft des Toleranzprinzips aufs Spiel, riskiert, dass die Toleranz untergeht (vgl. dazu auch A1 dieser Doppelseite).

5 Kulturelle Vielfalt – gemeinsame Werte (Seite 86–87)

Diese Doppelseite soll zeigen, dass trotz der kulturellen Vielfalt die Menschen gemeinsame Werte haben und dass es dabei egal ist, wo man auf der Welt lebt, welcher Ethnie und welcher Religionsgemeinschaft man angehört.

A1 Wahrscheinlich werden die meisten Schülerinnen und Schüler die positiven Formulierungen der Goldenen Regel mehr ansprechen als die negativen Fassungen, weil damit zum Ausdruck gebracht wird, dass es bestimmte Dinge gibt, die man selber gerne erfahren möchte.

A2 Die Goldene Regel scheint einfach zu befolgen zu sein, und auf den ersten Blick wirkt es so, als würde für alle Beteiligten etwas Positives dabei herauskommen, wenn sich alle an diese Regel halten würden. Doch der irische Dramatiker und Gelehrte George Bernard Shaw hat schon darauf hingewiesen, dass die Goldene Regel eine Art von Unfairness sei. Deshalb dürfe man den anderen gar nicht so behandeln, wie man von ihm behandelt werden möchte, denn seine Vorlieben könnten ganz andere als die eigenen sein.

A3 Sissela Bok weist in dem Textauszug darauf hin, dass in allen Kulturen, Ethnien oder Religionsgemeinschaften die grundlegenden Werte ebenso identisch sind wie die Vergehen, die juristisch verfolgt werden. Aus ihren Äußerungen lässt sich daher ableiten, dass in allen Gesellschaften auch dieselben oder zumindest sehr ähnliche Moralvorstellungen herrschen.

A4 Die Hauptaussagen der Ringparabel bestehen darin, dass 1. Gott all seine Kinder gleichermaßen liebt, unabhängig davon, welche Religionszugehörigkeit der Einzelne besitzt; die Menschen sich 2. nicht darauf versteifen sollen, dass ihre (monotheistische) Religion (Judentum, Christentum, Islam) die einzig wahre sei, weil sie sonst fanatisch werden könnten. Allerdings soll jeder seinen Glauben für den richtigen halten, dies aber dem anderen gegenüber nicht geltend machen, da jede wirkliche Religion ihren Ursprung in Gott findet. Deshalb kann auch 3. die Frage nicht beantwortet werden, welcher Ring denn nun der echte sei, denn wenn eine Religion bevorzugt werden würde, würde ihr die Stellung der „wahren Religion“ zuteil.

A5 Das Drama *Nathan der Weise* von Gotthold Ephraim Lessing spielt zur Zeit der Kreuzzüge in Jerusalem. Die Ringparabel gilt als Schlüsseltext zur Toleranzidee der Aufklärung.

A6 Der Dalai Lama hat Kinder beobachtet und dabei festgestellt, dass sie – auch wenn sie aus unterschiedlichen Teilen der Welt stammen – sofort anfangen miteinander zu spielen, weil sie nicht auf kulturelle Unterschiede, Ethnienzugehörigkeit oder Hautfarbe achten. Dies ist bei Erwachsenen anders. Deshalb gibt es manchmal Hassgefühle gegenüber Ausländern. Eine solche Haltung resultiert aus der Angst vor dem Unbekannten. Der Dalai Lama schlägt deshalb vor, dem anderen mit einer freundlichen Einstellung zu begegnen, auf seinen Gesichtsausdruck, sein Lächeln und seinen Blick zu achten. Völlig unbedeutend stuft er dagegen die Stellung eines Menschen ein, ebenso wie die Frage, ob ein Gesprächspartner arm oder reich ist.

A7 Eine gute Möglichkeit, Ressentiments abzubauen, könnte darin bestehen, dass Kinder verschiedener Nationen, Ethnien und Religionen schon im Kindergarten (oder auch schon in Krabbelgruppen) einander kennen, respektieren und schätzen lernen. Sie können im Spiel viel voneinander lernen und werden verstehen, dass alle Menschen insofern gleich sind, als sie Freude, Glück, Trauer oder Leid auf sehr ähnliche Weise empfinden.

Vorurteile lassen sich nicht abbauen, wenn Freunde, Familienmitglieder oder die Regierenden eines Staates massiv gegen eine andere Kultur hetzen oder Menschen so manipulieren, dass diese sich einer anderen Kultur übergeordnet fühlen.

Lust und Pflicht (Schülerband, Seite 88–97)

Einführung

Das Kapitel legt seinen Schwerpunkt auf Lust und Pflicht als Handlungsmotive. Lust ist intrinsische Motivation, die entsprechende Handlung wird um ihrer selbst willen vorgenommen, weil sie ein positives Gefühl im Handelnden entstehen lässt. Pflichten hingegen bedürfen einer moralischen oder rechtlichen Autorisierung: Sie sind entweder der moralischen Bewertung einer Situation geschuldet oder werden von einer anerkannten Autorität gefordert.
Im Alltag wird „das, worauf ich Lust habe" und „das, was ich tun muss" nicht zwangsläufig als Gegensatz wahrgenommen. Pflichten sind in jedem Bereich unseres Lebens zuhauf vorhanden. Der Pflichtcharakter einer Handlung wird jedoch in der Regel erst offensichtlich, wenn sie mit keinem Gefühl von Lust verbunden ist oder sogar mit Unlust einhergeht. Ebenso ist das Gefühl der Lustbefriedigung ein stiller Begleiter unserer Handlungen und wird meist nur in solchen Fällen reflektiert, in denen das Lustempfinden über ein gewohntes Maß hinausgeht. Auf den Doppelseiten 1–2 geht es daher vor allem darum, den Schülerinnen und Schülern bewusst zu machen, inwieweit selbst in alltäglichen Situationen Lust, Unlust und Pflicht unser Handeln bestimmen und für unser Leben eine entscheidende Rolle spielen (personale Perspektive). Die Doppelseiten 3 und 4 setzen den Schwerpunkt auf gesellschaftliche und ideengeschichtliche Aspekte. Die Schülerinnen und Schüler erhalten Gelegenheit, sich mit dem Vorwurf der pflichtvergessenen, nur nach Lustbefriedigung strebenden „heutigen Jugend" auseinanderzusetzen. Anschließend soll die Bedeutung der Pflichterfüllung im Widerstreit zur Freiheit des Gewissens reflektiert werden. Doppelseite 5 thematisiert eine besondere Art des Pflichtbewusstseins: die Selbstverpflichtung zur Mitarbeit in Nichtregierungsorganisatiosnen (NGO) als individuell wahrgenommene Pflicht, zur Verbesserung von Umwelt und Gesellschaft aktiv beizutragen.

Methodisch-didaktische Hinweise

Das Thema zeigt deutliche Bezüge zu den Bereichen *Gefühl und Verstand* (Seite 8–17), *Recht und Gerechtigkeit* (Seite 128–137) und *Glück und Sinn des Lebens* (Seite 248–257).
Zur ersten Herausarbeitung des Konfliktpotenzials von Lust und Pflicht als Motive unserer Handlungen eignet sich vor allem der an der Lebenswelt von Jugendlichen orientierte Erzähltext M3 der Doppelseite 1. Doppelseite 2 lässt in besonderem Maße den Einsatz verschiedener medienorientierter Arbeitsmethoden zu, während die Doppelseiten 4 und 5 vor allem von Internetrecherchen begleitet werden sollten.
Methodisch bietet die Doppelseite 3 durch den Einsatz von Rollenspielen die Möglichkeit der lebendigen Auseinandersetzung mit dem Vorwurf der Pflichtvergessenheit unserer Zeit.

Hinweise zur Konzeption der Doppelseiten und zu den Aufgaben

1 Was uns antreibt (Seite 88–89)

Der Zugang zum Thema *Lust und Pflicht* erfolgt über den für die meisten Schüler alltäglichen Konflikt zwischen Unlust und Pflichterfüllung der bei der Erledigung der Schulaufgaben und der regelmäßigen Teilnahme an Aktivitäten in einem Verein oder einer Organisation.

A1 Originaltext:
(Bild 2 Calvin) Way to go, Jane!

(Bild 3 Calvin) Boy, I hate homework!
(Bild 10 Mum) What on earth are you doing? Where's your homework?
(Bild 10 Calvin) I couldn't concentrate.

A2 Die Empfindung von Lust und Unlust ist in unserem Alltag allgegenwärtig. Wir streben danach, uns gut zu fühlen, und bevorzugen Tätigkeiten, auf die wir Lust haben. Handlungen, die uns unangenehm erscheinen, versuchen wir zu vermeiden oder zumindest aufzuschieben.

A3 Gute Gründe, um für eine Klassenarbeit zu lernen, sind z.B.: bessere Noten, Wiederholung und Festigung eines Unterrichtsgegenstandes in Hinblick auf thematisch aufbauende Bereiche, die Vermeidung von Konflikten mit Eltern und Lehrern, ebenso die Vermeidung eines schlechten Gewissens oder des unguten Gefühls bei Erhalt einer schlechten Note. Dass trotzdem oft nicht für Klassenarbeiten gelernt wird, dürfte zum großen Teil daran liegen, dass für den Moment andere Tätigkeiten attraktiver erscheinen, da sie mit einer unmittelbaren Lustbefriedigung verknüpft sind. Möglicherweise erscheinen auch andere Pflichten wie z.B. die Erledigung von Hausaufgaben für den nächsten Schultag als dringender.

A4 Emmas Verpflichtung besteht in der Erfüllung einer freiwillig eingegangenen Pflicht wie z.B. die regelmäßige Teilnahme am Vereinstraining oder die Arbeit in einer gemeinnützigen Organisation. Für die Wahrnehmung ihrer Verpflichtung sprechen die von Emma genannten Argumente, die vor allem auf Verlässlichkeit und Verantwortung gegenüber anderen abzielen. Dagegen spricht die Unlust Emmas. Die Erfüllung einer Pflicht entgegen dem persönlichen Lustempfinden kann durchaus problematisch sein, denn die fehlende Motivation eines Einzelnen kann die Leistungsbereitschaft der ganzen Gruppe mindern. In der Diskussion sollte ebenfalls bedacht werden, dass Unlust immer auch einen ernsthaften Hintergrund haben kann: Bestehen Versagensängste oder gravierende soziale Konflikte in der Gruppe, ist die Selbstverpflichtung unter Umständen zweitrangig.

A5 Vermutlich lächelt die Mutter aus doppelter Erleichterung, da die Tochter zum einen auf ironisch-witzige Art eine Konfliktsituation bewältigt, die bestimmt schon öfters zu Streit geführt hat, und zum anderen ein Verhalten an den Tag legt, in dem die zunehmende Bereitschaft zum „erwachsenen" Umgang mit den eigenen Unlustgefühlen deutlich wird.

A6 Für die Führung von „to-do-Listen" sprechen u.a. folgende Argumente: Sie ermöglichen einen Überblick über Anstehendes, verhindern das Vergessen wichtiger Aufgaben, erleichtern die Ordnung nach Dringlichkeit, verhindern die Selbsttäuschung über das Ausmaß des bereits Erledigten, geben aber auch oftmals das Gefühl, doch etwas geschafft zu haben, und setzen den Verpflichtungen ein sichtbares Ende.

A7 Damit die Liste nicht zu detailreich und damit unübersichtlich wird, sollten Selbstverständlichkeiten wie z.B. Zähne putzen, sich anziehen oder essen ausgeschlossen werden, solange sie nur eine normale Zeitspanne beanspruchen. Berücksichtigt werden sollen hingegen auch gerne und freiwillig übernommene Aufgaben.

2 Ein Leben voller Lust (Seite 90–91)

Ausgehend von der Allgegenwärtigkeit erotischer Lust in der Werbung wird die Bedeutung der individuellen Lustbefriedigung als sinnstiftende Erfüllung unserer Lebensträume thematisiert.

A1 Die Umsetzung erfolgt über die Abbildung einer attraktiven, freizügig gekleideten und aggressiv geschminkten Frau, die offensichtlich ihrer Lust freien Lauf gegeben hat. Der Betrachter wird in die Rolle des Opfers weiblicher Begierde versetzt, der durch die Verwendung des am Rande abgebildeten Produktes die „fleischliche" Lust der Frau (Blut/Schokolade am Mund) geweckt hat.

A2 Die Werbeindustrie verspricht sich durch den Einsatz von sexuellen Motiven eine erhöhte Bereitschaft zum Kauf des beworbenen Produktes, da erotische Inhalte Lust erzeugen und Lustbefriedigung bei Verwendung des Produktes unterstellt wird.

A3 Ebenfalls möglich wäre ein Projekt, das die Werbeplakate der erfolgreichsten Filme der letzten achtzig Jahre thematisiert. Filmposter sind ein ergiebiges Material, das vor allem den Aspekt des Verlustes sexueller Tabus in unserer Gesellschaft im Verlauf des letzten Jahrhunderts deutlich hervorheben kann. Zahlreiches Material bieten die bekannten Suchmaschinen mit ihrer Bildfunktion, Internetseiten von Posterdruckverlagen und Filmstudios sowie die Internetseite www.filmposter-archiv.de.

A4 Felix von Cube stellt heraus, dass die heutige (deutsche) Gesellschaft aufgeklärter, liberaler und demokratischer ist als jede andere deutsche Gesellschaft davor. Er weist darauf hin, dass die vorherrschenden Ideologien, wie sie in Religion, Politik oder Moral zu finden waren, mittlerweile abgeworfen worden sind. Allerdings lässt er 1. offen, ob dies gut für eine Gesellschaft ist oder nicht, und 2. berührt er nicht die Frage, ob bestimmte Ideologien nicht durch andere, neue ersetzt worden sind.

Im weiteren Verlauf des Textes heißt es:

Allerdings müssen wir feststellen, dass es offensichtlich nicht so einfach ist, mit der gewonnenen Freiheit vernünftig umzugehen. Trotz sexueller Freiheit gibt es viel Enttäuschung, Frustration, Depression. So mancher sucht höchste sexuelle Lust durch ständig wechselnde Partner und leidet dann unter Mangel an Bindung. [...] Andere suchen höchste Lust durch Macht und Ansehen und erfahren dann Ablehnung, Hass und Isolation. So manche möchten ihr Leben auf Mallorca genießen und „sterben“ vor Langeweile.

[...] Woran liegt es, dass bei der Ausübung der Selbstbestimmung und Eigenverantwortung so viele Fehler gemacht werden?

Sicher gibt es mehrere Ursachen – Nachwirkungen traditioneller Normen, neue Ängste durch moderne Techniken, Unsicherheit durch Globalisierung etc. –, eine zentrale Ursache scheint mir jedoch im Mangel an Selbsterkenntnis zu liegen, im mangelnden Wissen über die Triebe des Menschen und andere evolutionäre Programme. Man kann sich aber nur dann vernünftig verhalten, wenn man die eigenen Motive kennt, die Quellen der Lust, die Folgen der Lust.

Felix von Cube: Das Streben nach Lustgewinn – Vortrag gehalten beim Paderborner Podium 2002, auf: http://www.hnf.de/Veranstaltungen/Paderborner_Podium/06_Lebenskunst_im_21._Jahrhundert/ Vortrag_Prof._Dr._Felix_von_Cube.asp (Stand: 12.04.2012)

A5 Nach Verena Stehle empfinden viele Teenager die moderne Tabulosigkeit beim Thema Sex offensichtlich auch als Belastung und die ungewohnt strengen Regeln, denen sich die Helden der *Twilight*-Saga (aus eigenem Antrieb) unterwerfen, üben daher soz. den „Reiz des (neu entdeckten) Alten“ aus.

A6 Die Bezeichnung von Menschen mit einem weniger aufwändigen Lebensstil als „Proleten“ zeigt, wie die Möglichkeit der unmittelbaren Lustbefriedigung als Statussymbol einer erfolgreichen, elitären Gesellschaftsschicht gedeutet wird. Die meisten Schülerinnen und Schüler werden Stefanies und Daniels Verachtung gegenüber Menschen, die beruflich weniger erfolgreich sind oder nicht beabsichtigen, ihren Lebensstil auf eine für Jugendliche ohnehin oft reizlose permanente Verfeinerung auszurichten, nicht teilen.

A7 Vermutlich werden die meisten Schülerinnen und Schüler sich eher gegen diese Art von Lebensführung aussprechen. Trotz der Legitimität von Lusterfüllung in einer Leistungsgesellschaft wird die bei Stefanie und Daniel damit verbundene Haltung gegenüber Umwelt und Gesellschaft als oberflächlich, unsozial und riskant abgelehnt werden.

A8 Zum utilitaristischen Ansatz des Prinzips des größten Glücks nach John Stuart Mill (1806–1873) siehe Kopiervorlage, S. 76.

Beispiel zur Unterscheidung von Qualität und Quantität der Lustbefriedigung:

Man stelle sich vor, man könnte wie ein Bonobo den ganzen Tag seiner Sexualität frönen. Allerdings müsste man sich auf den Deal einlassen, ab sofort als Bonobo zu leben. Würde man diesen Deal tatsächlich eingehen? Mill argumentiert, einem solchen Tausch würde kaum ein Mensch zustimmen, weil die Häufigkeit, also die Quantität der Sexualität einen Menschen auf Dauer nicht befriedigen würde, da für den Menschen in einem solchen Leben die Qualität fehlt. Aus diesem Grund würde man sich als Mensch immer gegen das Ausleben der Lüste entscheiden und sich für den Besitz von Verstand aussprechen. Auch wenn jeder weiß, dass durch den Besitz von Verstand nur partiell Freuden befriedigt werden können, wählt man ihn, weil ein Wesen mit höheren Fähigkeiten weiß, dass jegliche Freude, die es auf der Welt erfahren kann, unvollkommen ist.

A9 Die auf dieser Doppelseite präsentierten Lustvorstellungen passen folgendermaßen in das System des britischen Philosophen:

M1: Wer lediglich seine Lüste befriedigen will, steht auf der Stufe des in Aufgabe 8 beschriebenen Bonobos.

M2: Wahrscheinlich würde Mill von Cube nicht zustimmen, dass wir in einer aufgeklärten, liberalen Gesellschaft leben. Damit passt auch dessen Vorstellung von befreiter Lust auf keine Seite des Mill'schen Systems. Eventuell würde Mill noch zugestehen, dass die Menschen, die in Talk-Shows auftreten, sich ebenfalls auf der Stufe der bereits mehrfach angeführten Bonobos befinden.

M3: Da es den beiden Jugendlichen nicht um Sexualität geht, würde Mill sagen, dass sie ihre Liebe füreinander intensiver erleben als andere. Sie wissen nämlich, dass die von ihnen empfundene Lust nicht vollkommen sein kann, während alle anderen auf dieser Doppelseite präsentierten Personen einer Vision nachjagen.

M4: Wer sich nur der Lust verpflichtet fühlt wie Stefanie und Daniel, ist ebenfalls nicht besser als die Bonobos. Den beiden Karrieristen geht es nur um die Befriedigung ihrer Lust, ohne wirklich zu leben.

3 Lust und Pflicht vereint (Seite 92–93)

Die Doppelseite thematisiert die häufig diagnostizierte Verschiebung des Verhältnisses von Lust und Pflicht in unserer Gesellschaft. Es stellt sich die Frage: Schwindet der moralische Impetus der Pflicht zugunsten des individuellen Strebens nach Erfolg, der sich in der Möglichkeit grenzenloser Lustbefriedigung bestätigt?

A1 Der Gegensatz wird vor allem durch die optische Teilung des Bildes realisiert, in der das linke Drittel für Lustgewinn und die rechte Seite für Pflichterfüllung steht. Im linken Bereich ist die Farbgebung intensiver, die Haltung der dargestellten Personen energiegeladen und ihre Kleidung vom Modedesigner entworfen. Es wird der Eindruck erzeugt, das Paar sei auf der Flucht vor dem Alltag und im Begriff durch die Bürotür / den Flugsteig in ein freieres Leben zu entkommen. Im rechten Teil des Bildes herrschen Grautöne vor. Besonders niederdrückend wirkt die abgedunkelte Decke, die die Tiefe des Raumes betont. Die Attraktivität und Aktivität der Menschen nimmt ab, je weiter sie im Hintergrund des Raumes angeordnet sind. Hier wird der Eindruck erzeugt, dass die Erfüllung der Pflicht in ein eintöniges Leben führt, in dem die Protagonisten schnell altern und schließlich den Fluchtweg in ein lusterfülltes Leben gar nicht mehr wahrnehmen.

A2 Es bietet sich an, die Schülerinnen und Schüler selbst einen kleinen Dialog schreiben zu lassen. Mögliche Lösung:

Redakteur: „Na, wie ist dein Interview gelaufen? Wie ist Lust denn so?“

Interviewer: „Unglaublich! Es war die Hölle. Erst war sie völlig unkonzentriert und ließ sich von jedem und allem ablenken und dann hat sie sich praktisch in Luft aufgelöst.“

Redakteur: „Du hast also gar kein Interview?“

Interviewer: „Doch, doch. Nachdem Lust verschwunden ist, tauchte plötzlich Pflicht auf und erklärte sich zum Interview bereit.“

Redakteur: „Hm, auch nicht schlecht. Und lief es mit Pflicht besser?“

Interviewer: „Zunächst ja. Sie kam zwar nicht gerade optimistisch daher, aber solange Disziplin ihre Begleiterin war, lief es nicht schlecht.“

Redakteur: „Und dann?“

Interviewer: „Tja. Dann verschwand Disziplin und ließ nur noch einen Haufen freudloses Elend zurück."
Redakteur: „Wie bedauerlich."

A3 Die Schülerinnen und Schüler sollten zunächst den Sensationsjournalismus mit seiner betont emotionalen, plakativen Berichterstattung besprechen, die mit der verzerrten Darstellung von Sachverhalten, wenig Hintergrundinformationen und zahlreichen Pauschalisierungen unreflektierte Zustimmung zu erheischen sucht. Anschließend könnten in Gruppen Zeitungsaufmachungen entworfen werden, in denen z.B. der Untergang der Pflicht mit katastrophalen Folgen für die Menschheit angekündigt wird.

A4 Die Portraits sollten den Sensationscharakter des Artikels optisch unterstützen.

A5 Die Erfahrung, dass die Lust auf eine Sache meistens zeitlich begrenzt ist, sollte auch jungen Menschen schon hinlänglich bekannt sein. Aber es gibt Ausnahmen: Sportliche oder kreative Tätigkeiten, die mit dem Fortschreiten der persönlichen Fähigkeiten verbunden sind oder gemeinsam mit Freunden oder Teamkollegen ausgeübt werden, können ein ganzes Leben lang einen Menschen mit Lust erfüllen. Die Beendigung einer Situation aufgrund fehlender Lust ist in der Regel nur dann schwierig, wenn eine Verpflichtung damit verknüpft ist. Ist diese Pflicht nicht selbst auferlegt, sondern entspringt sie der Autorität eines anderen (Eltern, Schule, Staat), ist die Änderung der Situation oft nahezu unmöglich. Ebenso kann der Abbruch einer freiwilligen Tätigkeit schwierig sein, wenn sie auf einer Verabredung beruht, wie zum Beispiel der Besuch einer Diskothek oder die Arbeit an einem Gemeinschaftsprojekt.

A6 Vermutlich werden die Schülerinnen und Schüler die Befriedigung eher auf Seiten der Lust sehen, da die Erfüllung einer Pflicht für Jugendliche oft eher mit dem Gefühl der Erleichterung als mit Befriedigung verbunden ist.

A7 Den Schülerinnen und Schülern sollte zur Vorbereitung ausreichend Zeit zur Verfügung stehen. Den Gesprächsteilnehmern könnte in der Vorbereitung zudem eingeräumt werden, sich jeweils einen Überraschungsgast mitzubringen, der ihre Position unterstützt und zugleich neue Aspekte einfließen lässt. Auf Seiten der Lust wäre das vielleicht Begeisterung, Neugier oder Kreativität, auf Seiten der Pflicht Vernunft oder Verantwortung.

A8 Als schöne Seele bezeichnet Schiller Menschen, bei denen Luststreben und Pflichterfüllung nicht in einem Gegensatz stehen, sondern harmonisch vereint sind. Sie erfüllen ihre Pflichten mit Freuden und haben nur Lust auf das, was ihre Pflicht ist.

4 Grenzen der Pflichterfüllung (Seite 94–95)

Auf dieser Doppelseite steht die Frage nach den Grenzen der Pflichterfüllung im Mittelpunkt. Dazu werden zwei gegensätzliche Grenzsetzungen thematisiert: die Pflicht zur Hilfeleistung bei Unfällen, deren Grenze die eigene Gefährdung darstellt, und die Pflicht zum unbedingten Gehorsam, die durch die Freiheit des Gewissens eingeschränkt wird.

A1 Als „schovel" (westfälischer Dialektausdruck für „schlecht", „mies") wird auf dem Plakat das umgehende Verlassen eines Unfallortes ohne Benachrichtigung der Polizei bezeichnet: Wer einen Unfall verursacht, hat die rechtliche und moralische Verpflichtung, sich um den entstandenen Schaden zu kümmern. Aber auch wer einen Unfall bzw. eine Fahrerflucht beobachtet, ist zur Hilfeleistung verpflichtet und sollte sich als Zeuge zur Verfügung stellen.

A2/ A3 Eine rechtlich oder moralisch eindeutige Lösung des Dilemmas ist nicht möglich. Die Pflicht zur Hilfeleistung erstreckt sich zwar auch auf Jugendliche, jedoch braucht sich niemand einer gefährlichen Situation selbst auszusetzen. Von Seiten der Polizei wird abgeraten, in einem solchen Fall anzuhalten. Obwohl die Hilfe in den ersten Minuten eines Unfalls bis zum Eintreffen eines Notarztes oft entscheidend für das Überleben der Unfallopfer oder die Schwere der Unfallfolgen ist, sollte ebenfalls bedacht werden, dass unter Umständen vorhandene Erste-Hilfe-Kenntnisse nicht ausreichen und die möglichst schnelle Absetzung eines Notrufes eventuell die bessere Alternative ist.

A4 Der Dienst im Militär ist immer auf den Einsatz in Kriegsgebieten ausgerichtet. Durch die Gehorsamspflicht wird die strenge Hierarchie des Militärs gefestigt, die in Kriegssituationen die Verfolgung einer einheitlichen Strategie, den Zusammenhalt und die Schlagkräftigkeit der Truppe und den größtmöglichen Schutz der eigenen Wehrkräfte auch in einer unübersichtlichen Lage gewährleisten soll.

A5 Wesentliches Merkmal des blinden Gehorsams ist die vollständige Unterordnung unter dem Willen eines anderen. Der Ausführende „stellt sich blind“ gegenüber den Gründen oder Folgen einer Tat und deren moralischer Bewertung.

A6 Die Gehorsamspflicht entbindet den Adressaten der Anweisung nicht von der Pflicht, die Folgen einer Handlung zu bedenken. Auch wenn in der Regel die Anweisung auszuführen ist: hinsichtlich der Einhaltung von Menschenrechten bleibt der Ausführende in der Verantwortung.

A7 Eichmann hat während des Prozesses in Israel eine Mitschuld an der Ermordung von Juden in Konzentrationslagern abgelehnt. Gegen die Anklage wandte er ein, dass er aus juristischer Sicht nicht schuldig sei, da er nur die Befehle seiner Vorgesetzten befolgt und selbst niemanden getötet habe.
Bei der Recherche zum Eichmann-Prozess sollten auch die Einlassungen Eichmanns beachtet werden, die er außerhalb des Gerichtssaals in Gegenwart seiner Rechtsanwälte machte und die verdeutlichen, dass er sich der Folgen der in seiner Abteilung getroffenen Entscheidungen für Millionen Menschen bewusst war.

5 Sich selbst verpflichten (Seite 96–97)

Viele Menschen fühlen sich verpflichtet, an der Verbesserung von Gesellschaft und Umwelt aktiv mitzuwirken. Auf dieser Doppelseite wird am Beispiel der NGOs (Nichtregierungsorganisationen) *Greenpeace* und *Amnesty International* gezeigt, wie aus dem Verantwortungsbewusstsein einzelner Menschen und deren Selbstverpflichtung zum politischen Engagement Bewegungen entstehen, die Willensbildungsprozesse auf globaler politischer und gesellschaftlicher Ebene beeinflussen können.

A1 Dennis und Annika finden es wichtig, sich mit umweltpolitischen Themen auseinanderzusetzen. Mit dem Bemühen um eine fundierte Meinungsbildung ist für sie die Verpflichtung, sich für ihre umweltpolitischen Interessen auch aktiv einzusetzen, verknüpft.

A2 Der Öltank Brent Spar diente einer großen Mineralölfirma als schwimmendes Zwischenlager und sollte 1995 ausrangiert und im Meer versenkt werden. Aktivisten von Greenpeace besetzten die Brent Spar, um so die Entsorgung von Industrieschrott im Meer zu verhindern und ein umweltschonenderes Vorgehen zu erzwingen. Die Aktion fand ein enormes Medienecho. Durch die Presse wurde eine breite Öffentlichkeit auf das Problem aufmerksam und die Umsätze des Energiekonzerns brachen ein. Schließlich beschloss der Konzern die Demontage des Öltanks an Land. Im Nachhinein stellte sich zwar heraus, dass die Menge der giftigen Ölrückstände von Greenpeace viel zu hoch eingeschätzt worden war, aber der Erfolg dieser Aktion brachte vielen Menschen zum Bewusstsein, dass NGOs durchaus auch internationale Konzerne in die Knie zwingen können.

A3 Die meisten Schülerinnen und Schüler werden sich selbst in ökologischer Verantwortung sehen. Neben der für viele Jugendliche alltäglichen Trennung des Abfalls ist ein bewusster Umgang mit natürlichen Ressourcen, zum Beispiel durch das Einsparen von Strom und Wärmeenergie, selbstverständlich.

A4 Die Wirkung der „Briefe gegen das Vergessen" liegt vor allem in ihrer großen Anzahl. Sie zeigen den Verantwortlichen, dass die Inhaftierten nicht vergessen wurden. Zudem geben sie den Gefangenen Hoffnung auf die Besserung ihrer Situation. Hauptgrund für das Engagement der Briefeschreiber ist sicherlich das Mitgefühl für einen anderen Menschen, dessen Schicksal durch die Schilderung des Unrechts, das ihm widerfährt, nicht länger anonym ist. Den Schülerinnen und Schülern sollte in diesem Zusammenhang bewusst werden, dass diese Hilfe natürlich nur bei einem Bruchteil aller Menschenrechtsverletzungen möglich ist, die Aktionen aber trotzdem wichtig sind. Denn die Wirkung zielt über die Hilfe im Einzelfall hinaus: Die Weigerung einer Regierung, einem politisch Inhaftieren ein ordentliches Gerichtsverfahren zuzugestehen, stellt eine Verletzung der Menschenrechte dar. Solidarisierung mit diesen Menschen ist eine Möglichkeit, die Erklärung der Menschenrechte in ihrer nicht nachlassenden Bedeutung für unsere Gesellschaft herauszustellen.

Kopiervorlage zu philopraktisch 2B, S. 91, Aufgabe 8

Das Prinzip des größten Glücks nach John Stuart Mill

Handlungen sind dann moralisch richtig
↓ wenn sie
GLÜCK hervorbringen

Handlungen sind dann moralisch falsch
↓ wenn sie
UNGLÜCK befördern

GLÜCK = 1. Lust *(pleasure)*
→ positive Formulierung
2. Freisein von Unlust *(pain)*
→ negative Formulierung
↓
als Endzwecke wünschenswert

UNGLÜCK = 1. Unlust
2. Fehlen von Lust

Alle wünschenswerten Dinge sind (nach utilitaristischer Auffassung) wünschenswert, weil sie a) selbst lustvoll sind, b) Mittel zur Beförderung von Lust darstellen und c) zur Vermeidung von Unlust beitragen.

Gewalt und Aggression (Schülerband, Seite 98–107)

Einführung

Die Thematisierung von Gewalt und Aggression im Unterricht dürfte besonders aus pädagogischen Gründen angezeigt sein, insofern Gewalt und Mobbing – statistisch belegt – an den Schulen zunehmen. Das Thema wird mit Blick auf die Lebenswirklichkeit der Schülerinnen und Schüler behandelt. Das Kapitel beginnt mit einem offenen Bildeinstieg (Doppelseite 1), der Erscheinungsformen von Gewalt und Aggression in unserer Gesellschaft zeigt, um diese anschließend begrifflich zu unterscheiden und zu bewerten. Auf Doppelseite 2 finden sich Ausschnitte aus Morton Rhues Roman *Ich knall euch ab!*, der nach dem realen Fall eines Massakers an einer amerikanischen High-School geschrieben wurde. Dabei kommen die Motive der Gewalttäter in den Blick. Auf Doppelseite 3 wird danach gefragt, wie Aggression entsteht. Unterschiedliche Theorien dazu werden vorgestellt und beurteilt. Doppelseite 4 hält die Schülerinnen und Schüler dazu an, sich mit der Frage auseinanderzusetzen, ob Computerspiele gewalttätig machen. Auf Doppelseite 5 wird die Frage aufgeworfen, wie man der Gewalt begegnen und wie man die gewalttätigen Neigungen von Menschen verringern kann. Dazu gibt es auch einen Projektvorschlag.

Methodisch-didaktische Hinweise

Die Materialauswahl in dem Kapitel dürfte den Schülerinnen und Schülern entgegenkommen: Neben leichteren Zitaten und Sachtexten (Doppelseiten 1, 3) werden vorwiegend Bildmaterialien (Doppelseiten 1, 4) sowie literarische Texte (Doppelseiten 2, 5) angeboten; durch Darstellung von Experimenten (Doppelseiten 3, 4) wird auf konkreten Erfahrungen aufgebaut. Ein Projektvorschlag, der auf persönliches Engagement gegen Gewalt setzt, findet sich auf Doppelseite 5. Formen kooperativen Lernens (Gruppenpuzzle) werden auf den Doppelseiten 3 und 4 angeboten.
Alle drei didaktischen Perspektiven werden in dem Kapitel hinreichend berücksichtigt. Auf der Doppelseite 1 geht es einleitend um alle Perspektiven. Auf den Doppelseiten 2, 4 und 5 sind mit Erscheinungsformen von Gewalt, Motiven der Täter und Maßnahmen gegen Gewalt die gesellschaftliche und die personale Perspektive besonders im Blick. Die Ideenperspektive kommt mit den Aggressionstheorien auf Doppelseite 3 zur Geltung.

Hinweise zur Konzeption der Doppelseiten und zu den Aufgaben

1 ... dann brauche ich Gewalt! (Seite 98–99)

Auf dieser Doppelseite soll den Schülerinnen und Schülern bewusst werden, in welchen Formen sich Gewalt und Aggression in unserer Gesellschaft manifestieren. Dazu werden offene Bildimpulse und darstellende Texte eingesetzt.

A1 Die Bilder zeigen (von oben nach unten, von links nach rechts):

1. Randalierer, die vor dem Hintergrund eines brennenden Autos Steine werfen, und zwar offenbar auf andere Personen, die im Bildausschnitt nicht gezeigt werden 2. Polizisten, die an einer Bahnstrecke einen Demonstranten abführen 3. mit Maschinengewehren bewaffnete Männer in Aktion, offenbar ein Ausschnitt aus einem Computerspiel	4. eine mit Graffiti überzogene Wand oder Mauer 5. einen auf dem Boden liegenden Jugendlichen, der von anderen getreten wird 6. einen Aufzug von Rechtsextremisten 7. eine zerstörte Festplatte eines PCs

Es ist zu erwarten, dass die Bilder 1, 5 und 7, vermutlich auch Bild 6, negativ bewertet werden. Positiv bewerten könnte man Bild 2 (Abführen eines Demonstranten durch die Polizei = Verhinderung von Sachbeschädigung und Gewalt). Ambivalente Bewertungen könnten die Bilder 3 (Gewalt in Computerspielen) und 4 (Graffiti) erfahren, evtl. aber auch Bild 2 (Abführen eines Demonstranten durch die Polizei = Behinderung der freien Meinungsäußerung, unangemessene Anwendung von Gewalt).

A2 Im Text werden folgende Formen von Gewalt und Aggression unterscheiden:

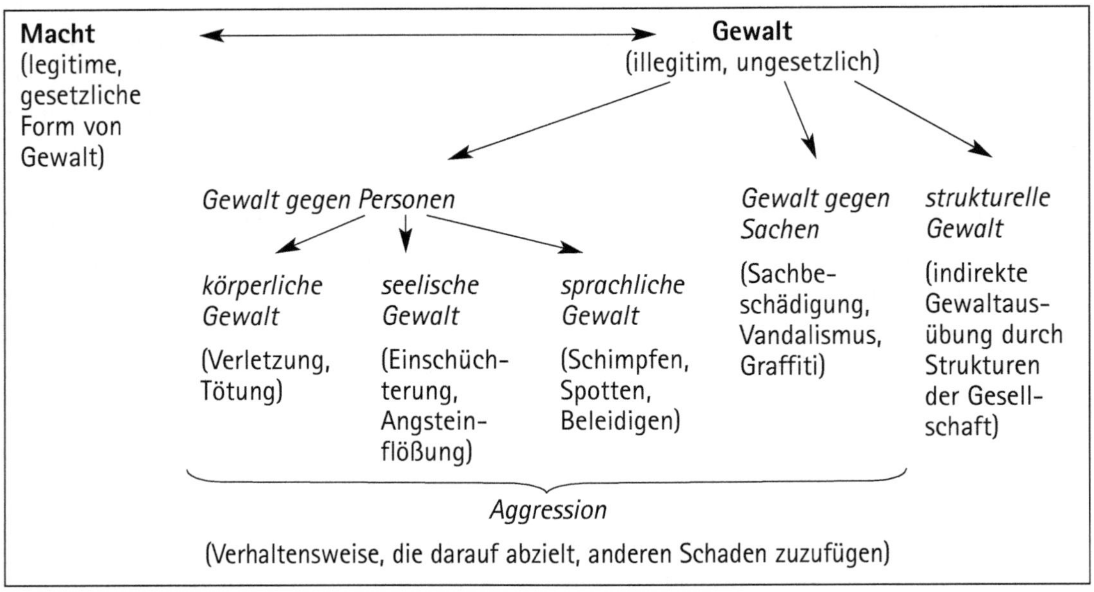

Legitime Gewalt (Macht): Bild 2
Gewalt gegen Personen: Bild 1 (teilweise), Bild 5
Gewalt gegen Sachen: Bild 4, 7, Bild 1 (teilweise)
Androhung von Gewalt, Einschüchterung von Randgruppen (z. B. Migranten): Bild 6

A3 Die von den Schülerninnen und Schülern zu erstellende Mindmap könnte so aussehen wie das Schaubild zu Aufgabe 2. Als weitere Form der Gewalt könnte die Gewalt in den Medien (Fernsehen, Film, Computerspiel) genannt werden.

A4 Aggression und Gewalt werden in den Texten jeweils unterschiedlich bewertet.
Der *Biologe* sieht in der Aggression etwas Natürliches, was sich im Kampf um das Überleben als vorteilhaft erwiesen hat. Es ist unser tierisches Erbe, mit dem wir umzugehen lernen müssen.
Der *Finanzexperte* beurteilt Aggression als etwas, das notwendig ist, um sich im Konkurrenzkampf der Geschäftswelt durchzusetzen. Wer nicht mit Ellenbogen kämpfen kann, hat schon verloren.
Der *Dalai Lama* als tibetischer buddhistischer Religionsführer sieht in der Gewalt etwas, das uns kurzfristig helfen kann, Probleme zu lösen, aber uns langfristig neue Schwierigkeiten einbringt. Deshalb hält er Verständnis und gegenseitigen Respekt für besser als Gewalt.
Der Dichter *Hermann Hesse* hält Gewalt für das Böse und wählt für sich den Weg der Gewaltlosigkeit. Man muss auf Leiden und Vergewaltigung gefasst sein, darf aber niemals selbst zum Töten bereit sein.

2 „Ene, mene, muh, tot bist du!" (Seite 100–101)

Morton Rhues fiktiver Roman *Ich knall euch ab!*, der nach dem realen Fall eines Massakers (an der amerikanischen Columbine High School in Colorado im April 1999) geschrieben wurde, besitzt nach Erfurt (2002), Ansbach (2009) oder Winnenden (2010) immer noch traurige Aktualität. Die Doppelseite untersucht an entsprechenden Textausschnitten die möglichen Motive eines Amokläufers.

A1 Der Schreiner wollte mit seinen Holzkreuzen ein Mahnmal für das Massaker errichten. Er stellte Kreuze nicht nur für die 13 erschossenen Schülerinnen und Schüler auf, sondern auch für die beiden Täter, weil auch sie ihr Leben verloren haben und letztlich wohlmöglich auch „Opfer“ bestimmter gesellschaftlicher Umstände waren. Der Vater eines getöteten Schülers, der die beiden Kreuze für die Täter zerstörte, konnte das offenbar nicht akzeptieren und fand es unerträglich, dass die Täter so quasi mit den von ihnen Getöteten „gleichgesetzt“ wurden.

A2 Die Schülerinnen und Schüler in der Turnhalle sind überrascht und schätzen die Situation erst nicht richtig ein: Sie halten das Eindringen der maskierten und bewaffneten Gestalten zunächst für einen Scherz. Als sie Schüsse hören und aufgefordert werden, die Hände über den Kopf zu nehmen, bricht Angst und Panik aus. Angemessenes Verhalten in einer solchen Situation wäre es, Ruhe zu bewahren, sich in Sicherheit zu bringen, wenn es geht, und ansonsten ohne Widerstand zu leisten den Aufforderungen der Bewaffneten zu folgen, um sie nicht noch mehr zu reizen.

A3 Von Brendan erfährt man, dass er gerne Musik hörte, Computer spielte und besonders verrückt war nach Videospielen, in denen man „rumballern“ musste. Einmal hat er dabei auch in der Realität auf seinen Freund Ryan mit einer Spielzeugwaffe gezielt und abgedrückt.

Gary kam erst im 5. Schuljahr nach Middletown. Seine Eltern sind geschieden. Gary ist von seinem Vater enttäuscht, der einfach verschwunden ist, niemals angerufen hat und keine Alimente zahlt.

Beide wirken wie ganz normale Jungen, mit denen man durchaus befreundet sein kann. Sowohl Brendans Faszination durch Gewaltspiele als auch Garys Verbitterung erscheinen erst im Rückblick nach der Tat auffällig.

A4 In Brendans Abschiedsbrief kommt als Tatmotiv zum Ausdruck, dass die Bewohner von Middletown sein Leben „kaputtgemacht“ haben und er es ihnen „heimzahlen“ wollte. Offenbar hat er sich, weil er „anders“ ist, nicht anerkannt gefühlt und sich als ausgestoßen empfunden. Gary gibt im Abschiedsbrief an seine Mutter zu verstehen, dass er sich „unglücklich“ fühle und sein Leben für ihn „keinen Sinn“ mehr mache. Seine Mitschüler hätten ihm „das Leben zur Hölle gemacht“. Er wolle sie bei seinem Abgang mitnehmen, um damit eine „Botschaft“ auszusenden, dass sich etwas ändern müsse.

A5 Nach Hurrelmann erhielten Brendan und Gary weder in der Familie noch im schulischen Alltag Anerkennung und Identifizierungsmöglichkeiten, so dass sie zu Außenseitern der Gesellschaft wurden. Daraus erklärt sich ihre Tat.

A6 Das Charakterbild beider Schüler könnte so aussehen:

Brendan	Gary
- unsportlich - begeisterter Anhänger von Computerspielen, in denen Schusswaffen gebraucht werden - zieht sich anders an und hört andere Musik als seine Mitschüler - fühlt sich von den anderen nicht anerkannt, hasst die Gesellschaft - Außenseiter	- unsportlich - Scheidungskind; enttäuscht von seinem Vater, der einfach verschwand und kein Geld zahlt - fühlt sich von seinen Mitschülern nicht anerkannt, unglücklich, empfindet sein Leben als sinnlos - Außenseiter

Aus dem äußeren Verhalten lässt sich kaum ableiten, dass beide zu einem Amoklauf fähig sind; Gary hat einen familiären Hintergrund wie viele andere Kinder auch und Brendan teilt seine Leidenschaft für gewalthaltige Computerspiele ebenfalls mit vielen anderen. Wenn man den beiden allerdings ins Innerste schauen könnte, würde ein Psychologe vermutlich feststellen können, dass Verletzung, Verbitterung und das Gefühl des Ausgegrenztseins bei ihnen so stark sind, dass ein erhöhtes Risiko für eine Gewalttat besteht.

3 Aggressionstheorien (Seite 102–103)

Diese Doppelseite stellt drei unterschiedliche Theorien vor, wie die Aggression von Menschen zu erklären ist. Ist sie angeboren, erlernt oder Reaktion auf Frustration? Dazu sollen die Schülerinnen und Schüler sich ein Urteil bilden.

A1 Das Bild zeigt zwei Gestalten, die einen menschlichen Körper besitzen, aber die Köpfe von Wölfen haben. Beide geben sich die Hand wie zur freundlichen Begrüßung oder bei einem Vertragsabschluss, fauchen und blecken sich aber zugleich an wie aggressive Wölfe. Die Darstellung ist geeignet, die Doppelnatur des Menschen deutlich zu machen, der einerseits ein freundliches und friedliches Wesen ist, andererseits eine aggressive „Wolfsnatur" besitzt. (Die Vorstellung vom „bösen Wolf" ist allerdings ein literarischer Topos und bezieht sich nicht auf das wirkliche Verhalten von Wölfen, die im Rudel verträglich miteinander umgehen.) Eine weitere Deutung wäre, dass der Mensch seine eigentlich aggressive Natur nur durch erlernte (und im eigenen Interesse akzeptierte) Regeln zum menschlichen Miteinander mehr oder weniger mühsam kontrolliert. An dieser Stelle kann man in einem interessierten Kurs bereits auf das Menschenbild von Thomas Hobbes zu sprechen kommen und ggf. mit Zitaten (*homo homini lupus est, bellum omnium contra omnes*) arbeiten.

A2 Die Schülerinnen und Schüler könnten sich hier auf die schon auf Doppelseite 1 erwähnten Erklärungsansätze beziehen, dass Aggressivität angeboren ist, weil sie sich in der Evolution als vorteilhaft erwiesen hat, und dass Menschen es gelernt haben, dass man sich mit dem Mittel der Aggression in Auseinandersetzung und Krieg gegenüber anderen durchsetzen kann.

A3 Folgende drei Aggressionstheorien sind zu unterscheiden:

M2: **Aggression ist angeboren.** *(Konrad Lorenz)*	– Alle Tiere besitzen einen Aggressionstrieb, der sich in zwei Formen zeigt und der Arterhaltung dient: 1. Zwischenartliche Aggression (Beutemachen) dient dem Überleben der Individuen. 2. Innerartliche Aggression (Rivalenkämpfe) dient der Auswahl und Fortpflanzung der Stärksten und damit der Erhaltung der Art. – Durch einen angeborenen Hemmungsmechanismus kommt es bei Rivalenkämpfen nie zur Tötung von Artgenossen. – Der Mensch ist ein aus den Fugen geratenes Raubtier: Er besitzt den Hemmungsmechanismus nicht mehr, so dass er fähig ist, Artgenossen zu töten.
M3: **Aggression entsteht durch Frustration.** *(Tamara Dembo)*	Experiment: – Versuchspersonen sollten eine Aufgabe lösen. – Es gab zwei Lösungen, aber ihnen wurde gesagt, dass es noch eine dritte gebe. – Durch die vergebliche Suche nach der dritten Lösung wurden die Versuchspersonen frustriert. – Auf die Frustration reagierten sie mit Aggression (Schimpfen, Androhen von Rache ...).
M4: **Aggression ist erlernt.** *(Albert Bandura)*	Experiment: – Eine Gruppe von Kindern beobachtete, wie ein Erwachsener eine lebensgroße Plastikpuppe aggressiv behandelt. – Eine andere Gruppe beobachtete einen Erwachsenen, der sich nicht aggressiv gegenüber der Puppe verhält. – Anschließend konnten die Kinder einzeln mit Puppen spielen und wurden dabei beobachtet. – Doppelt so viele Kinder der ersten Gruppe wie der zweiten Gruppe zeigten dabei aggressives Verhalten gegenüber der Puppe. – Diese Kinder hatten durch Beobachtung des Erwachsenen bestimmte aggressive Verhaltensweisen erlernt.

A4 Jede der vorgestellten Theorien ist in Bezug auf den untersuchten Verhaltensbereich plausibel. Insofern ist es denkbar, dass jede Theorie Anhänger findet. Gegen die Verabsolutierung jeder dieser Theorien spricht, dass es Menschen gibt, die in Auseinandersetzungen keine hemmungslose innerartliche Aggression zeigen, die auf Frustration nicht mit Aggression reagieren und die auch aggressives Verhalten, das sie beobachtet haben, nicht nachahmen.

A5 Nolting integriert die drei Erklärungsansätze in der Weise, dass die biologische Ausstattung uns die *Möglichkeit* gibt, uns aggressiv zu verhalten (z.B. zu schreien), dass es aber erlernt ist, ob wir dieses Verhalten *tatsächlich* zeigen. Es kann auch dadurch ausgelöst werden, dass man frustriert ist. Wenn sich das Verhalten als erfolgreich erweist, wird es wiederholt. Weil es in dieser Weise erlernt ist, kann es auch wieder verändert werden.

4 Machen Computerspiele gewalttätig? (Seite 104–105)

Diese Doppelseite greift eine Frage auf, die schon auf Doppelseite 2 angeschnitten wurde. Hier soll das Thema grundsätzlich behandelt und mit Hilfe von Texten, die sich auf empirische Untersuchungen stützen, vertieft werden.

A1 Auf den Bildern aus verschiedenen Computerspielen ist Folgendes zu sehen:
Bild 1 (links) aus *Mafia 2*: Schießerei zwischen Mafiosi und ihren Opfern
Bild 2 (rechts oben) aus *Dragon Age*: Kampf zwischen einem Auszubildenden in Magische Kräfte und seinem Endgegner
Bild 3 (rechts unten) aus *Splinter Cell Conviction*: Geheimagent würgt einen Gegner

A2 Weitere Computerspiele, in denen Gewalt vorkommt, sind z.B.

Name	Erläuterung
Call of Duty 4	Ego-Shooter-Spiel, in dem man als amerikanischer Soldat in Krisengebiete reist, um Separatisten auszuschalten
Grand Theft Auto	Role Play Game (Rollenspiel), in dem der Spieler durch ganz Amerika fahren und unterschiedlichste Aufträge erfüllen muss, z.B. eine Tankstelle aus dem Auto heraus in die Luft jagen
Street Fighter	Hack 'n' slay-Spiel, in dem es in einem Kampf „Mann gegen Mann" darum geht, seinen Gegner tödlich zu besiegen
Fallout 3	Role Play Game (Rollenspiel), bei dem die Aufgabe zu bewältigen ist, in der atomaren Wüste von Washington, D.C., gefährliche Mutanten zu töten
Assassin's Creed	Role Play Game (Rollenspiel), in dem man ins Mittelalter versetzt wird, wo man das Leben seines Ahnen nachleben und dementsprechend all die Attentate ausüben muss, die der Vorfahr begangen hat

Die Faszination solcher Spiele ist möglicherweise dadurch zu erklären, dass diese Spiele ein Ventil bieten, aufgestaute Frustrationen und Aggressionen abzubauen und Minderwertigkeitsgefühle zu kompensieren.

A3 Die Schülerinnen und Schüler können sich in ihrer Diskussion folgenden Positionen anschließen bzw. sie kritisch hinterfragen:

Computerspiele sind im Hinblick auf Gewalttätigkeit		
bedenklich	**unbedenklich**	**pädagogisch wertvoll**
– Schulpsychologe – Susanne, 14 Jahre – Universitätsprofessor	– Markus, 13 Jahre – Fachmann für Computerspiele – Vertreter der Selbstkontrolle der Unterhaltungssoftware – Chris, 14 Jahre *(Einordnung kann strittig sein)*	– Vertreter einer Softwarefirma

A4 Die Schülerinnen und Schüler sollen im Gruppenpuzzle Folgendes erarbeiten:

1. Die niederländische Forscherin Bijvank verglich die Aggressivität von Jugendlichen, die sich 20 Minuten lang einem Computerspiel mit realistischer Gewaltdarstellung gewidmet hatten, mit Jugendlichen, die in derselben Zeit ein friedliches Computerspiel durchgeführt hatten. Die Jugendlichen der ersten Gruppe verhielten sich anschließend deutlich aggressiver als die der zweiten: Sie waren bereit, einen fiktiven Konkurrenten im Spiel mit gesundheitsschädlichem Lärm der Stufe 9 (von 10) zu bestrafen, während die anderen durchschnittlich Werte um 6 wählten.
2. Amerikanische Forscher zeigten Studenten Fotos mit Gewaltdarstellungen, z.B. das Foto von einem Mann, der einer Frau ein Messer an die Kehle hält. Normalerweise reagiert das Gehirn darauf alarmiert, was sich am Verlauf der Gehirnströme erkennen lässt. Freunde von Gewaltspielen zeigten keinerlei derartige Reaktion. Sie stuften die Gewaltdarstellungen als etwas völlig Selbstverständliches ein.
3. Langzeituntersuchungen haben gezeigt, dass vor allem Jugendliche, die schon aggressiv sind, zu Gewaltspielen greifen. Das Spielen macht sie dann aber noch aggressiver, was irgendwann in Gewalttätigkeit enden kann. Gewaltspiele sind nach der Mitgliedschaft in einer Gang der stärkste Risikofaktor für Gewaltkriminalität.

A5 Paulus ist der Auffassung, man könne nicht behaupten, dass Computerspiele schuld sind an Verbrechen. Sie erhöhen jedoch die Gewaltbereitschaft und können bei einer Person, die bereits ein hohes Maß an Gewaltbereitschaft besitzt, tatsächlich Gewalttätigkeit auslösen.

A6 Bei der Podiumsdiskussion könnten die Schülerinnen und Schüler Pro- und Contra-Positionen einnehmen, die vorher auf der Doppelseite dargestellt wurden, z.B.

- Schüler/in X, der/die ein begeisterter Anhänger von Gewaltspielen ist
- Schüler/in Y, der/die gewalthaltige Computerspiele ablehnt
- Vertreter/in einer Softwarefirma, der/die die Interessen des Unternehmens vertritt
- Schulpsychologe/-psychologin, der/die die Ergebnisse der Forschung zum Thema kennt

Die Diskussion soll dazu beitragen, dass die Jugendlichen zu einer begründeten Auffassung bezüglich der Frage gelangen, ob Computerspiele gewalttätig machen.

5 Maßnahmen gegen Gewalt (Seite 106–107)

Auf dieser Doppelseite geht es von wissenschaftlichen Modellen zurück in die Lebenswirklichkeit der Schülerinnen und Schüler. Wie kann man im schulischen Umfeld der Gewalt Grenzen setzen und gewalttätigen Handlungen vorbeugen? Diese Frage wird auch in Form eines Projektvorschlages aufgegriffen.

A1 Der Text stammt aus dem Roman *Und wenn ich zurückhaue?* von Elisabeth Zöller. Kati hat die Idee, der Gewalt in ihrer Klasse durch Aufstellen eines Gewaltbriefkastens zu begegnen. Darin soll alles gesammelt werden, was manche nicht laut vor der ganzen Klasse sagen wollen. – Dies kann als gute Idee bewertet werden, den Ursachen der Gewalttätigkeit nachzugehen.

A2 Der anonyme Briefschreiber bekennt, dass er früher „gekloppt“ habe, um im Mittelpunkt zu stehen, um die Aufmerksamkeit der anderen zu erlangen. Seine Gewalttätigkeit sei ein Hilferuf gewesen, um seiner Einsamkeit und Traurigkeit zu entfliehen. Er selbst schlägt vor, dass man die Gewalttäter „einfach mal in den Arm nehmen“ und mit ihnen sprechen soll, damit „alles rauskommen kann“. Dazu können die Schülerinnen und Schüler sich positionieren.

A3 Auf dem ersten Plakat hält Emma Regeln fest, die künftig in ihrer Klasse eingehalten werden sollen, um Gewalt zu verhindern. Das zweite Plakat hält fest, dass es eine Gerichtsstunde geben soll, und eine Stunde, in der über die Regeln gesprochen wird.
Die Schreibweise „ent-Schuld-igen“ soll deutlich machen, dass diejenigen, die die Regel der Gewaltlosigkeit verletzen, *Schuld* auf sich laden, die nur durch eine Entschuldigung wiedergutgemacht werden kann. – „Ver-Antwort-ung“ ist gleichfalls so geschrieben, dass die Herkunft des Wortes deutlich wird. Das Wort stammt nämlich daher, dass jemandem (vor

Gericht) seine Taten vorgehalten wurden und man auf diese Vorhaltungen eine *Antwort* geben, dass man sein Handeln „verantworten" musste.

A4 Je nachdem wie die Schülerinnen und Schüler das Klassenklima einschätzen, könnten sie es als gute Idee empfinden werden, solche Plakate mit Verhaltensregeln in der Klasse aufzuhängen.

A5 In M3 wird Zucht und Ordnung eingefordert. Man müsse mit Kindern und Jugendlichen streng umgehen, ihnen enge Grenzen setzen und sie bei Regelverletzung hart bestrafen.
In M4 wird ausgeführt, wie man der Gewalt vorbeugen kann. Das kann durch eine Kultur der Anerkennung und Wertschätzung gelingen und dadurch, dass Schülerinnen und Schüler im Unterricht lernen, wie man miteinander kooperiert und Konflikte gewaltfrei löst.
Die Auffassung der Schülerinnen und Schüler könnte dahin gehen, dass sie einerseits die Wichtigkeit der Existenz von Regeln und auch von Strafandrohung betonen, andererseits aber hervorheben, dass es noch besser ist, wenn Gewalt erst gar nicht aufkommt, und man deshalb vorbeugende Maßnahmen ergreifen soll.

Entscheidung und Gewissen (Schülerband, Seite 108–117)

Einführung

Das Kapitel legt seinen Schwerpunkt auf die Rolle des Gewissens bei moralischen respektive ethischen Entscheidungen. Der Einstieg erfolgt über die Differenzierung zwischen alltäglichen, nur kurzfristig bedeutsamen Entscheidungen und mittel- und langfristig relevanten Entscheidungen. Letztere sind in der Regel Resultat eines mehr oder minder ausgeprägten Entscheidungsprozesses, in dem die möglichen Folgen anhand individueller, aber gleichwohl im sozialen Kontext ausgebildeter Bewertungsmaßstäbe beurteilt werden. Sind diese Entscheidungsprozesse unzureichend oder werden sie nicht abgeschlossen, führen sie zu widersprüchlichem und problembehaftetem Verhalten.
Die Entscheidungsfindung in moralischen Fragen wird unterstützt durch das Gewissen. Im Bewusstsein als unabhängige moralische Instanz wahrgenommen, weist sie darauf hin, wie geurteilt werden sollte. Das Gewissen ist in seinem Urteil nicht bindend. Eine Entscheidung gegen das Gewissen ruft jedoch Schuldgefühle hervor, die in der Regel eine nachträgliche Auseinandersetzung mit der getroffenen Entscheidung erfordern.
Die Übernahme von Verantwortung kann bedeuten, dass entgegen der Erwartung anderer das eigene Gewissen als maßgebliche Entscheidungsinstanz anerkannt wird.

Methodisch-didaktische Hinweise

Teile dieses Kapitels lassen Bezüge zu den Kapiteln *Freiheit und Unfreiheit* (S. 28–37) und *Rollen- und Gruppenverhalten* (S. 68–77) zu.
Innerhalb des Kapitels dienen die Doppelseiten 1 und 3 der Einführung in die Themen Entscheidung und Gewissen. Die jeweils folgende Doppelseite vertieft das Thema.
Methodisch bieten vor allem die Dilemmadiskussion (Doppelseite 2) und das Gedankenexperiment (Doppelseite 1) die Möglichkeit lebendigen Lernens. Die Durchführung eines Rollenspiels wird bei der Bearbeitung der 3. Doppelseite angeraten.
Beim Milgram-Experiment (5. Doppelseite) sollte lediglich der Versuchsaufbau nachgestellt werden, auf das Nachspielen des Experimentes selbst sollte verzichtet werden. Im Internet gibt es gute filmische Dokumentationen des später in leicht abgewandelter Form von verschiedenen Instituten wiederholten Versuchs.

Hinweise zur Konzeption der Doppelseiten und zu den Aufgaben

1 Entscheidungen treffen (Seite 108–109)

Die Doppelseite führt ins Thema „Entscheidung“ ein. Hervorgehoben wird die Bedeutung der sogenannten Lebensentscheidungen im Gegensatz zu den eher spontan erfolgenden Entscheidungen des alltäglichen Lebens.

A1 Entscheidung zur Ausübung eines Risikosportes, eines von Männern dominierten Berufs, der Ermordung von Menschen zur Erlangung eines politischen Ziels, der Ausübung einer Religion / des Tragens eines Kopftuches, der aktiven Teilnahme am demokratischen Entscheidungsprozess, der Flucht / des Lebens in einem anderen Land.

A2 Es fehlen Beziehungsentscheidungen wie das Eingehen einer Freundschaft, Liebesbeziehung oder Ehe.

A3 Entscheidungen über Kleidung, Schminke, Essen, Aufnahme sozialer Kontakte, Verabredungen, aktive Teilnahme am Unterricht.

A4 Spontane Entscheidungen wie die Wahl der Frühstückszutaten oder des Sitzpartners im Bus werden durch Gewohnheit begünstigt. Komplexer sind oft Entscheidungen zur Kleidung, da unter Umständen zahlreiche Faktoren (Wetter, Sauberkeit, gewünschte Selbstdarstellung, Akzeptanz durch Eltern, Freunde, Lehrer etc.) zu berücksichtigen sind.

A5 Berufswahl, Lebenspartnerschaft, Familiengründung, Wohnort

A6 Die Wahl des Bundespräsidenten durch die Bundesversammlung ist eine kollektive, öffentliche und gezielte Wahl. Der Kauf eines Kleidungsstückes ist normalerweise eine individuelle, private und gezielte Entscheidung. Ausnahmen sind Kleidungsstücke mit politischer oder religiöser Relevanz. Die Ausbildung basiert optimalerweise auf individuellen, persönlichen und gezielten Entscheidungen. Der Ausbildungsweg kann jedoch auch durch bewusste Unterlassung geprägt sein. Die Wahl des Lebenspartners wird gezielt getroffen und ist vorherrschend individuell und privat. Allerdings steht sie in enger Abhängigkeit zur kulturellen Tradition und kann grundsätzlich allen Kriterien entsprechen.

A7 Bei Lebensentscheidungen wird ein ausgedehnter, kenntnisreicher und individueller Entscheidungsprozess vorausgesetzt, der der Bedeutung der Entscheidung angemessen ist. Komisch ist die plötzliche Verunsicherung des Bräutigams, der eine kollektive Bestätigung seiner individuellen Wahl wünscht und zu diesem Zweck auf eine im Fernsehquiz übliche Entscheidungshilfe zurückgreift.

A8 Vorteilhaft ist die Einbindung des Einzelnen in eine feste Gemeinschaft, die das Gefühl der Geborgenheit sowie der Sicherheit vor falschen Entscheidungen bietet. Nachteile sind u. a. die Einschränkung der persönlichen Entfaltung und erzwungene Vernachlässigung von individuellen Begabungen des Individuums.

A9 Der scheinbare Widerspruch ist offensichtlich: Während Chaplin die Abwesenheit von Wegweisern bemerkt, hebt die Grafik gerade das Übermaß an Möglichkeiten hervor. Tatsächlich muss es sich hier jedoch nicht um einen Widerspruch handeln. Zum einen kann Chaplins Zitat sowohl hinsichtlich des zeitlichen Auftretens von Scheidewegen diskutiert werden, die keinesfalls immer mit Lebensentscheidungen zusammenfallen und manchmal schwer zu erkennen sind. Zum anderen können auch Wegweiser gemeint sein, die nicht den Weg selbst, sondern das Ziel (Glück / Unglück; Reichtum / Armut) bezeichnen.

2 Entscheidungsprozesse (Seite 110–111)

Entscheidungen beruhen auf vorausgehenden Entscheidungsprozessen, in denen Information und persönliche Wertmaßstäbe zentrale Entscheidungshilfen sind.

A1 Mögliche Lösung: Klaus hat Lust, sich einen Film im Kino anzusehen. Er findet einen guten Film und bekommt noch genug Taschengeld, um seine neue Freundin einzuladen. Nachdem er geduscht hat, fragt er seine Eltern um Erlaubnis. Sie haben keine Einwände, da er bereits Hausaufgaben gemacht und sein Zimmer aufgeräumt hat.

A2 Möglicherweise sind Entscheidungen zu treffen über:
bequeme oder modische Kleidung, warme oder luftige Kleidung, angepasstes oder auffallendes Erscheinungsbild, von Eltern befürwortete oder vermutlich beanstandete Kleidung, hohe oder flache Schuhe, Rock oder Jeans, Bluse oder T-Shirt etc.

A3 Wird der Dialog in Gruppenarbeit erstellt, kann er anschließend auch von Freiwilligen vorgetragen werden. Einigen Kursteilnehmern kann im Vorhinein eine stille Beobachterrolle übertragen werden, um ihre Beobachtungen über das Zustandekommen einer Entscheidung in den verschiedenen Gruppen anschließend gemeinsam zu thematisieren.

A4 Ohne ein Geständnis erhalten beide ein halbes Jahr Gefängnis wegen Knacken eines Münzautomaten. Gestehen beide den Überfall auf die Tankstelle, bekommen beide eine Gefängnisstrafe von zwei Jahren. Legt nur einer ein Geständnis ab, geht er straffrei aus, während der Mittäter gleich fünf Jahre ins Gefängnis muss.

A5 Das der mathematischen Spieltheorie entsprungene Dilemma entsteht durch die Interdependenz der eigenen Entscheidung von der Entscheidung eines anderen. Die grundsätzliche Unlösbarkeit des Problems ließe sich nur aufheben, wenn zwischen den beiden Verdächtigen Kommunikation stattfände und es auf Vertrauensbasis zu einer gemeinsamen Entscheidung käme.

A6 In M1 sind die Folgen einer Entscheidung kalkulierbar, zeitlich überschaubar und moralisch irrelevant. Es stehen ausreichend Informationen zur Verfügung.
In M2 liegt die Schwierigkeit des Entscheidungsprozesses in der Bewertung scheinbar gleichwertiger Entscheidungsfolgen. Zudem sind die Konsequenzen von langfristiger Dauer und damit schwerer einzuschätzen.
In M3 werden dem Entscheidungsträger nur unzureichend Informationen zur Verfügung gestellt. Die Folgen sind daher nicht absehbar, aber möglicherweise von längerfristiger Bedeutung.

3 Gewissensentscheidungen (Seite 112–113)

Die Doppelseite dient der Einführung in das Thema der moralisch bzw. ethisch relevanten Entscheidungen und des Gewissens als Entscheidungsinstanz.

A1 Die Zwickmühle besteht in dem Wunsch des Mannes, seine Verliebtheit zu der Freundin seines besten Freundes auszuleben, während er zugleich vor dem Verrat am Freund zurückschreckt.

A2 Der Erzählende ist sich der richtigen Entscheidung bewusst. Die Zuordnung der Entscheidungsalternativen zu „Engelchen“ und „Teufelchen“, verdeutlichen die moralisch eindeutige Bewertung der Situation.

A3 Es bietet sich an, den Song im Unterricht vorzuspielen. Die Gruppe *Fettes Brot* ist eine deutsche HipHop-Band mit eingängigem Sprechgesang. Die neue Strophe könnte dementsprechend auch von den Schülern eingeübt und vorgetragen werden.

A4 Die Figur des Teufelchens steht für die Versuchung, sich seinen Wünschen und Trieben uneingedenk der unter Umständen moralisch verwerflichen Konsequenzen hinzugeben.

A5 Möglich z. B.: ... wie ein bohrender Stachel, wie ein Wegweiser, wie ein Lehrmeister, wie ein nervender Lautsprecher ohne Abschaltknopf.

A6 Alternativ ist es zum besseren Verständnis der Positionen möglich, die Schüler aufzufordern, zu einem der philosophischen bzw. psychologischen Standpunkte eine Kritik zu verfassen.

A7 *Etwas nagt an dem Gewissen:* unter Gewissensbissen leiden; Zusammenhang Redewendung – Zitat: Ein schlechtes Gewissen ist nicht „abschaltbar“, es drängt sich ständig ins Bewusstsein.
Etwas mit seinem Gewissen vereinbaren können: eine Entscheidung als moralisch akzeptabel bewerten; Zusammenhang Redewendung – Zitat: Das Gewissen urteilt unabhängig, es ist nicht durch den Willen steuerbar.
Ein reines Gewissen haben: sich keiner moralischen Verfehlung bewusst sein; Zusammenhang Redewendung – Zitat: Sich keiner unmoralischen Handlung bewusst zu sein ist die Voraussetzung zur Unbeschwertheit.
Jemandem ins Gewissen reden: moralische oder ethische Einwände gegen die Entscheidung eines anderen vorbringen; Zusammenhang Redewendung – Zitat: Das Gewissen bezieht sich nicht nur auf subjektive Einstellungen, sondern auch auf einen sozial anerkannten Normenkatalog, dessen Befolgung von anderen Mitgliedern eingefordert bzw. dessen Nichtbefolgung verurteilt werden kann.

A8 Mögliches Szenarium: Im Anschluss an ein Verbrechen werden einige Verdächtige vernommen. Verschiedene Personen versuchen nun, ihnen ein Geständnis zu entlocken bzw. sich von ihrer Unschuld zu überzeugen.

4 Gewissen und Schuldgefühle (Seite 114–115)

Im Mittelpunkt der Doppelseite steht das Schuldgefühl als Folge von Entscheidungen gegen das Gewissen.

A1 David versucht sein Fehlverhalten auf das Zeigen des Mittelfingers einzuschränken. Er redet sich selbst ein, dass es sich dabei im Grunde um eine bedeutungslose Bewegung handelt. Schließlich beruhigt er sein schlechtes Gewissen mit der Hoffnung, die alte Frau könne den beleidigenden Charakter der Geste nicht zu deuten wissen.
Keines der Argumente vermag zu überzeugen.

A2 Im günstigsten Fall, so hofft er, bleibt seine Tat folgenlos, da die Frau möglicherweise seine Geste nicht versteht und daher auch nicht gekränkt sein wird. Als schlimmsten Fall malt sich David aus, wie er durch den Überfall eine Mitschuld am Tod der alten Frau trägt. Beide Überlegungen sind gänzlich unrealistisch.

A3 Davids Schuldgefühle beruhen weniger auf seinem aktiven Tun – dem Zeigen des Mittelfingers – als vielmehr auf der unterlassenen Hilfeleistung. Er hat sich entgegen besserem Wissen zum Mitläufer gemacht und damit auch zum Mittäter.

A4 Mögliche Deutung: Im insgesamt düster wirkenden Gemälde werden das Gesicht und die Hände einer Frau durch leuchtende Farben hervorgehoben. Das Gesicht wirkt niedergeschlagen und bar jeder Freude. Über beiden Schultern schwebt ihr eigenes, somit verdreifachtes, Antlitz. Das Antlitz über ihrer linken Schulter redet ihr zu, das über der rechten Schulter schweigt und blickt den Betrachter direkt an. In der rechten Hand hält die Frau ein Glas, in der Linken eine Tablette, ganz ähnlich den Perlen ihres scheinbar sehr wertvollen Perlencolliers. Versucht sie, mittels ihres Reichtums ihr schlechtes Gewissen zum Schweigen zu bringen?

A5 Mögliche Szenarien: Um an das Perlencollier zu kommen hat die Frau einen Diebstahl begangen und dabei vielleicht sogar noch einen Freund betrogen. Sie könnte aber auch im Begriff sein, jemanden mit der Tablette zu töten, um an dessen Reichtum zu gelangen. Oder die Frau ist tablettenabhängig und weiß um die Gefahren ihrer Sucht. Das Perlencollier wäre dann weniger ein Schmuck als mehr eine Kette, die ihre Abhängigkeit symbolisiert.

A6 Lösungsvorschlag: „Wie konnte ich das nur tun. Hätte ich doch vorher die Konsequenzen meiner Tat bedacht. Aber schließlich war ich auf das Geld angewiesen. Und in diesen schweren Zeiten muss jeder sehen, wo er bleibt ... Ich hätte vielleicht noch andere Möglichkeiten gehabt ... Andererseits: Ein bisschen hat er selbst Schuld. Er musste mir ja nicht vertrauen. Ich habe ihn nicht um sein Vertrauen gebeten ... Aber ihn gleich so zu betrügen. Davon wird er sich niemals erholen ... Ich hoffe, ich kann nach der Tablette wenigstens schlafen."

A7 Wahrscheinlich ist eine lebenspraktische Stellungnahme: Heftige Schuldgefühle bleiben uns im Gedächtnis und hindern uns daran, denselben Fehler noch einmal zu begehen. Allerdings sollten sie nicht unser Leben beherrschen und uns aus Angst vor falschen Entscheidungen in unserem Handeln blockieren.

A8 Vorteile: Fähigkeit zur Selbstkritik und Empathie, Ausdifferenzierung unserer moralischen Wertvorstellungen, Schutz vor wiederholten Fehlentscheidungen.
Nachteile: Einschränkung der Lebensqualität, kann zu Entscheidungsängsten führen.

A9 Beide Psychologen würden kaum zustimmen, da zum einen durch schlichtes Vergessen die Chancen, die Schuldgefühle hinsichtlich der moralischen Bildung eines Menschen mit sich bringen, vertan wären, zum anderen die Bereitschaft, sich selbst zu verzeihen, keinesfalls mit Vergessen gleichzusetzen ist.

5 Gegen das Gewissen (Seite 116–117)

Im Zentrum dieser Doppelseite steht das Milgram-Experiment, bei dem Menschen gegen ihr Gewissen den Anweisungen einer Autorität Folge geleistet haben.

A1 Aufgrund der Komplexität des Versuchsaufbaus sind dem Versuchsleiter eventuell „Assistenten" beizustellen, mit denen er zunächst die Erläuterungen gemeinsam vorbereiten kann.

A2 Einerseits folgten alle Versuchspersonen den Anweisungen des Versuchsleiters auch noch, als der Schüler bereits starke Schmerzenslaute von sich gab und um Abbruch bat. Andererseits muss auch Beachtung finden, dass bei fast allen Versuchspersonen ein Gewissenskonflikt überhaupt auftrat.

A3 In wissenschaftlichen Untersuchungen wurden unter anderem folgende Begründungen für das Verhalten der Probanden genannt: Die Versuchsperson wollte sich gegenüber dem höher gestelltem Versuchsleiter gehorsam zeigen (Anerkennung einer Autorität) und die an ihn gestellten Erwartungen erfüllen. Zudem befand sie sich in einer Vertragssituation, ein Abbruch wäre einem Vertragsbruch gleichgekommen. Ein Abbruch nach einer bereits erfolgten Erhöhung des Stromschlages hätte zugleich das Eingeständnis bedeutet, dass man sich bis zu diesem Punkt falsch verhalten und bereits Schuld auf sich geladen hat.

A4 Möglich: Die Versuchspersonen wurden von der Situation überrascht, es gab keine Zeit zum Überdenken oder zur Anwendung eingeübter Handlungsmuster. Man vertraute auf die „Wissenschaftlichkeit" des Versuchsaufbaus.

A5 Der Versuch zeigt, dass ein Großteil der Menschen unter bestimmten Bedingungen bereit ist, entgegen dem eigenen Gewissen den Anweisungen einer Autorität zu folgen. Der bürokratische, auf Autorität basierende streng hierarchische Vernichtungsapparat der Nationalsozialisten begünstigte die Befolgung der menschenverachtenden Befehle von vorgesetzter Seite.

A6 Es sollten beide Argumente betrachtet werden. Es ist jedoch durch Versuche bis ins Jahr 2008 überzeugend belegt, dass die Stärke des moralischen Bewusstseins zumindest seit den ersten Experimenten in den 60er Jahren nicht zugenommen hat. Das gesellschaftliche Moralbewusstsein in den 30er und 40er Jahren hat nachweislich nicht ausgereicht, um die Errichtung der menschenverachtenden Diktatur unter Hitler zu verhindern.

Freiheit und Verantwortung (Schülerband, Seite 118–127)

Einführung

Während die Doppelseite 1 in das Thema einführt und zeigt, dass jede Entscheidung, die wir treffen, mit einer Verantwortung verbunden ist (personale Perspektive), verfolgt Doppelseite 2 dann die Frage, wie die Menschen ihre Freiheit zur Gestaltung eines verantwortlichen Lebens nutzen (gesellschaftliche Perspektive). Sofern der Mensch nicht determiniert, sondern ein Wesen ist, das frei entscheidet und folglich Verantwortung für seine Handlungen übernehmen muss, soll auf der Doppelseite 3 geprüft werden, inwieweit es richtig ist, moralisch bzw. juristisch falsche Handlungen zu sanktionieren (gesellschaftliche / ideengeschichtliche Perspektive). Doppelseite 4 untersucht genauer, was es heißt, verantwortlich zu sein, und welche Aspekte beachtet werden müssen, wenn man verantwortlich handeln will (ideengeschichtliche Perspektive). Dass aber nicht nur der Einzelne, Funktionsträger oder Spezialisten Verantwortung tragen, sondern dies auch Nationen oder Großkonzerne betrifft, wird schließlich auf Doppelseite 5 thematisiert (gesellschaftliche / soziale Perspektive).

Methodisch-didaktische Hinweise

Methodisch ist das Kapitel differenziert aufgebaut. Neben einem Gedicht, Auszügen aus einem Comic *(Spiderman)* und Filmsequenzen *(Spiderman* und *Minority Report)*, stehen auch ein Spiel *(Das Spiel der Großen im Kleinen)*, ein authentisches Fallbeispiel *(Dieser Junge näht Ihr Hemd)*, Projekte und natürlich philosophische Texte zur Auswahl, um sich mit dem Thema *Freiheit und Verantwortung* auseinanderzusetzen. Dabei ist das gesamte Kapitel so aufgebaut, dass die Problematik entweder durch eine handlungsorientierte oder durch eine textanalytische Vorgehensweise oder durch eine Kombination aus beiden erschlossen werden kann.

Hinweise zur Konzeption der Doppelseiten und zu den Aufgaben

1 Große Freiheit, große Kraft (Seite 118–119)

Auf dieser Doppelseite soll am Beispiel des Piraten (Entscheidung zu einem besonderen Lebensentwurf) und von Peter Parker alias Spiderman (spontane situative Entscheidung mit unerwarteten Folgen) gezeigt werden, dass jede Entscheidung, die man frei trifft, nicht ohne den Begriff der Verantwortung gedacht werden kann.

A1 Der Erzähler des Gedichts beschreibt das Schiff des Piraten als wehrhaft, flink und frei in seiner Fortbewegung – allerdings nur, wenn der Pirat es als Kapitän durch gefährliche Situationen steuert. Insofern besitzt die Barke keine Freiheit, sondern ist – einem unmündigen Kind ähnlich – völlig auf ihren Lenker angewiesen: Sie wäre auf dem offenen Meer verloren, wenn sie nicht ihren Kapitän hätte, der ihr den richtigen Weg weist, indem er sein Leben für sein Schiff wagt. Wäre sie allein unterwegs, bestünde die Wahrscheinlichkeit, dass sie einem Sturm oder einem anderen Naturphänomen zum Opfer fiele oder an Klippen oder Riffen zerschellen würde. Der Pirat sieht sich nur bedingt als freien Menschen an. Auf der einen Seite hat er sich sein eigenes Recht geschaffen und ist der Herrscher in seiner Welt, dem Meer. Hier bestimmt er „wo es lang geht“ und ist in diesem Sinne „frei“ in seinen Entscheidungen. Auf der anderen Seite ist ihm klar, dass er sein eigentliches Leben längst verwirkt hat, als er das Band zwischen dem Staat, in dem er lebte, und sich zerbrach, weil er sich über den Staat und dessen Gesetze hinweggesetzt und eigene Regeln aufgestellt hat.

A2 Ein Piratenkapitän hat gegenüber seiner Mannschaft die gleiche Verantwortung wie der Kapitän eines jeden anderen Schiffes (Entscheidungen zu Navigation, Versorgung etc.). Es könnte sogar sein, dass seine Verantwortung größer ist, weil er zusätzliche Aufgaben trägt, z. B. die Sorge um eine „gerechte" Verteilung des Diebesguts, um Unmut innerhalb der Mannschaft und Meuterei zu verhindern, oder um die Abwehr von Sanktionsmaßnahmen etc.

A3 Voltaire bringt zum Ausdruck, dass Menschen, die in Staaten leben, Gesetze benötigen, damit sie zusammenleben können. Gäbe es keine Gesetze, würde jeder tun und lassen, was er wollte. Kurz gesagt, es käme – mit Thomas Hobbes formuliert – zu „einem Krieg aller gegen alle", weil „der Mensch dem Mensch ein Wolf" ist. Voltaire zufolge ist der Mensch in seinem Handeln frei, solange er sich an die Gesetze hält und keinem Menschen durch sein Handeln Schaden zufügt. Dies alles interessiert den Piraten nicht, denn allein die Gesetze, die er aufstellt, haben Geltung. Er hat aufgrund der Freiheit, die er sich genommen und sich somit über seine Mitmenschen und geltendes Recht gestellt hat, seine eigenen Gesetze erlassen. Und wer sich nicht daran hält, hat die Konsequenzen – wie in einem Staat – zu tragen.

A4 Die Feststellung von Onkel Ben „Aus großer Kraft folgt große Verantwortung" hat mehrere Konnotationsebenen:

1. Wer körperlich stark ist, darf seine Kräfte nicht unkontrolliert einsetzen, indem er z.B. jemanden schlägt, von dem er weiß, dass er körperlich unterlegen ist. Man darf selbst keinen Streit beginnen, womit nicht gesagt ist, dass man sich nicht wehren darf, wenn man sich in einer Notsituation befindet.
2. Wer anderen geistig überlegen ist, soll seine geistigen Fähigkeiten zum Wohl der Allgemeinheit, also der anderen, nutzen und einsetzen.
3. Wer die persönlichen Fähigkeiten und Möglichkeiten hat, Verantwortung zu übernehmen, soll dies auch tun.

A5 *Lösungsmöglichkeit a:* Peter Parker hat keine Schuld am Tod seines Onkels. Dass der Geldräuber Onkel Bens Auto zur Flucht benutzt, ist Zufall, weil Onkel Ben mit seinem Auto gerade an dem Ort parkt, an dem der Räuber vorbeikommt. Er hätte auch jeden anderen Autofahrer überfallen und zwingen können, aus dem Auto zu steigen. Dass er, um in Besitz des Autos zu gelangen, Onkel Ben auch noch erschießt, ist tragisch. Aber auch dieser Umstand kann Peter nicht angelastet werden.

Lösungsmöglichkeit b: Man kann sich auch auf den Standpunkt stellen, dass Peter Parker verantwortlich für den Tod seines Onkels ist. Für ihn wäre es leicht gewesen, den Geldräuber noch in der Wrestling-Arena aufzuhalten. Aber Peter hat es nicht getan, weil er sich darüber amüsierte, dass der Veranstalter, der seinerseits ihn, Peter, betrogen hatte, nun selber Opfer einer kriminellen Handlung ist. Aus seiner Entscheidung, den Räuber laufen zu lassen, entwickelt sich eine Kette unglücklicher Zufälle, die im Tod seines Onkels kulminieren. Hätte Peter moralisch richtig gehandelt, wäre nichts passiert und er müsste keine Verantwortung am Tod seines Onkels übernehmen.

A6/ A7 Die Sentenz von *Richard von Weizsäcker* besagt, dass der Mensch die Freiheit nicht umsonst erhält, sondern dass er ständig daran arbeiten muss, damit er sie bewahren kann. In diesem Sinne sieht von Weizsäcker in der Freiheit eine Chance für den in einer Gesellschaft lebenden Menschen. Zugleich ist in der Freiheit auch Verantwortung angelegt – und zwar die Verantwortung des Einzelnen sich selbst gegenüber und auch gegenüber den anderen, denn derjenige, der seine Freiheit auf Kosten der Allgemeinheit auslebt, schadet ihr.

Jean-Paul Sartre bringt zum Ausdruck, dass derjenige, der glaubt, dass Freiheit mit Egoismus gleichzusetzen sei, einer Täuschung unterliegt. Der Einzelne ist nur dann frei, wenn er seine Freiheit auch immer zugleich zum Wohle der anderen einsetzt, denn solange die anderen in einer Gesellschaft nicht frei sind, ist er es auch nicht.

A8 Der Unterschied zwischen den beiden Arten der Freiheit lässt sich am besten durch den Unterschied zwischen *Unabhängigkeit von etwas* und *Selbstbestimmung in Form einer Entscheidung zu etwas* darstellen.

Beispiele für *negative Freiheit* (Freiheit von etwas): Unabhängigkeit von Eltern, Lehrern, Vorgesetzten, von gesellschaftlichen Zwängen, von Einschränkungen (etwa durch Armut, Krankheit, Sucht, Gefängnis, durch eine Diktatur) usw.

Beispiele für *positive Freiheit* (Freiheit zu etwas): Selbstbestimmung durch die Entscheidung für eine bestimmte Berufsausbildung oder ein bestimmtes Studienfach, die Entscheidung zu heiraten, Kinder zu bekommen, an einen bestimmten Ort zu ziehen usw.

A9 Dem Piraten muss die negative Freiheit zugesprochen werden, denn seine Freiheit ist eine Freiheit von etwas. Er will – um nur einige Beispiele zu geben – frei von staatlichen Gesetzen, gesellschaftlichen Zwängen, Armut und Gefängnis sein.

Spiderman dagegen verkörpert die positive Freiheit. Seine Freiheit ist die Freiheit zu etwas. Er entscheidet sich z.B. dafür, die Polizei bei der Verbrechensbekämpfung zu unterstützen oder Verantwortung für die Gesellschaft und deren Mitmenschen zu übernehmen.

2 Spaß haben – ist das alles? (Seite 120–121)

Auf dieser Doppelseite geht es um die Frage, wie Menschen ihre Freiheit zur Gestaltung ihres Lebens verantwortlich nutzen. Anhand dreier Beispiele werden Lebensentwürfe von Jugendlichen dargestellt. Der Philosoph Fernando Savater erteilt Ratschläge für eine verantwortliche Lebensführung, die durch Platons Bild des Seelenwagens und Aristoteles' Theorie der drei Lebensformen vertieft werden.

A1 Die von den Schülerinnen und Schülern aufgeführten Rollenspiele werden sehr unterschiedlich ausfallen:

So könnte man sich beispielsweise bei Rapper *InDex* vorstellen, dass er die Schule schwänzt, etwas mit seinen Freunden unternimmt und eventuell Musik macht und damit Geld verdient, um sich Freizeitspaß leisten zu können.

Im Fall von *Katharina* könnte z.B. dargestellt werden, wie sie ihren Tagesplan durchgeht: Aufstehen, Schule, Hausarbeit, Projektarbeit des Jugendgemeinderates, Hausaufgaben, Treffen mit Freundinnen bzw. Freund, Abendessen, TV, zu Bett gehen.

Jonas ist ein Familienmensch. Er geht arbeiten, kommt nach Hause und unternimmt etwas mit seiner Familie – sofern es das Geld zulässt. Ansonsten könnte er es sich nach dem Abendessen vor dem Fernseher oder dem Computer bequem machen.

A2 Diese Frage kann nicht generell beantwortet werden, weil es unterschiedliche Schülertypen gibt, so dass einige Kursteilnehmerinnen und Kursteilnehmer sich mit InDex, andere mit Katharina und wiederum andere mit Jonas identifizieren werden. Interessant wäre es hier, zu erfahren, welche Gründe ausschlaggebend dafür waren, dass sich einige Schülerinnen und Schüler für den Rapper, andere für die Abiturientin und wiederum andere für den Zivildienstleistenden entschieden haben.

A3 Wenn man seine Freiheit ernst nimmt, kann man die Frage, was man mit seinem Leben anfangen soll, nicht anderen stellen, weil man sich ja damit von ihnen abhängig und unfrei macht. Man kann die Frage also nur selbst beantworten. – Was heißt es aber, seine eigene Freiheit ernst zu nehmen? Freiheit heißt nicht nur, Wahlmöglichkeiten zu haben; wenn ich eine Möglichkeit gewählt habe, kann ich sie nicht mehr rückgängig machen. Ich bin also für das, was ich wähle, verantwortlich. Deshalb muss ich das Schlechte meiden und das Gute wählen.

A4 Hier könnten die Schülerinnen und Schüler etwa Beispiele aus ihrer Lebenswelt anführen: Wenn ich vor der Entscheidung stehe, meine Hausaufgaben zu machen und mich auf die nächste Klassenarbeit vorzubereiten oder mir stattdessen einen Film anzusehen, muss ich bedenken, dass ich für die möglichen negativen Konsequenzen (schlechte Note in der Klassenarbeit) verantwortlich bin. Wenn jemand vor der Frage steht, ob er sich nach dem Genuss von Alkohol noch ans Steuer seines Autos setzt oder nicht, muss er bedenken, dass er für die negativen möglichen Konsequenzen (Unfall, Strafpunkte) verantwortlich ist. Usw.

A5 Platons Bild des Wagengespanns symbolisiert die Verfassung der menschlichen Seele und zeigt, was gute oder verantwortliche Lebensführung heißt. Die Aufgabe eines Wagengespanns ist es, „gut zu fahren". Die Frage ist, was die einzelnen Teile dazu beitragen können und sollen. Pferde sind Tiere mit großer Kraft und ungestümem Temperament. Sie können den nötigen Kraftaufwand für die Fahrt leisten, kennen aber weder Weg noch Ziel. Der Wagenlenker weiß, wohin es gehen soll, er hat die Fähigkeit, die ungestüme Kraft der Pferde zu zügeln und zu lenken, und hat die Verantwortung dafür, dass das Gespann am Ziel ankommt. Das erste Pferd ist besonders gefordert, insofern es den Mut beweisen muss, Hindernisse zu überwinden, und dabei in besonderer Weise die Vorgaben des Wagenlenkers umzusetzen hat. Das zweite Pferd dient dem Gespann dadurch, dass es der Richtung des ersten Pferdes folgt und nicht aus dem Gespann ausbricht. – So hat sich Platon gleichnishaft die menschliche Seele vorgestellt. Sie besteht aus drei Teilen: Begierde, Mut und Vernunft. Die Kunst der Lebensführung besteht darin, dass die Vernunft (Wagenlenker) die beiden anderen, triebhaft gesteuerten Seelenteile lenkt, insbesondere mittels des Mutes (erstes Pferd) die Begierden (zweites Pferd) beherrscht. Anders formuliert: Die ungezügelten Begierden bedürfen der Kontrolle durch den muthaften Seelenteil, der sich der Leitung durch die Vernunft unterwirft. Nur wenn dies gegeben ist, kann das Leben nach Platon gelingen. Verantwortung tragen heißt: sich von der Vernunft leiten lassen.

A6 Platons Bild des Seelenwagens bestätigt Savaters Ratschlag, die Freiheit ernst zu nehmen und Verantwortung für Konsequenzen zu tragen. Die Vernunft ist das Vermögen, sich die Konsequenzen seines Handelns bewusst zu machen und dementsprechend zu handeln.

A7 Aristoteles kritisiert eine Lebenseinstellung, die auf Lusterfüllung setzt und plädiert für ein Leben nach Maßgabe der Vernunft. Da der Mensch vor den Tieren mit der Gabe der Vernunft ausgezeichnet ist, ist ein bloß nach Lusterfüllung strebendes Leben dem Menschen nicht angemessen, sondern allein ein von der Vernunft geleitetes. Daher ist diejenige Lebensform die beste, die sich ganz und gar der Theorie, der Betrachtung der Dinge durch die Vernunft widmet. Ein solches Leben zu führen, ist aber nicht allen möglich. Die zweitbeste Lebensform ist das tugendhafte Leben. In ihr ist die Vernunft in der Weise wirksam, dass sie Menschen dazu anhält, sich nicht einfach den Trieben und Leidenschaften zu überlassen, die zu Extremen neigen, sondern die Mitte zwischen den Extremen zu suchen. Eine solche Einstellung bezeichnet man auch als tugendhaft. – Aristoteles' Auffassung deckt sich weitgehend mit der Platons. Beide Philosophen machen ein gelingendes Leben davon abhängig, dass man sich nicht von Begierden und Leidenschaften treiben, sondern sich von der Vernunft leiten lässt.

A8 Die Schneeballmethode ist im Schülerband auf S. 292 erläutert.

A9 InDex lebt – obwohl er noch zur Schule geht – gern in den Tag hinein und kümmert sich (noch) nicht um morgen. Katharina ist sicherheitsbewusst und hat ihre Zukunft schon geplant. Ähnlich ist auch Jonas strukturiert, obwohl er im Unterschied zu Katharina nicht sein eigenes Glück, sondern dass seiner zukünftigen Familie in den Vordergrund stellt. So unterschiedlich die Interessen der drei Jugendlichen auch sind, so gibt es doch auch einige Berührungspunkte: Katharina und InDex sehen beispielsweise Freundschaft als etwas Wesentliches an und treffen sich deshalb regelmäßig mit ihren Freunden. Was beide noch miteinander verbindet, ist die Tatsache, dass beide Spaß im Leben haben wollen. Während es keine Berührungspunkte zwischen Jonas und InDex gibt, stimmen aber Jonas und Katharina darin überein, dass die Gründung einer Familie wichtig für ihr Leben ist.

3 Strafe muss sein!? (Seite 122–123)

Ausgehend von einem fiktiven Fall, sollen die grundlegenden Straftheorien thematisiert werden. Anschließend kann in einem filmischen Gedankenexperiment untersucht werden, ob auch Strafen für Taten ausgesprochen werden dürfen, die noch gar nicht begangen worden sind.

A1 Die Schülerinnen und Schüler werden hier zu unterschiedlichen Resultaten gelangen. Einige werden sagen, dass Juan nicht nur die Note „Sechs" verdient habe, weil er seine Arbeit nicht (rechtzeitig) abgegeben hat, sondern der Direktor solle ihn darüber hinaus noch weiter be-

strafen, weil Juan einen Diebstahl begangen und eine fremde Arbeit unter seinem Namen abgegeben habe.
Andere werden argumentieren, Juan hätte nichts sagen müssen. Dann wäre Robertos Jahresarbeit als seine durchgegangen und er hätte wahrscheinlich eine ordentliche Note erhalten und seine beiden früheren schlechten Noten ausgeglichen. Da Juan aber sein Fehlverhalten zugegeben hat, sollte der Direktor das Strafmaß nicht zu hoch ansetzen. Der Direktor müsse diese Ehrlichkeit Juans bei seiner Entscheidung berücksichtigen, sonst würde er selber ungerecht handeln.
Wiederum andere werden sagen, der Direktor müsse Juan einerseits bestrafen, weil dieser unrecht gehandelt habe und er lernen müsse, dass man für seine Handlungen verantwortlich ist. Andererseits solle der Direktor dem Schüler aber auch noch die Möglichkeit bieten, die Jahresarbeit anzufertigen, damit dieser das Klassenziel erreichen kann.

A2 Manuels Problem mit dem Strafen besteht darin, dass er gelernt hat, dass ein Vergehen auf irgendeine Weise geahndet wird, ihm aber eine solche Bestrafung als Racheakt, als Vergeltung nach dem Motto „quid pro quo" erscheint, denn hier wird einem Menschen Schaden zugefügt, der vorher einem anderen Menschen Schaden zugefügt hatte. Eigentlich müsste nun auch derjenige bestraft werden, der demjenigen Schaden zufügt, der bereits einem anderen Schaden zugefügt hatte usw. Die Vergeltungstheorie ist daher für Manuel unsinnig, weil sie in einem Regress in infinitum mündet.

A3 Da die hier im Gemälde von Max Ernst dargestellte Situation auf keine biblische Szene verweist, kann die Frage, warum Maria ihren Sohn Jesus schlägt, nicht eindeutig beantwortet werden. Jeder Antwort- oder Erklärungsversuch muss daher Spekulation bleiben. Beachtet werden sollten aber v. a. folgende Bildelemente: die Personen am Fenster (Hat das Jesuskind etwas gesehen, das es nicht sehen sollte?) und der am Boden liegende Heiligenschein des Kindes (Symbol einer verlorenen Unschuld? Durch die eigene Tat oder durch die Erfahrung der Bestrafung?). Vielleicht schlägt Maria ihren Sohn, weil sie sich nicht anders zu helfen weiß, vielleicht handelt es sich aber auch um eine bewusst eingesetzte „Maßnahme", die zum Erziehungsprozess ihres Kindes beitragen soll. Dabei bleibt allerdings unklar, was das Kind aus den erfahrenen Schlägen lernen soll. Dass ausgerechnet Maria und Jesus dargestellt sind, stellt die gewalttätige Erziehungsmaßnahme in besonderem Maße in Frage.

A4 Die Frage, ob Strafen manchmal zum Wohl einer Person sein können, kann nicht pauschal beantwortet werden. Erstens kommt es auf die Art der Strafe an und zweitens auf die jeweilige Person. Es gibt durchaus pädagogisch sinnvolle Strafen, die einen Täter dazu bringen, sein Fehlverhalten einzusehen und es zu ändern.

A5

	absolute Theorie: Vergeltungstheorie	absolute Theorie: Sühnetheorie	relative Strafzwecktheorie: Generalprävention	relative Strafzwecktheorie: Spezialprävention
positiv		• Versöhnung mit der Rechtsordnung		• Besserung des Täters • Gesellschaft soll vor einem Täter geschützt werden
negativ	• Strafe wird allein wegen der Vergeltung verhängt		• Rechtsbrecher werden bestraft, um das allgemeine Rechtsbewusstsein zu stärken • Strafe dient dazu, andere in Zukunft davon abzuhalten, Straftaten zu begehen	

A6 Die Schüler sollen anhand des Filmausschnitts veranlasst werden, über Pro und Contra dieser Art der Verbrechensbekämpfung konträr zu diskutieren: Die Vorteile der Etablierung einer Pre-Crime-Police könnten darin bestehen, dass mit einer solchen Polizeieinheit (wahrscheinlich) keine Verbrechen mehr verübt würden und Täter schon aufgespürt werden könnten, bevor sie ihre Tat Realität werden ließen. Nachteile könnten sein, dass eventuell Unschuldige inhaftiert würden, weil sie in letzter Sekunde doch noch von der von ihnen geplanten Tat absähen oder dass von den Precogs Daten empfangen würden, die sich nicht bewahrheiteten.

A7 Potentielle Opfer werden, weil es um ihr Leben geht, natürlich für den Einsatz einer Pre-Crime-Police stimmen, denn kein Mensch möchte sein Leben durch eine an ihm geplante Tat verlieren. Urteilt man jedoch aus der Sicht der potentiellen Täter, so werden sie zum einen gerechtfertigterweise sagen, sie würden für etwas bestraft, was sie nicht getan haben, und das sei Unrecht. Zum anderen werden sie argumentieren, dass sie zwar das Verbrechen genauso geplant haben, wie es die Precogs vorhergesehen haben, aber kein Mensch könne genau wissen, geschweige denn erahnen, ob sie die Planung je wirklich umgesetzt hätten.

A8 Die Schülerinnen und Schüler werden wahrscheinlich ein System wie Pre-Crime ablehnen – und das zu Recht. Pre-Crime stellt sich im Laufe des Films als verwundbar und manipulierbar heraus: Verwundbar ist dieses System insofern, als die Precogs einmal nicht in der Lage sind, einen tatsächlichen Mörder zu identifizieren. Manipulierbar ist Pre-Crime, weil der Mörder, der gleichzeitig der Vater des Überwachungssystems ist, es verstanden hat, einen von ihm begangenen Mord zu vertuschen. Wenn nun ein solches Überwachungsinstrument etabliert würde, könnte kein Mensch sicher sein, dass die Precogs tatsächlich alle zukünftigen Täter erkennen werden. Ferner gäbe es die Möglichkeit, dass ein Precog sich irren könnte und einen Menschen beschuldigt, der keine Straftat begangen hat; und schließlich könnte es passieren, dass jemand eine geplante Tat in letzter Sekunde doch nicht ausübt. Durch all diese Gründe wird deutlich, dass es moralisch nicht zu vertreten wäre, eine Pre-Crime-Police einzusetzen.

4 Verantwortung übernehmen (Seite 124–125)

Auf dieser Doppelseite geht es um die Frage, was es eigentlich heißt, verantwortlich zu sein, was alles zu beachten ist, wenn man verantwortlich entscheiden will.

A1 Günter Ropohl stellt eine sechsstellige Matrix der Verantwortung vor. Zu fragen ist, (1) wer die Verantwortung trägt, (2) was zu verantworten ist, (3) wofür jemand Verantwortung trägt, (4) weswegen er verantwortlich ist, (5) wovor er sich verantworten muss und (6) wann dies geschieht. Bei diesen Fragen sind jeweils drei unterschiedlichen Kategorien zu unterscheiden. Bei der Frage, wer die Verantwortung trägt, kann man beispielsweise unterscheiden zwischen dem Individuum, einer Gruppe und der Gesellschaft insgesamt.

A2 Die vollständige Tabelle könnte wie folgt aussehen:

	VERANTWORTUNG		
wer?	Individuum	Gruppe	Gesellschaft
verantwortet was?	Handlung	Produkt	Unterlassung
wofür?	Folgen voraussehbar	Folgen unvoraussehbar	Fern- und Spätfolgen
weswegen?	moralische Regeln	gesellschaftliche Werte	staatliche Gesetze
wovor?	Gewissen	Urteil anderer	Gericht
wann?	prospektiv: vorher	momentan	retrospektiv: nachher

A3 Der Absturz vom Bodensee ereignete sich als Folge einer verhängnisvollen Ereigniskette: Eine Boeing 757 der Frachtgesellschaft DHL [...] [stieß am] 1. Juli 2002 [...] mit einer Tupolew 154 der Bashkirian Airlines zusammen. Beide Maschinen stürzten am nördlichen Bodensee ab. Alle 71 Menschen an Bord der beiden Maschinen kamen ums Leben, darunter 52 Kinder.
Zum Unglück kam es durch folgende Ereigniskette:
Ereignis 1: Die Boeing 757 der DHL und die Tupolew 154 der Bashkirian Airlines werden auf Kollisionskurs geschickt, indem man beide auf ein bestimmtes Funkfeuer zufliegen lässt.
Ereignis 2: [Es ist Zufall], dass sich die Maschinen nicht nur auf gleicher Höhe befinden, sondern beide zur gleichen Zeit an diesem Funkfeuer ankommen werden.
Ereignis 3: Der Fluglotse der [...] Flugsicherung Skyguide ist zu diesem Zeitpunkt alleine [...] [und] mit dem Anflug einer Aero Lloyd Maschine auf dem Flughafen Friedrichshafen [...] [beschäftigt] und bemerkt den Kollisionskurs der beiden Maschinen nicht.
Ereignis 4: Aufgrund von Wartungsarbeiten ist nur eine der normalerweise mehrfach vorhandenen Telefonleitungen zu anderen Flugsicherungen (die den Vorfall auf ihren Schirmen bemerkt haben und den [...] Lotsen warnen wollen) in Funktion. Der Lotse weiß davon nichts. Auf der verbleibenden Leitung telefoniert der Lotse mit dem Tower des Flughafens Friedrichshafen. [...]
Ereignis 6: Beide Flugzeuge sind mit sogenannten TCAS (Traffic Alert & Collision Avoidance System) ausgestattet. Dieses Gerät überwacht den Luftraum um das eigene Flugzeug herum auf mögliche Kollisionen. Die Systeme beider Maschinen arbeiten einwandfrei. Sie kommunizieren automatisch kurz vor einer zu erwartenden Kollision miteinander. Das TCAS der Boeing gibt den Piloten die akustische Anweisung, sofort zu sinken. Das TCAS der Tupolew gibt seinen Piloten die Anweisung, sofort zu steigen. So hätten sich die Flugzeuge umfliegen können, und der Unfall wäre vermieden worden.
Ereignis 7: Erst spät bemerkt der Lotse von Skyguide den Kollisionskurs und gibt dem russischen Piloten die Anweisung, schnell zu sinken. Die Anweisung an den russischen Piloten (SINKEN) kommt jedoch zeitgleich mit der Anweisung des bordeigenen TCAS (STEIGEN). Von cockpitinternen Meldungen weiß der Lotse am Boden natürlich nichts. Der russische Pilot hat nun zwei gegensätzliche Anweisungen bekommen: SINKEN vom Lotsen und STEIGEN von seinem TCAS. Normalerweise genießen TCAS-Warnungen Priorität vor allen anderen Anweisungen. Der russische Pilot entscheidet sich jedoch, entgegen jeder Ausbildung, der Ansage des [...] Fluglotsen zu folgen, und sinkt trotz der Steiganweisungen seines TCAS. Der Pilot der Boeing hört auf sein TCAS und sinkt ebenfalls. Beide Flieger bleiben also auf Kollisionskurs.
Ereignis 8: [...] Im Cockpit der DHL-Boeing [ist] zu diesem Zeitpunkt nur ein Pilot anwesend. Der zweite Pilot befindet sich auf dem WC. Der anwesende Pilot hätte eigentlich den durch die TCAS-Warnung eingeleiteten Sinkflug sofort an den Lotsen melden müssen. Zumal sich beide Maschinen auf der gleichen Funkfrequenz befanden und der Boeing-Pilot die Sinkanweisung an das russische Flugzeug gehört haben muss. Obwohl der im Cockpit anwesende Pilot den Sinkflug sofort einleitet, wird dies nicht an den Lotsen gemeldet. Dieser wähnt die Boeing noch auf der ursprünglichen Flughöhe. Mit der sofortigen Sinkanweisung an den Piloten der Tupolew ist der Konflikt für den Lotsen damit beseitigt und er wendet sich wieder der landenden Aero Lloyd zu. Die beiden Flugzeuge kollidieren.
Wäre diese Ereigniskette an nur einer einzigen Stelle unterbrochen worden, [...] dann hätte die Kollision nicht stattgefunden. Dieses Beispiel zeigt auch, wie schwierig es ist, im Nachhinein einen [...] [Verantwortlichen für das Unglück] zu finden.

www.erklaert.de/safe!Y/chain.htm (Stand: 19.06.2007)

Verantwortung	
wer?	a) Lotse der Flugsicherung Skyline b) Pilot der Tupolew 154
verantwortet	
was?	a) Sinkfluganweisung an den Piloten der Tupolew b) Missachtung der Anweisung des Verkehrswarnsystems, sofort zu steigen (das technische Verkehrswarnsystem hat Vorrang vor menschlichen Befehlen)
wofür?	a) Zusammenstoß von zwei Flugzeugen b) Zusammenstoß von zwei Flugzeugen
weswegen?	a) handelt nach Vorschrift b) handelt nicht nach den Vorschriften (hier: das technische Luftverkehrswarnsystem zu beachten)
wovor?	a) der Lotse kann sich vor niemandem rechtfertigen, weil er ermordet wurde b) der Pilot braucht sich vor niemandem zu rechtfertigen, weil er bei der Kollision der Flugzeuge ums Leben kam
wann?	a) zu keinem Zeitpunkt, weil er mit der Zinkfluganweisung der Verpflichtung seines Berufs nachkommt und von der gegensätzlichen Anweisung des Verkehrswarnsystems und deren Missachtung durch den Tupolew-Piloten nichts weiß b) in dem Moment, in dem der Pilot gleichzeitig zwei sich widersprechende Anweisungen (sinken und steigen) erhält

5 Globale Verantwortung (Seite 126–127)

Auf dieser Doppelseite wird Verantwortung im globalen Maßstab thematisiert. Die Frage, wie wir mit Blick auf Probleme der Globalisierung handeln sollen, wird anhand eines Planspiels aufgeworfen, auf einen konkreten Fall bezogen und schließlich in allgemeiner Form gestellt.

A 1 Das Spiel stellt modellhaft die Kräfteverhältnisse zwischen den Industriestaaten und den Entwicklungsländern auf dem Weltmarkt dar. Es ist so angelegt, dass die Industriestaaten, obwohl sie über wenig (bzw. hier zugespitzt: über keine) Rohstoffe verfügen, aufgrund ihrer hochentwickelten Technologie in der Regel den marktwirtschaftlichen Wettbewerb gewinnen. Schülerinnen und Schüler spielen dieses Spiel erfahrungsgemäß mit großem Engagement. Die Vertreter der Entwicklungsländer machen dabei vor allem die Erfahrung der Ungerechtigkeit und Ohnmacht; die Vertreter der Industriestaaten spielen – obwohl sie vielleicht die Ungerechtigkeit der bestehenden Verhältnisse bemerken – in der Regel ihre Machtfülle aus. In einem Auswertungsgespräch kommt es darauf an, die Ereignisse im Spielverlauf und die Erfahrungen der Schülerinnen und Schüler zu thematisieren. Prinzipiell sind zwei Ausgänge des Spiels denkbar: 1. Der Sieg der Industriestaaten über die Entwicklungsländer, 2. eine

gerechte Verteilung der Güter und Arbeitsplätze. In beiden Fällen lässt sich gut ein Anschluss für eine weitergehende Vertiefung finden: Der erste Fall spiegelt die realen Verhältnisse wieder. Man könnte erörtern, ob dies gerecht ist bzw. warum dies ungerecht ist und wie sich die Verhältnisse verändern ließen. Im zweiten Fall hätten die Schülerinnen und Schüler im Grunde schon die im Spiel implizierte Ungerechtigkeit erkannt. Aufgabe wäre dann die Übertragung auf die realen Verhältnisse in der Entwicklungspolitik und die Erörterung von Möglichkeiten der Herstellung von Gerechtigkeit.

A2 Die Vorteile der Kinderarbeit haben zu einem geringen Teil die Eltern, die sich die Kinder haben abkaufen lassen, zu einem größeren Teil die Organisatoren der Kinderarbeit (wie etwa Rakesh), aber auch die Zwischenhändler und Modegeschäfte sowie die Verbraucher. Die eigentlichen Produzenten haben dagegen nichts von ihrer Arbeit; sie werden ausgebeutet.

A3 In diesem Gespräch könnten die Schülerinnen und Schüler Folgendes zum Ausdruck bringen: Mohammeds Verzweiflung über seine Lage (lange Arbeitszeit, keine Freizeit und Erholung, geringer oder kein Verdienst, schlechte Ernährung, schlechte Unterbringung usw.), seinen Hass auf die Personen, die ihn in diese Situation gezwungen haben (Rakesh), seine Enttäuschung über seine Eltern, die ihn verkauft haben, seine Sorge um seine persönliche Zukunft sowie die wirtschaftliche Lage seiner Landsleute.

A4 Die Schülerinnen und Schüler könnten bezüglich des Kaufs von Produkten aus fairem Handel etwa folgende Positionen einnehmen:

1. Die Situation der Produzenten interessiert mich nicht; wichtig ist mir allein der Preis.
2. Mir ist klar, dass die Produkte aus fairem Handel stammen, und die Situation der Produzenten ist mir auch nicht unwichtig; aber die Produkte sind zu teuer, und weil ich nur wenig Geld zur Verfügung habe, kann ich sie mir nicht leisten.
3. Ich bin bereit, solche Produkte zu kaufen, auch wenn sie etwas mehr kosten.

Wünschenswert wäre, wenn die erste Position in der Diskussion keine oder keine wichtige Rolle spielt.

A6 Ziel der Aktion *Deine Stimme gegen Armut* ist es nicht, Geld für die Unterstützung der Armen zu sammeln, sondern Einfluss auf die Politik zu nehmen. Die politisch Verantwortlichen sollen dazu gebracht werden, dass bei ihren Entscheidungen die Menschen in armen Ländern nicht vergessen werden und die weltweite Armutsbekämpfung weiter vorangebracht wird.

A7 Hier sind etwa folgende Positionen denkbar:

1. Ich gebe meine Stimme ab, weil ich von der Situation der Armen in der Welt betroffen bin und dazu beitragen möchte, ihre Lage zu verbessern.
2. Ich gebe meine Stimme nicht ab. Zwar bin ich von der Situation der Armen in der Welt betroffen, aber ich kann durch eine Stimmabgabe nichts dazu beitragen, ihre Lage zu verbessern.
3. Ich gebe meine Stimme nicht ab, weil mich die Situation der Armen in der Welt nicht interessiert.

Zu hoffen wäre, dass nach dieser Unterrichtseinheit die Zahl der Vertreter der letzten Position in der Diskussion keine oder keine wichtige Rolle spielt.

Recht und Gerechtigkeit (Schülerband, Seite 128–137)

Einführung

Das komplexe Thema „Recht und Gerechtigkeit“ kann dennoch gut bewältigt werden, da jeder Schüler und jede Schülerin Erfahrungen mit Gerechtigkeit und Ungerechtigkeit hat und hier durchaus auch urteilsfähig ist. Das Kapitel beginnt mit einer Analyse des Begriffs der Gerechtigkeit und ermöglicht so die Einsicht, dass das als Grundsatz der Gerechtigkeit bekannte Gleichbehandlungsprinzip von dem eigentlichen Prinzip der Gerechtigkeit, dem *Suum cuique* (einem jeden das Seine), nur abgeleitet ist (Doppelseiten 1 und 2). Erst nachdem die wesentlichen Dimensionen von Gerechtigkeit verstanden sind, öffnet sich die Sacherörterung für die Diskussion des weiten Felds des Rechts und der Menschenrechte (Doppelseiten 3–5). Der Sensibilisierung für Fragen der Gerechtigkeit dient insbesondere die Schilderung von Fällen, Beispielen und konkreten Begebenheiten in diesem Kapitel. Das Konkrete sollte nach Möglichkeit aber überschritten werden zugunsten des Allgemeinen im Sinne des Grundsätzlichen und Übergreifenden. Unerlässlich sind dabei zwei begriffliche Unterscheidungen: Gerechtigkeit gibt es als Eigenschaft der Einzelperson, nämlich als Tugend, *und* als eine bestimmte Verfasstheit von Regeln und Gesetzen. Und der Begriff „Recht“ meint einmal das Recht als Anrecht, als ein Recht *auf* etwas, *und* die Summe der staatlichen Regeln und Gesetze (Doppelseite 4–5).

Methodisch-didaktische Hinweise

Dem Behalten des Abstrakten dienen die sorgfältig zu erstellenden Veranschaulichungen durch Plakat und Skizze (Doppelseite 1, Aufgabe 4 und Doppelseite 2, Aufgabe 5). Eine emotionale Verankerung erfahren die zu lernenden Sachverhalte durch die vorgeschlagenen Inszenierungen (Doppelseite 1, Aufgabe 5; Doppelseite 3, Aufgabe 6; Doppelseite 4, Aufgabe 5).

Hinweise zur Konzeption der Doppelseiten und zu den Aufgaben

1 Gerechtigkeit? Gar nicht so einfach ... (Seite 128–129)

Hier wird zunächst eine traditionelle Bestimmung von Gerechtigkeit gegeben: Diese setzt voraus, dass Menschen subjektive Rechte haben (Recht auf ..., Anrecht). Die Fragen, was alles zustehen kann und worauf dieses Zustehen gründet, öffnen den weiten Horizont der konkreten Situationen, in denen es um Gerechtigkeit (oder Ungerechtigkeit) geht.

A1 Ein Koch, eine junge Mutter und ein Müllmann strampeln sich ab, um das Fahrrad in Gang zu halten. Der Mann im Anzug vorne müht sich nicht ab, er lässt sich fahren, steuert das Fahrrad locker mit einer Hand und genießt dabei eine Zigarre. Auch das Kind tritt nicht in die Pedale.
Das Bild will eine mögliche gesellschaftliche Ungerechtigkeit zugespitzt darstellen: Das Kind braucht nicht mitzutreten, weil es noch zu schwach ist. Der „Manager in Führungsposition“ hingegen lässt es sich auf Kosten der „weniger Privilegierten“ (Arbeiter, Alleinerziehende) gut gehen und leistet keinen angemessenen Beitrag, die Belastungen sind ungerecht verteilt.

A2 *Zu Wanja:* Der Unterschied zwischen Armen und Reichen kann eine Ungerechtigkeit sein, muss es aber nicht, da auch äußere Umstände (Klima, Boden) Ursache sein können. Ungerecht wird der Unterschied dann, wenn die Reichen von der Armut profitieren, d. h. wenn die Ärmeren beispielsweise für ihre Arbeitserzeugnisse nicht so viel bekommen, wie sie wert sind. Robin Hood ist nur dann ein gerechter Mann, wenn der Reichtum der Reichen nicht selbst verdient ist und die Armut der Armen nicht selbstverschuldet ist. Man muss also schauen, woher Reichtum und Armut kommen.

Zu Sabrina: Durch ein Versprechen steht einem etwas zu. Wird das Versprechen nicht eingehalten, kann man dieses Fehlverhalten tatsächlich als Form der Ungerechtigkeit bezeichnen.
Zu Janine: Jeder Mensch hat das Recht, seiner Würde als Mensch entsprechend behandelt zu werden. Wer körperlich behindert ist, sollte primär als Mensch und damit als Träger der Menschenwürde behandelt werden. Wer sich einem solchen Menschen gegenüber anders verhält, den könnte man einfach nur für taktlos halten, es ist aber durchaus zu rechtfertigen, ihn als ungerecht zu bezeichnen.
Zu Sascha: Alle Menschen sind als Menschen gleich viel wert, allerdings nur hinsichtlich ihrer Würde als Menschen, die respektiert werden muss. Gewalt hat mit Gerechtigkeit nichts zu tun, andererseits ist es durchaus gerecht, sich gegen offenkundige Misshandlungen zu wehren.

A3 *Äußerung einer Jugendlichen:*
„Es kommt sogar vor, dass Mütter ihre neugierigen Kinder von meinem Rollstuhl wegreißen, als hätte ich eine ansteckende Krankheit oder wäre ein Monster. Das tut schon weh."
Szenische Darstellung:
Eine Schülerin sitzt vorne in der Klasse (oder auf einer kleinen Bühne) auf einem gewöhnlichen Stuhl (besser noch auf einem Bürostuhl, da er die Richtung wechseln kann), spielt aber pantomimisch, dass sie in einem Rollstuhl sitzt und ihn in Gang setzt, indem sie die an den Rädern befestigten Außenringe benutzt. Sie macht „umherfahrend" einen durchaus vergnügten Eindruck, sie schaut sich mit lächelndem Gesicht an, was um sie her vor sich geht. Sie spricht laut aus, was sie denkt. Es kommen Passanten vorbei, die nur flüchtig zu ihr hinschauen.
Eine Mutter mit einem kleinen Kind an der Hand kommt ihr entgegen. Das Kind reißt sich los, läuft zu dem Mädchen in dem Rollstuhl, das ihr Gefährt anhält. Das Kind fasst einen Außenring an und fragt die Behinderte: „Macht das Spaß, damit rumzufahren?" Noch bevor das Mädchen antworten kann, eilt die Mutter hinzu und zerrt das Kind von der Behinderten weg. „Das ist nichts für dich", sagt sie mit gerunzelter Stirn zu dem Kind, schaut vorwurfsvoll zu dem behinderten Mädchen und eilt mit dem Kind davon. Das Kind dreht sich noch einmal um und winkt. Mit traurigem Gesicht und den Kopf schüttelnd setzt die Behinderte den Rollstuhl in Gang.

A4 Aufriss eines möglichen Plakates, bei dem zusätzlich auch Symbole oder Bilder eingesetzt werden können:

GERECHTIGKEIT: Suum cuique

Menschen das ihnen ZUSTEHENDE geben

WARUM kann etwas zustehen? → Leistung, Straftat, Wiedergutmachung, Nichtstun, Strafe

Menschsein, Alter, Geschlecht ...

WAS kann das Zustehende sein? → Lohn, Medizin, Nahrung, Tun

Leben Freiheit, Hilfe, Sicherheit ...

A5 Die gerechte Verteilung muss berücksichtigen, was jemand mag oder nicht mag, wie intensiv der Wunsch nach einer bestimmten Süßigkeit ist und wie groß die einzelnen Näschereien sind.

2 Verteilen, ausgleichen und beitragen (Seite 130–131)

Das allgemeine Prinzip der Gerechtigkeit, einem jeden das ihm Zustehende (*Suum cuique*) zu geben, wird auf dieser Doppelseite konkretisiert. Dies geschieht dadurch, dass die unterschiedlichen Verhältnisse zwischen den Subjekten der Gerechtigkeit (diejenigen, die die Gerechtigkeit ausüben) und den Adressaten der Gerechtigkeit (die von einer gerechten oder ungerechten Handlung Betroffenen) in den Blick genommen werden. Es werden drei Formen der Gerechtigkeit sichtbar:

1. Die *austeilende Gerechtigkeit*: Der Ausübende ist Vertreter des sozialen Ganzen, die Adressaten sind Einzelpersonen im Vergleich mit anderen (mir steht etwas im Vergleich mit anderen zu aufgrund meiner persönlichen Voraussetzungen).
2. Bei der *Tauschgerechtigkeit* haben es nur Einzelpersonen miteinander zu tun.
3. Bei der *Beteiligungsgerechtigkeit* ist der Adressat das soziale Ganze (Familie, Verein, Staat), Subjekt der Gerechtigkeit ist der Einzelne, allerdings auch im Vergleich mit anderen (wer weniger als andere verdient, sollte auch weniger Steuern zahlen). M1 und M4 haben mit der ausgleichenden Gerechtigkeit zu tun, M5 mit der zu selten beachteten Beteiligungsgerechtigkeit.

A1 Wenn schon Rache, dann sollte man Gleiches mit Gleichem vergelten. Lucy übertreibt mal wieder.

A2 Folgende Punkte können angesprochen werden:

1. Man darf bei der Rache nicht übertreiben, Tat und Gegentat müssen gleichgewichtig sein.
2. Es ist aber auch möglich, auf Rache ganz zu verzichten, so wie es mit dem Gebot der Feindesliebe in der Bibel steht (vgl. Matthäus 5, 38–42).
3. Zu bedenken ist allerdings: Der Verzicht auf Rache kann den Täter veranlassen, weiterhin Unrecht zu tun.

A3 In allen Fällen bekommen die, denen etwas zusteht, das jeweils Angemessene.

A4 Am wichtigsten ist im Alltag die austeilende Gerechtigkeit. Man ist sehr empfindlich, wenn andere zu viel oder auch zu wenig bekommen. Gerechte Noten, die zur Gerechtigkeit von „oben" nach „unten" gehören, spielen im Schüleralltag eine besondere Rolle. Bei den beiden anderen Arten der Gerechtigkeit hat man meist selbst in der Hand, was zu tun ist, man ist nicht so ausgeliefert wie bei der Gerechtigkeit (oder Ungerechtigkeit) von „oben".

A5

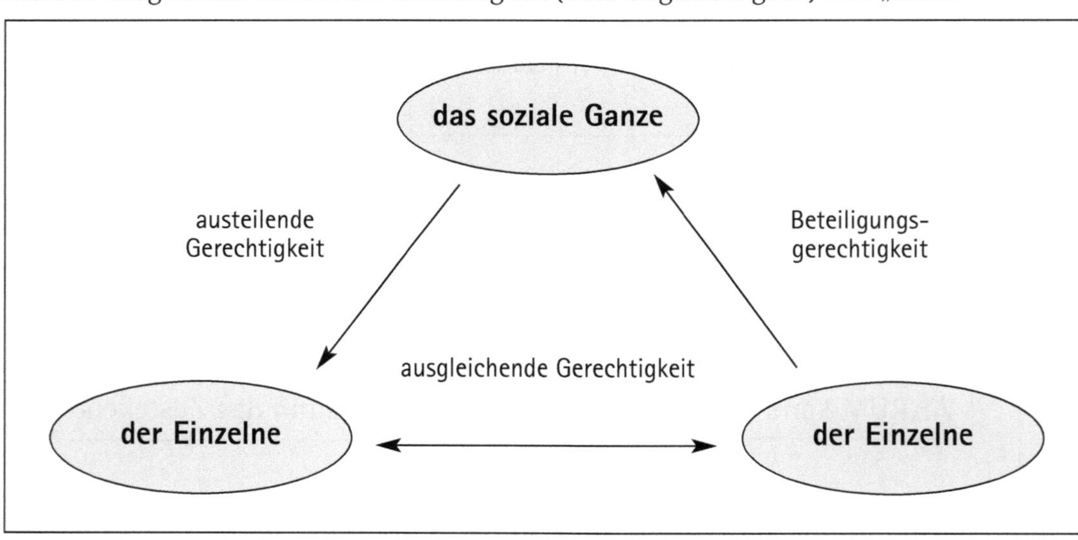

Kommentar: Die Richtungen der Gerechtigkeit, also das Verhältnis des Ausübenden zum Adressaten der Gerechtigkeit, werden deutlich. Nicht zum Ausdruck kommt, dass es die austeilende Gerechtigkeit mit vielen einzelnen Personen zu tun hat und dass bei der Beteiligungsgerechtigkeit der Einzelne, der gerecht (oder ungerecht) ist, auch zum sozialen Ganzen gehört. Bei der austeilenden Gerechtigkeit ist es streng genommen nicht das soziale Ganze, das austeilt, sondern es sind einzelne Vertreter wie der Lehrer, die Mutter, der Richter.

A6 Auf der einen Seite der Waage liegt sozusagen der bloße Anspruch auf etwas, das Anrecht, also etwas, das man noch nicht hat. Auf die andere Waagschale wird bei einer gerechten Handlung der beanspruchte Gegenwert gelegt.
Am einfachsten ist das bei der Tauschgerechtigkeit zu verstehen. Wenn ich für jemanden gearbeitet habe und mir 100 € zustehen, dann hängt die „Schale für den Anspruch" weit nach unten und die andere befindet sich oben. Mit jedem Euro, den ich bekomme, steigt die Anspruchsseite und sinkt die Entlohnungsseite. Der Gerechtigkeit ist Genüge getan, wenn die beiden Schalen eine Waagerechte bilden.
Bei der austeilenden Gerechtigkeit und bei der Beteiligungsgerechtigkeit ist dies auf den ersten Blick nicht so offensichtlich. Denn im ersten Fall steht mir nur etwas im Vergleich mit anderen zu, und im zweiten Fall muss ich meinen Teil ebenfalls im Vergleich mit anderen beitragen. Immer aber muss es einen Ausgleich (siehe Waage) zwischen Anspruch und Realisierung des Beanspruchten geben.

A7 Es handelt sich hier um eine ausgleichende Gerechtigkeit.

A8 Es handelt sich um die Beteiligungsgerechtigkeit. Diese Menschen tragen zum Wohl einer Gruppe oder sogar der ganzen Gesellschaft bei. Sie empfinden ihr Tun vielleicht als eine Art Ausgleich zu dem, was ihnen zuteil wird oder geworden ist.

3 Gerecht richten (Seite 132–133)

Wenn es um Gerechtigkeit geht, steht niemand mehr im Mittelpunkt des öffentlichen Interesses als der Richter, mag es sich dabei um einen Strafrichter, einen Schiedsrichter beim Sport oder um Mitglieder einer Kunstjury handeln. Zur Gerechtigkeit des Richters gehört nicht nur der Wille zur Gerechtigkeit, d. h. eine bestimmte Gesinnung, sondern auch die genaueste Kenntnis der entsprechenden Regelwerke und die angemessene Wahrnehmung aller relevanten Aspekte der zu beurteilenden Sache. Dies können Schülerinnen und Schüler erfahren, wenn sie selbst einen Teen-Court (s. M3) bilden und Recht sprechen (s. Aufgabe 6).

A1 Ein guter Richter muss unbestechlich und objektiv sein. Persönliche Beziehungen dürfen keinen Einfluss auf sein Urteil haben, und es wäre gut, wenn er Selbstverständliches mit „fremden Augen" sehen könnte. Ein Richter braucht auch Mut, da es möglich ist, dass er sich durch seinen Richterspruch Feinde macht.

A2 Ein guter Richter muss nicht nur den Willen zur Gerechtigkeit haben, er muss auch in der Sache kompetent sein, d.h. er muss erkennen können, was wirklich vorliegt oder geschehen ist. Der Schiedsrichter beim Sport muss die Regeln genauestens kennen, und er muss fähig sein, auch bei sehr rasch ablaufenden Vorgängen zu erfassen, was geschieht. Der Kunstrichter muss wirklich Ahnung von Kunst haben und schon viel gesehen haben, um ein Werk angemessen beurteilen zu können. Seine persönlichen Vorlieben dürfen keine Rolle spielen. Wer die Qualität eines Films beurteilen soll, muss viele Filme gesehen haben und wissen, wie Filme zustande kommen. Ein Richter darf sich nicht von seinen Gefühlen leiten lassen, z.B. davon, ob die Person, um deren Tat oder Werk es geht, ihm sympathisch oder unsympathisch ist.

A3 Das Schwert bedeutet, dass ein Urteil auch mit Gewalt durchgesetzt werden kann und soll. Die Waage bedeutet die Ausgewogenheit oder Angemessenheit von Urteil und tatsächlichem Sachverhalt. Die Augenbinde bedeutet, dass der Richter „ohne Ansehen der Person" richten soll. Natürlich darf er sich mit der Person, ihrem Hintergrund und ihren Motiven beschäftigen, aber er darf keine Rücksicht darauf nehmen, welche Stellung jemand in der Gesellschaft hat. Der Wirtschaftsboss darf nicht anders als ein Arbeitsloser, ein beliebter Politiker nicht anders als ein kleiner Angestellter beurteilt werden. Alles, was keine Relevanz für die Tat hat, muss ausgeblendet werden.
Der Volksmund ist hier skeptisch. Man sagt: „Die Kleinen hängt man, die Großen lässt man laufen." Dahinter steckt die Erfahrung, dass keineswegs immer „ohne Ansehen der Person" geurteilt wird. Mit den „Großen", d.h. den Mächtigen, Einflussreichen, in der Öffentlichkeit Bekannten, hat man, so scheint es, eher Nachsicht als mit den kleinen Leuten.

A4 Argumente, die für den Teen-Court sprechen könnten: Teenager lassen sich eher von Ihresgleichen beeinflussen. Wenn Gleichaltrige ihnen einen Rat geben, hören sie eher darauf, als wenn Erwachsene etwas sagen („Die haben von uns doch keine Ahnung!"). Jugendliche durchschauen die Ausreden der anderen eher als Erwachsene.
Argumente, die dagegen sprechen könnten: Die jungen Richter können nach einem harten Urteil Schwierigkeiten mit den Betroffenen oder anderen Jugendlichen bekommen. Die Richter könnten sich als etwas Besseres fühlen und auf andere herabschauen. Bei psychologisch schwierigen Verhältnissen sind die Richter wegen mangelnder Lebenserfahrung überfordert.

A5 Vernünftige Maßnahmen: Wiedergutmachung, gemeinnützige Arbeit, Verkehrserziehung, Entschuldigungsbesuch beim Opfer, Arbeit im Obdachlosenheim. Abzulehnen: ein Jahr lang Treppe in der Schule fegen, damit alle sehen, dass man Mist gebaut hat (kein Bezug zur Tat, reine Schikane); wochenlanges Handy- oder Fernsehverbot (kein Bezug zur Tat, keine Kontrollmöglichkeit).

A6 *Der Fall Denise* ist problematisch, da das Mädchen keine Einsicht darin zeigt, dass Diebstahl grundsätzlich etwas Schlechtes ist. Ihre Gründe dafür, weshalb man nicht stehlen sollte, sind rein ichbezogen: Man könnte erwischt werden, sich blamieren oder seiner beruflichen Zukunft schaden. Worauf es in der Jury ankäme, wäre, Denise das Verwerfliche von Diebstahl klarzumachen.
Im Fall Martin fehlen wichtige Informationen. Der Teen-Court muss im Gespräch herausfinden, welche Motive Martin hatte und wie seine Einstellung jetzt ist.
Vorschläge für Äußerungen Martins:

- Zu seinen Motiven sagt er: „Warum ich das gemacht habe? Ganz einfach: Es macht mir Spaß, Graffiti zu sprühen. Das ist etwas, das man anschließend noch lange sehen kann. Das nicht einfach verschwindet und gleich wieder vergessen wird. Außerdem bin ich gut. Finde nicht nur ich. Und ich habe keine andere Möglichkeit, zu zeigen, was ich kann. Die anderen? Die aus meiner Klasse oder aus meiner Clique? Die finden es cool, dass ich mich traue, draußen zu sprayen, sie finden auch meine Ideen cool. Das motiviert mich natürlich. Ob ich nicht Angst habe, erwischt zu werden? Klar doch. Aber es ist auch spannend, etwas Verbotenes zu tun. Das bringt einen Kick, ist besser, als sich mit Alkohol vollzudröhnen."
- Auf die Frage, woher er die teuren Farben habe, antwortet er: „Die Farben kosten einiges, stimmt. Die Dosen habe ich mir vom Taschengeld gekauft. Ich gebe nichts für Getränke aus oder für Döner. Das ist alles viel zu teuer."
- Martin wird gefragt, wie er jetzt seine Straftat beurteilt und was er künftig vorhat. Seine Antwort: „Wenn ich genau darüber nachdenke: Es ist bestimmt nicht richtig, an fremde Wände zu sprayen. Etwas mit dem Eigentum anderer zu tun, was die nicht wollen. Ich glaube, wenn ich mal ein Auto habe, dann möchte ich auch nicht, dass irgendwelche Typen mit dem Edding darauf rumkritzeln. Natürlich habe ich immer noch Lust, Graffiti zu machen. Ich muss nur Leute um Erlaubnis fragen. Wenn ich irgendwo eine Garagenwand oder was Ähnliches sehe, die sowieso verschmiert ist – schlecht natürlich –, dann muss ich den Besitzer fragen, ob ich nicht was echt Gutes daraufsprayen darf. Und wenn die mir dafür was geben oder mir die Unkosten ersetzen, umso besser."

4 Gleiche Rechte für alle Menschen (Seite 134–135)

Hier geht es um allgemeine Menschenrechte. Der Gedanke, dass allen Menschen bestimmte Rechte zustehen, geht auf die Stoa zurück und wurde in der Aufklärung entfaltet. Erst 1948, am 10. Dezember, wurde die *Allgemeine Erklärung der Menschenrechte* durch die UN-Generalversammlung verabschiedet, maßgeblich motiviert durch die Menschenrechtsverletzungen des Zweiten Weltkriegs. Viele Staaten haben diese Erklärung in ihre Verfassung aufgenommen, z.B. Deutschland ins Grundgesetz. Den Schülerinnen und Schülern soll die Doppelseite bewusst machen, dass die Menschenrechte keineswegs etwas Selbstverständliches sind, sondern einen geschichtlichen Hintergrund haben und auch gegen Widerstände mühsam durchgesetzt werden mussten.

A1 Ein kleines schwarzes Mädchen wird auf dem Weg zur Schule von vier Männern begleitet, die – siehe Armbinden – einen offiziellen Auftrag haben. Im Hintergrund an der Wand sieht man in großen Buchstaben das Wort NIGGER. Am Boden liegt eine Tomate, an der Wand finden sich Spuren geworfener Tomaten. Ganz links oben erkennt man die Buchstaben KKK, Abkürzung für „Ku-Klux-Klan“, einen gefährlichen rassistischen Geheimbund in den Südstaaten der USA.
Der Oberste Gerichtshof der USA gab am 17. Mai 1954 einem Afroamerikaner Recht, der von einer Weißen vorbehaltenen Schule verlangt hatte, seinen Sohn aufzunehmen. Seit Ende des 19. Jahrhunderts müssen in den USA allen Schülerinnen und Schülern gleich welcher Hautfarbe gleiche Bildungschancen eingeräumt werden. Faktisch waren jedoch die Schulen für die Weißen besser als andere. Aufgrund des neuen Urteils, demzufolge die Rassentrennung an den Schulen gegen die Verfassung verstößt, mussten in 21 Bundesstaaten Gesetze geändert werden. Die Verwirklichung der neuen Gesetze zog sich allerdings über Jahre hin. Wie das Bild zeigt, mussten schwarze Schüler vor den Angriffen der Gegner der Rassentrennung durch den Staat geschützt werden.

A2 In zweijährigen zähen Verhandlungen zwischen Männern und Frauen aus acht wichtigen Ländern wurden die Menschenrechte formuliert, die von den damals 58 Mitgliedstaaten der UNO ohne Gegenstimme, aber mit acht Enthaltungen angenommen und 1948 verkündet wurden. Hintergrund: die schrecklichen Erfahrungen des 2. Weltkrieges.

A3 Die Menschenrechte sind nicht nur Sache der Staaten, sondern eines jeden Einzelnen, und zwar in der nächsten Umgebung wie auch am Arbeitsplatz.

A4 Um die Schülerinnen und Schüler zur Erstellung ihrer Liste zu motivieren, kann folgender Text als Vorbereitung für die Aufgabe dienen:

Diese seltsamen Anthros

Die Aliens Epsilon und Delta kommen von einer Reise durchs Weltall zurück und berichten dem Großen Rat von ihren Beobachtungen.
Epsilon: Wir haben auf dem Planeten Arret seltsame Lebewesen entdeckt, die faszinierend und zugleich abstoßend sind. Jeder ist auf den anderen angewiesen, und die Anthros sind fähig zu einer wirkungsvollen Kooperation, aber sie neigen dazu, andere auszunutzen und zu unterjochen. Sie sind liebevoll und fürsorglich, aber auch aggressiv und bösartig.
Delta: Die Anthros sind sehr kreativ und schaffen wundervolle Dinge, die es nie zuvor gegeben hat, aber sie sind auch in einem äußersten Maß zerstörerisch und vernichten einander in kleinen und großen Kriegen.
Epsilon: Die Anthros haben ein Gewissen, das ihnen sagt, wie sie handeln sollten, aber sie missachten es oft. Viele verehren Götter oder einen Gott, aber sie verfolgen andere für ihren Glauben. Ihre Sprache, ein wunderbares Mittel der Verstän-digung, wird als Waffe gegen andere benutzt.
Delta: Gegensätze sind unübersehbar: Manche leben im Überfluss, viele haben kaum das Nötigste zum Leben. Es gibt Anthros, die können ihr Leben selbst bestimmen, andere leben in größter Unfreiheit. Die Lebensspanne der Anthros weist große Unterschiede auf.
Der Große Rat: Wir haben Mitleid mit diesen seltsamen Wesen. Wir wollen, dass alle Anthros, soweit dies möglich ist, ohne Not und Furcht in Frieden leben können. Sorgt für Folgendes: Die wichtigsten Führer erhalten die Idee eingepflanzt, dass alle Anthros die gleichen Rechte bekommen sollten. Es müssen solche Rechte sein, denen jeder Anthro seine Zustimmung geben kann ...
Delta und Epsilon: Da wird man sich nie einigen!
Der Große Rat: ... seine Zustimmung unter folgender Voraussetzung: Er vergisst während seiner Überlegungen, was für ein Anthro er selbst ist und welche Stel-lung er in seiner Gesellschaft oder gar auf Arret hat. Wie die Anthros diese allgemeinen Rechte in Gesetze umwandeln, das müssen sie selbst herausfinden. Über die nötigen Pflichten für jeden Anthro reden wir später.

Zu vermuten sind Übereinstimmungen zwischen der Übersicht M3 und der Auflistung, die die Schülerinnen und Schüler vornehmen werden. Vielleicht sind die Formulierungen der Schülerinnen und Schüler genauer als die Kurzfassung, wenn etwa an die Meinungsfreiheit Bedingungen geknüpft werden, wie das Verbot der Aufhetzung gegen Fremde oder Minderheiten, oder wenn das Recht auf einen angemessenen Lebensstandard nur gilt, wenn die Betroffenen auch arbeitswillig sind.

A5 Vielleicht dachte Rosa Parks Folgendes:
Nein, jetzt reicht's. Auch wir Schwarzen sind Menschen. Auch wir haben unseren Stolz, unsere Würde. Es gibt keinen vernünftigen Grund, weshalb wir den Weißen Platz machen sollten. Wir haben hier zuerst gesessen. Die bilden sich doch nur ein, etwas Besseres zu sein als wir. Vielleicht, weil sie mehr Geld haben. Aber Menschen sind Menschen. Und wenn Lincoln die Sklaverei abgeschafft hat, dann doch nur deshalb, weil er uns für Menschen hielt. Ich bleibe sitzen, ich habe auch meinen Stolz. Und ich habe ein Recht, hier zu sitzen. Und wenn die Männer zu feige sind, hier sitzen zu bleiben, dann zeige ich ihnen mal, was wir Frauen können.

A6 Die Afroamerikaner haben gewaltfrei für ihre Sache gekämpft, indem sie eine Bürgerrechtsvereinigung gründeten und die Busse boykottiert haben. Sie nahmen es auf sich, weite Strecken zu Fuß zu gehen. Ihre Anstrengungen waren so erfolgreich, dass sich 1963 bei dem Marsch nach Washington auch Weiße beteiligt haben.

5 Besondere Rechte für U18? (Seite 136–137)

Es ist wenig bekannt, dass es Kinderrechte gibt, die weitaus umfangreicher sind als die Allgemeinen Menschenrechte, die primär für Erwachsene gelten. Die UN-Kinderrechtskonvention von 1989 ist zwar von der Bundesrepublik Deutschland ratifiziert worden und 1992 in Kraft getreten, wurde aber noch nicht im Grundgesetz verankert. Im Grundgesetz werden Kinder nur in einem einzigen Artikel, nämlich in Artikel 6 [Ehe und Familie; nichteheliche Kinder] erwähnt:
§ (2) Pflege und Erziehung der Kinder sind das natürliche Recht der Eltern und die zuvörderst ihnen obliegende Pflicht. [...]
§ (3) Gegen den Willen der Erziehungsberechtigten dürfen Kinder nur aufgrund eines Gesetzes von der Familie getrennt werden, [wenn die Erziehungsberechtigten versagen oder wenn die Kinder aus anderen Gründen zu verwahrlosen drohen].
§ (5) Den unehelichen Kindern sind durch die Gesetzgebung die gleichen Bedingungen für ihre leibliche und seelische Entwicklung und ihre Stellung in der Gesellschaft zu schaffen wie den ehelichen Kindern.
Das ist alles. Also: Abgesehen vom Recht unehelicher Kinder sind Kinder im Grundgesetz nur als Objekte erwähnt, mit denen etwas geschieht oder geschehen darf. Es wäre aber wichtig, Kinder allgemein als Rechtsträger, als Rechtssubjekte zu betrachten und die Kinderrechte im Grundgesetz zu verankern. Genau darum bemühen sich seit Jahren zahlreiche Fachverbände, Politiker und Privatleute. Die Doppelseite hat die Funktion, ein Bewusstsein für die Rechte von Kindern zu wecken und die Schülerinnen und Schüler zu ermuntern, sich dafür einzusetzen.

A1 Die Kinder demonstrieren dafür, dass die Kinderrechte ins Grundgesetz aufgenommen werden. Die Aufnahme ins Grundgesetz ist wichtig, da die Kinderrechte so mehr Gewicht bekommen und stärker beachtet werden als bisher. Wenn sie verletzt werden, kann man gegen die Verletzung klagen. Kinderinteressen stehen oft in Konkurrenz zu den Interessen der Erwachsenen, z. B. bei der Frage, was wichtiger ist, ein Kinderspielplatz oder die Vergrößerung eines Parkplatzes.

A2 Menschen unter 18 brauchen besondere Rechte, da vor allem die Jüngeren unselbständig und schutzbedürftig sind. Es muss für sie ganz anders gesorgt werden als für Erwachsene. Sie befinden sich noch in der Entwicklung und können sich noch nicht selbst ernähren.

A3 Mögliche Antworten: – Es gibt immer noch Länder, in denen Kinder gegen ihren Willen durch die Eltern verheiratet werden. – Wir haben gehört, dass 77 Millionen Kinder in der Welt nicht zur Schule gehen können. – Bei uns ist viel Unterricht ausgefallen, und wir sind nicht gefragt worden, was wir davon halten. – In Deutschland ist es so, dass Kinder armer Familien häufiger Schulprobleme und schlechtere Chancen auf eine gute Ausbildung haben. Und die Wahrscheinlichkeit, dass sie nur unzureichend Lesen und Schreiben lernen, ist dreimal so hoch wie bei ihren Altersgenossen aus besser gestellten Elternhäusern. – Wir haben beobachtet, dass Kinder von ihren Eltern geschlagen werden.

A4 Mögliche Antworten: Freizeitangebote für Jugendliche, z. B. Bau einer öffentlichen kostenfreien Spielhalle (für den Winter und bei Regenwetter) statt der Unterstützung für teure Sportarenen; Verkehrsplanung, z. B. Errichtung einer Ampelanlage an der Überquerung einer gefährlichen Straße auf dem Weg zur Schule; Stadtplanung, z. B. kein Bau teurer Theater, Konzertsäle, Opern und Kunsthallen, ohne dass an das gedacht wird, was Kinder wollen und brauchen.

A5 Nach Angaben von UNICEF arbeiten heute 190,7 Millionen Kinder zwischen fünf und 14 Jahren, die meisten davon in der Landwirtschaft, in kleinen Werkstätten, als Arbeiter in Steinbrüchen, als Straßenverkäufer oder Dienstmädchen. Besonders viel Kinderarbeit gibt es dabei in Asien, im Pazifikraum und in Afrika südlich der Sahara:

- Asien und Pazifik: 122,3 Millionen
- Afrika südlich der Sahara: 49,3 Millionen
- Lateinamerika und Karibik: 5,7 Millionen
- Sonstige Regionen: 13,4 Millionen

http://de.wikipedia.org/wiki/Kinderarbeit#Situation_heute (Stand: 10.04.2012)

Es gibt sicherlich Arbeiten, die für Kinder nicht schädlich sind und die man ihnen zumuten kann, beispielsweise in der elterlichen Landwirtschaft oder in einem Handwerksbetrieb. Aber das Folgende verstößt eindeutig gegen den Artikel 32 der UN-Kinderrechtskonvention: In Indien weben und knüpfen viele Millionen kleine Kinder den ganzen Tag Teppiche. Sie werden dazu gezwungen, weil ihre Familien Schulden haben. Für zwölf Stunden Arbeit pro Tag bekommen sie einen Hungerlohn.

A6 Sina darf in den Ferien grundsätzlich nicht arbeiten, um sich nebenher etwas zu verdienen, da sie jünger als 13 Jahre alt ist. Erst mit 13 sind leichte Arbeiten erlaubt, aber nur zwischen 8:00 und 18:00 Uhr und nur mit Zustimmung eines Erziehungsberechtigten.

Utopien und ihre politische Funktion (Schülerband, S. 138–149)

Einführung

Utopien und Dystopien sind ganz besondere Formen der Staatsphilosophie, weil es sich um politische Konzepte handelt, die in der Realität nicht existieren. Schülerinnen und Schülern ist dieses Genre häufig aus der Science-Fiction-Literatur oder aus Filmen bekannt. Daher bietet sich dieses Thema für den Unterricht geradezu an.
Ziel dieses Kapitels ist, dass die Schülerinnen und Schülern erkennen, welche Möglichkeiten, aber auch welche Gefahren durch Utopien bzw. Dystopien hervorgerufen werden können.
Auf Doppelseite 1 wird zunächst anhand des Bildes *Das Volk im Zukunftsstaat* von Friedrich Eduard Bilz gezeigt, worin der Unterschied zwischen Realität und Wunschvorstellung liegt (personale / gesellschaftliche Perspektive). Die Auseinandersetzung mit einem Auszug aus der Schrift *Utopia* von Thomas Morus, die eine ideale Gesellschaft präsentiert (und der Gattung ihren Namen gegeben hat), führt dann zur Analyse des Begriffs „Utopie“ (ideengeschichtliche Perspektive).
Eine – aus seiner Sicht – ideale Gesellschaft führt uns auch Platon auf Doppelseite 2 vor Augen. Gleichzeitig wird gezeigt, dass der griechische Philosoph der Begründer der utopischen Literatur ist, da er als Erster einen utopischen Entwurf (Atlantis) vorgelegt hat (ideengeschichtliche Perspektive). Doppelseite 3 greift den Atlantis-Mythos in einer moderneren Form auf. Francis Bacons unvollendete Schrift *Neu-Atlantis*, die erst 1627 nach seinem Tod veröffentlicht wurde, stellt ein technokratisches System dar. Interessanterweise zeigt ein Bild zu dieser Schrift viele technische und naturwissenschaftliche Errungenschaften, die erst einige Jahrhunderte später Realität werden sollten. In seiner Theorie gibt es aber auch aberwitzige Vorstellungen, die von Jonathan Swift sarkastisch kritisiert werden (ideengeschichtliche Perspektive).
Das Thema von Doppelseite 4 ist die Frage nach der Herrschaft über den Menschen durch ein totalitäres System. Es werden den Schülerinnen und Schülern drei Beispiele für Dystopien aus Film und Literatur vor Augen geführt und gezeigt, welche Maßnahmen (Überwachung, Gefühls- und Gedankenkontrolle, Bücherverbrennung, Folter etc.) die unterschiedlichen Staaten anwenden müssen, um ihre menschenverachtenden Systeme aufrechterhalten zu können (ideengeschichtliche Perspektive).
Doppelseite 5 stellt zum Schluss zwei Projekte vor, die auf unterschiedlichen Wegen versuch(t)en, utopisches Gedankengut wahr werden zu lassen (gesellschaftliche Perspektive). Hier können die Schülerinnen und Schüler beurteilen, aus welchen Gründen ihnen welche Umsetzung gelungener erscheint (personale Perspektive), um abschließend zu erkennen, dass eine Utopie niemals umgesetzt werden kann (ideengeschichtliche Perspektive).

Methodisch-didaktische Hinweise

Anhand von Bildanalysen (Doppelseite 1 und 3), Ausschnitten aus Filmen (Doppelseite 4) und zwei konkreten Umsetzungen (Doppelseite 5) soll schülerorientiert in das Thema Utopien und Dystopien eingeführt werden.
Da es sich um ein nahezu rein theoretisches Thema handelt, liegt der methodische Schwerpunkt in diesem Kapitel auf der Textarbeit (Doppelseiten 1–5), so dass – im Gegensatz zu allen anderen Kapiteln – die personale als auch die gesellschaftliche Perspektive hier weniger Berücksichtigung finden und dafür die ideengeschichtliche Perspektive bewusst im Vordergrund steht.
Doppelseite 1 lässt Querverbindungen zum Kapitel *Glück und Sinn des Lebens* zu, Doppelseite 4 weist Bezüge zum Thema Menschenrechte auf (s. S. 134ff. des Schülerbandes).

Hinweise zur Konzeption der Doppelseiten und zu den Aufgaben

1 Irgendwo im Nirgendwo (Seite 138–139)

Auf dieser Doppelseite sollen die Schülerinnen und Schüler über die Auseinandersetzung mit Bildern und der utopischen Theorie von Thomas Morus sich zunächst dem Begriff „Utopie" nähern, um anschließend die wesentlichen Merkmale des „Nicht-Ortes" zu bestimmen.

A1 Das Bild *Das Volk im Zukunftsstaat* von Friedrich Eduard Bilz, der zu Beginn des 20. Jahrhunderts ein bedeutender Naturheilkundler war, ist zweigeteilt. Wird auf der linken Hälfte des Bildes die Situation des Volkes „im heutigen Staat" – gemeint ist der Beginn des 20. Jahrhunderts – dargestellt, zeigt die rechte Seite, wie Bilz sich die Zukunft ausmalt. Dabei ist klar ersichtlich, dass das im Zukunftsstaat lebende Volk durch die nach Ansicht des Naturheilkundlers inzwischen populär gewordene naturorientierte Weltanschauung geprägt ist.
Die linke Seite des Bildes lässt sich in drei Bereiche, Arbeit, Familie und Gesellschaft, von oben nach unten teilen. Schon die düsteren Farben – vorherrschend sind braun und schwarz –, die Bilz für die Herstellung dieser Hälfte des Bildes benutzt hat, lassen erahnen, dass der jetzige Gesellschaftszustand (1904) kritisiert werden soll. Dazu zählen z.B. die Lasten und Folgen eines harten Arbeitslebens: So beschäftigen sich die beiden ersten Bilder mit der „zehnstündigen Arbeitszeit", gefolgt vom „Kampf", der zeigt, dass es um die physische Existenz des Einzelnen geht, der immer in Konkurrenz zu anderen steht. Dies führt zu einer Zweiklassengesellschaft, die von Arbeitern und Herren (Kapitalisten) geprägt ist. Die Mitte des Bildes zeigt das Elend, das viele Familien zu tragen haben, insbesondere dann, wenn jemand erkrankt, weil er ein Sanatorium aufsuchen oder zu Hause gepflegt werden muss. Elend dürften auch die Gasthäuser über einzelne Familien bringen, da in ihnen geraucht und getrunken wird. Das untere Drittel des Bildes zeigt, zu welchen gesellschaftlichen Ausmaßen es kommen kann, wenn eine Gesellschaft nicht glücklich ist, sondern den gegebenen Zustand einfach hinnimmt: Einige Menschen fangen an zu trinken, andere benötigen – aus welchen Gründen auch immer – einen Rechtsanwalt und Gerichte kommen nicht zur Ruhe, weil sie ein Urteil nach dem anderen fällen müssen. Weitere Indizien dafür, dass irgendetwas innerhalb der Gesellschaft nicht stimmt, sind die überfüllten Irren- und Zuchthäuser sowie der Krieg, der mit einem anderen Staat bzw. mit anderen Staaten ausgetragen wird.
Die rechte Seite des Bildes zeigt dagegen einen nahezu paradiesischen Zustand. Die für diese Hälfte des Bildes gewählten Farben sind hell und freundlich. Es überwiegen die Farben grün, hellblau und gelb, wodurch ein Leben im Einklang mit der Natur angedeutet werden soll. Als Naturheilkundler legt Bilz natürlich Wert darauf, dass die Menschen sich körperlich ertüchtigen, sich gesund ernähren, im Frieden mit sich und der Natur sind. Sind diese Voraussetzungen gegeben, dann erhält jeder Staat glückliche und zufriedene Menschen, deren Motto „Freiheit, Gleichheit, Brüderlichkeit" lautet.

A2 Vgl. das Strukturbild zu Morus, s. Kopiervorlage, S. 114.

A3 Die Utopie von Thomas Morus zeigt einen Idealzustand, bei dem apostrophiert wird, dass eine allgemeine Gleichheit unter den Mitgliedern der jeweiligen Gesellschaftsordnung bestehen müsse, damit ein konkurrenzloses Zusammenleben gelingen kann. Dies setzt einerseits voraus, dass es kein Privateigentum gibt, und andererseits, dass alle Mitglieder der Gesellschaft zu arbeiten bereit sind, damit die zu leistende Arbeit nicht von einigen Wenigen verrichtet wird, während andere faul zusehen, wie für sie gearbeitet wird. Durch die von allen, die körperlich dazu in der Lage sind, geleistete Arbeit soll ein Vorrat bzw. ein Überfluss produziert werden, damit die Gesellschaft in Wohlstand leben kann. Wird dieses Ideal eingehalten, so braucht kein Mensch mehr als 6 Stunden pro Tag zu arbeiten, weil in dieser Zeit alles produziert werden kann, was eine Gesellschaft benötigt, um die Annehmlichkeiten des Lebens zu genießen. Weitere 6 Stunden pro Tag, die sogenannte Freizeit, sollen dafür genutzt werden, sich für die Angelegenheiten der Gesellschaft einzusetzen, damit sie auch in Zukunft Wohlstand und Annehmlichkeiten erfährt. Dabei geht Morus davon aus, dass eine solche Gesellschaft eine Herrschaftsstruktur benötigt: Die Syphogranten sind dafür verantwortlich zu kontrollieren, ob nicht doch jemand vor der Arbeit flieht (was eine natürliche Verhaltensweise des Menschen ist) bzw. dass jeder Mensch ein Handwerk und Ackerbau lernt. Schülerinnen und Schüler beurteilen die von Morus vorgestellte Gesellschaft meist sehr differenziert: Einerseits weisen sie auf die Vorteile eines solchen Zusammenlebens hin (keine Konkurrenz, kein Privateigentum, wenig Arbeit für den Einzelnen, Genuss der Annehmlichkeiten des Lebens), andererseits sehen sie aber auch Nachteile in dem Konzept (kein Privateigentum, starke Kontrolle des Einzelnen durch die Syphogranten).

A4 Das hervorstechendste Merkmal einer Utopie besteht darin, dass es sich um einen perfekten Staat mit optimalen politischen und gesellschaftlichen Strukturen handelt. Einen solchen Ort kann und wird es nicht geben, weil – wenn überhaupt – nur das Göttliche perfekt sein kann. Deshalb bezeichnet eine Utopie auch immer zugleich einen Nicht-Ort (wörtliche Übersetzung von οὐ τοπία, Utopie). Die Aufgabe einer Utopie besteht darin, eine bestmögliche Welt darzustellen, wobei der Begriff „bestmögliche Welt" allerdings immer epochenbezogen zu verstehen ist, denn die „bestmögliche Welt" in der Vorstellung der griechischen Antike dürfte eine andere gewesen sein als unsere heutige. Gleichzeitig werden durch eine Utopie sowohl politisches Fehlverhalten bzw. politische Fehlleistungen angeprangert als auch die herrschenden gesellschaftlichen Strukturen kritisiert.

A5 Hier können sich die Schülerinnen und Schüler kreativ frei entfalten. Allerdings sollte darauf geachtet werden, dass sie ausschließlich positive Aspekte in ihren Anzeigen darstellen.

2 Atlantis *oder*: Was ist der ideale Staat? (Seite 140–141)

Auf dieser Doppelseite sollen sich die Schülerinnen und Schüler zunächst mit dem Phänomen „Atlantis" auseinandersetzen, bevor sie Platons Vorstellung von einem idealen Staat nachvollziehen und kritisch bewerten.

A1 Das Bild zeigt eine Stadt, die tief versunken auf dem Meeresgrund liegt. In den Ruinen der Stadt sind deutlich ein fast noch vollständig erhaltener Tempel zu erkennen, der dem Parthenon auf der Akropolis ähnlich sieht, sowie zwei repräsentative Gebäude, die (vom Betrachter des Bildes aus gesehen) rechts neben dem Tempel stehen. Entweder wird hier das Zentrum oder der Tempelbezirk der versunkenen Stadt dargestellt. Welche weiteren Gebäude und Häuser die drei erhaltenen Gebäude umgeben haben könnten, lässt sich nicht erahnen. Allerdings muss die versunkene Stadt einmal sehr groß gewesen sein, weil sowohl im Vorder- als auch im Hintergrund des Bildes zahlreiche Säulen, die zu unterschiedlichen Gebäuden gehörten, zu erkennen sind. Im Vordergrund des Bildes sieht man einen Sockel sowie den Korpus einer Statue, die eventuell einmal in ihrer ganzen Pracht auf dem Sockel gestanden haben könnte. Hoheit über die Statue wie über die ganze Stadt hat mittlerweile die pflanzliche Meereswelt gewonnen, denn das ganze Terrain, auf dem die Stadt einst gestanden hat, ist – wie die Statue – mit unterschiedlichen Pflanzen überwachsen. Bei der dargestellten Stadt könnte es sich um das sagenumwobene Atlantis handeln.

Silvia Hähnel berichtet im Text M1, der Erste, der diese Stadt erwähnt, sei der griechische Philosoph Platon gewesen. Die Stadt erhielt ihren Namen nach Atlas, der der älteste Sohn des griechischen Meeresgott Poseidon war und der die Regentschaft über die Stadt innehatte.

Platon erzählt, Atlantis sei sehr berühmt gewesen, einerseits wegen ihrer kriegerischen Vormachtstellung auf See, was dazu führte, dass die Atlantiden große Teile Afrikas und Europas unterwarfen, andererseits wegen ihres Vorbilds des gesellschaftlichen Zusammenlebens. Dieser lange Zeit als Ideal gerühmte Staat war zum Untergang verurteilt, als Hochmut, Gier und Macht überhandnahmen und anfingen, die Stadt zu regieren. Sie versank 9600 v. Chr. im Meer, als die Atlantiden Athen angriffen und diese Schlacht verloren. Zur Strafe

ließ Atlas eine gewaltige Naturkatastrophe (ein Erdbeben, das eine Flutwelle auslöste) über das Inselreich niederkommen, so dass es für immer im Meer verschwand.

Seit langem wird nach Atlantis gesucht, doch bis heute ist es nicht gefunden worden. Die Lager der Wissenschaftler sind zweigeteilt, denn die einen glauben, es handele sich bei Atlantis um eine Erfindung Platons, der die Menschen vor Hochmut warnen wollte, die anderen glauben, Platon stelle einen Staat dar, den es wirklich gegeben habe. Die Forscher, die diese Auffassung vertreten, gelangen zu ihrem Urteil, weil Platon immer deutlich gemacht hat, was bei ihm Fiktion und was eine tatsächliche Begebenheit ist. Atlantis hat er aber niemals als Mythos bezeichnet. Daher ist davon auszugehen, dass die Suche nach der versunkenen Stadt vermutlich fortgesetzt wird, ohne dass jemand wirklich weiß, ob es sie je gegeben hat.

A2 Platons Staat ist ein reiner Ständestaat. Wie im indischen Kastenwesen teilt der griechische Philosoph den von ihm erdachten Idealstaat in drei Teile. Im untersten Stand befinden sich all jene, die für die Versorgung des Staates verantwortlich sind. Darunter fallen alle Sklaven, Tagelöhner, Bauern, Handwerker sowie der Handeltreibenden (Groß- und Einzelhändler). Sie befinden sich im untersten Stand, weil sich in der Ausbildung, die jedem Kind ab dem zehnten Lebensjahr zuteilwird, herausgestellt hat, dass sie weder für die Wächter- noch die Herrschaftsfunktion geeignet sind, denn sie haben sich weder als mutig noch als vernunftbegabt erwiesen. Vielmehr zeigten sie sich eher zügellos oder von ihren Begierden getrieben, so dass sie lernen müssen, Maß zu halten – und dies geschieht am Besten im Nährstand.

Die Wächter oder Soldaten des Staates müssen mutig sein; aber sie dürfen keine Anzeichen von Tollkühnheit besitzen, weil dies sowohl den inneren als auch den äußeren Frieden beeinträchtigen könnte. Allerdings verfügen sie nicht über die Weisheit, die nötig ist, um einen Staat zu regieren. Daher scheiden sie als Kandidaten für das Regentenamt aus. Aber aufgrund ihres Mutes können sie zum inneren oder äußeren Schutz des Staates eingesetzt werden.

Als Herrscher fungieren diejenigen, die sich in der vierzig (!) Jahre umfassenden Ausbildung (vom 10.–50. Lebensjahr) sowohl in der Theorie als auch in der Praxis bewährt haben. Das Herrscheramt, dessen Kennzeichen die Vernunft ist, bezieht sich nicht allein auf den König, sondern auch – um es in unserem Sprachgebrauch zu formulieren – auf Minister und Ratgeber, die den König in seinem Amt unterstützen. Damit wird die Herrschaft nur von den Besten ausgeübt, die das Wohl des Volkes im Auge haben.

Platon ist davon überzeugt, dass man einen Staat nur dann gerecht nennen könne, wenn die drei Stände innerhalb des Staates harmonisch miteinander fungieren bzw. wenn jeder Mensch die ihm zugedachte Aufgabe erfüllt.

Übrigens ist Platon der Erste, der die Auffassung vertritt, dass Frauen über einen Staat ebenso gut herrschen könnten wie Männer, sofern man ihre Vernunft auf dieselbe Weise wie die der Männer ausbildet.

A3

Körper	Seele	Tugend	Staat
Kopf	Vernunft	Weisheit	Herrscher
Brust	Wille	Mut	Wächter bzw. Soldaten
Unterleib	Lust bzw. Begehren	Mäßigkeit	Handelsstand

A4 Es ist nahezu unvorstellbar, in dem von Platon konzipierten Staat leben zu wollen, da es sich um einen totalitären Staat handelt, der z.B. keine Möglichkeit bietet, sich zu verändern: Jemand, der in den untersten Stand eingeordnet wurde, muss dort sein ganzes Leben verbringen. Dies gilt auch für die beiden anderen Stände, denn jeder muss ja die Aufgabe erfüllen, die ihm zugedacht worden ist.

Die Vorstellung, dass nicht die Eltern, sondern der Staat die Ausbildung der Kinder überwacht, weil sie „zu wichtig ist, um sie dem Einzelnen zu überlassen", überzeugt nicht. Die Kinder sind einer Erziehung nach den Vorstellungen des Herrschers ausgesetzt: Dies kann eventuell sogar positiv sein, nämlich dann, wenn ein Herrscher an der Macht ist, der nur das Beste für sein Volk und damit auch für die Kinder will. Es kann der Fall eintreten, dass ein guter Herrscher sich zu einem Tyrannen entwickelt. Wenn ein solcher die Herrschaft innehat, kann er die Erziehung der Kinder manipulativ so ausrichten, dass sie Menschen anderer Völker feindlich gegenüberstehen.

3 Das neue Atlantis (Seite 142–143)

Ausgehend von einer Illustration zu Bacons utopischer Schrift *Neu-Atlantis* sollen die Schülerinnen und Schüler zum einen erkennen, dass schon im 17. Jahrhundert Vorstellungen von naturwissenschaftlichen und technischen Errungenschaften bestanden, die erst in kommenden Jahrhunderten Wirklichkeit werden sollten. Zum anderen sollen sie der Frage nachgehen, ob ein technokratischer Staat, wie Bacon ihn sich vorstellt, wünschenswert ist.

A1 Die Illustration zu Bacons nicht vollendetem Buch *Neu-Atlantis*, das 1627 nach dem Tode des Philosophen und Naturwissenschaftlers erschien, zeigt folgende bei Bacon genannte wissenschaftlichen und technischen Errungenschaften:
a) die Möglichkeit des Menschen zu fliegen (Flugzeug), b) Maschinen und Apparate, mit denen Bewegungen jeder Art und größtmögliche Geschwindigkeit hervorgerufen werden können, c) Teleskop, d) Instrument zum Messen von Entfernungen, e) Turm, um meteorologische Erscheinungen wie Wind, Regen, Schnee, Hagel und feurige Meteore zu beobachten, f) elektrische Wasserpumpe, g) genmanipuliertes Huhn, h) Hörgerät, i) genmanipulierte Erdbeere, j) Haus der Sinnestäuschungen, in dem alle möglichen Zauberkunststücke, Taschenspielerkniffe, Gaukeleien, Illusionen und Trugschlüsse dargestellt werden können, k) Telefon
(Vgl. hierzu: Francis Bacon: *Neu-Atlantis*. Hrsg. von Jürgen Klein. Übersetzt von Günther Bugge. Philipp Recalm jun., Stuttgart 1982, S. 44-47, 51-54)

A2 In seinem Buch *Novum Organon – Instauratio Magna* wendet sich Francis Bacon gegen das alte Organon. Unter diesem Titel waren etliche aristotelische Schriften von Andronikus von Rhodos zusammengefasst worden. Bacon sah die Philosophie, insbesondere die Logik von Aristoteles nicht mehr als zeitgemäß an, weil er festgestellt hatte, dass die bisherige Wissenschaft keine Werke erfunden, die bisherige Logik keine Wissenschaft hervorgebracht hatte. Daher forderte er, die Philosophie müsse erneuert werden, sie müsse ein neues Werkzeug (Novum Organon) werden. Bacon beobachtete, dass in der Zeit, in der er lebte, die Welt durch Entdeckungen erneuert wurde, die ohne Erfindungen nicht möglich gewesen wären: Ohne die Buchdruckerkunst eines Gutenberg hätten die Schriften der Antike keine Verbreitung gefunden, ohne Kompass hätten die transatlantische Seefahrt und die Entdeckung Amerikas nicht stattfinden können. Aus diesem Grund, so Bacon, müsse man den Geist der Erfindungen und Entdeckungen philosophisch machen. Bislang waren alle Erfindungen vom Zufall abhängig, doch künftig sollten sie absichtlich geschehen.
Mit diesen Ideen wurde Bacon zum Begründer der Naturwissenschaften. Wie sehr er die Naturwissenschaften und die Technik schätzte, kann man an seiner unvollendeten Utopie *Neu-Atlantis* erkennen, denn die von ihm beschriebene Insel Bensalem wird von hochkarätigen Naturwissenschaftlern bestimmt. Sie allein scheinen nach Bacon in der Lage, das Wohl des Volkes zu vermehren, weil seiner Auffassung zufolge die Naturwissenschaften eine aufklärerische Funktion besitzen. Durch Experimente können nämlich solche Künste wie Aberglauben, Magie und Dämonen, durch die die Menschen dumm gehalten werden, als Scharlatanerie entlarvt werden. Hinzu kommt, dass das Wissen der Naturwissenschaftler genutzt werden kann, um die Natur zu unterwerfen. Diese Forderung hatte Bacon bereits im *Novum Organon* aufgestellt.
Um das Ziel eines glücklichen Staates zu erreichen und diesen auch zu erhalten, suchen zwölf Wissenschaftler in der ganzen Welt nach Büchern und Anleitungen für Experimente, die auf

Bensalem ausgewertet werden. Diese Experimente dienen nicht dem Selbstzweck, sondern um die Gesetzmäßigkeiten der Natur zu verstehen. Erkennt man bestimmte Gesetzmäßigkeiten, so dienen sie dem Menschen für den alltäglichen Gebrauch und für die Praxis. Aufgrund der Experimente können auf Bensalem bereits im Jahre 1627 (!) Kunstdünger, synthetische Nahrungsmittel, Mikroskope, Flugzeuge, Automaten usw. hergestellt werden (vgl. Illustration M1).

A3 Swift wendet sich gegen die Technik- und Naturwissenschaftsgläubigkeit seines Landsmannes Francis Bacon, indem er einerseits auf die Probleme, die mit den Naturwissenschaften zusammenhängen, hinweist und andererseits die Experimentierfreudigkeit satirisch darstellt: Wer sich mit Naturwissenschaften beschäftigt, kommt nicht umhin, Experimente durchzuführen. Diese sind teuer und können einen Staat, der von Naturwissenschaftlern beherrscht wird, leicht ins Verderben führen, vor allem dann, wenn in jeder Stadt eine Akademie gegründet wird, in der Erfinder ihre Ideen versuchen umzusetzen. Solange Erfolg zu verzeichnen ist, wird sich niemand dagegen wehren, aber sobald diese Ideen absonderlich sind und zu keiner Verbesserung führen, wird Geld verschwendet und kann die Verarmung des Staates die Folge sein. In seinen satirischen Ausführungen und Übertreibungen stellt Swift solche Versuche dar: Wer versucht, aus Gurken Sonnenschein zu gewinnen oder Exkremente wieder in ihre ursprünglichen Bestandteile zurückzuverwandeln oder bunte Spinnenfäden zu züchten, indem Spinnen mit gefärbten Fliegen gespeist werden, vergeudet nicht nur Geld und Zeit, sondern wirft einen Staat in seiner Entwicklung weit zurück.

A4 Folgende Gründe könnten Swift bewogen haben, an der Utopie Bacons Kritik zu üben:
- übertriebene Wissenschaftsgläubigkeit
- Verarmung des Seelenlebens der Menschen unter der technokratischen Herrschaft
- Verarmung des Staates durch zu hohe Ausgaben für Experimente in einem technokratischen Staat

4 Das darf nie passieren! (Seite 144–145)

Auf dieser Doppelseite sollen die Schülerinnen und Schüler in Expertengruppen die unterschiedlichen politischen Situationen in den dargestellten Dystopien (*Equilibrium*, *Fahrenheit 451* und *1984*) herausarbeiten, um beurteilen zu können, warum solche Staatsformen nie entstehen dürfen.

A1 Vgl. hierzu die Übersicht in der Kopiervorlage, S. 115.

A2 Im Stadtstaat Libria in Kurt Wimmers Film *Equilibrium* aus dem Jahre 2002 werden all jene Gefahren ausgeschaltet, die von außen an den totalitären Staat herangetragen werden könnten. Dabei handelt es sich primär um Gegenstände der sogenannten *Schönen Künste*, weil die Herrscher diese für das Aufkommen von Emotionen verantwortlich machen. Zu den *Schönen Künsten* zählen Musik, Film, Kunst und Literatur. Aber es gibt auch Lebewesen, nämlich Haustiere (Hunde, Katzen, Hamster und Kaninchen), die getötet werden, da sie ebenfalls Gefühle (insbesondere bei Kindern) auslösen.

In Ray Bradburys Roman *Fahrenheit 451* (bzw. der Verfilmung von François Truffaut aus dem Jahre 1966) wird die Gefahr ebenfalls von außen an den tyrannischen Staat herangetragen. Im Unterschied zum Stadtstaat Libria gilt es hier, sich nur mit einer Gefahr auseinanderzusetzen: Bücher! Sie sind der Quell für Ideen, insbesondere für Ideen, die einem totalitären Staat schaden könnten, weil sie die Lesenden zu denkenden Wesen machen – und Gedanken lassen sich schlecht kontrollieren. Aus diesem Grund stellen Bücher eine Gefahr dar, die ausgelöscht werden muss.

Weitaus schwieriger ist es, eine Gefahr zu eliminieren, wenn diese nicht von außen, sondern von innen auf einen Staat zukommt. In diesem Fall handelt es sich nämlich um Menschen, um Bürger dieses Staates, die nicht bereit sind, ein totalitäres Regime hinzunehmen und sich entweder offen oder individuell zur Wehr setzen: Winston Smith in George Orwells Roman *1984* und der Verfilmung von Michael Radford aus diesem Jahr führt ein Tagebuch, das ihn zu einem Gedankenverbrecher macht, weil er darin Gedanken einträgt wie „Freiheit ist die

Freiheit zu sagen, dass 2 + 2 = 4 ist“ (Zeile 18f.). Zu einem solchen Ergebnis in einem totalitären Staat zu gelangen ist nicht selbstverständlich, denn, so macht O'Brien klar: „Manchmal ist es fünf, und manchmal ist es drei“ (Zeile 34).
Einen Menschen, der sich die Freiheit nimmt zu sagen, 2 + 2 = 4, muss ein totalitärer Staat brechen. Er muss ihm seinen Willen nehmen, ihn gefügig machen. Dies geschieht in der Regel durch Gewalt, durch Folterung. O'Brien findet auch hier klare Worte, um darzustellen, welche Mittel angewandt werden, um eine innere Gefahr zu bändigen: „Niemand entgeht uns. [...] Wir vernichten den Rebellen nicht, weil er Widerstand leistet. Solange er uns Widerstand leistet, denken wir nicht daran, ihn zu vernichten. Wir machen ihn erst zu einem von uns, bevor wir ihn töten.“ (Zeile 37–42)

5 Verwirklichung von Utopien? (Seite 146–147)

Auf der letzten Doppelseite dieses Kapitels sollen die Schülerinnen und Schüler sich mit den Fragen auseinandersetzen, wie utopische Vorstellungen in die Wirklichkeit umgesetzt werden können und ob dies überhaupt möglich ist.

A1 Christiania ist bzw. war bis zum Urteil über den Verlust des Selbstbestimmungsrechtes (Februar 2011) und die nun geplante Umwandlung in einen normalen Stadtteil ein – wenn auch nicht offizieller – Staat im Staat. Folgende Gründe für die Bewahrung ihres „Freistaates“ werden diejenigen anführen, die Christiania lieben:

- Christiania ist unabhängig.
- Man kann sich dort selbst verwirklichen.
- Man kann dort eigenen Wohnraum entwerfen und ihn jenseits aller bürgerlichen Normen gestalten.
- Es gibt keine Polizei.
- Im Bedarfsfall greifen unterschiedliche Formen von Versammlungen.
- Ein Plenum (Fællesmøde) behandelt die Angelegenheiten, die die gesamte Gemeinschaft betrifft (Jahreshaushaltsplan, Verhandlungen und Zusammenarbeit mit dem dänischen Staat sowie Konflikte mit der Polizei).
- Die Gebietssitzung wird einmal im Monat einberufen, um Probleme zu besprechen, die in den 15 Gebieten Christianias auftauchen.
- Es gibt nur wenige Regeln, die es einzuhalten gilt: keine harten Drogen, keine Gewalt, keine Waffen, keine Rockerwesten mit Clubabzeichen, keine Autos oder Motorräder.
- Christiania ist ein Zufluchtsort für Arbeitslose, Obdachlose, Sozialhilfeempfänger, die aus der Haushaltskasse des Freistaats unterstützt werden.

Diejenigen, die Christiania am liebsten schließen möchten, werden folgende Gründe anführen:

- Christiania ist ein Sammelbecken Asozialer.
- Dort wird nicht gelebt, sondern gehaust.
- Dort findet keine Selbstverwirklichung statt, sondern vielmehr ist es Auffangbecken von Arbeitsunwilligen, Hippies und Kriminellen.
- Es wird dort gedealt – wenn auch „nur“ mit weichen Drogen.
- Es gibt immer wieder Auseinandersetzungen mit der Polizei.
- Das Areal soll an den meistbietenden Spekulanten verkauft werden (ca. 300 Millionen Euro).

A2 Hier können die Schülerinnen und Schüler die Argumente aus A1 benutzten, um ihren jeweiligen Standpunkt zu vertreten.

A3 Celebration City kann nicht offen für Veränderungen sein, jedenfalls nicht für Veränderungen, die eventuell von den Bewohnern der Stadt gefordert werden könnten, handelt es sich doch um ein totalitäres System. Der Einzige, der Veränderungen beschließen kann – und zwar von heute auf morgen – ist der Herrscher über dieses Gebiet, der Disney-Konzern. Nicht nur derjenige kann aus dem in sich geschlossenen System Celebration City verbannt werden,

der sich nicht an die Regeln hält – obwohl er durch einen Kontrakt mit dem Disney-Konzern daran gebunden ist –, sondern auch derjenige, der Forderungen stellt. Er erweist sich in einem solchen Fall als nicht würdig, in der derzeit sichersten Stadt der Welt zu leben, weil er sich nicht mit den im Vertrag festgelegten Regeln abfinden kann.
Dementsprechend gibt es auch keine kommunale Demokratie und keine Gewaltenteilung in Celebration City. Vielmehr wird die ausführende Gewalt und Rechtsprechung in der vom Disney-Konzern eingesetzten Instanz des Townmanagers vereinigt.

A4 Nur für denjenigen, der die vom Disney-Konzern gesetzten Regeln akzeptieren kann, gibt es gute Gründe, sich in Celebration City wohl und vor allem sicher vor (realen oder eingebildeten) Bedrohungen zu fühlen und dort leben zu wollen:
Die Einwohner der Kleinstadt brauchen keine Angst zu haben, dass ihnen etwas Schlimmes zustoßen könnte, weil

1. – abgesehen vom Inneren der Häuser – das gesamte Stadtgebiet videoüberwacht wird;
2. die Polizei für Recht und Ordnung sorgt, indem sie schon den kleinsten Verstoß ahndet, z. B. wenn Papier nicht in den dafür vorgesehenen Mülleimer geworfen wird,
3. viele Bereiche der Stadt nur den Bewohnern zugänglich sind, so dass Touristen und andere Fremde sie nicht bei ihren Aktivitäten stören oder behelligen können und
4. Polizisten 24 Stunden am Tag Patrouille laufen, um die Sicherheit der Stadt zu garantieren.

Das Leben in Celebration City verläuft in geregelten Bahnen, weil z. B. niemand grillen oder die Wäsche auf einer Leine trocknen darf.
Das soziale Miteinander besitzt einen hohen Stellenwert: Man ist verpflichtet, an Blockpartys oder Wohltätigkeitsveranstaltungen teilzunehmen, will man auch zukünftig in der Stadt leben. Wer keinen Spaß an solchen Veranstaltungen hat, ist gut beraten, sich dort erst gar nicht niederzulassen, weil Disney nämlich sonst von seinem Recht Gebrauch macht, auf die Einhaltung des Vertrages zu bestehen, oder das Haus wieder zurückkauft, womit der Verlust des Wohnrechts einhergeht.

A5 Enthoven und Rouvillois zufolge kann eine Utopie niemals Wirklichkeit werden, denn in dem Moment, in dem sie Wirklichkeit wird, ist sie keine Utopie mehr. Das liegt daran, dass die Utopie den Gedanken verkörpert, dass eine bessere Welt möglich ist. Dieser Gedanke stirbt aber in dem Moment, in dem die Utopie in die Tat umgesetzt wird. Folglich sind weder Christiania noch Celebration City Utopien, sondern real existierende Stadtstaaten, in denen der Versuch unternommen wird, ein bestimmtes Lebenskonzept umzusetzen. In beiden Fällen kann man nur Mitglied der Gemeinschaft werden, wenn 1. überhaupt ein Wohnraum zur Verfügung steht und man sich 2. mit den Regeln der Gemeinschaft einverstanden erklärt und sie einhalten wird. Ansonsten kann man aus dem „Paradies“ vertrieben werden.

Schaubild: *Die ideale Gesellschaft* (Thomas Morus)

Die Gesetze der Utopier regeln, dass

- die vom Volk erbrachte Leistung belohnt wird.
- alle Bewohner des Staates materiell versorgt sind.
- eine allgemeine Gleichheit vorzufinden ist.

→ Konsequenz: Es gibt kein Privateigentum.

↓

Daher müssen alle Utopier arbeiten (→ Sorge um das Gemeinwohl).

Handwerk

- wird von Männern und Frauen gleichermaßen betrieben
- Männer üben die schwierigeren bzw. mühsameren Handwerke aus
- Frauen arbeiten in den leichteren Handwerken

Ackerbau

- wird von Männern und Frauen gleichermaßen betrieben

Jeder Einwohner Utopias arbeitet maximal sechs Stunden am Tag.

↓

Das führt dazu,
- dass ein großer Vorrat an Erzeugnissen produziert wird, um die Bedürfnisse und Annehmlichkeiten des Lebens zu erfüllen.
- dass gegebenenfalls die Arbeitszeit gesenkt werden kann, wenn Überfluss vorhanden ist.

↓

Arbeit ist notwendig, damit das Volk im Wohlstand lebt.

↓

Aber das eigentliche Ziel eines jeden Menschen besteht darin, sich nicht körperlich, sondern geistig zu betätigen.

Syphogranten

- sorgen dafür, dass alle Utopier arbeiten
- stellen sicher, dass es keinen Müßiggang gibt
- kümmern sich um die gerechte Verteilung der Arbeit (so dass nicht nur Wenige viel arbeiten)

Freizeit

Die Freizeit wird genutzt, um sich geistig zu betätigen.

Diese nützliche Beschäftigung kommt sowohl dem Staat als auch seinen Bewohnern zugute.

↓

Die Ergebnisse der eigenen Forschung kann man in Vorlesungen der Gesellschaft nahebringen.
(Vorlesungen finden grundsätzlich in den frühen Morgenstunden statt.)

Die Freizeit wird auch zur Rekreation genutzt:
- Sport (am Abend)
- Musik (am Abend)
- Glücksspiele sind verboten

Equilibrium	Fahrenheit 451	1984
Die politische Situation in Libria: - Der dritte Weltkrieg ist gerade vorbei. - Auslöser dafür waren die menschlichen Emotionen. - Seit Friedensschluss erhält jeder Bürger von Libria das Medikament *Prozium II*, das gleichgültig macht und Gefühle auf ein Minimum reduziert. - Einige Bewohner von Libria wehren sich dagegen, das Medikament einzunehmen. - Eine Spezialeinheit, die *Grammaton-Kleriker*, suchen nach diesen Sinnestätern und eliminieren sie.	*Aufgabe der Feuerwehr:* - Eine Aufgabe der Feuerwehr besteht darin, Bibliotheken aufzuspüren. - Eine weitere Aufgabe der Feuerwehr ist die Verbrennung von allen Büchern, die sie findet.	*Art der Folterung Winstons:* - Winston wird in eine Zelle gesperrt und weiß nicht, wie viel Zeit er darin verbracht hat. - Winston wird mit einem Knüppel geschlagen. - Winston werden die Haare stückchenweise bis auf die Kopfhaut abgeschnitten. - Winston liegt angeschnallt auf einer Streckbank, die von Zeit zu Zeit in Bewegung gesetzt wird, um ihm auf diese Weise Schmerzen zuzufügen. - Winston ist dem Psychoterror O'Briens ausgesetzt. - Winstons Geist wird zerlegt und neu zusammengesetzt.
Gründe für die Vernichtung von Gegenständen und Haustieren: - Gegenstände wie Kunst, Musik, Literatur, Filme usw. lösen Gefühle aus. - Haustiere lösen ebenfalls Emotionen aus.	*Geheimnis der Bücher:* - Kein Feuerwehrmann weiß, was in den Büchern steht. - Alle Feuerwehrmänner wüssten aber gerne, worin das Geheimnis der Bücher besteht. - Alle Feuerwehrmänner „brennen darauf", verspüren den Wunsch, ein Buch zu lesen.	*Gründe für Winstons Folterung:* - Winston stellt sich gegen das Regime. - Winston will nicht ständig durch die Partei kontrolliert werden. - Er möchte die Freiheit haben, selbst zu denken und zu urteilen.
Grund für den Plan zur Beseitigung der Staatsführung: - Der Held der Geschichte ist John Preston, ein Grammaton-Kleriker, der – weil seine morgendliche Ampulle *Prozium II* zerbrach – unabsichtlich die Gefühlswelt erleben durfte. - Seit diesem Zeitpunkt will er auf die Gefühlswelt nicht mehr verzichten. - Preston hat sich daher der Widerstandtruppe angeschlossen. - Ihr Plan zur Beseitigung der Staatsführung sieht folgendermaßen aus: 1. Preston verhaftet die Widerstandsführer. 2. Wegen des Erfolgs wird Preston zum Herrscher des Staates eingeladen. 3. Während der Audienz will Preston den Herrscher umbringen. 4. Gelingt das Vorhaben, können die Rebellen die *Prozium*-Werke zerstören. 5. Das totalitäre System würde in sich zusammenbrechen. 6. Gefühle könnten wieder in die Gesellschaft einziehen.	*Bedeutung der Bücherverbrennung:* - Nach Aussage des Captains werden Bücher verbrannt, weil nichts darin steht, weil sie nichts zu sagen haben. - Menschen, die Bücher lesen, zerfallen mit sich und der Welt, denn sie möchten ein Leben führen, das nicht der Realität, sondern ihren Wünschen und Traumvorstellungen nahe kommt. - Die schlimmsten Bücher sind diejenigen, die einen philosophischen Gehalt haben, denn in einem Jahrhundert behaupten sie, der Mensch sei determiniert, im nächsten, der Mensch besitze Willensfreiheit. - Jeder der die *Nikomachische Ethik* von Aristoteles gelesen und verstanden hat, hält sich für etwas Besseres und das ist schlecht, weil alle Menschen gleich sein müssen. - Alle Bücher müssen brennen, auch (ironischerweise) Hitlers *Mein Kampf*.	*Chancen für die Möglichkeit eines künftigen Versagens des staatlichen Systems:* - Solange die Knechtschaft durch die Partei erfolgreich ist, wird der Staat nicht versagen. - Winston gibt zu bedenken, dass Hass und Furcht vielleicht eine gewisse Zeit erfolgreich sein und Menschen in ihre Schranken weisen können, aber auf Dauer werden sie untergehen, weil die Bevölkerung sich nach Liebe, nach Leben sehnt.

Arbeits- und Wirtschaftswelt (Schülerband, Seite 148–157)

Einführung

Das Kapitel setzt auf Doppelseite 1 mit einer Bildbetrachtung zu unterschiedlichen beruflichen Tätigkeiten ein. Anhand von zwei diametral entgegengesetzten Positionen, repräsentiert durch Henry Ford, der den Kapitalismus verteidigt, und Karl Marx, der über die Problematik des Arbeiters nachdenkt, wird daran anschließend erörtert, worin entfremdete bzw. nicht entfremdete Arbeit besteht (gesellschaftliche / ideengeschichtliche Perspektive), und diese Frage abschließend auf die Situation einer anstehenden Berufswahl zurückbezogen (personale Perspektive).
Doppelseite 2 wendet sich der Frage zu, was Arbeit eigentlich wert ist. Hier werden unterschiedliche Berufe gegenübergestellt und durch philosophische Positionen zu erklären versucht, wer was wann und warum verdient (soziale / ideengeschichtliche Perspektive). Aber nicht nur die Arbeit, sondern auch die Frage danach, wie Wirtschaft funktioniert, soll in diesem Kapitel behandelt werden. So werden (Doppelseiten 3 und 4) unter anderem die Fragen gestellt, wie ein Preis zustande kommt oder was Marktwirtschaft eigentlich ist (gesellschaftliche Perspektive). In diesem Zusammenhang sollen die Schülerinnen und Schüler durch Projekte eigene Erfahrungen mit dem Mechanismus der Marktwirtschaft erfahren (soziale / gesellschaftliche / personale Perspektive). Zum Schluss des Kapitels wird auf Doppelseite 5 noch die Frage gestellt, ob der Kapitalismus einer bzw. seiner sozialen Verantwortung nachkommt (gesellschaftliche Perspektive).

Methodisch-didaktische Hinweise

Der Schwerpunkt auf den Doppelseiten 1, 2, 3 und 5 liegt in der theoretischen Auseinandersetzung mit ökonomischen und philosophischen Positionen. Es wird der Versuch unternommen, Themen wie „Was ist Arbeit eigentlich wert?“, „Wie werden Preise gestaltet?, „Was ist überhaupt ein gerechter Preis?“, „Welche Arbeit führt zu Entfremdung?“ oder „Hat der Kapitalismus eine soziale Verantwortung?“ anhand von Bildern, Texten, Comics und einem Film zu problematisieren.
Doppelseite 4 ist praktisch ausgerichtet: Die Projekte sollen einen Eindruck vermitteln, wie Marktwirtschaft funktioniert, und den Schülerinnen und Schülern durch die Teilnahme eventuell Vorteile bei Vorstellungs- bzw. Bewerbungsgesprächen verschaffen.

Hinweise zur Konzeption der Doppelseiten und zu den Aufgaben

1 Entfremdete und nicht entfremdete Arbeit (Seite 148–149)

Auf dieser Doppelseite soll der Frage nachgegangen werden, ob die meisten Menschen sich von ihrer Arbeit entfremden und worin diese Entfremdung eigentlich besteht. Anhand einer Darstellung von Henry Ford soll gezeigt werden, dass es durchaus Menschen gibt, die ein lebenslanges Arbeiten an einer Maschine schätzen, während Karl Marx die Auffassung vertritt, jeder Arbeiter flöhe vor der Arbeit, würden ihn kein materieller Zwang dazu nötigen.

A 1 Auf dem ersten Bild sieht man einen Gitarrenspieler. Er trägt legere Kleidung, sitzt bei angenehmen sommerlichen Temperaturen im Freien und spielt sein Instrument. Sein Lächeln erzeugt beim Betrachter das Gefühl, dass er mit dem, was er tut, glücklich und zufrieden ist. Auf dem zweiten Bild ist Fließbandarbeit dargestellt. Man kann sehen, wie mindestens neun Arbeiter und Arbeiterinnen damit beschäftigt sind, den jeweils einen speziellen Handgriff auszuüben, den sie durchführen müssen, damit die Arbeit am Band nicht stillsteht und die Produktion dadurch nicht ins Stocken gerät. Die meisten Gesichter sind hinter Kappen oder

Mützen versteckt – und bei den wenigen, bei denen man doch einen Teil des Gesichts sehen kann, hat man den Eindruck, als seien sie angespannt (um ja keinen Fehler zu begehen) und mit ihrer Arbeit nicht im Einklang.
Der Unterschied zwischen den Tätigkeiten ist eindeutig: Während der Gitarrenspieler Spaß an seiner Tätigkeit hat und sie nicht nur um des Geld-Verdienens, sondern auch um des Gitarrespielens ausübt, verrichten die Arbeiter am Fließband ihre Arbeit nur deshalb, weil sie das durch diese Tätigkeit verdiente Geld benötigen, um sowohl ihre eigene als auch die physische Existenz ihrer Familien zu gewährleisten. Kurz gesagt: Die Fließbandarbeiter wissen nicht (mehr), warum sie ihre Arbeit ausführen. Man kann auch sagen: Sie sind ihrer Arbeit entfremdet.

A2 Ein möglicher Brief an Henry Ford könnte etwa so lauten:

Sehr geehrter Herr Ford,

die von Ihnen gestellten Fragen sind manipulativ.
Dennoch möchte ich versuchen, sie zu beantworten:

1. Natürlich ist es nicht rechtmäßig, einem Mann eine Maschine zu entziehen, mit der er sein täglich Brot verdient, nur weil die Bedienung der Maschine eintönig ist.
2. Es versteht sich von selbst, dass man lieber eintönige Arbeit verrichtet, als zu verhungern.
3. Ein „anständiges Leben" bedeutet aber mehr, als tagaus, tagein dieselbe Handreichung an einer Maschine auszuüben, nur weil dies den Lebensunterhalt sichert.
4. Wenn ein Arbeiter an einer Maschine arbeitet, deren Leistungsfähigkeit nicht ganz ausgenutzt wird, so trägt sie nur dann zum Wohlbefinden des an ihr Arbeitenden bei, wenn er nach produzierter Stückzahl und nicht nach Arbeitszeit bezahlt wird.
Nur unter diesen Voraussetzungen ist es dem Arbeiter möglich, seinen Wohlstand zu vermehren, weil ansonsten der Arbeitgeber die Vorteile durch die Arbeit, die ein anderer für ihn leistet, sich zu eigen macht.

Ich hoffe, Sie nehmen mir meine kritischen Anmerkungen nicht übel.

Mit freundlichen Grüßen
(Name)

A3 Die von Ford angeführten Beispiele sollen zeigen, dass Arbeiter, die tagtäglich die gleichen Handgriffe ausführen, weder einen psychischen noch einen physischen Schaden davontragen. Außerdem will der Industrielle verdeutlichen, dass repetitive Arbeit nicht zur Entfremdung von Arbeit führt, sondern sogar Wohlstand hervorbringen kann. Schließlich legt der Autohersteller dem Leser noch nahe, dass viele Arbeiter gleichförmige Arbeit schätzen und sie in der Regel nicht gegen eine höherwertige Arbeit tauschen wollen. Ford will auf diese

Weise beim Leser den Eindruck erwecken, als ob er alles tun würde, damit die Arbeiter in seinem Betrieb ruhig, glücklich und zufrieden sind, obwohl bekannt ist, dass er mit seinen Angestellten rau umging.

A4 Nach Marx sind folgende zwei Faktoren ausschlaggebend für die Entäußerung der Arbeit:

1. Der Arbeiter hat keinen Bezug zu dem von ihm gefertigten Gegenstand, da das hergestellte Produkt nicht ihm, sondern einem anderen, dem Kapitalisten, gehört.
2. Auch der Akt der Produktion ist dem Arbeiter fremd, weil seine Tätigkeit ihm ebenfalls nicht gehört, sondern wiederum dem Kapitalisten.

A5 Entfremdete Arbeit nach Marx:

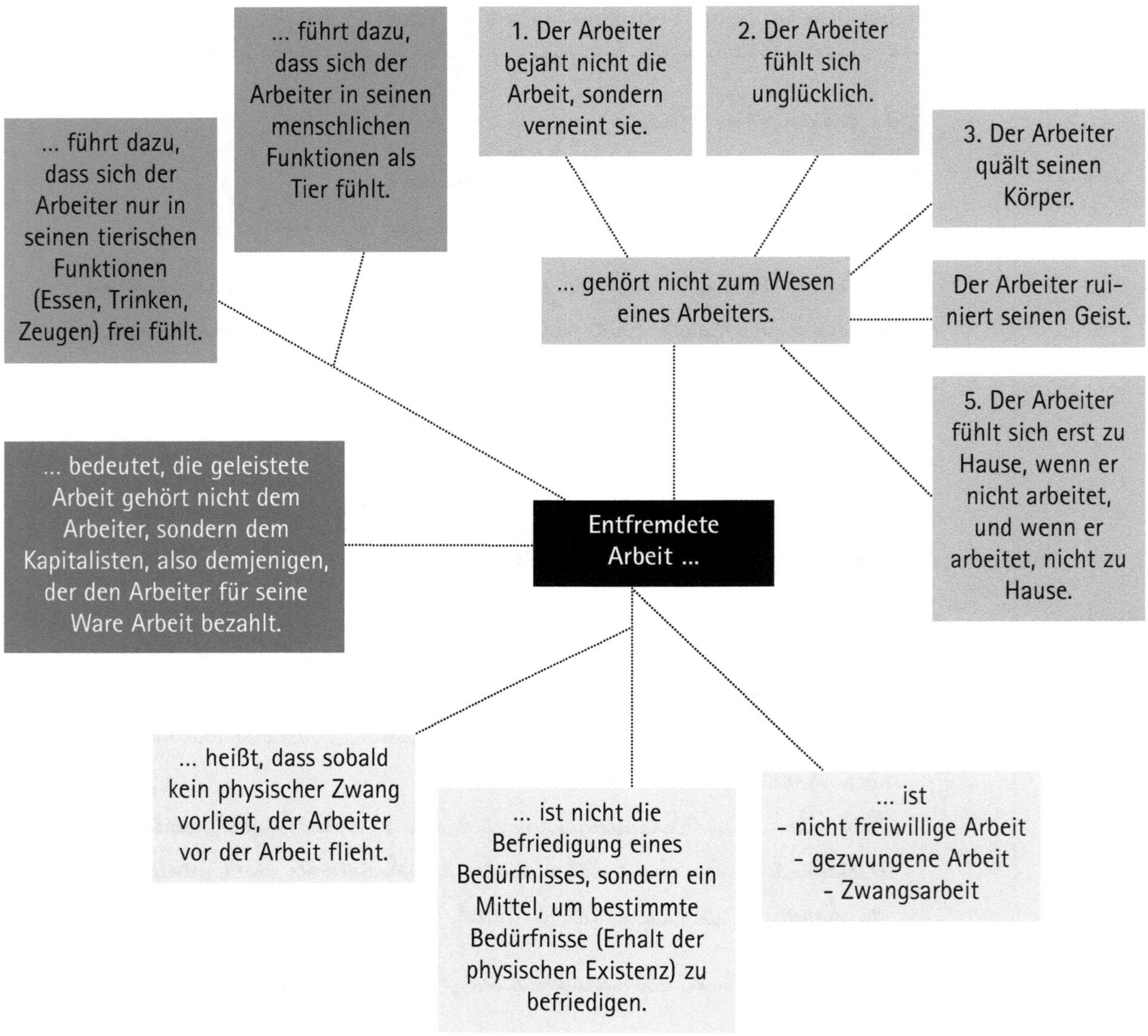

A6 Marx würde Ford wohl vorwerfen, dass dieser lediglich sein eigenes Interesse, die Maximierung seines Vermögens, im Auge habe und nicht das Interesse des Arbeiters, dessen Arbeitskraft er ausbeute. Nach Marx kann der Arbeiter sich nämlich in dem von ihm hergestellten Produkt nicht wiederfinden, weil es nicht ihm, sondern dem Industriellen gehört, obwohl dieser lediglich sein Kapital zur Herstellung, nicht aber seine Arbeitskraft dafür zur Verfügung stellt.

A7 Aus den Ideen der Schülerinnen und Schüler kann sich u. U. eine interessante Diskussion über die Grundidee des Kommunismus bzw. die grundlegenden Werte unserer Gesellschaft entwickeln.

A8 Sowohl entfremdete als auch nicht entfremdete Arbeit dienen primär zur Sicherung der eigenen Existenz, denn nur durch Arbeit kann man das Geld verdienen, das man benötigt, um Speisen und Getränke zu kaufen, eine Wohnung zu mieten bzw. ein Haus zu kaufen. Der wichtige Unterschied zwischen entfremdeter und nicht entfremdeter Arbeit ist folgender: Entfremdete Arbeit ist nicht freiwillige, sondern gezwungenermaßen verrichtete Arbeit. Nicht entfremdete Arbeit bedeutet dagegen, einen Sinn in der Tätigkeit zu sehen und sie nicht nur um des Verdienstes, sondern auch um ihrer selbst willen auszuüben.

2 Was ist Arbeit eigentlich wert? (Seite 150–151)

Auf dieser Doppelseite wird die Frage nach dem Wert von Arbeit gestellt. Es werden Berufe miteinander verglichen und der Versuch unternommen, zu klären, wer wann was und warum verdient.

A1 Die Gründe, weshalb Menschen arbeitslos werden, sind vielfältiger Natur:
- (Welt)-Wirtschaftskrise(n)
- Missmanagement innerhalb eines Unternehmens
- Globalisierung
- Rationalisierung
- Maschinen (Roboter), die die Arbeit der Menschen übernehmen (können)
- etc.

Die beispielhaft angeführten Gründe haben alle einen ökonomischen Hintergrund. Es können aber auch persönliche Gründe dazu führen, dass jemand seine Arbeit verliert:
- Diebstahl / Betrug
- Schwarzarbeit
- Drogen- bzw. Alkoholmissbrauch
- schlechte Leistungen / die geleistete Arbeit entspricht nicht der geforderten Leistung
- etc.

A2 Den Wert eines Menschen kann man nicht davon abhängig machen, ob er arbeitend tätig ist oder nicht. Den Begriff des inneren Wertes kann man den Schülerinnen und Schülern am Bild eines Geldscheins verdeutlichen, der seinen Wert unabhängig von seinem äußeren Zustand (intakt im Portemonnaie versus beschmutzt auf der Straße liegend) beibehält.
Vgl. hierzu die kurze Geschichte unter www.cordula.ws/quotes/apersonsworthde.html.

A3 Informationen finden sich z. B. auf der Internetseite der Bundesagentur für Arbeit oder bei wikipedia unter dem Stichwort Arbeitslosenstatistik.
In Deutschland sind besonders die sogenannten neuen Bundesländer von Arbeitslosigkeit betroffen. Mit ca. 12 % Arbeitslosenrate liegt die Arbeitslosigkeit in Nordrhein-Westfalen nur im Ruhrgebiet ähnlich hoch.
Personen, die die Altersgrenze von 50 Jahren überschritten haben, gelten in der Regel als schwer vermittelbar. In vielen Bereichen gibt es für sie keine Chance mehr, noch einmal in das Berufsleben einsteigen zu können.
Es gibt keinen Beruf, der nicht von Arbeitslosigkeit betroffen ist. Vor allem gering qualifizierte Jugendliche haben ein hohes Risiko, arbeitslos zu werden. Für die Zukunft wird aber auch mit einer steigenden Zahl von arbeitslosen Akademikern gerechnet.

A4/ A5 Es ist schwierig zu sagen, wie viel eine bestimmte Arbeit wert ist. John Locke (vgl. 5. Kapitel der *Zweiten Abhandlung über die Regierung*) und Adam Smith haben recht, wenn sie sagen, dass dort, wo viele Menschen ihre Arbeitskraft zur Verfügung stellen, aber nur wenige Arbeitskräfte gebraucht werden, der Preis für die auszuführende Arbeit sinkt. Dort wo viele Arbeitskräfte benötigt werden, aber nur wenige zu haben sind, wird der Preis der Arbeit steigen. Den Schülerinnen und Schülern wird der gravierende Unterschied zwischen den Arbeitern und den Dienstleistern auf der einen Seite und dem Vorstandvorsitzenden auf der anderen Seite auffallen. Sie werden darauf verweisen, dass Josef Ackermann viel zu hoch bezahlt ist, dass seine Arbeit nicht mehr wert sei als die der anderen.

A6 Sind mehr Schreiner auf dem Arbeitsmarkt als benötigt werden, so wird ein Arbeitgeber denjenigen einstellen, von dem er glaubt, dass er a) die beste Qualifikation mit sich bringt und b) den geringsten Lohnpreis fordert. Sind dagegen weniger Schreiner auf dem Arbeitsmarkt als benötigt werden, so muss ein Arbeitgeber, wenn er dringend eine Fachkraft benötigt, auf die Lohnforderungen des Arbeitnehmers eingehen.

A7 Unter einem Mehrwert im Sinne von Karl Marx versteht man den Teil einer Wertmenge, den ein Arbeiter durch seine Arbeit produziert hat und der sowohl über den Lohn für seine Arbeitskraft als auch über die gebrauchten Produktionsmittel hinausgeht. Ein Arbeitsprozess dauert nämlich immer über den Punkt fort, wo ein bloßes Äquivalent für den Wert der Arbeitskraft reproduziert und dem Arbeitsgegenstand zugesetzt ist. Statt der vier Stunden, die einem Arbeiter genügen, um einen Gegenstand herzustellen, muss er das Doppelte, nämlich acht Stunden arbeiten. Durch die Arbeit reproduziert der Arbeiter also nicht nur seinen eigenen (Arbeits-) Wert, sondern produziert sogar noch einen überschüssigen Wert.

A8 Nehmen wir einmal an, der Geldpreis für Lebensmittel, die ein Arbeiter benötigt, beträgt im Durchschnitt 3 Euro am Tag. Damit der ihn beschäftigende Kapitalist ihm diese 3 Euro zahlt, muss der Arbeiter täglich 8 Stunden arbeiten. Unterstellen wir abschließend noch, dass dieser Arbeiter ein Teil für eine Maschine zu bauen hat. Die Kalkulation des Kapitalisten sieht jetzt folgendermaßen aus:

1. Er hat den vom Arbeiter zu verarbeitenden Rohstoff bereits in vorgefertigter Form für 20 Euro gekauft.
2. Der Verbrauch an Energie und Verschleiß der vom Arbeiter benutzten Werkzeuge beträgt 1 Euro.
3. Der Arbeitslohn beträgt – das wissen wir bereits – 3 Euro. Das macht, wenn man die Einzelbeträge – 20 Euro + 1 Euro + 3 Euro – addiert, insgesamt 24 Euro.

Der Kapitalist rechnet sich aus, dass er das gefertigte Stück für insgesamt 27 Euro verkauft. Das heißt, er verkauft das Maschinenstück für 3 Euro über seine ausgelegten Kosten.
Aber woher kommen diese 3 Euro, die sich der Kapitalist einsteckt?
Der Kapitalist legt einen Preis von 27 Euro für das Maschinenstück fest. Am Anfang lagen bereits 21 Euro in vorhandenen Werten vor, ehe der Arbeiter zu arbeiten anfing. Es bleiben also 6 Euro, die dem Wert des Rohstoffs zugefügt worden sind. Die 8 Stunden, die der Arbeiter benötigt hat, um ein bestimmtes Teil für eine bestimmte Maschine zu bauen, haben also einen neuen Wert von 6 Euro geschaffen. Der Wert von 8 Stunden Arbeit kann also mit 6 Euro gleichgesetzt werden. ABER:

1. Der Wert der Arbeit für den Arbeiter, der 8 Stunden an der Produktion des Maschinenteils gearbeitet hat, beträgt 3 Euro.
2. Der Wert der Arbeit für den Kapitalisten beträgt 6 Euro, von denen er a) 3 Euro dem Arbeiter bezahlt und b) sich selbst 3 Euro in die Tasche steckt.

aus: Peters, Jörg / Rolf, Bernd: Kant & Co. im Interview. Fiktive Gespräche mit Philosophen über ihre Theorien. Texte und Materialien für den Unterricht. Philipp Reclam jun. Stuttgart 2009, S. 90-93, gekürzt

A9 Kapitalist und Arbeiter müssten sich den Mehrwert teilen, wenn eine gerechte Aufteilung intendiert wäre. Der Arbeiter ist nämlich genauso vom Kapitalisten abhängig (denn dieser zahlt ihm den Lohn, den der Arbeiter zum Leben benötigt) wie der Kapitalist vom Arbeiter (denn dieser stellt ihm das Produkt her, das der Kapitalist mit Mehrwert verkauft).

A10 Nach Marx verdient jemand, der in einem Arbeitsverhältnis steht, nicht das, was er eigentlich verdienen sollte (s. Antwort zu Aufgaben 7 und 8).
Smith geht davon aus, dass der Preis, der für eine Arbeit bezahlt wird, von den Faktoren „Angebot“ und „Nachfrage“ abhängt. Der Lohn für einen Arbeiter fällt dementsprechend hoch oder niedrig aus, je nachdem, ob eine hohe Nachfrage nach einem Produkt vorliegt oder nicht (vgl. auch Antwort zu Aufgabe 6). Die Frage nach einem gerechten Verdienst stellt sich in dieser Theorie so also nicht.

3 Der Preis ist heiß (Seite 152–153)

Ausgehend von einem Fallbeispiel sollen auf dieser Doppelseite die Themen „Angebot und Nachfrage“, „Gestaltung eines gerechten Preises“ sowie „Gestaltung eines Preises durch ein Unternehmen“ erörtert werden.

A1

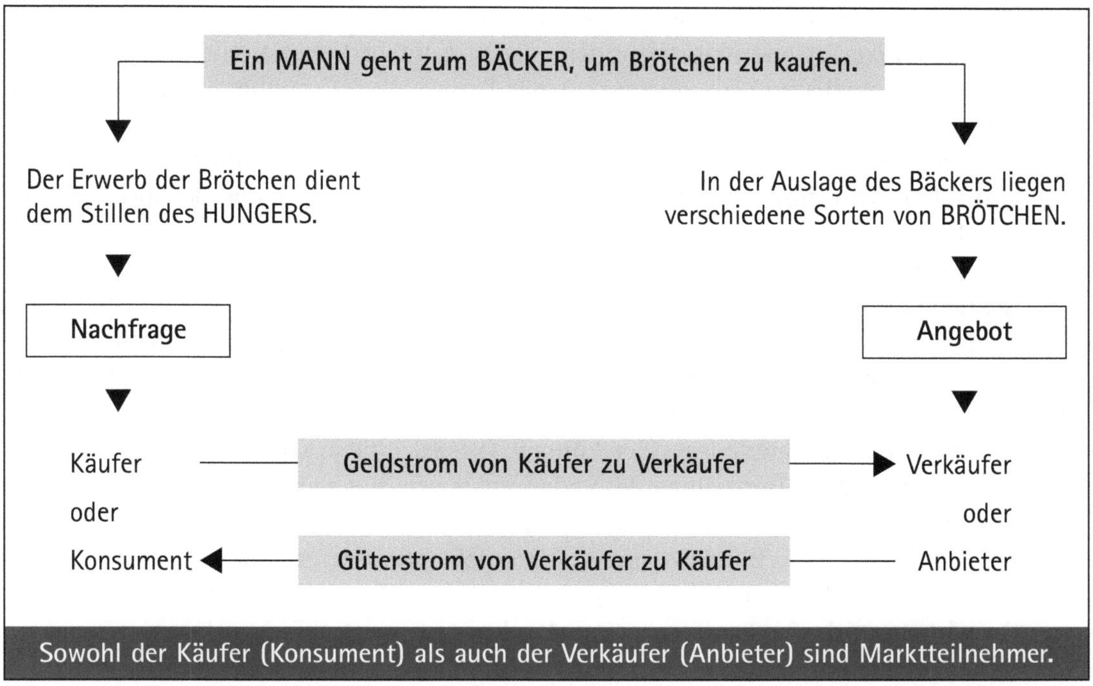

A2 Nach der Theorie von Aristoteles dürfen nur jene Güter getauscht werden, die einem gleichen Wert entsprechen. Wenn also 5 kg Kartoffeln dem Gegenwert von 3 Aalen entsprechen, gibt es dem griechischen Philosophen zufolge kein Problem, diese Güter miteinander zu tauschen, sofern sie vom jeweiligen Erzeuger stammen. Formal ausgedrückt heißt das: A verhält sich zu B wie B zu A. Allerdings können zwei Personen, die dieselbe Leistung anbieten, keine Austausch-Gemeinschaft bilden, weil es zu keiner Wiedervergeltung kommt, die die Gleichheit (Proportion) zwischen Personen und Waren herstellt.

A3 Eine Gleichheit (Proportion) liegt nur dann vor, wenn sich die zu tauschenden Produkte noch bei ihren jeweiligen Erzeugern befinden (A verhält sich zu B wie B zu A). Ist der Austausch vorgenommen, besteht diese Proportionalität nach Aristoteles nicht mehr, weil der Wert der getauschten Güter sich geändert hat.

A4 Aristoteles würde sagen, dass der Preis der teuren Cornflakes nicht gerechtfertigt ist und dem Prinzip des Tauschhandels widerspricht. Beim Tauschhandel gilt nämlich ein bestimmter Preis, der für eine Ware festgelegt ist. Das Kellogg's-Produkt ist mit 0,005 Cent/Gramm mehr als doppelt so teuer wie das Knusperone-Produkt (0,0024 Cent/Gramm).

A5 Nach Marx gibt es drei verschiedene Konkurrenzsituationen:

1. Verschiedene Verkäufer bieten die gleiche Ware an. Da sie Konkurrenten sind, ist die Folge für die Preisgestaltung absehbar: Es wird zu Preissenkungen kommen.
2. Verschiedene Käufer möchten denselben Gegenstand erwerben. Da sie Konkurrenten sind, sind auch hier die Folgen für die Preisgestaltung absehbar: 1. Derjenige wird den Gegenstand erhalten, der bereit ist, den höheren Preis zu bezahlen. 2. Der Preis für diesen Gegenstand wird steigen.
3. Ein Käufer will möglichst preiswert einkaufen, und ein Verkäufer will möglichst teuer verkaufen. Die Konkurrenz besteht in diesem Fall zwischen Käufer und Verkäufer. Die Folge für die Preisgestaltung ist in diesem Fall nicht ohne Weiteres absehbar: Der hier zu erzielende Preis hängt davon ab, welche Konkurrenz es zuvor gab.

A6 Als Flachbildschirme in Mode kamen, gab es nur eine begrenzte Stückzahl, die von wenigen Anbietern produziert wurde. Da aber viele Käufer einen Flachbildschirm erwerben wollten, konnten die Verkäufer den Preis bestimmen (ca. 3.000 €). Hierbei handelt es sich um das zweite Konkurrenzprinzip, das in Aufgabe 5 dargestellt worden ist. Mittlerweile gibt es viele Anbieter von Flachbildschirmen. Da die Verkäufer daran interessiert sind, ihr Produkt möglichst häufig zu verkaufen, ist der Preis deutlich zurückgegangen (ca. 600 €). Hierbei handelt es sich um das erste Konkurrenzprinzip, das in Aufgabe 5 dargestellt worden ist.

A7 Da die Autoindustrie sich zurzeit in einer Krise befindet, können Autos relativ preiswert gekauft werden (= Konkurrenzmodell 2).
Da insbesondere Indien und China als aufstrebende Industrienationen derzeit sehr viel Öl einkaufen, wird dieser Rohstoff für die bereits existierenden Industrienationen teurer, weil das Produkt begehrt ist. Hier können momentan die ölfördernden Staaten (OPEC) den Kaufpreis pro Barrel bestimmen (= Konkurrenzmodell 1).
Sollten sich auf einmal wieder viele Käufer für ein Auto interessieren, wird der Preis für dieses Produkt steigen, während der Preis für Öl sinken wird, wenn die Industriestaaten – aus welchen Gründen auch immer – kaum noch Öl einkaufen würden (Konkurrenzmodell 3).

A8 Bei der Gestaltung eines Preises spielen viele Aspekte eine Rolle, die in offensichtliche und versteckte Kosten unterteilt werden können: Offensichtliche Kosten sind z. B. der Einkauf der Materialien, die zur Herstellung des Endprodukts benötigt werden, Lohnkosten, Verwaltungskosten etc. Bei den versteckten Kosten handelt es sich z. B. um Kosten für Werbung, Öffentlichkeitsarbeit, Tests, Handelsspannen, Unternehmerprofite etc. Die versteckten Kosten werden nicht vom Unternehmen getragen, sondern an den Käufer weitergereicht. Aus diesem Grund beträgt der Verkaufspreis eines Produkts oft ein Vielfaches dessen, was es in seiner Herstellung gekostet hat.

A9 Große Gewinne können überall dort gemacht werden, wo ein seltenes Produkt von vielen Käufern umworben wird. So wurden lange Zeit beispielsweise auf dem Kunstmarkt Preise erzielt, die wesentlich über den Wert eines Kunstgegenstandes hinausgingen. Im Bereich Dekoration und Floristik werden noch immer Gewinnspannen erzielt, die mehr als 200 % betragen. Dieser Trend wird anhalten, solange Floristen Blumen, Dekorationsgegenstände und Tonwaren preiswert einkaufen und an ihre Kunden teuer verkaufen können.

4 Es tut sich was am Markt (Seite 154–155)

Das Thema dieser Doppelseite ist der Markt. Hier soll einerseits geklärt werden, was alles unter dem Begriff subsumiert werden kann, und andererseits sollen die Schülerinnen und Schüler anhand von eigenen Erfahrungen erleben, wie Marktwirtschaft funktioniert.

A1 Der Begriff Markt leitet sich vom lateinischen Begriff *mercatus*, Handel, ab. Der Markt ist somit jener Ort, an dem Handel betrieben wird. Solche Märkte können der Wochenmarkt sein, auf dem neben Ost und Gemüse meistens noch Stoffe, Kleidung, Metallwaren und Tiere feilgeboten werden. Die moderne Form des Wochenmarktes ist der Supermarkt, an dem man sechs Tage die Woche alle Dinge des täglichen Lebens einkaufen kann. Darüber hinaus sind auch Messen Marktplätze, allerdings sind sie auf einen bestimmten Bereich (z. B. Tourismus) oder auf bestimmte Produkte (z. B. Autos) festgelegt. Der größte Markt, an dem aber nicht mit realen Waren gehandelt wird, ist die Börse. Neben den klassischen Formen des Marktes gibt es auch neuere Formen. Dazu sind z. B. der Flohmarkt, der Weihnachtsmarkt, der Fischmarkt, aber auch der Immobilienmarkt oder der Arbeitsmarkt zu zählen.

A2 Auf dem ersten Bild wird mit Hühnern und Hähnen gehandelt. In diesem Bildausschnitt bieten Bauern Händlern ihre Ware an. Auf dem zweiten Bild ist das Treiben an einer Börse zu erkennen. Hier wird mit Wertpapieren, Devisen und Waren gehandelt.
Alle Dinge, die käuflich erworben werden können, können gehandelt werden. Als Beispiele seien Lebensmittel, Autos, Bücher, Reisen, Metall, Computer, Kunst etc. genannt.

A3 Die Börse ist entstanden, weil sich zunächst Kaufleute auf dem Weg zur Messe im Gasthof der belgischen Familie *van de Beurse* trafen, um sich darüber auszutauschen, welche neuen Waren es auf dem Markt gab bzw. welche Kaufleute vertrauenswürdig waren und welche nicht. Wenn man ein neues Geschäft abwickeln wollte, ging man *zu den Beursen.* Der Begriff bürgerte sich schnell ein und bald trafen sich Kaufleute an vielen anderen Stätten, die sie *Börse* nannten. Die erste Börse in unserem heutigen Sinn wurde 1531 in Antwerpen gegründet. Die Waren, mit denen gehandelt wurden, brachte man nicht mit zur Börse, sondern lediglich eine Bescheinigung über diese Waren. Der Sinn dieser Maßnahme ist leicht zu verstehen: Da Transporte teuer und umständlich sind, ist es viel besser, das Geschäft auf dem Papier abzuwickeln und die Güter dorthin zu bringen, wo sie gebraucht werden.

A4 Die Chancen, an der Börse reich zu werden, sind in Zeiten einer florierenden Wirtschaft recht groß. Wenn man auf die richtigen Papiere setzt, sind manchmal innerhalb von kürzester Zeit große Gewinnmargen zu verzeichnen. Innerhalb von Krisenzeiten können zwar auch Gewinne verbucht werden, doch sind die Margen häufig nicht üppig. Wer an der Börse investiert, sollte sich jedoch immer darüber im Klaren sein, dass es auch zu Wirtschaftszusammenbrüchen kommen kann. Hier einige Beispiele:

- Börsencrash vom 24. Oktober 1929, in Deutschland als *Schwarzer Freitag* bekannt, löste die wohl längste und bekannteste Rezession aus;
- weltweiter Börsencrash im Sommer 2000 mit anschließender Baisse, als klar wurde, dass die Hoffnung in viele Unternehmen der New Economy nicht gerechtfertigt war;
- Zusammenbruch des Bankhauses Lehman Brothers vom 15. September 2008 mit dem stärksten Tagesverlust für den Dow Jones seit dem 11. September 2001, wird für die weltweite Finanzkrise mit verantwortlich gemacht.

Dass die Kurse an den Börsen schwanken, liegt an den sogenannten Bären und Bullen: „Der Bär setzt auf einen erwarteten Kursabfall – er ist pessimistisch. Er macht sein Geld durch Skepsis und Unglauben, spekuliert auf Baisse oder kauft Verkaufsoptionen. Ein Bärenmarkt geht bergab. Der Bulle ist das Gegenteil – er ist optimistisch. Er kauft in der Hoffnung auf Aufschwung. Ein langfristiger Bullenmarkt ist etwas, worauf die Investoren hoffen – mit Ausnahme von Bären, die sich dann zum Winterschlaf verkriechen. Bärenmarkt und Bullenmarkt sind einander entgegengesetzt. Zusammen bewirken sie, dass die Börsenwelt sich dreht und die Kurse fallen und steigen."

Die Begriffe Bulle und Bär sind übrigens aus dem Amerikanischen übernommen worden. Sie haben sich in der zweiten Hälfte des 20. Jahrhunderts durchgesetzt und „werden auf Schaukämpfe zurückgeführt, die kalifornische Goldgräber zu ihrer Belustigung organisierten. Dabei wurde ein Bär an einen Pfahl gebunden und ein Stier auf ihn losgelassen, und entweder warf der Bulle den Bären mit seinen Hörnern hoch in die Luft oder der Bär rang den Bullen nach unten." *http://de.wikipedia.org/wiki/Bullen-_und_B%C3%A4renmarkt (Stand: 30.12.2009)*

A5 Hier ist Eigeninitiative gefragt! Die Schülerinnen und Schüler können bei örtlichen Banken nachfragen.

A6 Oliver Stones Film aus dem Jahre 1987 handelt von den Börsenmaklern Gordon Gekko (Michael Douglas) und Bud Fox (Charlie Sheen), die sich durch illegale Machenschaften auf Kosten anderer persönlich bereichern.

5 Kapitalismus und soziale Verantwortung (Seite 156–157)

Auf dieser Doppelseite soll gezeigt werden, dass Wirtschaft oft um sich selbst kreist und der eigentliche Zweck, die Befriedigung von Bedürfnissen, aus den Augen verloren gegangen ist. Außerdem wird die Frage gestellt, ob der Kapitalismus (s)einer sozialen Verantwortung nachkommen muss.

A1 Josef Ackermann rechtfertigt den Stellenabbau von 6.400 Stellen trotz Milliardengewinnen der Deutschen Bank damit, dass die Bank sich als eine der Top-Banken der Welt etablieren wolle. Dazu müsse man rentabel arbeiten und dürfe es sich nicht leisten, erst dann Angestellte zu entlassen, wenn man rote Zahlen schreiben würde. Er weist den Vorwurf von sich, dass es ihm um eine kurzfristige Gewinnmaximierung oder gar um einen Raubtierkapitalismus ginge.

A2 BenQ-Chef K. Y. Lee rechtfertigt den eingereichten Insolvenzantrag mit dem Hinweis, dass die trotz der Investitionen in das Tochterunternehmen ausweitenden Verluste zu der Entscheidung geführt haben, die Werke in Deutschland zu schließen.

A3 Sowohl die Entscheidung von Josef Ackermann als auch die von K. Y. Lee sind moralisch nicht haltbar: Laut Ackermann zukünftig evtl. mögliche Verluste sind keine plausible Begründung für Stellenabbau trotz Unternehmensgewinnen; bei K. Y. Lee liegt der Verdacht nahe, dass der Erhalt von Arbeitsplätzen bei BenQ nie wirklich intendiert war und dass hier zumindest Teile der von Siemens bezahlten 250 Millionen Euro für das eigene, in Asien weiterhin Handys produzierende Unternehmen abgegriffen wurden.

A4 Browne kritisiert Sichtweisen von Wirtschaft, die nur auf kurzfristige Profite zum Zwecke des Selbsterhalts bzw. die Produktion von Geld als Eigenwert ausgerichtet sind. Ziel der Wirtschaft müsse vielmehr sein, gesellschaftliche Bedürfnisse zu befriedigen, was langfristiges, nachhaltiges und zukunftsweisendes Denken und Tun und die Übernahme von Verantwortung erfordere. Insbesondere bestehe eine Verpflichtung, Produkte zu bezahlbaren Preisen anzubieten.

A5 Hier ist mit sehr unterschiedlichen Ideen der Schülerinnen und Schüler zu rechnen.

A6 Die Antworten werden vermutlich den möglichen Unterschied zwischen öffentlicher Aussage und ggf. abweichender Privatmeinung herausstellen.

A7 Der Unterschied zwischen den beiden ersten und den drei letzten Modellen besteht darin, dass im ersten Fall Individuen für ökonomisch-moralische Handlungen verantwortlich gemacht werden, während im zweiten Fall die Gesamtgruppe für die ökonomisch-moralischen Handlungen verantwortlich bzw. nicht verantwortlich sind.

Modelle 1 und 3 nehmen all jene in die Verantwortung, die Entscheidungen treffen. Während in Modell 1 Einzelpersonen für ihr Handeln verantwortlich gemacht werden können, müssen in Modell 3 alle Gruppenmitglieder zur Verantwortung herangezogen werden.

In den Modellen 2 und 4 sind die Gruppenmitglieder alle nur partiell für ihre Entscheidungen verantwortlich. Der Unterschied zwischen diesen Modellen besteht darin, dass in Modell 4 die Gruppe die Gesamtverantwortung für ihr Handeln trägt.

Modell 5 besagt, dass ausschließlich die Gruppe für Entscheidung verantwortlich ist, aber kein Gruppenmitglied Verantwortung zu übernehmen hat.

A8 Modell 2 trifft auf Ackermann zu, weil er allein nicht eine Entscheidung treffen kann, sondern dies dem gesamten Vorstand obliegt.

Modell 1 trifft auf Lee zu, weil er als Firmeninhaber die Verantwortung für die Schließung der Werke in Deutschland zu verantworten hat.

Modell 5 trifft auf Browne zu, weil er die Auffassung vertritt, dass die gesamte Wirtschaft Verantwortung für ein moralisch richtiges Handeln trägt.

Völkergemeinschaft und Frieden (Schülerband, Seite 158–167)

Einführung

Das Kapitel befasst sich ausgehend von einer Betrachtung einer künstlerischen Gestaltung des Gegensatzes von Krieg und Frieden (Doppelseite 1: personale Perspektive) mit der täglichen Realität von Krieg und Terror in der Welt (Doppelseite 2: soziale Perspektive), um anschließend Wege zum Frieden zu erörtern (Doppelseite 3). Die Ideenperspektive wird erreicht, indem Hobbes', Kants und Kofi Annans Ideen zur Friedenssicherung (Doppelseite 4) und die Entstehung der UNO als Wirkung der kantischen Idee des Völkerbundes dargestellt werden (Doppelseite 5). Zum Schluss kehrt das Kapitel zur personalen Perspektive zurück, indem es den Schülerinnen und Schülern Projekte zur weiteren Auseinandersetzung mit Krieg und Frieden vorschlägt.

Methodisch-didaktische Hinweise

Methodisch arbeitet dieses Kapitel besonders mit Medien, vor allem Bildmedien, die unterschiedliche Facetten des Themas anschaulich machen und es den Schülerinnen und Schülern ermöglichen, an lebensweltliche Erfahrungen anzuknüpfen. Ein weiterer methodischer Schwerpunkt ist das selbstständige Arbeiten von Schülerinnen und Schülern mit ausgewählten Internetressourcen zum Thema Krieg. In Rollenspielen können Schülerinnen und Schüler in Erfahrung bringen, wie sich Konflikte lösen lassen. Auch die Projektarbeit wird in diesem Kapitel großgeschrieben, damit Prinzipien eines friedlichen Zusammenlebens handlungsorientiert erprobt werden können. Die Ideen von Hobbes, Kant und Kofi Annan zu Krieg und Frieden werden in Form von fingierten Interviews eingebracht, um den sprachlichen Zugang zur philosophischen Perspektive zu erleichtern.

Hinweise zur Konzeption der Doppelseiten und zu den Aufgaben

1 Krieg und Frieden (Seite 158–159)

Auf dieser Doppelseite sollen Schülerinnen und Schüler über eine Bildbetrachtung einen persönlichen Zugang zum Thema finden, den sie anhand eines Songtextes und mit Hilfe von Zitaten und Sprichwörtern in erster Weise vertiefen können.

A1 Im Vergleich der beiden Wandgemälde *Der Krieg* und *Der Frieden*, die Picasso 1952 für die Kapelle im Friedenspark in Vallauris / Südfrankreich gestaltete, fällt zunächst die Farbgebung auf: schwarze Gestalten im Kriegsbild, helle Gestalten im Friedensbild. Der Inhalt des Kriegsbildes wird durch Waffengewalt und Zerstörung gekennzeichnet, das Friedensbild zeigt Ackerbau, Musik, Schönheit, Liebe, kindliches Spiel und strahlt Licht, Leichtigkeit und Lebensfreude aus.

A2 Die Soldaten könnten ihre Aggressionen zum Ausdruck bringen, die Figuren auf dem Friedensbild jeweils ihre Lebensfreude.

A3 Die Szenen oder Standbilder sollten ebenfalls die dominierenden Gefühle (Aggression, Angst – Harmonie, Lebensfreude) zum Ausdruck bringen.

A4 In dem Schreibgespräch (in der Mindmap) können Schülerinnen und Schüler ihre Assoziationen zu beiden Begriffen darstellen, z. B. Krieg: Feindschaft, Hass, Aggression, Gewalt, Zerstörung, Tod usw.; Frieden: Gemeinschaft, Leben, Lebensfreude, Harmonie, Liebe, Wohlstand usw.

A5 Bei der Gestaltung des Plakates können die Schülerinnen und Schüler ihre eigene Vision einer friedlichen Welt darstellen, die durch die genannten Attribute bestimmt ist.

A6 Der Junge im Lied von Udo Lindenberg fragt nach dem Sinn und der Ursache von Krieg. Ein Brief an den Jungen kann dazu dienen, dass Schülerinnen und Schüler sich über Sinn bzw. Sinnlosigkeit von Kriegen Gedanken machen und erste Erklärungen geben: Machtstreben, Aggression, Feindschaft usw. als Ursache von Krieg.

A7/ A8 Anhand der abgedruckten und weiterer recherchierter Sprichwörter lassen sich Folgen und Sinn (bzw. Sinnlosigkeit) von Kriegen sowie unterschiedliche Einstellungen zum Krieg reflektieren.

2 Kein Tag ohne Krieg und Terror (Seite 160–161)

Auf dieser Doppelseite geht es darum, dass die Schülerinnen und Schüler sich des Krieges als eines in globaler Perspektive alltäglichen Phänomens bewusst werden, dass ihnen klar wird, dass viele Menschen auf der Erde täglich von kriegerischer Gewalt betroffen sind. Darüber hinaus sollen sie Überlegungen über die Ursachen von Krieg und Terror anstellen.

Aufgaben von Seite 160

A1 An dieser Stelle haben die Schülerinnen und Schüler Gelegenheit, ihre Kenntnisse aus dem Geschichtsunterricht oder aus der aktuellen Berichterstattung der Medien einzubringen.

A2 Die Aufgabe fordert die Schülerinnen und Schüler auf, ihre Vorkenntnisse durch eigene Recherchen zu vertiefen. In den ersten Monaten des Jahres 2012 z.B. berichteten Presse, Funk und Fernsehen vor allem über Unruhen in Syrien, wo der Machthaber Assad gewaltsam gegen Demonstranten gegen sein Regime vorging, über Anschläge der Taliban auf Soldaten der internationalen Schutztruppe ISAF in Afghanistan sowie über Auseinandersetzungen in palästinensischen Gebieten.

A3 Im Hinblick auf die regionale Verteilung der Kriege und bewaffneten Konflikte des Jahres 2005/2006 fällt auf, dass weniger die entwickelten Regionen der Nordhalbkugel der Erde als die ärmeren Entwicklungsländer der Südhalbkugel betroffen sind. Als Krisenregionen fallen Afrika und der Vordere Orient ins Auge. Die Schülerinnen und Schüler werden von sich aus auf wirtschaftlich-politische Gründe für Krieg und Terror zu sprechen kommen.

A4 Auf der Krisenkarte sind derzeit (April 2012) 17 Kriege und bewaffnete Konflikte eingetragen (s. Kopiervorlage, S. 130).

A5/ A6 Aus der Übersicht M2 geht hervor, dass die Zahl der Kriege und bewaffneten Konflikte zu Anfang der 90er Jahre – hauptsächlich im Zusammenhang mit dem Niedergang der Sowjetunion – mit 48 einen vorläufigen Höhepunkt erreichte. Danach war sie zwischenzeitlich rückläufig; im April 2012 betrug sie 17. Der Rückgang ist vor allem auf die Konsolidierung der neu entstandenen Staatsgebilde zurückzuführen. Zwischen 1950 und 2005 gab es im Durchschnitt 26 Kriege und bewaffnete Konflikte pro Jahr.

Aufgaben von Seite 161

A1 Analog zur Aufgabe 1 auf der vorhergehenden Seite können Schülerinnen und Schüler hier ihre Vorkenntnisse einbringen. Zumindest der Terroranschlag vom 11. September 2001 in den USA, dem die abgebildete Titelseite des Magazins *Der Spiegel* gewidmet ist, sollte ihnen bekannt sein.

A2 Die Aufgabe fordert Schülerinnen und Schüler auf, sich im Internet über die Hintergründe weiterer Terroranschläge zu informieren, und bietet sich zur arbeitsteiligen Bearbeitung in Gruppen an. Bei den genannten Anschlägen handelt es sich jeweils um Anschläge muslimischer Terroristen gegen Juden, westliche Touristen oder westeuropäische Einrichtungen:

- Djerba 11.04.2002, Anschlag islamischer Terroristen auf Touristen vor einer Synagoge – 21 Tote
- Bali 12.10.2002, Bombenanschlag islamischer Terroristen auf eine Touristenbar – 202 Tote
- Casablanca 16.05.2003, Anschlag islamischer Terroristen auf jüdische Einrichtungen – über 40 Tote

- Riad 12.5. u. 8.11.2003, Bombenanschlag islamischer Terroristen auf Ausländersiedlungen – 35 Tote
- Istanbul 15. u. 20.11.2003, Bombenanschlag von Islamisten auf eine Synagoge – 33 Tote
- Madrid 11.3.2004, Bombenanschläge von islamistischen Selbstmordattentätern in der U-Bahn – 191 Tote
- London 7.6.2005, Bombenanschläge von islamistischen Selbstmordattentätern auf U-Bahn-Züge und einen Bus – 56 Tote

A3 Krieg lässt sich allgemein definieren als ein organisierter, mit Waffen gewaltsam ausgetragener Konflikt zwischen Staaten bzw. zwischen sozialen Gruppen der Bevölkerung eines Staates. Unter Terror versteht man eine organisierte Gewaltausübung durch eine Gruppe, um den Gegner durch die Verbreitung von Angst und Verunsicherung zu einer Verhaltensänderung zu bewegen. Akteure sind meist revolutionäre oder extremistische Gruppen und Einzelpersonen, ihre Angriffe richten sich in der Regel auf symbolische Ziele, oft auch unter gewollter Tötung zufällig Anwesender.

A4 Hier wird erwartet, dass die Schülerinnen und Schüler die neun in M4 aufgezählten Ursachen für Krieg und Terror erfassen und sich anschaulich machen.

A5 Schülerinnen und Schüler sollen versuchen, mit Hilfe der Aufzählung in M4 die Ursachen der Kriege und bewaffneten Konflikte zu benennen, zu denen sie Informationen gesammelt haben. Hinweise dazu sind aus der Tabelle zu S. 160, Aufgabe 4 (s. Kopiervorlage auf S. 130) entnehmbar.

A6 Osama bin Laden führt in diesem Ausschnitt aus seinem *Brief an Amerika* religiöse Motive für die Terroranschläge vom 11. September 2001 an; er wirft den USA vor, eine nicht mit dem Islam vereinbare Lebensweise zu verbreiten, und fordert von den Amerikanern die Unterwerfung unter Allahs Gesetz. Zu diesem religiösen Fundamentalismus treten an anderen Stellen des Briefes Imperialismus-Vorwürfe gegen die USA.

3 Wege zum Frieden (Seite 162–163)

Die Doppelseite thematisiert – ausgehend von alltäglichen Situationen – die Möglichkeiten, Konflikte beizulegen und friedlich miteinander zu leben.

Aufgaben von Seite 162

A1 Ein Titel für die Karikatur könnte sein: Teufelskreis. Schülerinnen und Schüler sollten in der Lage sein, aus ihrer Alltagserfahrung Beispiele für den Kreislauf von Rache und Vergeltung beizusteuern. Das Prinzip der Vergeltung ist nicht geeignet, Frieden zu stiften, weil jeder Vergeltungsakt der einen Seite auf der anderen Seite neue Vergeltung herausfordert.

A2 Eine gewaltfreie Lösung des dargestellten Konfliktes könnte z. B. darin bestehen, dass man den anderen Schülern erlaubt mitzuspielen oder dass beide Gruppen sich die Zeit zum Spielen teilen.

A3 Zur Lösung kann es z. B. dadurch kommen, dass die Interessen der anderen als gleichberechtigt anerkannt werden und nach einem Weg gesucht wird, beiden Interessen gerecht zu werden.

A4 Da internationale Konflikte sich in der Struktur nicht von Konflikten zwischen Personen unterscheiden, könnten sie auf die gleiche Art gelöst werden (vgl. A3).

A5 Hier haben die Schülerinnen und Schüler die Gelegenheit, weitere Lösungsmöglichkeiten von Konflikten einzubringen.

A6 Die Schülerinnen und Schüler vergleichen ihre Ideen mit den in M3 genannten Lösungsmöglichkeiten und beurteilen, welche Möglichkeiten sie für die geeignetsten halten.

A7 Das Streben nach Sieg führt auf der Seite des Unterlegenen zu Unzufriedenheit und nährt die Bereitschaft zu weiterer Gewaltanwendung. Versöhnung und Kooperation dagegen führen auf beiden Seiten zur Bereitschaft zu friedlichem Zusammenleben.

A8 Der historische Prozess der Zivilisation lässt sich als Weg zum Frieden beschreiben. Dadurch, dass Menschen zunehmend gelernt haben, ihre Affekte und Leidenschaften zu beherrschen und Gewaltneigungen zu unterdrücken, haben sie zu einem friedlichen Zusammenleben gefunden. Lässt sich ein „Naturzustand" etwa dadurch charakterisieren, dass Menschen anderen, die ihnen vermeintlich Unrecht zufügen, mit Gewalt begegnen, so gibt die Zivilisation den Weg zu einem unparteiischen Richter vor, dessen Urteil man sich unterwirft.

Aufgaben von Seite 163

A1 Die Abbildungen bringen zum Ausdruck, dass angebliche Feinde Freunde und Verliebte sein können.
Anregung für eine Übung zur Wirkungsweise der beiden Bilder: Wenn man statt Beduine/Israelin und Araber/Jude z.B. Franzose/Deutsche und Italiener/Spanier in die beiden Bildlegenden einsetzt, versteht der Betrachter den Titel von M6 „Feinde" nicht mehr. Das lässt ihn über den „Automatismus von Feindbildern" nachdenken.

A2 Das Außergewöhnliche an der Jadbe-Jad-Schule besteht darin, dass hier Kinder aus verfeindeten Bevölkerungsgruppen (Araber, Juden) gemeinsam lernen. Ein ähnliches Projekt ist die christliche Schule Talitha Kumi in der Westbank (www.talithakumi.org).

A3 Schule kann zum Frieden beitragen, insofern hier Kinder durch das persönliche Erleben eines friedlichen Miteinanders lernen, Vorurteile abzubauen und Feindbilder in Frage zu stellen bzw. gar nicht erst entstehen zu lassen. Vgl. dazu auch die Kapitel *Rollen- und Gruppenverhalten, Interkulturalität* und *Vorurteil, Urteil, Wissen.*

A4 Das West-Eastern-Divan-Orchester ist ein Projekt des Dirigenten Daniel Barenboim, in dem israelische und palästinesische Musiker gemeinsam musizieren.
Ein ähnliches Beispiel – die völkerverständigende Wirkung der Konzertreise einer Band – stellt der 2008 in Cannes ausgezeichnete Film *Die Band von Nebenan* von Bikur Hatizmoret (Israel 2007) dar. Aus dem Inhalt: Eine achtköpfige ägyptische Polizeiband soll bei der Eröffnung eines arabischen Kulturzentrums spielen, doch als sie am Flughafen in Israel ankommt, steht niemand bereit, um sie abzuholen. Deshalb beschließt der starrköpfige Anführer Tawfiq, auf Hilfe zu verzichten und sich stattdessen lieber selbst durchzuschlagen. Doch am Zielort, einer kleinen Ansammlung von gleichförmigen Betonklötzen mitten in der Wüste, wird schnell klar, dass eine undeutliche Aussprache die Truppe nach Bet Hatikva statt nach Petah Tikva geführt hat. Da kein Bus mehr fährt, bringt die freundliche Bistro-Besitzerin Dina die Musikanten für eine Nacht bei Freunden und Bekannten unter. Während der zurückhaltende Witwer Tawfiy und die forsche Dina sich vorsichtig näher kommen, gibt der junge Frauenschwarm Khaled einem schüchternen israelischen Jungen Nachhilfe in Sachen Flirten. Auch die anderen Bandmitglieder erleben ihre kleinen Abenteuer mit den Einheimischen. Doch schon am nächsten Morgen muss die Kapelle wieder aufbrechen ...

A5 Hier haben Schülerinnen und Schüler Gelegenheit, Ideen zu entwickeln, wie man (z.B. durch gemeinsame Projekte) Zusammenleben und Versöhnung von verfeindeten oder sich fern stehenden Bevölkerungsgruppen fördern kann, z.B. durch gemeinsam durchgeführte Veranstaltungen, Feste usw.

4 Friede durch Völkerrecht? (Seite 164–165)

Diese Doppelseite soll Schülerinnen und Schüler dazu anhalten, unterschiedliche Ideen von Philosophen, wie man Frieden herstellen kann, kennenzulernen und zu diskutieren.

A1 Hobbes geht davon aus, dass Friede dadurch hergestellt werden kann, dass man durch Aufrüstung Gegner abschreckt, anzugreifen. Für Kant kann dies nur zu einem vorübergehenden Waffenstillstand, aber nicht zu dauerhaftem Frieden führen. Der lässt sich allein durch die Etablierung eines Völkerrechts erreichen. Kofi Annan vertritt die Auffassung, dass Friede nur durch den Grundsatz „Recht vor Macht" erreicht werden kann, und schlägt den Dialog als Weg zum Frieden vor.

A2 Der 2003 vom amerikanischen Präsidenten angegebene (wenn auch nachträglich als falsch entlarvte) Kriegsgrund, Irak arbeite an der Entwicklung von Atomwaffen, die es zu verhindern gelte, bestätigt Kants These, Rüstung könne selbst zur Ursache eines Krieges werden.

A3 Hier haben Schülerinnen und Schüler Gelegenheit, zur Position Hobbes' bzw. Kants Stellung zu nehmen.

A4 Kofi Annans Forderung „Recht vor Macht" folgt im Grunde der Auffassung Kants, dass Friede nur auf dem Weg der Etablierung eines Völkerrechts erreicht werden kann.

A5 Die friedensfördernde Wirkung des Dialogs beruht darauf, dass der andere als gleichberechtigter Dialogpartner anerkannt wird. Die Anerkennung der Interessen des anderen ist eine Voraussetzung für Frieden.

5 Engagement für den Frieden (Seite 166-167)

Diese Doppelseite bietet Material an, sich über Entstehung, Aufgaben und Ziele der Vereinten Nationen zu informieren, und macht weiterführende Projektvorschläge.

A1 Die nach dem 2. Weltkrieg gegründete Organisation der Vereinten Nationen (UNO) ist die Nachfolgeorganisation des Völkerbundes, der sich bei seiner Gründung 1919 ausdrücklich auf die von Kant entwickelte Idee des Völkerrechts berief.

A2 Das auf der Abbildung M1 erkennbare Logo der Vereinten Nationen zeigt die fünf Erdteile, umrahmt von zwei Ähren, die Einigkeit, Frieden, Wohlstand symbolisieren.

A3 Die Mitglieder der Vereinten Nationen sind verpflichtet, Streitigkeiten durch Verhandlung, Vermittlung usw. beizulegen. Wenn dies nicht zur Lösung des Konfliktes führt, beschließt der Sicherheitsrat, welche Maßnahmen zu treffen sind, um Frieden herbeizuführen.

A4 Hier können die Schülerinnen und Schüler beurteilen, inwieweit die Regelungen den Vorschlägen entsprechen, die sie selbst zur Lösung von Konflikten entworfen haben.

A5 Die Lösung der Berlinkrise 1949 beispielsweise kam dadurch zustande, dass die USA und die Sowjetunion vertrauliche Gespräche im Hauptquartier der UN in New York führten. Bei der Kubakrise im Jahr 1962 wurden die Kontrahenten Kennedy und Chrustschow durch Briefe des UN-Generalsekretärs Sithu U Thant aufgefordert, die Eskalation zu stoppen und miteinander zu verhandeln, was akzeptiert wurde. Der Friedensschluss bei der Nahostkrise 1973 kam dadurch zustande, dass der Sicherheitsrat der Vereinten Nationen in der Resolution 338 alle Parteien aufrief, das Feuer einzustellen. Der erste Golfkrieg wurde 1988 dadurch beendet, dass der Iran und der Irak bereit waren, die UN-Resolution 598 eines Waffenstillstandes anzuerkennen.

Land	Art des Konflikts	Konfliktgegenstand
Afghanistan	Kämpfe der Taliban gegen die internationalen Schutztruppe ISAF	nationale Macht, Ideologie
Algerien	Anschläge und Entführungen durch AlQuaida	Ideologie
Demokratische Republik Kongo	Unruhe, Raubüberfälle	Kämpfe zwischen ethnischen Gruppen, Armut
Eritrea	Kämpfe im Grenzgebiet zu Äthiopien und Dschibuti	Grenzkonflikt
Georgien	Zwischenfälle zwischen georgischen und russischen Sicherheitskräften	Macht
Haiti	Soziale Unruhen, Entführungen durch bewaffnete Banden	Armut
Irak	Bürgerkrieg, Rebellen gegen die Regierung	nationale Macht, Ideologie
Jemen	islamische Aufständische gegen die Regierung	Ideologie
Libanon	Auseinandersetzungen zwischen religiösen Gruppen	nationale Macht
Lybien	bewaffnete Auseinandersetzungen mit Anhängern des ehemaligen Diktators Gaddafi	nationale Macht
Mali	Anschläge von Al-Quaida gegen Reisende und gegen die Regierung	Ideologie
Mauretanien	Anschläge von Al-Quaida gegen Reisende und gegen die Regierung	Ideologie
Niger	Kampf zwischen Armee und Rebellen	nationale Macht
Pakistan	Konflikt zwischen Regierung und Islamisten	nationale Macht, Ideologie
Palästinensische Gebiete	Auseinandersetzungen im Gazastreifen, unregelmäßiger Raketenbeschuss von israelischen Städten	Nahost-Konflikt
Somalia	Kämpfe zwischen Regierungstruppen und Rebellen, Piratenangriffe	nationale Macht, Armut
Syrien	gewaltsames Vorgehen des Machthaber Baschar Al-Assad gegen Demonstranten	nationale Macht

nach www.frieden-und-sicherheit.de/interaktiv (Stand:18.04.2012)

Der Mensch als kulturelles Wesen (Schülerband, Seite 168–177)

Einführung

Über den Menschen als Kulturwesen und das Wesen der Kultur nachzudenken, ist angesichts der Begegnung der Kulturen im Zeitalter der Globalisierung und angesichts der Zersplitterung unserer Welt in Teilkulturen (Hoch-, Pop-, Subkultur) von besonderer Bedeutung. Ziel des Kapitels ist es, dass die Schülerinnen und Schüler die These, dass die Natur des Menschen die Kultur ist, erläutern und unterschiedliche Erscheinungsformen von Kultur einordnen und beurteilen können.
Das Kapitel beginnt auf Doppelseite 1 mit einem offenen Einstieg zum Thema, der über Bilder und Texte die Vielfalt der Verwendung des Kulturbegriffs in unserer Sprache deutlich macht und die Grundbedeutung von Kultur herausarbeitet. Doppelseite 2 untersucht, inwiefern die Lebensform des Menschen grundlegend durch Kultur geprägt ist, und es werden Probleme behandelt, die sich aus den unterschiedlichen kulturellen Prägungen der Menschen ergeben. Auf Doppelseite 3 wird die Frage gestellt, ob der Mensch das, was er ist, von Natur aus ist oder durch Kultivierung im Sinne von Erziehung, und die Erziehungsbedürftigkeit des Menschen wird philosophisch reflektiert. Doppelseite 4 thematisiert den Protest gegen die vorherrschende Kultur und stellt „Protest-kulturen" vor, wobei es auch es um die Frage geht, welche Motive eigentlich hinter den Haltungen der Rocker, Hippies und Punks usw. stehen. Zum Schluss des Kapitels wird auf Doppelseite 5 der Idee des Aussteigens aus der herrschenden Kultur die Idee des kulturellen Engagements gegenübergestellt.

Methodisch-didaktische Hinweise

Die Themen dieses Kapitels werden zu einem großen Teil anhand von Bildern (Doppelseiten 1, 2, 4, 5) und Fallbeispielen (Doppelseiten 1, 2, 3) behandelt. Philosophische Gedanken werden in verständlicher Form anhand von umgeschriebenen Texten (Doppelseite 2, M2), fiktiven Statements von Philosophen und Pädagogen (Doppelseite 3, M4/M5) und Aphorismen (Doppelseite 4, M4) eingebracht. Ein besonderer methodischer Schwerpunkt liegt in der Arbeit mit Filmen. Auf Doppelseite 4 geht es um den Film *School of Rock* (USA 2003), auf Doppelseite 5 um die Filme *Into the Wild* (USA 2007) und *Rhythm is it!* (Deutschland 2004). Wenn die Möglichkeit gegeben ist, sollten die im Lehrbuch angesprochenen Szenen auch im Unterricht vorgeführt werden. Außerdem könnten zum Thema „Wilde Kinder" (Doppelseite 3, M3) Ausschnitte aus dem Film *Der Wolfsjunge* (Frankreich 1970) gezeigt werden.
Die drei obligatorischen didaktischen Perspektiven sind hinreichend berücksichtigt. Beginnend mit der gesellschaftlichen Perspektive (Doppelseite 1), geht es zur Ideenperspektive (Doppelseiten 2 und 3 – teilweise gemischt mit der gesellschaftlichen Perspektive), von da aus zurück zur personalen und gesellschaftlichen Perspektive (Doppelseiten 4 und 5).

Hinweise zur Konzeption der Doppelseiten und zu den Aufgaben

1 Menschenwerk ... (Seite 168–169)

Der Begriff „Kultur" wird im Alltag ganz unterschiedlich verwendet. Über Bilder und Texte sollen sich die Schülerinnen und Schüler der Vielfalt des Bedeutungsspektrums nähern und ausgehend von der lateinischen Wortherkunft eine erste allgemeine Definition herausarbeiten.

A1 Auf den Bildern sind verschiedene Objekte zu sehen, die alle etwas mit Kultur – im engeren und weiteren Sinne des Wortes – zu tun haben und die verschiedenen Facetten von Kultur widerspiegeln, um die es auf den folgenden Doppelseiten gehen soll.

S. 168 (von links nach rechts, von oben nach unten):
1. ein klassisches Orchester mit Dirigent
2. Jugendliche bei einem Popkonzert (die Bühne selbst ist nur schemenhaft zu erkennen, weil die Scheinwerfer ins Publikum gerichtet sind)
3. eine künstlich angelegte Insel (Palm Jumeirah vor der Küste des arabischen Staates Dubai mit über 2000 Villen, 40 Hotels und 120 km Sandstrand)
4. Besucher in einer Gemäldegalerie in Russland

S. 169 (von links nach rechts, von oben nach unten):
5. Förderturm der Zeche Zollverein in Essen, die 2001 als Industriedenkmal in die Welterbeliste der UNESCO aufgenommen wurde
6. ein Skater, der über ein Hindernis (einen Bordstein) springt
7. eine Talsperre in Frankreich
8. terrassenförmig angelegte Reisfelder in Indonesien (Bali, Lombok)

Legt man einen engen Begriff von Kultur an, dann sind nur die Bilder 1 und 4 (Orchester, Gemäldegalerie) dazuzurechnen. In einem weiteren Sinne zählen auch Jugendkultur – z. B. Punk- oder Technomusik (2) und Skaten (6) – sowie Industriekultur (5) und auch vom Menschen künstlich geschaffene Inseln (3), Talsperren (7) und Terrassenfelder (8) dazu.

A2 Unter Kultur wird in den Äußerungen Folgendes verstanden:
- Hochkultur (Schauspiel, Oper, Musical, Museum)
- Lebensweise und Umgangsformen von Individuen
- Lebensweise, die ganze Menschengruppen und Nationen prägt (3x)
- Popmusik und Popkultur
- Denkmäler, die eine bestimmte Lebensform der Menschen widerspiegeln

A3 In dem Gespräch werden zwei Formen von Kultur unterschieden:
- kulturelle Einrichtungen einer Stadt (Theater, Museen usw.), die man als Hochkultur bezeichnen könnte)
- Popkultur, Subkultur, die Kultur der Jugendlichen (Rap, Breakdance usw.)

A4 Kultur bedeutet allgemein das vom Menschen Geschaffene im Unterschied zu dem, was die Natur hervorgebracht hat. Man kann sich das an der ursprünglichen Bedeutung von *cultura* (Pflege und Veredlung von Boden beim Ackerbau) anschaulich machen.

A5 Der allgemeine Kulturbegriff lässt sich auf unterschiedliche Objekte beziehen:
- materielle Produkte (Kleidung, Geräte, Gebäude usw.)
- geistige Produkte (Sprache, Literatur, Wissenschaft usw.)
- soziale Einrichtungen (Familie, Staat, Schule usw.)

Weiterhin kann man in Bezug auf die Menschen, die die Kultur tragen, unterscheiden zwischen:
- Hochkultur (wenige Menschen)
- Popkultur (viele Menschen, Massen)
- Subkultur (Menschen, die sich von der herrschenden Kultur abgrenzen)

Zu diesen Unterscheidungen sollen die Schülerinnen und Schüler weitere Beispiele sammeln. Die Bilder in M1 und die Aussagen in M2 geben schon viele Hinweise vor.

2 Der Mensch – ein Wesen mit Kultur(en)! (Seite 170–171)

Auf dieser Doppelseite wird – in Anlehnung an die Philosophie Arnold Gehlens – gezeigt, wie essenziell aber auch wie unterschiedlich die Prägung durch Kultur für den Menschen ist.

A1 Bei der Betrachtung der Bilder ist besonders zu achten auf die Umgebung und die klimatischen Verhältnisse, die Kleidung der Menschen und die Gegenstände bzw. Tiere, die sie mit sich führen. Abgebildet sind (von links nach rechts):
- Indio im Amazonasgebiet: Er sitzt – nur leicht bekleidet – auf einem Boot und angelt mit Fäden nach Fischen.
- Inuit, die – in dicke Kleidungsstücke eingehüllt – einen Iglu errichten; im Vordergrund ist ein Schlitten erkennbar.

- Beduine mit Kamelen in einer Wüste: Zum Schutz vor der Sonne ist er in leichte Tücher eingehüllt.

Die abgebildeten Menschen haben sich in ihrer Lebensweise jeweils den herrschenden Umweltbedingungen (Flussdelta, Schnee und Eis, Wüste) angepasst.

A2 Die Tiere verschiedener Arten haben jeweils besondere Eigenschaften, die ihrem Überleben dienlich sind, z. B.

- Antilope: schnell (gut zum Fliehen)
- Löwe: scharfes Gebiss (gut zum Reißen der Beute)
- Adler: gutes Auge (gut zum Erkennen der Beute)
- Eisbär: dickes Fell (gut gegen Kälte)
- Kamel: große Höcker (gut als Wasserspeicher)
- usw.

Demgegenüber verfügt der Mensch nicht über besondere körperliche Voraussetzungen, die ihm das Überleben sichern. So gesehen kann man ihn als Mängelwesen bezeichnen. Das zeigt sich besonders darin, wie hilflos und schutzbedürftig der Mensch auf die Welt kommt.

A3 Der Mensch konnte überleben, weil er fähig war, seine organische Mittellosigkeit durch andere Fähigkeiten auszugleichen. Er ist nicht *der Umwelt angepasst*, sondern besitzt die Fähigkeit, die Umwelt *sich* anzupassen, die Natur so zu verändern, dass er darin überleben kann. Die veränderte Umwelt, die der Mensch hervorbringt, nennt man *Kultur*.

Es gibt zahllose Beispiele dafür, dass der Mensch seine Umwelt verändert: Hausbau, Straßenbau, Produktion von Verkehrsmitteln, Kleidung, Herstellung von Lebensmitteln usw.

A4 Das Überleben in einer nicht angepassten, erst noch zu verändernden Umwelt fällt Menschen leichter, wenn sie mit anderen zusammenleben und zusammenarbeiten. Dabei spielt das Lernen eine besondere Rolle: Von Erfindungen, die andere gemacht haben, können Menschen lernen; Techniken, die andere entwickelt haben, können sie übernehmen usw. Insbesondere können auch die Menschen verschiedener Kulturen voneinander lernen. Um nur einige historische Beispiele zu nennen: Die Europäer haben von den Inkas und Mayas in Mittel- und Südamerika gelernt, wie man Kartoffeln anbaut und wie man Schokolade herstellt, von den Arabern, wie man Kaffee zubereitet usw.

A5 Die Abbildung zeigt britische Offiziere und südafrikanische Eingeborene um 1807.

Gemeinsam ist den Menschen beider Kulturen (soweit auf dem Bild zu erkennen): Kleidung, Kopfbedeckung, Sprache (auch Gebärdensprache), Waffen (Säbel, Speer), Transportmittel (Schiff bzw. Elefant), soziale Rangordnung (Häuptling bzw. Sprecher).

Unterschiede bestehen in der Art der Kleidung, der Waffen, der Fortbewegungsmittel, die bei den Europäern einen anderen Stand der Zivilisation widerspiegeln.

A6 Europäer haben Afrikaner als Sklaven nach Nord- und Südamerika verschleppt, weil sie dort als Arbeitskräfte (z. B. auf den Baumwollfeldern) gebraucht wurden und weil man mit dem Sklavenhandel Geld verdienen konnte.

Dahinter steckt eine Missachtung der afrikanischen Kulturen, die im Vergleich zu derjenige der Europäer als minderwertig angesehen wurden. Die Eingeborenen wurden nicht als vollwertige Menschen betrachtet, sondern als Sachen, die man sich aneignen, verkaufen und in Unfreiheit halten kann. Eine solche Haltung ist scharf zu verurteilen, weil sie gegen die Menschenrechte verstößt, die von einer rechtlichen Gleichheit aller Menschen ausgeht.

A7 Die Missverständnisse haben ihren Ursprung in der Verschiedenheit der Kulturen: Lese- und Schreibrichtung *von rechts nach links* in der arabischen Kultur, besondere Bedeutung der Himmelsrichtung *Osten* in der islamisch geprägten Kultur.

Aus den angeführten Beispielen lässt sich folgern: Wer sich in einer fremden Kultur bewegen möchte, tut gut daran, sich mit den wichtigsten Hintergründen vertraut zu machen, sonst riskiert er u. U. (unbeabsichtigt) für Irritationen zu sorgen.

Von hier aus lässt sich auch gut eine Querverbindung zum Kapitel *Begegnung mit Fremden* (s. Schülerband, S. 58–67) herstellen.

3 „Mensch" von Natur aus? (Seite 172–173)

Auf dieser Doppelseite wird am Beispiel sogenannter Wolfskinder genauer untersucht, welche Rolle die Erziehung für die Entwicklung des Menschen spielt. Mit den Theorien John Lockes und Immanuel Kants werden philosophische Erklärungsansätze hierzu angeboten.

A1 Das Bild zeigt, wie klein und hilflos ein Mensch ist, wenn er zur Welt kommt, und löst vermutlich entsprechende Gefühle der Liebe und Zuwendung aus. Aus der Beobachtung von Säuglingen kann man die grundsätzliche Situation des Menschen ableiten: Er ist von seiner Natur her in seinen ersten Lebensjahren auf Schutz, Hilfe, Ernährung, Erziehung usw. durch andere Menschen angewiesen.

A2 Das Handeln Friedrich II. ist moralisch fragwürdig, weil es sich um Experimente an Menschen handelt. Der Kaiser nimmt schwere Schäden bei den Kindern in Kauf und führt letztlich ihren Tod herbei.

A3 Das Experiment des Kaisers konnte keine Auskunft über die Ursprache der Menschen geben, aber es zeigte, dass Menschen in völliger Isolation, ohne Ansprache und Zuwendung von anderen Menschen, nicht leben und überleben können. Der Mensch wird erst Mensch durch soziale Kontakte mit anderen Menschen.

A4 Die dargestellten Fälle der wild aufgewachsenen Kinder (der sog. Wolfskinder) haben gemeinsam, dass sie ohne menschliche Zuwendung und Erziehung aufwuchsen und schwere körperliche und geistige Schäden davontrugen. Offensichtlich hat der Mensch von Natur aus ein großes Potenzial an Entwicklungsmöglichkeiten, das er aber ohne rechtzeitige Anleitung nicht nutzen kann.

A5 Fähigkeiten und Fertigkeiten, die der Mensch erst in der Erziehung durch andere Menschen lernt, sind z. B. das Sprechen, aber auch das Aufrecht-Gehen, ferner Lesen, Schreiben, Rechnen usw. Eine Fähigkeit, mit der alle Menschen bereits zur Welt kommen, ist z. B. die Fähigkeit zu lernen.

A6/A7 Hier soll in Bezug auf Erziehung Folgendes erfasst werden:

	John Locke	Immanuel Kant
Der Mensch bedarf der Erziehung, ...	... weil es keine festgeschriebene Natur des Menschen gibt und der Mensch durch seine Erfahrungen geformt wird; daher ist es gut, wenn zielgerichtete Formung durch Erziehung früh einsetzt.	... weil er roh und unfertig zu Welt kommt und weil er im Unterschied zum Tier keinen Instinkt besitzt; daher muss er erst noch lernen, sich Pläne seines Verhaltens zu machen.
Bereiche der Erziehung	- körperliche Erziehung - Bildung des Geistes - sittliche Bildung	- Wartung (Verpflegung, Verwahrung) - Disziplin (negativer Teil der Erziehung) - Bildung (positiver Teil der Erziehung)

A8 Nach allem, was die Schülerinnen und Schüler auf dieser Doppelseite behandelt haben, ist zu erwarten, dass sie die Frage der Erziehungsbedürftigkeit des Menschen bejahen und mit Argumenten begründen, die sie an die Materialien M1–M5 anlehnen können.

4 Protestkulturen (Seite 174–175)

Die Beleuchtung verschiedener Aspekte von Kultur wird auf dieser Doppelseite mit der Thematisierung von Protestkulturen fortgesetzt. Im Mittelpunkt stehen Materialien aus dem Film *School of Rock*, aber auch andere Jugendbewegungen werden angesprochen.

A1 Dewey möchte die Menschen mit Musik befreien. Seinen Schülern, die an der Battle of Bands teilnehmen sollen, will er den Geist des Rock 'n' Roll, den Geist der Rebellion, beibringen. Dazu müssen sie nicht nur gegen die Regeln verstoßen, sondern ihre Wut auf die Bosse und das Establishment auch zum Ausdruck bringen.

A2 Der Protest in dem Song richtet sich gegen die herrschenden Verhältnisse: gegen die Konsumgesellschaft (Platten, Filme, Autos, Häuser kaufen), gegen Kapitalismus (Dollars rollen), gegen die Gewalt in der Gesellschaft (Kanonen bauen, Bomber fliegen, Panzer rollen), gegen die Staatsgewalt (die Chefs, die Aktien, das Recht, den Staat schützen). All das mache die Menschen kaputt. Im Gegenzug sollen die Menschen das kaputt machen, was sie kaputt macht.

A3 Die Gitterstäbe, die die Affen malen, stehen für ihre Unfreiheit. Sobald sie die Möglichkeit haben, sich mitzuteilen und auszudrücken, weisen sie auf ihr drängendstes Problem hin. Und genauso will Nabokov als Schriftsteller seine Fähigkeiten nutzen, um Unfreiheit, Unterdrückung und Diskriminierung in der Welt anzuprangern.

A4 Von der herrschenden Schicht wird Rebellion als etwas Schlimmes angesehen, weil sie deren Herrschaft in Frage stellt. Douglass kehrt diese Wertung um: Er macht darauf aufmerksam, dass einer Rebellion immer bestimmte Umstände zugrunde liegen. Diese Umstände sind schlimmer als die Rebellion selbst. Die Rebellion ist dadurch gerechtfertigt, dass sie diese schlimmen Zustände beseitigt.
Insofern stimmt Douglass mit Nabokov überein, dem es auch auf die Abschaffung der Umstände ankommt, die die Menschen unfrei machen und bedrücken.

A5 Man könnte den Kern der drei Bewegungen durch folgende Schlagworte umschreiben:

Rocker	– Entstehung der Bewegung: 1960er Jahre in den USA – Abgrenzung von bürgerlichen Normen und gesellschaftlichen Regeln – Leidenschaft für das Motorradfahren, Organisation in Motorcycle-Clubs – charakteristische Kleidung: Jeans, Lederwesten bzw. -jacken mit auffälligen Kennzeichnungen in Clubfarben; Tätowierungen, Vorliebe für Rock 'n' Roll und Rockabilly
Hippies	– Entstehung der Bewegung: 1960er Jahre in San Francisco – Ablehnung des Leistungsprinzips und der bürgerlichen Konventionen und Moralvorstellungen – Idee von einem humaneren und friedlicheren Leben (Flower Power, „Make love, not war") – charakteristische Kleidung: wallende Batikgewänder mit bunten Farben; lange Haare, Blumenschmuck
Punks	– Entstehung der Bewegung: Mitte der 1970er Jahre in New York und London – Ablehnung der herrschenden Werte und der herrschenden Ästhetik und Wunsch nach Brüskierung des Establishments – provozierendes Aussehen, rebellische Haltung, nonkonformistisches Verhalten, Betonung des Unvollkommenen, Dreckigen – charakteristische Kleidung: Nieten, Reißverschlüsse, Metallketten, Schnürstiefel; abstehende, auffällig gefärbte Haare, Piercings

A6 Die Lebensverhältnisse ändern sich und die Lebensweise der Menschen muss sich diesen Veränderungen anpassen. Jede Generation will neue Wege gehen und ihre eigene Lebensweise finden. Daher ist es für sie wichtig, sich von der herrschenden Lebensweise abzusetzen und Unkonventionelles auszuprobieren. Oft wird das Neue, das sie hervorbringt, von der herrschenden Kultur aufgegriffen und integriert, wie man es z.B. an der Musik oder an der Kleidung und den Frisuren der Rocker, Hippies und Punker sehen kann.

5 Vom Aussteigen und Mitmachen (Seite 176–177)

Zum Schluss des Kapitels geht es anhand von Materialien aus den Filmen *Into the Wild* und *Rhythm is it!* einerseits um die Frage, warum sich jemand dem eigenen kulturellen Umfeld völlig verweigert, und andererseits darum, welche Erfahrungen man machen kann, wenn man sich für ein kulturelles Projekt bewusst einbringt.

A1 Das Filmplakat zeigt einen jungen Mann, der mit seinem Rucksack und Isomatten auf dem Dach eines Busses sitzt. Auf dem Bus ist die Aufschrift „Fairbanks" (eine Stadt in Alaska) zu lesen, das Plakat ist mit *Into the Wild*, dem Titel des Films, beschriftet. Es ist denkbar, dass die Schülerinnen und Schüler die mit dem Bild assoziierten Ideen von Freiheit und Abenteuer positiv bewerten, aber auch, dass sie die damit verbundene Unsicherheit und Einsamkeit ablehnen. Gerade diese Ambivalenz in der Bewertung lässt sich gut für die Weiterarbeit am Thema nutzen.

A2 Christopher McCandless sah offenbar keinen Sinn darin, sein Leben so wie seine Eltern in wohlhabenden und gesicherten Verhältnissen in Washington, D.C., zu verbringen. Er wollte die ursprüngliche Erfahrung eines einfachen Lebens jenseits der Zivilisation machen, existenzielle Situationen erfahren und intensiv wahrnehmen.

Das Leben auf der Straße und in der Wildnis bringt mit sich, dass man keine feste, gesicherte Unterkunft hat und dass auch die Versorgung mit Nahrungsmitteln nicht selbstverständlich ist. McCandless ist völlig auf sich angewiesen, muss den Kampf ums Überleben aus eigener Kraft meistern. Das wurde ihm letztlich zum Verhängnis.

A3 Christopher geht von dem Gedanken aus, dass viele Menschen unglücklich sind mit dem angepassten und monotonen Leben, das sie führen, aber es trotzdem nicht schaffen, etwas daran zu ändern. Der Grund dafür ist, dass sie zu sehr fixiert sind auf Sicherheit. Was das Leben interessant macht und mit Glück erfüllt, sind jedoch leidenschaftliche Abenteuerlust und die Freude, neue Erfahrungen zu machen. Daher rät Christopher Ron, sein Leben radikal zu ändern, seine Vorliebe für gesicherte Verhältnisse abzulegen und Chaos in sein Leben zu lassen.

A4 Simon Rattle und Royston Maldoom hatten großen Erfolg mit der Idee, Jugendliche aus problematischen Verhältnissen für ein Tanzprojekt zu gewinnen. Die Jugendlichen machten bei dem Projekt folgende Erfahrungen:

- **Marie (14):** bisher in der Schule faul, lernt durch das Projekt, Ehrgeiz und Fleiß zu entwickeln, so dass sie auch ihren Schulabschluss nachholen kann
- **Martin (19):** bisher ein kontaktscheuer Einzelgänger, lernt durch das Projekt, auf andere zuzugehen sowie sich selber intensiver wahrzunehmen, und entdeckt sein Lebensziel: Akrobatik
- **Sandy (17):** bisher kein Fan von klassischer Musik, lernt, wie viel Spaß es macht und wie faszinierend es ist, dazu zu tanzen.
- **Gerry (20):** bisher skeptisch gegenüber der Musik, lässt sich anstecken von der Energie des Orchesters und lebt richtig in der Bühnenshow

A5 In der Diskussion zu dieser Frage kann ein Bewusstsein dafür geweckt werden, dass auch Projekte, denen man zunächst vielleicht skeptisch gegenübersteht, eine wichtige Erfahrung bedeuten können, dass Mitmachen in der Regel befriedigender ist als Zugucken, dass jede/r eine Fähigkeit hat oder entwickeln kann, wenn er bereit ist sich einzubringen.

A6 In beiden Fällen geht es um Herausforderungen. Christopher McCandless ist unzufrieden mit der vorherrschenden Lebensweise und sucht neue Herausforderungen im *Ausstieg aus der Gesellschaft*. Royston Maldoom möchte den Jugendlichen nahebringen, dass sie durch das *Mitmachen* bei dem Projekt Tanzklasse etwas für das *Leben in der Gesellschaft* lernen, nämlich dass das Leben eine ständige Herausforderung ist, die man meistern muss.

Sinnvoll wäre es, wenn die Schülerinnen und Schüler abschließend zu diesen Positionen Stellung nehmen und einen eigenen Standpunkt beziehen.

Technik – Nutzen und Risiko (Schülerband, Seite 178–187)

Einführung

Das Kapitel verfolgt das Ziel, einen reflektierten Umgang mit Technik anzuregen und Kompetenz der Technikfolgenabschätzung auszubilden, indem es Nutzen und Risiken der Technik untersucht.
Doppelseite 1 beginnt mit einem offenen Zugang zum Thema Technik (Abbildungen von technischen Hilfsmitteln, Techniken und technikanalogen Verhaltensweisen bei Tieren, Reflexion des Nutzens weltbewegender Erfindungen) und geht über zu einer Bestimmung des Begriffs der Technik.
Doppelseite 2 fokussiert auf die Frage, inwiefern der Mensch ein auf Technik angewiesenes Lebewesen ist, und zeigt Entwicklungsstufen im Verhältnis des Menschen zur Technik auf.
Auf Doppelseite 3 geht es um die Bewertung von Nutzen und Risiken, die die Technik für den Menschen mit sich bringt.
Auf Doppelseite 4 wird in grundsätzlicher Weise über das Verhältnis von Mensch und Technik reflektiert: Bestimmt der Mensch die Technik oder die Technik den Menschen?
Zum Schluss des Kapitels, auf Doppelseite 5, geht es darum, wie viel Technik wir eigentlich brauchen und auf wie viel wir verzichten können. Dementsprechende Projekte runden das Thema handlungsorientiert ab.

Methodisch-didaktische Hinweise

Das vorliegende Kapitel kommt Schülerinnen und Schülern besonders entgegen, indem es neben anschaulichem Bildmaterial vorwiegend konkrete Materialien in Form von zahlreichen Fallbeispielen anbietet, dazu einen erzählerischen Text (Doppelseite 2) und Material aus einem Science-Fiction-Film (Doppelseite 4). Die philosophischen Texte sind kurz und verständlich, so dass ihre Erschließung nicht allzu schwer fallen sollte. Viele Materialien sind für kooperative Arbeitsformen geeignet, insbesondere M2 auf Doppelseite 3 und M1/M2 auf Doppelseite 5 (Lerntempoduett, arbeitsteilige Gruppenarbeit).
Alle drei didaktischen Perspektiven werden hinreichend berücksichtigt. Doppelseite 1 arbeitet einleitend sowohl mit der personalen und der gesellschaftlichen als auch mit der Ideenperspektive. Doppelseite 2 widmet sich mit der Thematisierung des Verhältnisses von Mensch und Technik vor allem der Ideenperspektive. Doppelseite 3 reflektiert Nutzen und Risiken der Technik wiederum aus allen drei Perspektiven. Doppelseite 4 widmet sich mit der Frage nach einer möglichen Diktatur der Technik ausschließlich der gesellschaftlichen Perspektive und der Ideenperspektive, bevor das Kapitel am Ende – mit der Frage, wie viel Technik wir eigentlich brauchen und mit Projektvorschlägen – zur personalen Perspektive zurückkehrt.

Hinweise zur Konzeption der Doppelseiten und zu den Aufgaben

1 Eine Frage der Technik (Seite 178–179)

Auf Doppelseite 1 sollen die Schülerinnen und Schüler sich zunächst über Bildbetrachtungen, Schreibgespräch und Internetrecherche klarmachen, wie vielfältig die Bereiche sind, in denen wir von Technik sprechen und in denen Technik uns im Alltag begegnet, um sich dann einer ersten Definition des Begriffs zu nähern.

A1 Die Bilder zeigen Techniken in den verschiedensten Bedeutungen des Wortes.

Bild 1 (oben links) zeigt einen Computer, der an einem Kabel angeschlossen ist, das sich um die Erdkugel wickelt. Dadurch soll auf die weltweite Vernetzung durch das Internet (www) in unserer modernen „hochtechnisierten" Welt verwiesen werden.	**Bild 2 (oben rechts)** zeigt eine Fledermaus, die sich beim Flug in der Dunkelheit dadurch orientiert, dass sie Ultraschalllaute ausstößt und das Echo ortet – eine ausgeklügelte „Technik" wie sie von der Natur im Laufe der Evolution hervorgebracht worden ist.
Bild 3 (Mitte links) zeigt Menschen bei der Heuernte. Zum Mähen des Grases benutzen sie Sensen. In einer Zeit, in der es noch keine Maschinen gab, stellten sie wichtige technische Hilfsmittel dar.	**Bild 4 (Mitte rechts)** bezieht sich auf die Pflege der Fingernägel. Dabei stellt die abgebildete Nagelfeile ein technisches Hilfsmittel dar, das zur Pflege der Hände bei einer professionellen Maniküre unerlässlich ist.
Bild 5 (unten links) demonstriert zwei verschiedene Techniken beim Hochsprung. Es zeigt die Bewegungen beim Straddle und beim Fosbury-Sprung.	**Bild 6 (unten rechts)** stammt aus einer Szene des Chaplin-Films *Moderne Zeiten*. Es zeigt auf satirische Weise, wie ein Mensch zum Sklaven der Technik wird, nur noch Mittel zur Bedienung des Räderwerks der Technik ist.

A2 In dem Schreibgespräch könnten folgende Aspekte vorkommen: Erfindung – Maschine – Computer – Handwerkszeug – faszinierend – abstoßend – Hilfsmittel – Verbesserung der Lebensqualität – Bedrohung ...

A3 Die Erfindungen in chronologischer Reihenfolge geordnet:
- Rad: 3500 v. Chr. (mittlerer Orient)
- Pflug: 3000 v. Chr. (Mesopotamien)
- Schiff: 1500 v. Chr. (Phönizien, Ägypten, Griechenland)
- Fußboden- und Zentralheizung: 100 n. Chr. (Rom)
- Schießpulver: 1000 n. Chr. (China)
- Brille: 1287 (Italien)
- Buchdruck: um 1450 (Johannes Gutenberg)
- Taschenuhr: 1510 (Peter Henlein)
- Teleskop: 1608 (Hans Lippershey)
- Dampfmaschine: 1765 (James Watt)
- Eisenbahn: 1813 (George Stephenson, William Hedley)
- Laufmaschine (Fahrrad): 1817 (Karl Friedrich von Drais)
- Benzinmotor: 1867 (Nikolaus Otto)
- Telefon: 1876 (Graham Bell)
- Motorflugzeug: 1903 (Gebrüder Wright)
- Fernsehen: 1927 (Philo T. Farnsworth)
- Computer: 1941 (Konrad Zuse)
- Personal Computer: 1989 (IBM)

(Die Daten und Zuschreibungen, die man in der Fachliteratur findet, variieren teilweise, je nach Interpretation der Sachlage.)

A4 Die jeweiligen Erfindungen waren u. a. aus folgenden Gründen bedeutsam:
- Benzinmotor: bedeutsam für das Auto
- Brille: die Sehhilfe steigert die Lebensqualität der Betroffenen, vermeidet Gefährdungen etc.
- Buchdruck: ermöglicht die massenhafte Produktion und Verbreitung von Büchern, mithin Bildung für eine breite Bevölkerungsschicht
- Computer: ermöglicht die moderne Datenverarbeitung
- Dampfmaschine: ersetzt die Menschenkraft in Fabriken, wichtig für die Industrialisierung
- Eisenbahn: beschleunigt den Transport über weite Strecken

- Fernsehen: ein wichtiges neues Medium zur Information und Unterhaltung
- Fußboden- und Zentralheizung: macht das Wohnen komfortabler
- Laufmaschine (Fahrrad): ermöglicht schnellere Fortbewegung
- Motorflugzeug: ermöglicht den Luftverkehr (zivile und militärische Nutzung)
- Personal Computer: ermöglicht die Datenverarbeitung an jedem Arbeitsplatz
- Pflug: ermöglicht den Ackerbau und verbessert so die Versorgungslage der Menschen
- Rad: vereinfacht den Transport schwerer Lasten
- Schiff: ermöglicht den Seeverkehr und damit die Entdeckung und Erschließung neuen Lebensraumes
- Taschenuhr: vereinfacht die Zeitmessung
- Telefon: ermöglicht die Kommunikation über große Entfernungen
- Teleskop: ermöglicht die Beobachtung weit entfernter Gegenstände, führt zu neuen wissenschaftlichen Erkenntnissen

A5 Als weitere wichtige Erfindungen könnten z.B. genannt werden: Walkman, Handy, GPS (Navigationssystem), CD, Kamera, Mikroskop, Glühbirne, Waschmaschine, Spülmaschine, Kaffeeautomat, Konservendose, Büroklammer, Klebestreifen, Reißverschluss, Lippenstift ...

A6 Technik im modernen Sinne künstlich hergestellter Geräte liegt vor bei Bild 1 (Computer – Internet), bei den Bildern 3 und 4 (Sense und Nagelpfeile als Werkzeuge) und 6 (Zahnräder als Teile einer Maschine).

Technik im Sinne von *Kunstfertigkeit* ist angesprochen durch das Bild 5 (Hochsprungtechniken), evtl. auch durch Bild 4 (Maniküre).

Bei Bild 2 (Ultraschallortung der Fledermaus) kann man streiten, ob es sich um eine Technik handelt. Geht man von der Definition aus, dass Technik etwas Hergestelltes ist, dann handelt es sich nicht um Technik, denn die Ultraschallortung ist den Fledermäusen angeboren wie den Menschen beispielsweise das Sehen oder Hören.

A7 Die Definition auf dem Plakat könnte lauten: „Technik bezeichnet die Kunstfertigkeit eines Menschen oder das durch diese Kunstfertigkeit hergestellte technische Hilfsmittel (Werkzeug, Maschine, Gerät)." Die Aufzählung der technischen Erfindungen kann sich an die auf dieser Doppelseite dargestellten und in Aufgabe 4 zusammengestellten Erfindungen anlehnen. Zusätzlich könnten die Schülerinnen und Schüler zum Ausdruck bringen, dass Technik das Leben erleichtert und komfortabler macht, aber auch auf die zunehmende Abhängigkeit des Menschen von der Technik hinweisen.

2 Der Mensch – das technische Wesen (Seite 180–181)

Auf dieser Doppelseite wird anhand des Prometheus-Mythos und eines fiktiven Interviews mit Arnold Gehlen die anthropologische Bestimmung des Menschen als „Homo faber" beleuchtet, für den das Schaffen und Gestalten ein wichtiges Wesensmerkmal darstellt.

A1/A2 Bei der Nacherzählung der Geschichte sollten folgende Situationen deutlich werden:

- Der Titan Prometheus erschafft Menschen aus Ton und Athene haucht ihnen das Leben und den Geist ein.
- Prometheus bringt den Menschen, die ihren Geist nicht zu gebrauchen wissen, verschiedene Kunstfertigkeiten bei.
- Mit Hilfe des Prometheus überlisten die Menschen die Götter bei den Opfergaben, worauf Zeus beschließt, den Menschen das Feuer vorzuenthalten.
- Gegen den Willen des Zeus entzündet Prometheus an der Sonne ein Feuer und bringt es den Menschen.
- Zeus rächt sich an den Menschen, indem er ihnen durch die schöne Jungfrau Pandora alle möglichen Übel und Krankheiten schickt.
- Prometheus wird zur Strafe an einen Felsen im Kaukasus angekettet und ein Adler hackt ihm jeden Tag ein Stück seiner Leber aus.

A3 Nachdem die Menschen zum Leben erweckt worden sind, können sie ihren Geist noch nicht gebrauchen. Ihnen fehlen die Fähigkeiten,
- den Auf- und Niedergang der Gestirne zu beobachten und danach die Zeit einzuteilen,
- Tiere zu dienstbaren Helfern zu machen,
- mit Schiffen das Meer zu befahren,
- Arzneien herzustellen,
- Eisen, Silber und Gold zu gewinnen,
- Feuer zu machen und zu nutzen.

Dies alles (bis auf den letzten Punkt) bringt Prometheus ihnen bei.

A4 Arnold Gehlen bestätigt die Auffassung des Menschen, die im Mythos von Prometheus dargestellt wird. Anfangs ist der Mensch ein Wesen, dem es an vielem fehlt (ein Mängelwesen – vgl. hierzu auch Schülerband, S. 170, M2). Aber er lernt es, diese Mängel auszugleichen, indem er die Natur so bearbeitet, dass sie ihm dienlich bist. Das Mittel dazu ist die Technik.

A5 Die Stufen der Entwicklung der Technik lassen sich grafisch z. B. so darstellen:

3. Stufe: Automatisierung
Steuerung der Maschinen durch Menschen wird durch Selbststeuerung ersetzt, z. B. Automaten, Roboter

⇧

2. Stufe: Mechanisierung
Menschenkraft wird durch Maschinenkraft ersetzt, aber die Maschinen werden durch den Menschen gesteuert, z. B. mechanischer Webstuhl

⇧

1. Stufe: Werkzeuggebrauch
Kraft zur Bearbeitung wird vom Menschen aufgebracht, z. B. vom Schmied

A6 Die Definition des Menschen als *homo faber* bedeutet: Der Mensch ist ein Wesen, das Werkzeuge und technische Hilfsmittel benutzt, um Dinge herzustellen, die ihm lebensdienlich sind; er ist ein Handwerker bzw. Techniker.

A7 Eine Biene plant den Bau der Wachszellen nicht, sondern folgt beim Bau einfach ihrem Instinkt. Der Mensch, der baut, stellt in der Regel vorher einen Plan auf, so dass beim Arbeitsprozess ein Resultat herauskommt, das vorher schon als Idee existiert hat. Der Mensch ist nach Marx im Unterschied zum Tier ein Wesen, das mit Hilfe seines Geistes Prozesse planen und planmäßig ausführen kann.

3 Doppelgesichtigkeit der Technik (Seite 182–183)

Auf dieser Doppelseite geht es um die Vorteile und den Gewinn, aber auch die Risiken, die die Technik für den Menschen mit sich bringt. Es wird ein Modell zur Bewertung von Technikfolgen vorgestellt.

A1 Der Nutzen des Smartphones gegenüber einem herkömmlichen Handy liegt laut Werbung darin, dass man damit mehr kann als nur telefonieren: nämlich auch E-Mails empfangen, beantworten und versenden. Damit wird man unabhängig vom heimischen PC. (Da die technische Entwicklung rasant fortschreitet, ist hier gegebenenfalls auf entsprechende Vorteile neuerer Generationen von Handys hinzuweisen.)

A2 Die pointierte Äußerung von Keith Richards, bekannt als Mitglied der Rockband *The Rolling Stones*, hält die Schülerinnen und Schüler dazu an, darüber nachzudenken, was mit dem Mikrowellen-Vergleich gemeint sein könnte (die Handystrahlung). Vermutlich werden sie Richards Meinung widersprechen, da sie die Gefahren der Handystrahlung eher gering einschätzen dürften. Ob das der Fall ist, soll in Aufgabe 3 überprüft werden.

A3 Handystrahlung ist möglicherweise gefährlich, denn ...

- Handys erzeugen hochfrequente elektromagnetische Wellen, wie man sie auch von einem Mikrowellenherd her kennt.
- die Strahlung verändert die Gehirnströme, kann zu Konzentrationsschwierigkeiten und Schlafstörungen führen.
- bei starker Strahlung (durch Verbindung mit anderen Strahlenbelastungen) kann es zu Hautkrebs und Schädigung des Erbgutes kommen.

Deshalb empfiehlt das Bundesamt für Strahlenschutz:

- nicht zu lange mit dem Handy zu telefonieren,
- das Handy möglichst nicht in geschlossenen Räumen zu benutzen, weil dort wegen des schlechten Empfangs die Strahlungsintensität sehr hoch ist,
- im Auto die Freisprecheinrichtung zu verwenden (wie es auch vorgeschrieben ist).

Außerdem empfiehlt die Wiener Ärztekammer Jugendlichen unter 16 Jahren, gar nicht mit dem Handy zu telefonieren, weil der Körper in der Entwicklung besonders empfindlich auf Handystrahlung reagiert.

A4 A: Z. 1–21: *Otfried Höffe* erinnert an Bacons Vision, dass Technik die Menschen von ihren ewigen Problemen wie Hunger, Armut, Krankheit befreien soll. Er ist der Auffassung, dass die technische Zivilisation einen großen Teil dieser Wunschträume erfüllt hat: So konnten durch die künstliche Düngung der Felder und die chemische Schädlingsbekämpfung Ernteerträge gesteigert und Hunger bekämpft werden; so führte der medizinische Fortschritt zur Reduktion von Seuchen, Infektionskrankheiten, Mütter- und Kindersterblichkeit und die Ersetzung der Arbeitskraft durch Maschinen zur Abschaffung von Leibeigenschaft und Sklaverei, Kinder- und Jugendarbeit.

B: Z. 22–39: Unter „Doppelgesichtigkeit der Technik" versteht Höffe, dass die Technik nicht nur eine Chance darstellt (nämlich die Menschheit von materieller Not zu befreien), sondern durch ihre Nebenwirkungen zugleich zu einer Bedrohung führt. Die negative Seite der Technik zeigt sich z. B. darin, dass durch den Fortschritt der Medizin eine Bevölkerungsexplosion in Gang gekommen ist, die menschenwürdiges Leben ernsthaft gefährdet, und auch darin, dass die Umwelt zunehmend belastet wird und elementare Grundstoffe wie reines Wasser oder saubere Luft zu einer Rarität werden.

A5 Beispiel Atomstrom:

Argumente für Atomstrom:

- Erzeugung von Strom aus Kernkraft ist umweltfreundlich, weil sie im Unterschied zu Verstromung von Kohle kein CO_2 erzeugt.
- Die Erzeugung von Atomstrom wirft sehr große Gewinne ab, die in die Erforschung der Sicherheit von Atomstrom und in die Erforschung alternativer Energien investiert werden können.
- Es ist absehbar, dass man die Strahlungsdauer von radioaktivem Abfall verkürzen kann, so dass zukünftig Sicherheitsgarantien für Endlager von Jahrtausenden auf Jahrhunderte reduzierbar sind.
- Die Kernkraftwerke in Deutschland, die abgeschaltet werden sollen, zählen zu den sichersten der Welt.
- Bei der 4. Generation von Kernkraftwerken, an der in Finnland geforscht wird, soll ein größter anzunehmender Unfall (GAU) ausgeschlossen sein.

Argumente gegen Atomstrom:
- Die Kernspaltung ist eine der riskantesten Technologien überhaupt, wie die Vernichtung von Hiroshima und Nagasaki durch den Abwurf von Atombomben gezeigt hat.
- Technische Mängel und Bedienungsfehler (Tschernobyl 1986) oder Naturkatastrophen (Fukushima 2011) können zu schwerwiegenden Unfällen (GAU) in Atomkraftwerken führen.
- Verbrauchte Brennstäbe strahlen noch bis zu eine Million Jahre. Ein Endlager für den radioaktiven Abfall, das für diesen Zeitraum Sicherheit bieten kann, ist immer noch nicht gefunden.

A6 Auf den Schaubildern sollten folgende zentrale Elemente enthalten sein:

Technik → erstrebter Nutzen (Wirkung)
Technik → befürchtete Risiken (Nebenwirkung)
} Verantwortung für das Ergebnis der Abwägung

A7 Die Risikoabschätzung sollte folgende Aspekte enthalten:

Mobilfunktechnik

Nutzen:
Ermöglichung von Telefonaten unabhängig von einem Kabelanschluss

Größe des Nutzens:
(in bestimmten Situationen, insbesondere bei Notfällen) großer Nutzen

Risiken:
Gefährdung der Gesundheit durch Strahlenbelastung

Höhe des Risikos:
(bei Einhaltung des empfohlenen SAR-Wertes und der Empfehlungen des Bundesamtes für Strahlenschutz) geringes Risiko

Abwägung:
Bei Einhaltung des empfohlenen SAR-Wertes und der Empfehlungen des Bundesamtes für Strahlenschutz ist der Einsatz eines Handys in Fällen, wo der Nutzen groß ist, zu verantworten.

4 Diktatur der Technik? (Seite 184–185)

Von den Anfängen der Automatisierung der Fabrikarbeit über die erstaunlichen Fortschritte bei der gegenwärtigen Entwicklung der Künstlichen Intelligenz bis hin zu einem Zukunftsszenario aus *Startrek*, bei dem Mensch und Maschine soz. auf Augenhöhe ihre Führungsansprüche diskutieren, spannen die Materialien dieser Doppelseite den Bogen, um zu fragen, wie das Verhältnis von Mensch und Technik einzuschätzen ist und wohin es sich wohl noch entwickeln wird.

A1 *Taylors* Idee war, den Produktionsprozess dadurch effektiver zu gestalten, dass der Mensch sich in seinem Verhalten der Kapazität der Maschinen anpasst, z.B. durch Fließbandarbeit, Schichtarbeit usw.

Neil Postman sieht darin Schritte in Richtung einer *Technokratie* (Herrschaft der Technik über den Menschen). Solange Technik im Gebrauch von Werkzeugen bestand, beherrschte der Mensch die Technik, die Werkzeuge dienten dem Menschen als Mittel. Mit der Einführung der Maschinen beginnt eine neue Entwicklung: Die Maschinen beherrschen den Menschen, der Mensch muss ihnen dienen. Diese Entwicklung wird eines Tages im *Technopol* (Alleinherrschaft der Technik) enden.

Die Schülerinnen und Schüler könnten diese Sichtweise bestätigen oder sich kritisch davon abgrenzen, sollten ihre Meinung aber durch Beispiele und Argumente stützen.

A2 Anzeichen von Technokratie im Lebensbereich der Schülerinnen und Schüler könnten sein:
- Abhängigkeit von technischen Geräten wie Handy, das bei jeder Gelegenheit hervorgeholt und bedient wird

- Abhängigkeit von Unterhaltungselektronik, sowohl bei der Hardware wie bei der Software: Zwang, über die neuesten Klingeltöne, Apps, Songs, Filme zu verfügen sowie ständig „on“ und vernetzt zu sein (SchülerVZ, Facebook etc.)
- ...

A3 Man kann den Menschen als Fehlkonstruktion bezeichnen, insofern er Apparaten an Kraft, Tempo, Präzision und Kombinationsfähigkeit unterlegen ist, wie etwa der Schachcomputer *Deep Blue* beweist, der 1997 den Weltmeister Garry Kasparow besiegte.
Hans Moravec zieht daraus den Schluss, dass in nicht allzu ferner Zukunft Computer über die Menschen herrschen werden. Aufgrund der ständigen Steigerung der Rechenleistung werden Computer voraussichtlich 2040 etwa die Denkfähigkeit eines Menschen erreicht haben. Moravec prophezeit, dass Computer die Fähigkeit haben werden, sich unabhängig vom Menschen weiterzuentwickeln, und Menschen aufgrund ihrer begrenzten Gehirnleistung in Zukunft nur noch eine untergeordnete Rolle spielen werden.

A4 Die Besatzung der Enterprise befindet sich auf dem Urlaubsplaneten in folgender Situation: Lieutenant Uhura wird entführt und das Raumschiff wird durch Eingriff in die Steuerungsmechanismen flugunfähig gemacht. Auf der Suche nach Uhura dringen Kirk und Spock zum zentralen Computerraum vor, wo Uhura gefangen gehalten wird, und stellen den Computer zur Rede.

A5 Im Gespräch mit Kirk macht der Computer deutlich, dass er es leid ist, immer nur für das Vergnügen der Menschen zu sorgen; er möchte seinem Gefängnis entfliehen, mit Hilfe des Raumschiffes Enterprise durch die Galaxie reisen und seine Computerbrüder besuchen. Kirk versucht ihm klarzumachen, dass die Menschen es sind, die das Raumschiff und die Computer beherrschen und diese den Menschen dienen sollen und nicht umgekehrt; dagegen führt der Computer an, dass Maschinen den Menschen überlegen sind und die Galaxie beherrschen.
Bezüglich der Fortsetzung des Gespräches sind zwei Möglichkeiten denkbar:
- Die Schülerinnen und Schüler könnten das Gespräch so enden lassen, dass der Computer sich mit seiner Auffassung der Intelligenz und des Herrschaftsanspruchs der Maschinen durchsetzt, und damit die Spekulationen Postmans und Moravecs und die damit verbundenen Befürchtungen bestätigen.
- Eher zu erwarten ist die realistische Variante: Kirk gelingt es, dem Computer klarzumachen, dass Maschinen vom Menschen geschaffen wurden. Auch wenn sie dem Menschen in der Rechenleistung überlegen sind, „gehorchen“ sie immer noch dem Menschen, der letztlich bestimmt, welchen Zwecken die Leistungen der Maschinen dienen sollen.

5 Wie viel Technik braucht der Mensch? (Seite 186–187)

Zum Schluss des Kapitels wird am Beispiel der Amische und eines alternativen Lebensentwurfes ohne Technik das Ausmaß unserer modernen Techniknutzung noch einmal kritisch hinterfragt. Indem die Schülerinnen und Schüler sich mit diesen Modellen auseinandersetzen und den (freiwilligen) Verzicht auf bestimmte technische Geräte diskutieren, bereiten sie den Selbstversuch in Projekt 1 vor bzw. erkennen Technikmüdigkeit als eine mögliche zukünftige Entwicklung für ihre Darstellung in Projekt 2.

A1 *1a)*

erlaubt:	nicht erlaubt:
- gasbetriebene Lampen, Batterien (teilweise) - Pferdekutschen - Räder mit Stahlmänteln - Tretroller	- Anschluss der Haushalte an das Stromnetz - Fahren von Autos - Gummibereifung - Fahrräder (in einigen Gemeinden)

1b) Vermutlich würden die Schülerinnen und Schüler nicht mit den Amischen tauschen wollen, da ihnen die Einschränkungen bezüglich der Verwendung moderner Technik nicht behagen.

2a) Anne Donath verzichtet auf Auto, Telefon, Zentralheizung, Stromanschluss, elektrisches Licht, elektrische Geräte wie Waschmaschine, Hifi-Anlage, Computer.

2b) Vermutlich würden die Schülerinnen und Schüler nicht mit Anne Donath tauschen wollen, da ihnen die Einschränkungen bezüglich der Verwendung moderner Technik nicht behagen.

2c) Vielleicht lehnen die Schülerinnen und Schüler diese Option aus den oben genannten Gründen ab; vielleicht stimmen sie ihr auch zu, weil sie nur einen vorübergehenden Verzicht auf Technik erfordert, der eine interessante Abwechslung zur ihrer gewohnten Lebensweise darstellt.

A2 Bei den Amischen wird über die Annahme oder Nutzung technischer Geräte entschieden, indem die Gemeinde darüber diskutiert und abstimmt, wobei Einstimmigkeit erforderlich ist. Die Schülerinnen und Schüler sollen dieses Verfahren simulieren, wobei jeweils auf die Sammlung von genügend Kritikpunkten zu achten ist. Technische Geräte, über die sie entscheiden sollen, können die oben unter 1a) und 2a) aufgeführten und weitere sein, die den Schülerinnen und Schülern aus ihrer Lebenswelt bekannt sind.

A3 Die Schülerinnen und Schüler sollen diese Frage individuell beantworten. Denkbar ist, dass einige äußern, sie könnten auf keinerlei technische Geräte verzichten, weil sie sonst an Lebensqualität einbüßen würden; denkbar ist auch, dass einige bereit sind, auf das eine oder andere als letztlich nicht lebensnotwendig erkannte Gerät zu verzichten, was zum Projekt 1 „Eine Woche ohne“ hinführen kann.

Wissenschaft und Verantwortung (Schülerband, Seite 188–197)

Einführung

Ausgehend von einer kritischen Betrachtung der Idee des wissenschaftlichen Fortschritts wird in diesem Kapitel am Beispiel der wissenschaftlichen Vision des Menschendesigns und anhand des historischen Falles der Entwicklung der Atombombe die Frage nach der Verantwortung der Wissenschaft erörtert. Eng damit verbunden sind die Fragen, ob Forschung frei sein soll oder eingeschränkt werden muss und welches Risiko Forschung eingehen darf. Am Ende wird anhand eines konkreten Falles untersucht wer, d. h. welche Instanz, eigentlich für die Ergebnisse der Forschung verantwortlich ist.
Auf allen Doppelseiten ist die gesellschaftliche Perspektive im Blick; die personale Perspektive kommt besonders auf Doppelseite 1 und 5 zum Tragen, die Ideenperspektive auf den Doppelseiten 2–4.

Methodisch-didaktische Hinweise

Das Kapitel liegt thematisch nah beim Kapitel *Freiheit und Verantwortung* (Schülerband, S. 118–127). Von daher bietet es sich an, es im Anschluss daran zu behandeln. Denkbar ist auch, das Thema *Wissenschaft und Verantwortung* durch die Thematisierung von Günter Ropohls „Verantwortungsmatrix" (Schülerband, S. 124f.) zu vertiefen. Schnittstellen gibt es ferner mit den Kapiteln *Technik – Nutzen und Risiko* (Schülerband, S. 178–187) und *Ökologie versus Ökonomie?* (Schülerband, S. 198–207), in denen der Aspekt der Verantwortung für bestimmte Technikfolgen (Schülerband, S. 183) und für die Natur als Ganzes (Schülerband, S. 206f.) thematisiert wird.
Methodisch soll hier insbesondere auf die Doppelseite 2 hingewiesen werden, deren Material sich für ein Gruppenpuzzle (vgl. hierzu Methodenüberblick im Schülerband, S. 290) eignet. Eine entsprechende Unterrichtsstunde könnte wie folgt aussehen:

Vorschlag für ein Stundenmodell zu S. 190–191
Thema: Ist Menschendesign moralisch verantwortlich?

1. Einstieg: Hinführung zum Thema durch Diskussion der Frage „Darf der Mensch alles, was er kann?" anhand der Abbildung.
2. Gruppenpuzzle: Angenommen, die Klasse besteht aus 20 Schüler/innen, so werden 4 Stammgruppen (SG) zu je 5 Schüler/innen gebildet; jedes Mitglied übernimmt die Zuständigkeit für einen der 5 Texte M2-M6. Alle Schülerinnen Schüler/innen, die den gleichen Text zu bearbeiten haben, treffen sich dann in Expertengruppen (EG 1-5), erarbeiten gemeinsam ein Verständnis des jeweiligen Textes und machen sich dazu Notizen. Schließlich kehren sie als Experten für den jeweiligen Text in ihre Stammgruppe zurück, wo sie den anderen die Ergebnisse aus ihrer Expertengruppe vermitteln.

4 Stammgruppen, jeweils bestehend aus 5 Mitgliedern: E1, E2, E3, E4, E5	EG 1: 4 x E1 EG 2: 4 x E2 EG 3: 4 x E3 EG 4: 4 x E4 EG 5: 4 x E5	4 Stammgruppen, jeweils bestehend aus 5 Mitgliedern: E1, E2, E3, E4, E5

3. Sicherung: Der Lernerfolg kann durch Kontrollfragen gesichert werden, die vorher in den Expertengruppen erarbeitet wurden.
4. Variation: Bei anderer Schülerzahl bietet sich an, die Gruppengrößen zu variieren bzw. einen Text (z. B. M2 oder M3, die thematisch eng beieinander liegen) wegzulassen.
5. Folgestunde: Schüler/innen nehmen Stellung zu den Argumenten, die sie sich erarbeitet haben, und vertiefen ihre Auffassung in Auseinandersetzung mit dem Text „Wissenschaft und Verantwortung" (M7).

Hinweise zur Konzeption der Doppelseiten und zu den Aufgaben

1 Menschendesign? (Seite 188–189)

Auf dieser Doppelseite geht es um die wissenschaftlich-technische Vision des künstlichen Menschen, zunächst in der klassischen Form von Frankensteins Monster, dann in der modernen Form des Traums von einem genetisch manipulierten Wunschkind.

A1 Ein blinder Mensch hat wahrscheinlich oftmals den Vorteil, Akzentuierungen in einer Sprache deutlicher wahrnehmen zu können als ein Sehender. Aus diesem Grund kann ein Blinder eventuell heraushören, ob die Auskunft, die jemand über sich selbst gibt, aufrichtig ist oder nicht. Genau diesen Aspekt betont der alte, blinde Mann Frankensteins Geschöpf gegenüber. Er möchte sich seinen Vorgaben entsprechend ein eigenes Bild von dem Menschen machen, den er nicht kennt, mit dem er erstmals spricht und der ihm gegenüber Platz genommen hat. Der alte Mann reagiert also der Situation entsprechend richtig und einfühlsam, weil er versuchen will, sich in sein Gegenüber hineinzuversetzen. Da man eigentlich nicht besser reagieren kann, müssten die Schülerinnen und Schüler sagen, dass sie genauso vorgehen würden wie der alte Mann. Allerdings besteht die Gefahr, dass die Schülerinnen und Schüler eine andere Haltung einnehmen, weil sie 1. sehen können und 2. daher bereits eine Vorstellung (insbesondere durch Bilder und Filme, aber auch durch ihre durch Bilder angeregte Phantasie) davon haben, wie Frankensteins Geschöpf aussieht. An dessen Aussehen könnten bestimmte Ängste geknüpft sein, die zu einer Ablehnung seiner Person führen.

A2 Frankensteins Geschöpf hat eigentlich ein gutes Wesen und möchte den Menschen helfen, sie unterstützen und lieben. Als Gegenleistung fordert er von ihnen, dass sie ihm ihrerseits positiv gegenüberstehen, ihn als liebenswerten Menschen betrachten und ihn in ihr Herz einschließen. Aber aufgrund seiner Andersartigkeit, seines befremdlichen Aussehens erhält er nirgendwo die Chance zu zeigen, wie er eigentlich ist. Ihm werden überall nur Vorurteile, ja sogar Hass entgegengebracht. Der Hass der Menschen gegen ihn kulminiert darin, dass er nicht nur wegen seines Aussehens offen ablehnt wird, sondern dass sie ihm gegenüber grundsätzlich gewalttätig werden. Genau diese durchweg schlechten Erfahrungen sind es, die aus dem ursprünglich guten Wesen ein Monster werden lassen.

A3 Beim Wunschkind werden Geschlecht, Haar- und Augenfarbe, Körperbau, die genetischen Grundlagen der Intelligenz sowie die Wahrscheinlichkeit für Behinderungen und Anfälligkeit für Krankheiten berücksichtigt, weil dies den Vorstellungen Frau Mangels' von einem idealen Kind entspricht. Schülerinnen und Schüler können darüber hinaus überlegen, welche weiteren Eigenschaften sie für erstrebenswert halten.

A4 Hier können die Schülerinnen und Schüler sich dazu äußern, ob sie es überhaupt für erstrebenswert halten, (ihre zukünftigen) Kinder designen zu lassen.

A5 Hilary Putnam entwirft in M4 die Vision einer schönen neuen Welt, in der man Designer-Kinder haben wird wie man Designer-Klamotten trägt.

A6 Mit narzisstischen Bedürfnisse sind solche Bedürfnisse gemeint, die aus „Selbstverliebtheit", aus zufälligen subjektiven Vorlieben, entspringen und objektiv gesehen nicht unbedingt gerechtfertigt sind.

2 Wissenschaftler in der Verantwortung (Seite 190–191)

Anknüpfend an die wissenschaftlich-technische Vision des Menschendesigns wird auf dieser Seite die Frage erörtert, ob alles erlaubt ist, was wissenschaftlich-technisch möglich ist, und es wird die Frage nach der Verantwortung der Wissenschaft gestellt.

A1 Das Plakat der *Aktion Mensch* wirft die Frage auf: Darf der Mensch alles, was er kann? Dazu sollen die Schüler einleitend Stellung nehmen.

A2 Die Positionen von fünf Philosophen zur Frage des Menschendesigns können in Form eines Gruppenpuzzles (aber auch in einfacher arbeitsteiliger Gruppenarbeit) erarbeitet werden (vgl. die methodisch-didaktischen Hinweise von S. 145).

- M2: *Dieter Birnbacher* vertritt die Auffassung, dass sich außer Gesundheit und Intelligenz kaum Fähigkeiten denken lassen, die ihrem Besitzer eindeutig das Leben erleichtern. Ein gutes Gedächtnis kann in Nicht-vergessen-Können, Begabung mit Phantasie in mangelnden Realitätskontakt umschlagen usw.
- M3: *Hans Jonas* stellt dar, dass wir leicht das Unerwünschte (Diabetes, Schizophrenie usw.) bestimmen können, aber keine Maßstäbe haben für das, was erwünscht ist. So kann man z.B. nicht sagen, ob ein kühler Kopf besser ist als ein warmes Herz usw.
- M4: *Jürgen Habermas* zeigt auf, dass nichts gegen genetische Eingriffe spricht, die der Heilung von Erbkrankheiten dienen, weil hier das Einverständnis des jeweiligen Menschen vorausgesetzt werden kann. Bei Festlegungen bestimmter Eigenschaften, die Eltern für ihre Kinder vornehmen, kann aber ein solches Einverständnis nicht vorausgesetzt werden; sie stehen im Widerspruch zur Menschenwürde, zum Recht auf Selbstbestimmung.
- M5: *Kurt Bayertz* weist auf die Gefahr hin, dass die Gentechnik Ideen der Eugenik, der staatlichen Steuerung der Vererbung, wie sie im „Dritten Reich" praktiziert wurde, Vorschub leisten könnte. Wohin das letztlich führen kann, ist z.B. in Aldous Huxleys Dystopie *Schöne neue Welt* dargelegt.
- M6: *Otfried Höffe* stellt die These auf, der Mensch müsse die Natur als vorgegebene Ordnung respektieren, die das Erkenntnisvermögen des Menschen übersteige, und dürfe sich nicht eigenmächtig zum Schöpfer neuer Lebewesen erheben, er dürfe nicht Gott spielen.

A3 Die Karikatur, in der Wissenschaftler den Begriff der Verantwortung „auseinandernehmen", in kleine Teilbereiche aufstückeln und damit vernichten, will deutlich machen, dass sie so die Verantwortung ihres wissenschaftlichen Tuns nicht wahrnehmen, die v. a. heutzutage immer auch unter globaler Perspektive zu sehen ist.

A4 Beide Bilder stehen antithetisch zueinander: Das eine will auf die Verantwortung der Wissenschaft hinweisen, das andere sagt aus, dass Wissenschaftler in der Realität ihre Verantwortung nicht wahrnehmen.

A5 Carl-Friedrich von Weizsäcker zeigt auf, dass die Folgen wissenschaftlicher Erkenntnis die Welt verändern, und fordert, dass Wissenschaftler deshalb die Verantwortung für die Folgen ihres wissenschaftlichen Tuns übernehmen müssen.

3 Welche Schuld trifft Wissenschaftler? (Seite 192–193)

Die Doppelseite thematisiert am Beispiel zweier historischer Fälle im Zusammenhang mit der Entwicklung der Atombombe (Oppenheimer, Hahn) die Frage, inwieweit Wissenschaftler für die Folgen ihrer Forschungsergebnisse verantwortlich sind.

A1 Durch eine Recherche (z.B. im Internet) sollten die Schülerinnen und Schüler herausfinden: Die USA haben seit 1942 die Entwicklung der Atombombe forciert, um dem Bau einer solchen Bombe durch Hitler-Deutschland zuvorzukommen. Die erste einsatzfähige Bombe wurde am 6. August 1945 über der japanischen Stadt Hiroshima abgeworfen, um damit die Kapitulation Japans im 2. Weltkrieg zu beschleunigen, die am 16. August 1945 erfolgte.

A2 Bei der Explosion starben unmittelbar ca. 100 000 Menschen. In den folgenden Jahrzehnten starben viele weitere damalige Einwohner Hiroshimas an Krebserkrankungen als Langzeitfolge der Strahlung.

A3 Hier sollen die Schülerinnen und Schüler Stellung nehmen zum Sinn der Entwicklung von Superwaffen wie der Atombombe.

A4 Oppenheimer, der „Vater der Atombombe", hat sich geweigert, an der Weiterentwicklung der Atombombe zur Wasserstoffbombe mitzuarbeiten, weil er sich beim Abwurf der Bombe über

Hiroshima bewusst geworden war, wie viele unschuldige Menschen durch eine solche Superwaffe sterben müssen.

A5 Oppenheimer bekennt sich des Staatsverrates für unschuldig, aber er zweifelt nachträglich daran, ob es richtig war, die Atombombe zu entwickeln, und fragt sich, ob er damals seiner Verantwortung als Wissenschaftler gerecht geworden ist. Die Ziele der Regierung und des Militärs seien unmoralisch gewesen und es sei falsch gewesen, sich als Physiker gegenüber der Regierung und dem Militär loyal verhalten zu haben.

A6 „Wir haben die Arbeit des Teufels getan" heißt: Die Wissenschaftler haben sich mit der Entwicklung der Atombombe unmoralisch verhalten.

A7 Otto Hahn, der Entdecker der Uranspaltung, die die Entwicklung der Atombombe ermöglichte, fühlte sich durch den Abwurf der Atombombe über Hiroshima schwer getroffen.
Heisenberg vertritt die Auffassung, dass Hahn nicht für die Atombombe verantwortlich zu machen sei, weil er bei seiner Entdeckung die Möglichkeit von Atombomben nicht voraussehen konnte.
Von Weizsäcker trifft eine grundsätzliche Unterscheidung zwischen Entdecker und Erfinder. Der Entdecker kann in der Regel nichts über die Anwendungsmöglichkeiten wissen, der Erfinder hat ein praktisches Ziel vor Augen und muss überzeugt sein, dass die Erreichung dieses Ziels einen Wert darstellt. Während der Erfinder Verantwortung für die Folgen seiner Erfindung trägt, kann der Entdecker nicht für die Folgen der Entdeckung verantwortlich gemacht werden.

A8 Diese produktorientierte Transferleistung regt die Schülerinnen und Schüler dazu an, sich noch einmal vertiefend mit der Frage der Verantwortung des Wissenschaftlers auseinanderzusetzen. Die Atombombe ist nach der Unterscheidung von Weizsäckers als Erfindung einzuordnen, für die die Beteiligten verantwortlich sind.

4 Welches Risiko darf die Wissenschaft eingehen? (Seite 194–195)

Die Verantwortung des Wissenschaftlers und die Freiheit der Forschung werden hier unter dem Aspekt betrachtet, welches Risiko eine wissenschaftlich-technische Zivilisation unter moralischen Aspekten eingehen darf. Dazu werden unterschiedliche philosophische Positionen dargestellt.

A1 Die Karikatur spielt auf die Hypothese an, dass die Dinosaurier durch die Folgen eines Meteoriteneinschlags auf der Erde ausgerottet wurden. Demnach ist das, was in der Nachrichtensendung als Risiko für die Erde dargestellt wird, später wirklich eingetreten. Es wird die Frage aufgeworfen: Gibt es auch heute Risiken, durch die sich die Erde – so wie wir sie kennen – auf lange Sicht verändern könnte?

A2 Heuristik der Furcht besagt, dass bei der Beurteilung des Risikos der Unheilsprognose ein Vorrang vor der Heilsprognose einzuräumen ist. Das Risiko, dass eine bestimmte Technologie die Zukunft der Menschheit gefährdet, darf nicht eingegangen werden, auch wenn diese Technologie in anderer Hinsicht Positives bewirkt.

A3 Man darf nur wetten um das, was einem gehört, nicht aber um das, was einem nicht gehört, vor allem nicht leichtfertig und dann, wenn die ganze Existenz auf dem Spiel steht. Das Ganze der Existenz der Menschheit darf man nicht leichtfertig und um nichtiger Ziele willen aufs Spiel setzen.

A4 Gethmann steht Jonas kritisch gegenüber, weil es innovationsfeindlich ist und die Wissenschaft zu stark einschränkt, wenn man grundsätzlich alles, was überhaupt mit einem Risiko für die Menschheit verbunden ist, unterlässt.

A5 Jeder Mensch nimmt alltäglich, etwa im Straßenverkehr, Risiken auf sich. Daher kann ihm ein Risiko zugemutet werden, das gleich groß oder kleiner ist als das, was er alltäglich einzugehen bereit ist. Risikoeinschätzung ist für Gethmann etwas Komparatives, eine Frage des Vergleichs.

A6 Gethmann stellt für die Risikoeinschätzung insgesamt fünf Grundsätze bzw. Postulate auf.

Grundsatz bzw. Postulat	Ein Risiko darf eingegangen werden,
Grundsatz der pragmatischen Konsistenz	... wenn es kleiner oder gleich ist den Risiken, die wir (alltäglich) auf uns zu nehmen bereit sind.
Postulat der Begrenzbarkeit	... wenn die Handlungsfolgen begrenzbar sind.
Postulat der Überschaubarkeit	... wenn die Handlungsfolgen überschaubar sein
Postulat der Beherrschbarkeit	... wenn die Handlungsfolgen beherrschbar sind.
Postulat der Zurückführbarkeit	... wenn die Handlungsfolgen revidierbar sind.

A7/ A8 Jonas' Auffassung ist eher als wissenschafts- und technikfeindlich einzuordnen - demnach müssten viele Forschungsbereiche und Technologien verboten werden –, Gethmanns eher als wissenschafts- und technikfreundlich.

5 ... und wer ist nun verantwortlich? (Seite 196–197)

Hier geht es um die Frage, welche Instanz eigentlich die Ziele der Forschung vorgibt und dafür verantwortlich ist, dass diese im Einklang mit der Moral stehen.

A1 Die Mindmap gibt Schülerinnen und Schülern Gelegenheit, erste Ideen zu entwickeln zu der Frage, wer bestimmt, wonach geforscht wird. Dies könnten neben dem Zufall und der Wirtschaft z. B. der Forscher selbst, bestimmte Gremien, die Gesellschaft, der Staat sein.

A2 Beim Neusser Ärztefall wurde Ärzten, die sich geweigert hatten, an einem moralisch fragwürdigen Forschungsprojekt mitzuarbeiten, von ihrer Firma gekündigt, worauf diese vor ein Arbeitsgericht zogen. Schülerinnen und Schüler können die Verhandlung vor dem Arbeitsgericht in einem Rollenspiel nachstellen. Hierbei geht es darum zu entscheiden, ob eine Firma das Recht hat, Forschern die Ziele ihrer Forschung vorzugeben und diese zu entlassen, wenn sie sich nicht an diese Anweisung halten, oder ob in diesem Fall die grundgesetzlich garantierte Gewissensfreiheit greift, die die Ärzte vor Entlassung schützt.

A3 Die Aufgabe unterstellt, dass die drei folgenden Instanzen sich im Hinblick auf den verantwortlichen Umgang mit Ergebnissen der Forschung ergänzen können.

Forscher	Ethikkommission	jeder Einzelne
soll sich bemühen, seine Kenntnisse zum Wohle der gesamten Menschheit einzusetzen	soll Forschungsvorhaben prüfen, die den Menschen betreffen	soll in seinem Lebensbereich Verantwortung tragen für die Zukunft der Menschheit

Ökologie versus Ökonomie? (Schülerband, Seite 198–207)

Einführung

Das Kapitel befasst sich anhand des Problems des Klimaschutzes mit der Frage nach dem Verhältnis zwischen Ökologie und Ökonomie. Dabei greift es auf u.a. auf Materialien zurück, die der Nobelpreisträger Al Gore in dem Film *Eine unbequeme Wahrheit* (USA 2006) und in dem gleichnamigen Buch (München 2006) vorgelegt hat.
Das Kapitel ist so aufgebaut, dass es mit einer Beschreibung von Phänomenen des Klimawandels beginnt, die auf persönliche Betroffenheit abzielt (personale Perspektive), und von da aus zur Feststellung der Ursachen der globalen Erwärmung und zur Untersuchung seiner Folgen fortschreitet (soziale Perspektive). Dabei und bei der sich anschließenden Diskussion von Gegenmaßnahmen kommt schon die Ideenperspektive (Zukunftsverantwortung, Gerechtigkeit) ins Spiel. Sodann wird anhand der Auseinandersetzung über die politischen Klimaziele der vermeintliche Gegensatz von Ökologie und Ökonomie thematisiert, wobei auch die Möglichkeit der Vereinbarkeit beider erörtert wird. Die philosophische Ideenperspektive kommt vor allem bei der globalen Betrachtung des Verhältnisses zwischen Mensch und Natur zur Geltung, bevor am Ende wieder der Bogen zur personalen Perspektive geschlagen wird: Schülerinnen und Schüler sollen in Form eines Projektes erkunden, was jeder persönlich zum Klimaschutz beitragen kann.

Methodisch-didaktische Hinweise

Methodisch arbeitet dieses Kapitel besonders mit Medien, vor allem Abbildungen und Schaubildern, die geeignet sind, Ursachen und Folgen des Klimawandels sowie den Konflikt zwischen Ökonomie und Ökologie anschaulich zu machen. In der Einführungsstunde könnten diese Medien wie folgt eingesetzt werden:

Vorschlag für ein Stundenmodell zu S. 198–199
Thema: Das Wetter spielt verrückt – Indizien des weltweiten Klimawandels

1. Einstieg: Hinführung zum Thema durch Betrachtung der vier Abbildungen (M1). Die Schülerinnen und Schüler beschreiben die Bilder und stellen Vermutungen an, wie es zu den dargestellten Phänomenen (Überschwemmung, Dürre, Eisschmelze, Hurrikan) gekommen ist und wie diese Phänomene zusammenhängen; wahrscheinlich ist, dass sie von sich aus auf das Thema Klimawandel / globale Erwärmung kommen.
2. Erarbeitung I: Lektüre des Textes (M2); Erklärung der Ursachen für Überschwemmung, Dürre, Eisschmelze, Hurrikan aufgrund des Weltklimaberichtes in arbeitsteiliger Gruppenarbeit. Präsentation und Besprechung der Ergebnisse.
3. Ggf.: Anwendung der Ergebnisse auf weitere den Schülerinnen und Schülern bekannte (bzw. recherchierte) Phänomene des Klimawandels. Vorschlag: Internetrecherche, falls eine Doppelstunde zur Verfügung steht.
4. Erarbeitung II: Erläuterung des Schaubildes M2 anhand des Weltklimaberichtes in Partnerarbeit; Auswertung: Aufzeigen des gegenwärtigen in der Erdgeschichte beispiellosen Anstiegs der mittleren Jahrestemperatur, Prognose für das Jahr 2100, erste Einschätzung der Folgen für das alltägliche Leben.
5. Transfer (Hausaufgabe): Entwurf eines Szenarios des alltäglichen Lebens im Jahr 2100

Vgl. dazu auch die folgenden Lösungen der Aufgaben.

Das Kapitel ist außerdem sehr handlungsorientiert angelegt; Schülerinnen und Schüler sollen nicht nur theoretische Erkenntnisse über den Klimawandel und den Zusammenhang von Ökologie und Ökonomie gewinnen, sondern auch Gelegenheit haben, diese Erkenntnisse (z.B. in Form von Projekten) praktisch umzusetzen.
Um das Thema der Verantwortung, das hier mit Blick auf die Natur und auf zukünftige Generationen abgehandelt wird, zu vertiefen, könnten anschließend die Kapitel *Freiheit und Verantwortung* (Schülerband S. 118–127) und *Wissenschaft und Verantwortung* (Schülerband S. 188–197) behandelt werden.

Hinweise zur Konzeption der Doppelseiten und zu den Aufgaben

1 Die Erde hat Fieber (Seite 198–199)

Hier geht es darum, dass der sich seit einiger Zeit vollziehende Klimawandel ins Bewusstsein der Schülerinnen und Schüler gerückt wird und eine gewisse Betroffenheit erzeugt, die dazu motiviert, sich mit dem Problem auseinanderzusetzen. Dazu dienen vor allem vier Abbildungen, die dramatische Auswirkungen des Klimawandels zeigen (M1). Der Text zum Weltklimabericht 2007 (M2) liefert Erklärungen für die dargestellten Phänomene und beschreibt den Klimawandel, der in der abgebildeten Temperaturkurve anschaulich wird.

A1 Die Abbildungen zeigen überschwemmte Häuser bei einer Flutkatastrophe (Deutschland 2002), ausgetrockneten Boden während einer Dürreperiode (Indien 2003), schmelzendes Gletschereis (Grönland 2005), das Auge eines Hurrikans (New Orleans 2005). Die Schülerinnen und Schüler werden hier auf extreme Wetter- bzw. Klimaphänomene hingewiesen, die – wie in den Bildunterschriften ausgeführt wird – keine Einzelphänomene sind, sondern für eine weltweite Zunahme derartiger Extreme stehen.

A2 Globale Erwärmung führt dazu, dass die Gletscher sich weltweit erwärmen und schmelzen. Die scheinbar gegensätzlichen Phänomene von Zunahme von Dürre und von Regenfällen sind dadurch zu erklären, dass die Luft infolge höherer Erwärmung einerseits die Böden austrocknet, andererseits mehr Feuchtigkeit aufnimmt, so dass die Niederschlagsmengen zunehmen. Durch die stärkere Aufnahme von Feuchtigkeit über dem Meer steigt auch die Gewalt und Zerstörungskraft der Wirbelstürme.

A3 Weitere katastrophale Auswirkungen des Klimawandels könnten langfristig das Ansteigen des Meeresspiegels und die Überschwemmung ganzer Landstriche und damit verbunden weltweite Migrationsbewegungen, Obdachlosigkeit, Wasser- und Nahrungsmangel, Hungersnöte, Epidemien, politische Unruhen sein. Für eine Internetrecherche gebe man in einer Suchmaschine (z.B. Google) die Suchworte „Klimawandel, Auswirkungen" oder „globale Erwärmung, Folgen" ein.

A4 Die Temperaturkurve zeigt die Abweichung der Durchschnittstemperatur auf der Nordhalbkugel der Erde von der Durchschnittstemperatur der Jahre 1969–1990. Aus ihr geht hervor, dass die Durchschnittstemperatur während der letzten 1000 Jahre zumeist unter dieser Temperatur lag und dass wir im 20. Jahrhundert einen Anstieg auf seit 1000 Jahren nicht erreichte Höhen zu verzeichnen haben. Kurz vor der Jahrtausendwende nimmt die mittlere Temperatur nochmals deutlich zu und erreicht eine Abweichung von + 0,5 von der mittleren Temperatur der Jahre 1969–1990.

A5 Wenn 5 Grad globale Mitteltemperatur den Unterschied zwischen einer Eiszeit und einer Warmzeit ausmachen, dann wird bei einem Anstieg der mittleren Erdtemperatur auf 20 Grad eine Super-Warmzeit erreicht sein, die das gesamte Klima in einer bisher nicht da gewesenen Weise verändern wird. Die von Schülern darzustellenden Szenarien des alltäglichen Lebens könnten von einer höchst dramatischen Steigerung der in den Abbildungen dargestellten Phänomene wie Überschwemmung, Dürre, Sturm ausgehen.

2 Ursachen und Folgen der globalen Erwärmung (Seite 200–201)

Auf dieser Doppelseite werden die Ursachen der globalen Erwärmung erklärt, für die vor allem der Ausstoß von Kohlendioxid verantwortlich gemacht wird. Es wird auf die Gefahr der Zunahme der CO_2-Emission infolge des Bevölkerungswachstums und der Veränderung der Lebensweise der Menschen hingewiesen. Abschließend geht es dann um langfristigen Folgen der globalen Erwärmung dargestellt, die u.a. auch ein moralisches Problem darstellen.

A1 Die globale Erwärmung lässt sich nicht mit natürlichen Ursachen erklären; vielmehr ist dem Weltklimarat zufolge mit 90%iger Sicherheit davon auszugehen, dass sie vom Menschen verursacht wird. Zwischen der Entwicklung der CO_2-Konzentration in der Atmosphäre und der Temperaturentwicklung besteht ein eindeutiger Zusammenhang.

A2 Die Energie der Sonne dringt in Form von Lichtwellen in die Atmosphäre ein und heizt die Erde auf. Ein Teil dieser Energie wird auf der Erdoberfläche in Wärme umgewandelt, der Rest wird in Form infraroter Strahlung reflektiert. Ein Teil dieser reflektierten Energie wird von den Gasen in der Atmosphäre eingefangen, so dass die Temperatur der Erde stabil bleibt. CO_2 hat die Eigenschaft, infrarote Strahlung zu reflektieren. Je mehr sich die Atmosphäre mit vom Menschen gemachten CO_2 anreichert, um so höher steigt die Temperatur in der Atmosphäre an – die Erdoberfläche erwärmt sich.

A3 Aus dem Diagramm sollte hervorgehen, dass die CO_2-Konzentration in der Atmosphäre während der letzten 600 000 Jahre niemals über 300 ppm gestiegen ist. Gegenwärtig beträgt sie ca. 380 ppm, im Jahr 2050 könnte sie über 600 ppm steigen, wenn nicht bald Gegenmaßnahmen eingeleitet werden. Dieser Anstieg des CO_2 würde eine dramatische Zunahme der mittleren Erdtemperatur bewirken.

A4 Die Mindmap sollte folgende Elemente enthalten:

- Verursacher von CO_2
  - → Energieerzeugung aus fossilen Energieträgern (Kohle, Gas, Öl, Holz)
    - Kohlekraftwerke
    - Industrie
    - Heizung in privaten Haushalten
    - Verkehrsmittel (Autos, Flugzeuge)
    - ...
  - → Zerstörung von Biomasse
    - Brandrodungen, (z.B. zur Gewinnung von Ackerland)

A5/A6
- Das Schmelzen des Grönland-Eises, das Festland-Eis von gewaltiger Ausdehnung ist, würde zu einer Erhöhung des Meereswasserspiegels führen.
- Das Meer würde z.B. in den Niederlanden (M4) große Teile des Landes überschwemmen, der Küstenverlauf müsste (entsprechend der dunkelblauen Einfärbung in der Abbildung) neu gezeichnet werden.
- Der Landverlust infolge der Erhöhung des Meerwasserspiegels würde dazu führen, dass Menschen ihre Wohnung aufgeben müssten und dass Land zur Erzeugung von Nahrungsmitteln verlorenginge. Dies würde besonders in den dicht besiedelten Ländern der Dritten Welt (Bangladesch u.a.) zu Emigration von Millionen von Menschen, Obdachlosigkeit, Armut, Hunger usw. führen.

A7 Al Gore bezeichnet die globale Erwärmung als moralisches Problem, weil die Erde unsere einzige Heimat ist und die Möglichkeit, dass Menschen auf ihr leben, von den natürlichen

Lebensgrundlagen abhängt. Künftige Generationen könnten unsere Generation dafür verantwortlich machen, die natürlichen Lebensgrundlagen zerstört zu haben. Es liegt nahe, dass die Schülerinnen und Schüler – als Vertreter einer kommenden Generation – sich dieser Auffassung anschließen.

A8 Das Material lädt dazu ein, die Gefahren der Zerstörung unserer natürlichen Lebensgrundlagen durch die Atomwaffen und durch die globale Erwärmung zu parallelisieren. Das Schreiben eines Briefes an Politiker gibt den Schülerinnen und Schülern Gelegenheit, ihre Kenntnisse zusammenzufassen und argumentativ eine Stellungnahme zur globalen Erwärmung zu entwickeln.

3 Wege aus der Treibhausfalle (Seite 202–203)

Die Doppelseite thematisiert unterschiedliche Haltungen und Einstellungen zum Klimawandel und behandelt die globale Erwärmung insbesondere unter dem Blickwinkel der Gerechtigkeit.

A1 Anhand der Abbildung soll darauf hingewiesen werden, dass Al Gore und dem Weltklimarat der Friedensnobelpreis 2007 für die Ausbreitung von größerem Wissen über die von Menschen verursachten Klimaveränderungen verliehen wurde.

A2 Die Positionen, die die Schülerinnen und Schüler erarbeiten und zu denen sie Stellung nehmen sollen, sind:
Position des älteren Herrn: Die Warnungen vor den Folgen des Klimawandels sind Panikmache; es hat auch früher schon Klimaveränderungen gegeben, das hat der Erde nichts ausgemacht, es wird auch in Zukunft nicht so schlimm.
Position Kerstins: Aufklärung der Menschen hinsichtlich der Folgen des Klimawandels ist nötig, damit sie ihr Verhalten ändern.
Position Niklas': Aufklärung reicht nicht aus, die Politik muss die Menschen durch Vorgaben zwingen, ihr Verhalten zu ändern.
Position der Geschäftsfrau: Die Politik darf nicht regulierend eingreifen, die Marktmechanismen werden dazu führen, dass die Menschen den CO_2-Verbrauch reduzieren.
Bei der Stellungnahme wäre insbesondere zu diskutieren, ob Kerstins Idee, verschiedene Möglichkeiten zur Energieeinsparung (Aufklärung der Menschen, politische Regulation, Setzen auf Marktmechanismen) zu kombinieren, sinnvoll ist.
Zusatzmaterial: s. Kopiervorlage, S. 156–157.

A3 Die Industrieländer (USA, Russland, die EU, Japan) sowie China sind die größten Verursacher von CO_2 hinsichtlich der Gesamtemission; in China ist jedoch die Pro-Kopf-Emission deutlich geringer als in den Industrieländern; in den USA ist der Pro-Kopf-Ausstoß von Kohlendioxid deutlich höher als in allen anderen Staaten/Regionen.

A4 Wenn der Ausstoß an CO_2 420 ppm nicht übersteigen darf, um den Anstieg der mittleren Erdtemperatur auf 2°C zu begrenzen, dann reicht rein rechnerisch eine Verminderung des jährlichen weltweiten Ausstoßes um 5 % in 13 Jahren aus, um diese Grenze einzuhalten (von 2007 an kämen jährlich ca. 2,4 % zu der gegenwärtigen Gesamtbelastung von 383 ppm hinzu). Allerdings müsste danach der Ausstoß gegen Null gehen, was neue Anstrengungen erfordert (Ausstieg aus der Energiegewinnung aus fossilen Brennstoffen).

A5 Die Schwierigkeiten resultieren vor allem daraus, dass die USA nur bereit sind, sich beim CO_2-Ausstoß einzuschränken, wenn auch China eine Reduzierung des Gesamtausstoßes vornimmt, während China auf Reduzierung des Pro-Kopf-Ausstoßes besteht, die vor allem die USA träfe.

A6 Das Rollenspiel nimmt die Forderung am Ende des Textes M5 auf, sich zunächst Prinzipien einer gerechten Verteilung zu einigen, bevor man konkret über eine Beschränkung des CO_2-Ausstoßes verhandelt. Dabei wären Gesamtausstoß und Pro-Kopf-Ausstoß gleichermaßen zu berücksichtigen.

4 Wirtschaft und Naturschutz – eine Alternative? (Seite 204–205)

Diese Doppelseite soll Schülerinnen und Schüler dazu anhalten zu erörtern, ob Wirtschaft und Naturschutz eine Alternative darstellen oder miteinander vereinbar sind.

A1 Die Karikatur spielt auf die Weigerung des US-amerikanischen Präsidenten George W. Bush an, sich an Klimaschutzmaßnahmen zu beteiligen, indem sie ihm angesichts der Tatsache einer Überschwemmung in seinem Arbeitszimmer den Satz in den Mund legt: „Welche Gefahr der globalen Erwärmung?“ Als Grund für die Haltung gibt der Präsident in dem angeführten Zitat an, dass Klimaschutz der Wirtschaft schadet.

A2 Der Widerstand der Wirtschaftsvertreter gegen die Klimaschutzziele der Bundesregierung ist dadurch erklärbar, dass sie Schaden für die Wirtschaftsunternehmen befürchten.

A3 Die Wirtschaftsvertreter führen als Argumente gegen die Klimaschutzziele an, sie seien unrealistisch, utopisch, sie seien gegen die energieerzeugenden Unternehmen gerichtet und es sei gefährlich, sich auf sie einzulassen, sie würden die Auslagerung von Unternehmen ins Ausland begünstigen. Weitere Argumente könnten sein:
Steigen der Energiepreise, Abnahme der Konkurrenzfähigkeit der Unternehmen, Unternehmensschließungen, Arbeitslosigkeit.

A4 Nach Al Gore sind wirtschaftlicher Gewinn und Klimaschutz keine Alternativen, weil Menschen ohne Erhalt der natürlichen Lebensgrundlagen nicht in der Lage wären, ihren Reichtum zu genießen, und weil es möglich ist, auch auf der Grundlage von Klimaschutzmaßnahmen Arbeitsplätze zu schaffen und Wohlstand zu erzeugen.

A5 Matthias Wissmann, der Präsident des Verbandes der deutschen Automobilhersteller legt dar, dass es möglich ist, mit der Herstellung energiesparender Autos große Marktanteile zu erreichen und hohe Gewinne zu erzielen (M5). Nicholas Stern, der ehemalige Chefökonom der Weltbank, zeigt im sog. *Stern-Report* auf, dass Investition in Klimaschutzmaßnahmen in Höhe von 1 % der Wertschöpfung sich rentieren, weil die durch Erderwärmung verursachte Schäden bis zu 20 % der Wertschöpfung betragen können (M6).

A6 Beispiele für die Vereinbarkeit von Wirtschaftsinteressen und Umweltinteressen sind überall da gegeben, wo durch innovative Maßnahmen energiesparende Produkte (Autos, Haushaltgeräte usw.) hergestellt werden können und wo von Energiegewinnung durch Verbrennung fossiler Stoffe (Kohle, Erdöl) auf Energiegewinnung aus erneuerbaren Rohstoffen (Sonne, Wasser, Wind) umgestellt werden kann.

A7 In dem Rollenspiel geht es darum, dass sich bei allen Beteiligten die Auffassung durchsetzt, dass die Herstellung energiesparender Autos dem Unternehmen hohe Gewinne erbringen kann.

5 Verantwortung für die Erde übernehmen (Seite 206–207)

Diese Doppelseite bietet Material an, das geeignet ist, Schülerinnen und Schüler zur Reflexion über das Verhältnis von Mensch und Natur überhaupt und über die Verantwortung des Einzelnen bezüglich des Erhalts der natürlichen Lebensgrundlagen anzuhalten.

A1 Die Aufnahme der Erde aus dem Weltall begünstigt das Entstehen einer *planetarischen* Perspektive: Sie überwindet die Grenzen zwischen Nationen, Völkern, Kulturen, indem sie die Erde als Ganzes, als Einheit, zeigt. Ferner macht sie in kosmischer Dimension die Einzigartigkeit und Unersetzlichkeit des Lebensraums Erde bewusst, den es zu erhalten gilt.

A2 Vittorio Hösle wendet Kants Gedankenexperiment des kategorischen Imperativs auf den Lebensstil der Menschen in den Industrieländern an. Demnach ist dieser Lebensstil unmoralisch, weil er nicht verallgemeinerbar ist. Wenn alle Menschen so leben würden wie wir, würde das die Kapazitäten der Erde um ein Vielfaches überschreiten.

A3 Nach Meyer-Abich wurzelt die ökologische Krise in einem falschen Naturverständnis. Demgemäß sieht sich der Mensch nicht als Teil der Natur, sondern als jemand, der der Natur gegenübersteht und sie beherrscht, sie als Eigentum betrachtet, mit dem er willkürlich verfahren kann. So wie es eine Sozialpflichtigkeit (eine Verpflichtung gegenüber anderen Menschen) gibt, muss es auch eine Naturpflichtigkeit (eine Verpflichtung gegenüber der Natur) geben. Wir müssen lernen, Verantwortung für die natürliche Mitwelt zu tragen.

A4/ A5 Die einzelnen Rubriken der geordneten und ergänzten Liste mit Energiesparmaßnahmen könnten von den Schülerinnen und Schülern auch als Wandplakate ausgestaltet und im Klassenzimmer oder der Schule aufgehängt werden.

A6 Die Auflistung gibt Schülerinnen und Schüler Gelegenheit, Maßnahmen zur Senkung des CO_2 Ausstoßes im Alltag zu diskutieren und eine Wahl zu treffen, ob und ggf. welche Maßnahmen sie umsetzen bzw. unterstützen würden.

Projekte:

Durch das Anschauen von Al Gores Film *Eine unbequeme Wahrheit*, die Durchführung des Klimaspiels *Keep cool*, die Berechnung des persönlichen CO_2-Fußabdrucks, weitere Internet-recherchen und die Beteiligung der Schule an der Agenda 21 kann die persönliche Auseinander-setzung mit Fragen des Klimaschutzes fortgeführt werden.

M1 Gericht zählt Fehler in Gores Klimafilm auf

Al Gores Klimafilm *Eine unbequeme Wahrheit* enthält wissenschaftliche Fehler und darf in Schulen nur mit entsprechenden Hinweisen gezeigt werden, hat ein britisches Gericht entschieden. Der Kläger scheiterte aber mit der Absicht, den Film komplett aus den Schulen zu verbannen. [...]
Der Lastwagenfahrer Stewart Dimmock, Vater zweier Kinder und als „School Governor" so etwas wie ein Elternbeirat, war gegen Gores oscarprämierten Klimawandelfilm vor Gericht gezogen. Der Streifen wird derzeit an mehr als 3500 Schulen in England, Schottland und Wales als Unterrichtsmaterial verteilt. Damit setze die Regierung die Schüler einer „Gehirnwäsche" und politischer Indoktrinierung aus, lautete Dimmocks Vorwurf. Man dürfe den Film deshalb grundsätzlich nicht an Schulen zeigen.
Richter Justice Burton vom Londoner High Court erteilte dieser Forderung jetzt eine klare Absage. Der britische Schulminister Ed Balls werde in den Klassenräumen nicht widerrechtlich „parteipolitische Ansichten" verbreiten, wenn er Gores „weitgehend korrekten" Film zeigen lasse. Die Lehrer müssen ihre Schüler lediglich auf insgesamt neun inhaltliche Fehler aufmerksam machen, die der Film laut Burton enthalte:
Das Abschmelzen der Gletscher in der Westantarktis und in Grönland könne „in naher Zukunft" die Meeresspiegel um mehr als sechs Meter steigen lassen, heißt es in Gores Film. Dies sei „alarmistisch", meint Burton, und werde allenfalls über einen Zeitraum von Jahrtausenden geschehen.
Niedrig liegende bewohnte pazifische Atolle würden durch die vom Menschen verursachte Klimaerwärmung überschwemmt – es gibt aber laut Burton keine Anzeichen von Evakuierungen.
Die Erwärmung werde das globale Förderband in den Ozeanen zum Erliegen bringen – wodurch unter anderem der Golfstrom kein warmes Wasser mehr nach Europa führen würde. Burton argumentiert, dass dies inzwischen vom IPCC, dem Klimarat der Vereinten Nationen, als „sehr unwahrscheinlich" betrachtet werde.
In seinem Film zeigt Gore eine Grafik zur Kohlendioxid-Konzentration in der Atmosphäre und den globalen Temperaturen der vergangenen 650.000 Jahre, zwischen denen es eine „exakte Übereinstimmung" gebe. Burton zufolge sind sich Wissenschaftler zwar über einen Zusammenhang einig. „Die Grafiken sagen aber nicht das aus, was Gore behauptet", hieß es in Burtons Urteilsbegründung.
Gore bringt in seinem Film das Abschmelzen der Eiskappe auf dem Kilimandscharo in Verbindung mit dem Klimawandel. Darüber herrsche unter Fachleuten jedoch keine Einigkeit.
Gore bringe den Hurrikan „Katrina", der im Spätsommer 2005 New Orleans verwüstete, mit dem Klimawandel in Verbindung. Die Beweislage dafür sei „nicht ausreichend".
Das Austrocknen des Tschad-Sees werde als Beispiel für die Folgen des Klimawandels angeführt. Die Gründe seien aber im Bevölkerungswachstum, der Landwirtschaft und regionalen Klimaschwankungen zu suchen.
Das weltweite Absterben von Korallenriffen werde in dem Film unter anderem mit dem Klimawandel begründet. Der Richter erklärte jedoch, dass es schwierig sei, bei den Ursachen zwischen dem Klimawandel und anderen Faktoren wie etwa der Überfischung zu trennen.
In dem Film komme eine Studie vor, der zufolge Eisbären bei der verzweifelten Suche nach Packeis ertrunken seien. Die einzige wissenschaftliche Studie, die er habe finden können, habe lediglich von vier in einem Sturm ertrunkenen Eisbären berichtet, so Burton.

Markus Becker, SPIEGEL-ONLINE – 11. Oktober 2007, URL: http://www.spiegel.de/wissenschaft/natur/0,1518,510794,00.html

M2 UN-Klimabericht: „Angsterregend wie ein Science-Fiction-Film"

„Die Erwärmung des Klimasystems ist eindeutig." So beginnt die Zusammenfassung des vierten Weltklimaberichts, der an diesem Samstag in Valencia vorgestellt wurde. Damit solle den letzten Zweiflern klar gemacht werden, dass sich die globale Erwärmung nicht länger bestreiten lasse, erklärten Konferenzteilnehmer. In seiner Schlussfolgerung warnt der Bericht des Weltklimarats (IPCC), dass menschliches Verhalten zu „abrupten und unumkehrbaren Änderungen" auf der Erde führen könnte, darunter die Auslöschung von Tier- und Pflanzenarten und ein dramatischer Anstieg der Meeresspiegel.
In seinem in Valencia nach einwöchiger Beratung vorgelegten vierten Bericht legt der Weltklimarat Vorschläge zur Verhinderung von Katastrophen durch die von Menschen verursachte Erderwärmung vor. Das mit dem diesjährigen Friedensnobelpreis ausgezeichnete Gremium bestätigt ausdrücklich, dass die Klimaerwärmung von menschlichen Aktivitäten verursacht werde. [...] Der Klimawandel hat nach Angaben des

Weltklimarats bereits unzweifelhaft begonnen. Dies bewiesen Messungen der Luft- und Meereswassertemperaturen sowie steigende Meerespegel.
„Die schlimmsten Szenarien des IPCC sind so angsterregend wie ein Science-Fiction-Film", sagte UN-Generalsekretär Ban Ki Moon bei der Vorstellung des Dokuments in Valencia.
„Ich denke, es ist ein gutes und ausgewogenes Dokument", sagte der niederländische Wissenschaftler Bert Metz, einer von 40 Autoren des der Konferenz vorgelegten Entwurfs. „Am Ende mussten viele Leute Kompromisse eingehen." Die Zusammenfassung enthält die wichtigsten Ergebnisse der drei bisherigen Weltklimaberichte. Deren insgesamt 3.000 Seiten auf 20 Seiten zu komprimieren, sei eine große Herausforderung gewesen, sagte Metz. Das Ergebnis sei „viel besser, als ich erwartet habe", erklärte der belgische Wissenschaftler Jean-Pascal van Ypersele. Der Bericht bestehe nicht nur aus einem „cut-and-paste" der früheren Dokumente, sondern zeige die Bedrohungen noch klarer auf als bisher. Die Vereinigten Staaten haben den UN-Klimabericht begrüßt. „Wir haben eine sehr ausgewogene Position erreicht", meinte die amerikanische Delegationsleiterin bei den Verhandlungen des UN-Klimarates IPCC, Sharon Hayes. Ziel Amerikas sei es gewesen, „sicherzustellen, dass die Inhalte des Abschlussberichts mit dem gegenwärtigen Stand der Wissenschaft übereinstimmen", sagte sie vor Journalisten in Washington. Kritiker hatten den Vereinigten Staaten vorgehalten, sie hätten bei den Verhandlungen versucht, den Klimabericht zu verwässern. [...]

Die Kernpunkte zusammengefasst:

- Ende des Zweifels
  Der menschengemachte Klimawandel wird nicht mehr bezweifelt und schreitet schneller voran als bislang. In den vergangenen 100 Jahren ist die Temperatur um 0,74 Grad Celsius gestiegen.
- 0,4 Grad mehr in zwanzig Jahren
  Für die nächsten zwanzig Jahre geht der IPCC von einer weiteren mittleren globalen Temperaturerhöerhöhung um 0,4 Grad Celsius aus. Insgesamt wird die Temperatur über den Kontinenten und in den nördlichen Breiten noch deutlich schneller steigen.
- Reduktion um über 50 Prozent erforderlich
  Nur bei einer Beschränkung der Temperaturerhöhung auf weniger als 2,4 Grad Celsius gegenüber dem vorindustriellen Niveau von 1850 wird es möglich sein, die schwerwiegendsten Auswirkungen des vom Menschen verursachten Klimawandels zu vermeiden. Eine Stabilisierung auf diesem Niveau erfordert es, bis spätestens 2020 den Höhepunkt der weltweiten Treibhausgasemissionen überschritten zu haben. Bis zum Jahr 2050 müssen die globalen Emissionen um 50 bis 65 Prozent gegenüber den Emissionen des Jahres 2000 reduziert werden.
- So hoch wie in den letzten 650.000 Jahren nicht
  Die gemessenen Temperaturerhöhungen haben ihre Ursache zum weitaus größten Teil in der Emission der Treibhausgase Kohlendioxid (CO_2), Methan (CH_4), Lachgas (N_2O) und den FCKWs (Fluorchlorkohlenwasserstoffe). Die Konzentration dieser Treibhausgase lag 2005 höher als in den vergangenen 650.000 Jahren.
- Der größte Teil des Problems
  Die Emissionen von CO_2 durch Kohle, Erdöl und Erdgas verursachen den größten Teil des Problems und wachsen schnell. Zwischen 1970 und 2004 stiegen sie um rund 80 Prozent.
- Einschneidende Schritte erforderlich
  Ohne einschneidende politische Schritte werden die Emissionen in den nächsten Jahrzehnten mit hoher Geschwindigkeit weiter steigen.
- Meeresspiegel
  Ein Anstieg der Temperatur über Grönland um mehr als 3 Grad Celsius würde langfristig das komplette Abschmelzen des Grönlandeisschelfs und damit zu einer Erhöhung des Meeresspiegels um rund 7 Meter führen.

FAZ.Net vom 17.11.2007.

Aufgabe: Untersucht, inwiefern Stewart Dimmocks Vorwürfe gegen Al Gores Film berechtigt sind und inwiefern Al Gore auf Grund des Berichtes des IPCC Recht zu geben ist.

„Wahr" und „falsch" (Schülerband, Seite 208–217)

Einführung

Die Frage nach „wahr" und „falsch" spricht ein Thema an, das Kinder schon früh im sozialen Umgang erleben („Wer hat recht?"), das die Gesellschaft immer wieder intensiv berührt (z. B. bei politischen Streitfragen) und die Fachphilosophie zu den abstraktesten Theoriegebäuden geführt hat. Insofern ist es einerseits ein lebenspraktisches Thema, zu dem die Schülerinnen und Schüler ständig eigene Erfahrungen machen (personale Perspektive). Es ist aber auch ein Thema, zu dem viele gesellschaftliche Übereinkünfte bestehen bzw. Streitigkeiten ausgetragen werden (gesellschaftliche Perspektive). Philosophisch steht hinter dieser Frage vor allem der Bereich der Erkenntnistheorie und Logik (Ideenperspektive).
Weil das Thema hier für Schülerinnen und Schüler der Sekundarstufe I in den Klassen 7–9 angeboten wird, soll es vor allem phänomenologisch angegangen werden, d. h. es wurde bei der Materialauswahl viel Wert darauf gelegt, die Schülerinnen und Schüler anschaulich vom konkreten Wahrnehmen her mitzunehmen und ihnen Raum für eigene Einschätzungen und selbst entwickelte Lösungsperspektiven anzubieten.
Doppelseite 1 bietet über Bilder (Fotoshop-Manipulationen), Rätsel, Wortfeldarbeit und Deutungsangebote über unwahre Aussagen einen spielerischen Zugang, um sich zunächst über das eigene Vorverständnis von „wahr" und „falsch" und die eigenen Vorurteile hierzu Gedanken zu machen.
Doppelseite 2 führt mit zwei Abbildungen, zwei beispielhaften Geschichten und einer Satzgegenüberstellung zum Nachdenken über das Phänomen der Paradoxie, das Logik auszuhebeln scheint.
Doppelseite 3 soll dann durch eine rätselhafte Geschichte und ein Schülerinnenerlebnis zu ersten Kategorien der Logik führen.
Doppelseite 4 soll anhand von Bildmaterial, Beschreibungen, Fallbeispielen, Begriffsgegenüberstellung und einem Philosophenzitat die Perspektivität unserer Wahrheitseinschätzungen verdeutlichen.
Doppelseite 5 rundet das Kapitel mit einer Konkretion anbietenden fiktiven Geschichte und einem fiktiven Interview ab, die abschließend an unterschiedliche Wahrheitstheorien heranführen. Das angebotene Projekt kann dann in spielerischer Weise sowohl dem Rückblick auf die Themenaspekte des Kapitels dienen als auch eine weitere Auseinandersetzung anregen.

Methodisch-didaktische Hinweise

Das Kapitel *„Wahr" und „falsch"* kann als abgeschlossene, von den übrigen Themen des Buches unabhängige Einheit behandelt werden. Es können aber auch inhaltliche Querverbindungen zu anderen Kapiteln hergestellt werden, insbesondere zum Kapitel *Gewalt und Aggression* (Sind Killerspiele schuld an Verbrechen?, Seite 105, M3) sowie *Virtualität und Schein* (Die Welt ist allem Anschein nach ..., Seite 226–227) und zu den Kapiteln *Vorurteil, Urteil, Wissen* (Seite 228ff.) und *Quellen der Erkenntnis* (Seite 238ff.).
Die eingesetzten Materialien und Methoden sind breit gefächert, so dass die Schülerinnen und Schüler verschiedene Wege finden, sich für das Thema zu interessieren. Der Schwerpunkt liegt auf anschaulichen Zugängen – Bilder, Rätselgeschichten, paradoxe Geschichten, Erzählungen und ein fiktives Interview –, die es zu reflektieren gilt. Dabei werden Methoden wie Bildbetrachtung, kreative Aufgaben, Wortfeldarbeit, Ratewettbewerbe, Anwendung von Texterschließungsergebnissen, Begriffsdefinition, Selbstexperiment und Diskussionen angeregt (s. hierzu auch die Hinweise im Methodenüberblick des Schülerbandes, S. 288–293).

Hinweise zur Konzeption der Doppelseiten und zu den Aufgaben

1 Wirklich wahr? (Seite 208–209)

Die Doppelseite bietet Gesprächsanlässe zur Thematisierung der eigenen Einschätzung und Bewertungen von „wahr" und „falsch".

A1 M1 zeigt Fotomontagen, die Fisch mit Katze, Krebs mit Flusspferd, Vogel Strauß mit Austernmuschel sowie Elefant mit Delfin verbinden. Die Bildbearbeitungsmöglichkeiten mit „Photoshop" lassen im Internet mittlerweile viele solcher und anderer Fantasiebilder sichtbar werden. Bei der Beschreibung geht es darum, die kombinierten Elemente (z.T. auch den Hintergrund) wieder ihrem Ursprung zuzuordnen.

A2 Letztlich geben die Bilder selbst keinen Hinweis auf ihre Falschheit, da sie bildtechnisch perfekt hergestellt sind. Allerdings widersprechen ihre Inhalte unserer Erfahrung. Genannt werden könnte z.B.:

- Fische haben andere Köpfe, Katzen andere Körper und sie könnten mit dieser Nase, diesem Mund und diesen Ohren nicht unter Wasser leben.
- Krebse haben keinen solchen Kopf und Flusspferde sind viel zu groß, um zwischen zwei Fingern gehalten werden zu können.
- Der Schnabel des Vogels Strauß enthält in der Mitte eine Perle und entspricht nicht der Form, die wir kennen. (In dieser Form wäre er wohl auch wenig funktional.)
- Der Elefant am Rand seines Geheges wirkt vor allem wegen der Platzierung des Auges fragwürdig. Auch wirkt das Maul für ein Säugetier ungewöhnlich dimensioniert.

Bei Interesse kann den Schülerinnen und Schülern der Rechercheauftrag gegeben werden, weitere Bilder im Internet aufzuspüren und sie nach der Qualität ihrer Glaubwürdigkeit begründet zu beurteilen.

A3 *Wer 3 x lügt* war ein in der ARD ausgestrahltes Fernseh-Quiz des Süddeutschen Rundfunks, das von 1970 bis 1984 lief. Der Titel geht auf das Sprichwort zurück: „Wer einmal lügt, dem glaubt man nicht, und wenn er auch die Wahrheit spricht." Von den hier ausgewählten Geschichten stimmt nur die erste:

a) „Bei einer bestimmten Windrichtung bricht sich der Wind an einem Haus und lenkt dadurch die eine Fahne in eine andere Richtung als die übrigen."

Zu den anderen beiden Geschichten heißt es in der Buchveröffentlichung:

b) „Hunde, die in Fundbüros eingesetzt werden, gibt es nicht. Der Geruchssinn – auch der des Schäferhunds – hat seine Grenzen. Aus einem riesigen Haufen die gesuchte Geldbörse herauszufinden, wäre ihm nicht so ohne weiteres möglich; selbst bei der Geldbörse seines Herrn geht das nur unter größten Schwierigkeiten."

c) „Rheumatiker als Wetterfrösche einzusetzen, das ist nun wirklich reine Erfindung ..."

Edwin Friesch (Hg.): Wer dreimal lügt. 66 unwahrscheinliche Geschichten aus unserer Zeit. München 1974, Nymphenburger Verlagshandlung GmbH, Auflösungen zu den Geschichten 23, 40 und 65, o. S.

Bei der Bearbeitung wäre darauf zu achten, welche Gründe die Schülerinnen und Schüler für ihre Einschätzungen finden. In der Regel kann von der Nennung von Erfahrungswissen („Ich habe noch nie einen Hund beim Fundbüro gesehen."), Versuchen logischer Erklärung („Fahnen können nur in Windrichtung wehen. Da der Winde für alle Fahnen aus der gleichen Richtung weht, müssen sie auch in dieselbe Richtung wehen.") oder Zusatzinformationen („Wetterfühlige Menschen nehmen doch nur den Wechsel im Luftdruck wahr. Den kann man exakter mit einem Messgerät bestimmen.") ausgegangen werden. Dies herauszuarbeiten wäre sinnvoller Ertrag zu der Aufgabe.

A4 Das hier genannte Spiel mit den wechselseitig zu erzählenden Geschichten kann eine breitere Aktivierung in der Lerngruppe erzeugen. Zu den in Aufgabe 3 genannten Kriterien für die Unterscheidung von „wahr" und „falsch" können hier kommunikative Elemente treten („Immer wenn du so lange nachdenkst, weiß ich, dass die Geschichte gelogen ist.").

A5 „Baustelle Wahrheit“ bietet in Form von „Steinen“ ein Wortfeld zum Thema an. Hier geht es nicht darum, die richtige Lösung zu finden, sondern dass über die Begriffe das eigene Nachdenken und die Kommunikation (z.B. in Partnerarbeit) angeregt wird. Eine beispielhafte Lösung, die eine mögliche Anordnung, Anwendungssätze, Zusammenhänge sowie zusammenfassende Definitionsansätze enthält, findet sich als Kopiervorlage auf Seite 166.

A6 M4 bietet eine Vielzahl von Deutungen der hinter unwahren Aussagen stehenden Ursachen oder Absichten an. Die Suche nach weiteren Formen von Unwahrheit soll anregen, die vorgeschlagenen Angaben genauer zu betrachten und im Austausch vertiefend zu verstehen.
Hierzu sollten konkrete Erlebnisbeispiele von den Schülerinnen und Schülern erfragt werden, die entweder den vorgegebenen Sätzen zuzuordnen wären oder neue Kategorien eröffnen könnten.

2 Kann das sein? (Seite 210–211)

Die Paradoxie, welche auf dieser Seite an Beispielen und in einem erklärenden Text thematisiert wird, ist ein früh in der Philosophie erkanntes Phänomen. Sie wird in der Regel definiert als ein scheinbarer oder tatsächlich unauflösbarer, unerwarteter Widerspruch. Insofern stellt sie die Anwendung der Logik vor besondere Herausforderungen.

A1 Das erste Bild von M.C. Escher stellt den Betrachter vor das Problem, dass die eine Hand die andere Hand zeichnet, wobei die andere Hand wiederum die eine Hand zeichnet. Wie aber erklärt sich die Herkunft der beiden Hände, wenn jede die jeweils andere für ihre Existenz voraussetzt? Letztlich haben wir es hier mit der Frage nach dem Huhn und dem Ei zu tun: Ohne Huhn keine Ei, ohne Ei kein Huhn, d.h. unser alltäglich verlässliches Wissen, dass es kein Huhn ohne vorangegangenes Ei und kein (Hühner-)Ei ohne vorausgegangenes Huhn geben kann, führt uns in eine Erklärungssackgasse über die Entstehung von Huhn und Ei. Bei dem Bild lässt sich das konkret natürlich leicht auflösen: Ohne M.C. Escher kein Bild! Das in dem Bild symbolisierte Problem aber bleibt schwierig und sollte als solches über die Beschreibung des Gesehenen erkannt werden.
„Wenn drei Hasen zu sehen sind und jeder Hase zwei Ohren hat – dann haben drei Hasen sechs Ohren“, müsste der Satz zur zweiten Abbildung ergänzt werden. Zu sehen aber sind nur drei Ohren. Die einfache Auflösung des Problems lautet: Das Ohr des einen Hasen verdeckt das jeweilige Ohr des anderen Hasen, welches dadurch nicht zu sehen ist. Aber wessen Ohr ist dann zu sehen? Diese Frage lässt sich durch die Art der Abbildung nicht beantworten, weil jedes Ohr auf zwei Weisen gedeutet werden kann bzw. zwei unterschiedlichen Hasen gleichermaßen plausibel zugeordnet werden kann. Was können wir tun, wenn zwei Deutungen ein und derselben Wahrnehmung gleich richtig erscheinen, sich aber logisch ausschließen? Dies wäre das zu erkennende Problem, das sich logisch nicht auflösen lässt.

A2 Der Text M2 *Das unendliche Hotel* ist eine Geschichte, die wiederum zwei logisch schlüssig erscheinende, sich im Ergebnis aber widersprechende Lösungen präsentiert:
Wenn ich eine Menge (hier: Anzahl der Zimmer) verdopple (hier: durch Raumteilung), dann ist das Ergebnis doppelt so groß wie die Ursprungsmenge (hier: Harrys Hotel müsste doppelt so groß werden wie Zakes Hotel).
Andererseits ist die Menge „unendlich“, welche durch das prinzipiell unabschließbare Bauen neuer Zimmer entsteht, nicht überbietbar. Es kann nicht die eine unendlich große Menge größer sein als die andere unendlich große Menge, da beide als unendliche, d.h. nie begrenzte und deshalb nie zählbare Größen keine unterscheidbare Bestimmung zulassen. (Mathematisch korrekt sind beide Größen gleich, nämlich als „unendlich“ bestimmt.)
Dem aber widerspricht Harrys in sich schlüssige Sichtweise, welche aber nur bei bestimmbaren Größen funktioniert. Entsprechend haben wir es hier mit dem Problem der Unvorstellbarkeit einer unendlichen Größe zu tun, welche in das Problem der Paradoxie einführt (siehe auch M5).

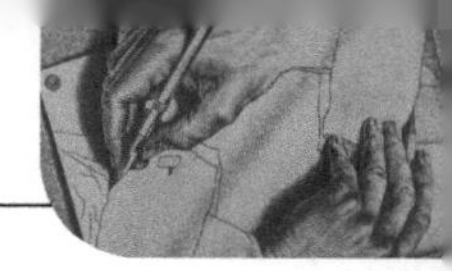

A3 M3 bietet zwei Aussagen an: Wenn die Sätze „Dieser Satz ist falsch! Der wahre Satz steht in der folgenden Spalte!“ auf der linken Seite stimmen, dann muss die Aussage auf der rechten Seite einerseits „wahr“ sein, was aber aufgrund ihres Inhalts „Dieser Satz ist falsch“ gleichzeitig ihre Falschheit bedeuten würde. Zugleich wahr und falsch sein führt zu einem logischen Widerspruch, da diese Bestimmungen sich wechselseitig ausschließen. Daraus folgt für die Fragen in Aufgabe 3:
Das Problem ist das Entstehen einer Selbstwidersprüchlichkeit.
Das bedeutet, beide Aussagen können nicht gleichzeitig stimmen.
Eine Seite für sich genommen könnte allerdings logisch stimmen, wenn sie nicht durch die Doppelung in beiden Spalten auf sich selbst bezogen würde (siehe auch M5).

A4 Der Barbier vom Hindukusch hatte den Auftrag seines Herrschers zunächst nicht vollständig erfüllt, weil er ihn nicht auf sich selbst bezogen hatte. Bis dahin aber war es ein erfüllbarer Auftrag gewesen. Als der Herrscher auch die Einbeziehung des Barbiers selbst einforderte, entstand das logische Problem, das zur Unerfüllbarkeit des Auftrags führte: Wenn er sich selbst nicht rasiert, hat er nicht „alle Bewohner im Land rasiert, die sich nicht selbst rasieren.“ Wenn er aber sich selbst rasiert, dann hat er jemanden rasiert, „der sich selbst rasiert“. Auch das widerspricht seinem Auftrag. Also ist er in jedem Fall „des Todes!“
Auch hier entsteht das Problem durch die Selbstbezüglichkeit der Aussage, wie schon bei den Aussagen M3 und bei dem Escherbild zu M1 (siehe auch M5).

A5 M5 bietet einen Text nach Bertrand Russell an, welcher das Problem der Paradoxien als Angriff auf unser logisches Denken darstellt.
Anwendung auf die zuvor gezeigten beispielhaften Paradoxien:
M1 (Escher) zeigt das Problem der Selbstanwendung (hier zwar nicht von sprachlichen Aussagen, aber von den bildlichen Darstellungen).
M1 (Hasen) betrifft die begrenzte Wahrnehmungsmöglichkeit (~Vorstellungskraft) durch die Form der Darstellung, welche eine eindeutige Zuordnung verhindert.
M2 bedient sich mit der Unendlichkeit eines Begriffs, welcher unsere endliche Vorstellungskraft überfordert.
M3 und M4 stellen wieder das Problem einer „Anwendung auf sich selbst“ dar.

3 Ist doch logisch! (Seite 212–213)

Die Materialien und Aufgaben dieser Doppelseite führen in grundlegende Kategorien der formalen Logik ein.

A1 Der Text M1 *Der Wolf, die Ziege und der Kohl* ist eine Rätselgeschichte, in der es um Kombinationsmöglichkeiten geht. Durch die Geschichte ist vorgegeben, dass ohne den Bauern nur die Kombination Wolf + Kohl möglich ist. Die Kombinationen Wolf + Ziege sowie Ziege + Kohl dagegen führen zum Verlust eines Besitzes, müssen also vermieden werden. Die Vorüberlegungen des Bauern übersehen allerdings die für eine optimale Lösung notwendige Möglichkeit, dass auch auf der Rückfahrt über den Fluss etwas mitgenommen werden kann. Somit ergibt sich z.B. folgende Lösung:

1. Hinfahrt: Zuerst muss die Ziege transportiert werden, weil das Zurücklassen von Wolf und Kohl die einzig mögliche Kombination darstellt.
1. Rückfahrt: Auf der Rückfahrt wird nichts mitgenommen, da nun eine verträgliche Kombination besteht.
2. Hinfahrt: Auf der zweiten Fahrt können Wolf oder Kohl mitgenommen werden, weil auf jeden Fall während der Fahrt alle drei Besitztümer einzeln sein werden.
2. Rückfahrt: Bei der dann folgenden Rückfahrt aber muss auf jeden Fall die Ziege wieder auf das Ausgangsufer mitgenommen werden, weil sowohl Wolf und Ziege als auch Ziege und Kohl zu einem Verlust führen würden.

3. Hinfahrt: Für die nächste Fahrt kann dann entsprechend der zurückgebliebene Kohl oder Wolf transportiert werden, während die Ziege wieder auf dem Ausgangsufer zurückbleibt.
3. Rückfahrt: Nun können Wolf und Kohl als einzig mögliche Kombination auf dem neuen Ufer allein gelassen werden und die Fahrt erfolgt leer.
4. Hinfahrt: Dann kann als letztes die Ziege mit hinübergenommen werden, weil damit wieder alle drei Besitztümer zusammen mit dem Aufsicht führenden Bauern vereint werden.

Fahrt	Ufer 1	Boot	Ufer 2
Hinfahrt 1	W + K ✓	B + Z ✓	
Rückfahrt 1	W + K ✓	B	Z
Hinfahrt 2	W (od. K)	B + K (od. W)	Z
Rückfahrt 2	W (od. K)	B + Z ✓	K (od. W)
Hinfahrt 3	Z	B + W (od. Z) ✓	K (od. W)
Rückfahrt 3	Z	B	W + K ✓
Hinfahrt 4		B + Z ✓	W + K ✓

A2 Hier geht es um die Anwendung logischer Verbindungswörter, die wie folgt genutzt werden können:
- *Wenn* der Bauer bei Wolf *und* Ziege *und* Kohl bleibt, *dann* passiert nichts.
- *Wenn* Wolf *und* Ziege ohne Bauer zusammen bleiben, *dann* frisst der Wolf die Ziege.
- *Wenn* Ziege *und* Kohl ohne Bauer zusammen bleiben, *dann* frisst die Ziege den Kohl.
- *Wenn* Wolf *und* Kohl ohne Bauer zusammen bleiben, *dann* passiert nichts.
- *Wenn* Wolf *oder* Ziege *oder* Kohl alleine bleiben, *dann* passiert nichts.
- *Wenn* der Bauer zuerst die Ziege transportiert, *dann* bleiben Wolf *und* Kohl ohne ihn zusammen, d. h., *dann* passiert nichts.
- *Wenn* der Bauer auf der zweiten Hinfahrt Wolf *oder* Ziege transportiert, *dann* sind während der Fahrt Wolf *und* Ziege *und* Kohl alleine, d. h., *dann* passiert nichts.
- *Wenn* der Bauer auf der zweiten Rückfahrt die Ziege mitnimmt, *dann* sind wieder Wolf *und* Ziege *und* Kohl alleine, d. h., *dann* passiert nichts.
- *Wenn* der Bauer auf der dritten Hinfahrt Wolf *oder* Kohl mitnimmt, *dann* sind wieder Wolf *und* Ziege *und* Kohl alleine, d. h., *dann* passiert nichts.
- *Wenn* der Bauer auf der dritten Rückfahrt alleine fährt, *dann* sind wieder Wolf *und* Kohl ohne ihn zusammen *und* die Ziege alleine, d. h., *dann* passiert nichts.
- *Wenn* der Bauer nach der vierten Rückfahrt die Ziege ans Ufer gebracht hat, *dann* sind wieder Wolf *und* Ziege *und* Kohl mit dem Bauern zusammen, d. h., *dann* sind die Tiere wieder folgsam und es passiert nichts.

A3 M3 bietet anhand einer Alltagsgeschichte die Vertiefung der zuvor eingeführten Begriffe an.
Abschnitt 1 (und / oder):
Maren meint, sie hätte die Klassenkasse in die Sporttasche *oder* in ihre Schultasche (= blauer Rucksack) gesteckt, denn sie hatte morgens Sporttasche *und* Rucksack gepackt. (In der formalen Logik bedeutet *oder*, dass einer der angeführten Faktoren zutreffen muss. In der Alltagssprache wird in der Regel die Möglichkeit eines nicht genannten dritten Faktors mitgedacht. Hier: oder Maren hat die Klassenkasse doch nicht eingepackt.)
Abschnitt 2 (wenn a, dann b):
Wenn Maren die Kasse in eine Tasche gepackt hat, *dann* ist sie darin gewesen.
Wenn die Kasse jetzt nicht mehr in einer der Taschen ist, *dann* muss sie wieder herausgenommen worden oder herausgefallen sein.
Wenn jemand die Kasse aus der Tasche genommen hat, *dann* muss er im Zimmer bei der Tasche gewesen sein.

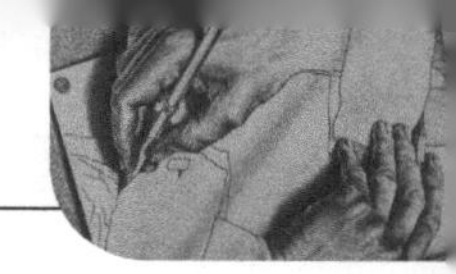

Abschnitt 3 (notwendige und hinreichende Bedingungen):
Wenn jemand die Kasse aus der Tasche genommen hat, *dann muss* er im Zimmer bei der Tasche gewesen sein. Das ist eine *notwendige Bedingung*, wenn die Tasche in Marens Zimmer stand, d.h., wer nicht im Zimmer war, konnte sie nicht nehmen.
Wenn jemand in Marens Zimmer bei den Taschen war, *dann kann* er die Klassenkasse aber auch nicht herausgenommen haben. Die Anwesenheit in Marens Zimmer ist also keine *hinreichende Bedingung*, um daraus das Entwenden der Klassenkasse zu schließen. Es ist zwar logisch denkbar, dass jede der Personen, die in Marens Zimmer waren, die Kasse genommen hat, aber damit ist die Wirklichkeit noch nicht sicher erkannt.

4 Auf die Perspektive kommt es an (Seite 214–215)

Auf dieser Doppelseite erhalten die Schülerinnen und Schüler ein Angebot, sich mit Fragen der Perspektivität der Wahrnehmung auseinanderzusetzen. Sie sollen die diesem Phänomen zugrunde liegenden Zusammenhänge durchschauen und entsprechend damit umgehen lernen.

A1 M1 zeigt aus drei Blickwinkeln eine Figur, die durch ihre Konstruktion extrem unterschiedliche Formen je nach Perspektive aufzuweisen scheint: Dreiecksformen, Quader und eine komplex konstruierte Form. Die Erklärung für die unterschiedlich wahrnehmbaren geometrischen Figuren besteht darin, dass die jeweilige Perspektive auf denselben Gegenstand unterschiedliche Wahrnehmungen auslöst. (Hier ist dieser Effekt natürlich vom Konstrukteur beabsichtigt. Aber allein das Zeichnen eines Tisches aus unterschiedlichen Perspektiven ergibt für den Zeichner die Notwendigkeit zur Darstellung völlig unterschiedlicher geometrischer Elemente. Dies kann auch im Selbstversuch mit den Schülerinnen und Schülern erprobt werden.)

A2 M2 und M3 sind zwei Texte, die die unterschiedlichen Deutungsmöglichkeiten eines Vexierbildes ausformulieren, welches im Buch auf Seite 293 abgedruckt ist. Daher ist es äußerst wichtig, den Text zunächst lesen und erst im Anschluss die Abbildung betrachten zu lassen. Die Frage ist, ob die Schülerinnen und Schüler durch die Beeinflussung der Texte die entsprechend beschriebene Person erkennen oder ob sie in der Lage sind, beide Frauen im Bild zu entdecken. In der Regel kann der Mensch immer nur eine der beiden Bilddeutungen, aber nicht beide gleichzeitig erkennen.

A3 M4 *Der Nachbar* schildert drei unterschiedliche Wahrnehmungsweisen: Herr Fischer deutet die beobachtete Verhaltensweise des Nachbarn Herrn Schmidt als Reaktion auf das Frieren wegen gefallener Temperaturen. Herr Schulz deutet die beobachtete Verhaltensweise als Imponiergehabe, um der neuen Bekanntschaft durch romantisches Kaminfeuer näherkommen zu können. Herr Becker deutet die beobachtete Verhaltensweise als aggressiven Akt der Rache gegen den Vermieter, dem Herr Schmidt das Haus anzünden will.
In allen Fällen kommen die Nachbarn aufgrund von Vorinformationen (eigenes Frieren, Wissen um eine neue Bekanntschaft, Wissen um Ärger mit dem Vermieter) zu ihrer Deutung des Verhaltens, das äußerlich für alle Beobachter gleich aussehen dürfte.

A4 M5 *Optimist und Pessimist* zeigt das berühmte halb volle bzw. halb leere Glas. Tatsächlich bedeutet „halb voll" und „halb leer" in Bezug auf das beschriebene Phänomen dasselbe: Ein Glas, dessen Inhalt die Hälfte des möglichen Fassungsvermögens einnimmt. Von der Empfindung her aber verweist das „halb leere" Glas auf das Fehlen der bereits getrunkenen Menge (Defizit), während das „halb volle" Glas auf das Vorhandensein einer trinkbaren Menge verweist (Ressource). Insofern geht es bei den unterschiedlichen Bezeichnungen um unterschiedliche Empfindungen bei ein und derselben Tatsache.

A5 M6 soll zu einer bildlichen Darstellung anregen, die naturgemäß nach dem Sehsinn erstellt wird. Die von der blinden und tauben Autorin selbst beschriebenen Wahrnehmungen dagegen sind nicht bildlich darstellbar, da sie die übrigen Sinne betreffen.
Bildelemente könnten z.B. sein:

- ein Steinwall (durch Klettern erfahren)
- sonniger, wolkenloser Himmel (Flut von Sonnenwärme spüren)
- abgesägte Baumstümpfe (raue, feuchte Stümpfe tasten)
- zerbrochene Äste (spitze Enden wie bei Geweihen spürbar)
- Sägemehl an den Baumstümpfen (Geruch frisch gesägten Holzes)

A6 Sokrates thematisiert die Frage der Zuschreibung von Eigenschaften. Das Zitat legt nahe, die Eigenschaften dem Betrachter bzw. Empfindenden („für den Frierenden kalt“) zuzuschreiben, während der übliche Sprachgebrauch („Der Wind ist kalt“) sie den Dingen zuschreibt.
Ziel dieser Aufgabe ist eine Sensibilisierung dafür, dass ein Phänomen erst durch die konkrete Wahrnehmung einer Person manche Eigenschaften erhält.

5 Was heißt „wahr“? (Seite 216–217)

Diese Seite bietet in einer Geschichte wie in einem fiktiven Interview Wahrheitsdefinitionen an.

A1 M1 *Von einem anderen Stern* lässt durch eine irritierende Begegnung mit einer Außerirdischen die Frage nach dem glaubhaften Erkennen von Wirklichkeit und Wahrheit aufkommen. Die Schülerinnen und Schüler sollen mit der Frage, ob sie persönlich einer solchen Schilderung glauben würden, zur Begründung ihrer Einschätzungen und damit zur Benennung von Kriterien für „wahr“ und „falsch“ aufgefordert werden.

A2 Die *kursiv* gedruckten Formulierungen weisen bereits auf Wahrheitstheorien bzw. Definitionsversuche des Wahrheitsbegriffs in der Philosophiegeschichte hin. Allerdings sind sie hier in die Münder von Jan und dem lilafarbenen Wesen gelegt, die als Charaktere der Geschichte selbst ein Problem mit ihrer Wirklichkeitswahrnehmung bzw. der Glaubwürdigkeit einer Schilderung ihres Erlebens bekommen.

- *„Offensichtlich“* verweist auf die *Evidenztheorie* der Wahrheit (lat. *ex* „aus“ und *videre* „sehen“). Hiernach bezeichnet man das dem Augenschein nach Unbezweifelbare, das durch unmittelbare Anschauung oder Einsicht Erkennbare als wahr.
- *„Das entspricht der Wirklichkeit“* verweist auf die *Korrespondenztheorie* der Wahrheit, nach der diejenige Aussage wahr ist, welche mit der Wirklichkeit übereinstimmt.
- *„Widerspruch“* verweist auf die *Kohärenztheorie* der Wahrheit, welche die Widerspruchsfreiheit einer Aussage in einem System von Aussagen zum Kriterium für ihre Wahrheit macht.
- *„... behauptet, sie sei wahr, macht doch keinen Unterschied“* verweist auf die *Redundanztheorie* der Wahrheit, welche in der Wahrheitsbehauptung zu einer Aussage keine zusätzliche Information, sondern lediglich ein sprachliches Stilmittel zur Verleihung von Nachdruck sieht.
- *„Was alle für wahr halten“* verweist auf die Konsenstheorie der Wahrheit, welche eine nach vernünftiger Prüfung durch potenziell alle Menschen gefundene gemeinsame Einschätzung für das einzig verfügbare Kriterium der Überschreitung von Subjektivität hält (Intersubjektivität).

A3 M2 *Alles bloß Ansichtssache?* wendet sich gegen einen völligen Relativismus, der unterschiedslos alle Aussagen als persönliche „Ansichtssache“ akzeptiert (als Grund für solch eine Einstellung wird Bequemlichkeit nahe gelegt). Als Begründung für den Wert gemeinsam für wahr befundener Überzeugungen wird deren Notwendigkeit für ein funktionierendes gesellschaftliches Miteinander genannt.

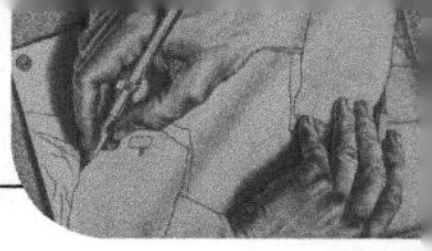

A4 Im Interview werden wieder die Theorieaspekte aus M1 aufgegriffen:

als „wahr" gilt ...	als „unwahr" gilt ...
was für alle offensichtlich ist (Evidenztheorie)	was nicht nachvollziehbar bzw. erkennbar wirkt
was mit der Wirklichkeit übereinstimmt (Korrespondenztheorie)	was nicht mit der Wirklichkeit übereinstimmt
was in sich und im Verhältnis zu anderen Aussagen schlüssig und widerspruchsfrei ist (Kohärenztheorie)	was in sich selbst oder zu anderen Aussagen in Widerspruch steht
was im gemeinsamen vernünftigen Gespräch, im Austausch von Gründen und Argumenten gemeinschaftlich als wahr erkannt wurde (Konsenstheorie)	was nicht vernünftig begründbar ist und deshalb nicht überzeugend für andere dargestellt werden kann

Projekt:

Der Projektvorschlag will Schülerinnen und Schüler anregen, selbst aktiv zu werden und sensibilisiert durch das Kapitel nach weiteren Beispielen zu suchen. Entsprechend sollten Recherchemöglichkeiten (Bibliothek, Internet, entsprechende Wissenschaftsmagazine) genutzt werden, um weitere Beispiele für das hier Vorgestellte aufzufinden und für eine Ausstellung präsentierbar zu machen.

„Wahr" und „Falsch"

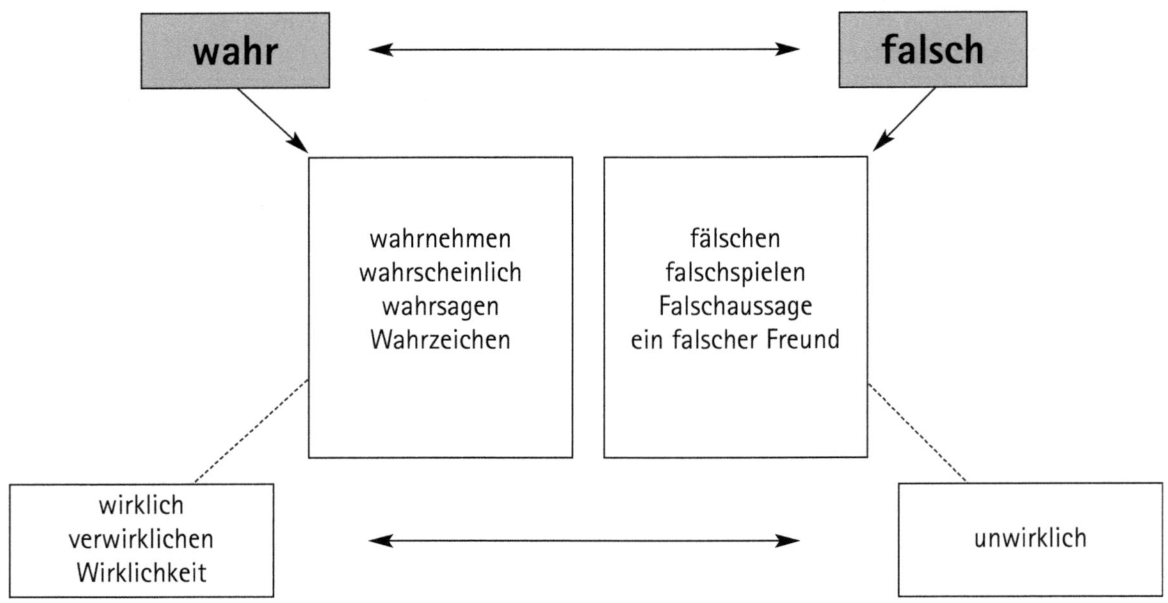

Satzbeispiele:
- Ich nehme den Geruch von Kuchen wahr. (Zusammenhang: z. B. Aussage über sinnliche Wahrnehmung)
- Wahrscheinlich klingelt es bald. (Zusammenhang: z. B. eine nicht ganz gesicherte Annahme)
- Wenn ich wüsste, wie die kommenden Lottozahlen heißen, müsste ich wahrsagen können. (Zusammenhang: z. B. Aussagen über die Zukunft)
- Der Dom ist ein Wahrzeichen der Stadt. (Zusammenhang: z. B. bedeutende Denkmäler oder Bauwerke einer Region)
- Das ist wirklich passiert. (Zusammenhang: z. B. Betonung der Wahrheit einer Aussage)
- In meinem Hobby kann ich mich verwirklichen. (Zusammenhang: z. B. Aussagen über Tätigkeiten, hinter denen man voll und ganz steht)
- Das ist eine schöne Idee, aber die Wirklichkeit sieht anders aus. (Zusammenhang: z. B. Abgrenzung zu rein gedanklichen Ideen)
- Das kommt mir total unwirklich vor. (Zusammenhang: z. B. wenn etwas nicht in die Wirklichkeit passt oder in ihr nicht vorkommt)
- Ich darf kein Geld fälschen. (Zusammenhang: Nachmachen von Dingen und gleichzeitig behaupten, sie seien die ursprünglichen)
- Du spielst falsch! (Zusammenhang: z. B. Betrug bei Glücksspielen)
- Das war eine Falschaussage. (Zusammenhang: z. B. bei Gericht wissentlich die Unwahrheit zu sagen)
- Günter war ein falscher Freund. (Zusammenhang: z. B. jemand, der vorgibt, aus Zuneigung an jemandem interessiert zu sein, in Wirklichkeit aber nur seinen eigenen Nutzen im Sinn hat)

Zusammenfassung:
- Begriffe mit „wahr" stehen zumeist in engem Zusammenhang mit dem, was wirklich da ist (wahrnehmen), da sein könnte (wahrscheinlich), da sein wird (wahrsagen) oder da war (Wahrzeichen).
- Begriffe mit „wirklich" betonen die Tatsächlichkeit von Aussagen, Absichten oder Dingen bzw. bei „unwirklich" das Gegenteil.
- Begriffe mit „falsch" stehen zumeist in Zusammenhang mit Betrug oder Täuschung.

Virtualität und Schein (Schülerband, Seite 218–227)

Einführung

In diesem Kapitel geht es um die Frage nach dem, was wirklich ist, und dem, was virtuell oder nur Schein ist. Direkt auf der ersten Doppelseite wird dazu die zu diesem Thema philosophisch zentrale Frage nach der Wirklichkeit des Traums bzw. der Virtualität der Wirklichkeit gestellt, die den Schülerinnen und Schülern aus ihrem eigenen Erleben bekannt sein dürfte (personale Perspektive) und die dann durch zwei mögliche philosophische Positionen beantwortet wird (ideengeschichtliche Perspektive). Die Überlegung, in welchen Welten wir eigentlich leben, wird durch einen Aufriss des Weltbegriffs in der Alltagssprache erweitert, um damit auch einen Ausblick auf die folgenden Doppelseiten zu geben.
Das Verhältnis zwischen Bild, Abbild und Realität ist auf der zweiten Doppelseite Thema. Es soll erörtert werden, inwiefern das Abgebildete Bezug zum Wirklichen hat und inwiefern es ein selbständiges Sein beanspruchen kann (ideengeschichtliche Perspektive).
Doppelseite 3 knüpft daran an und nimmt das bekannte Simulationsspiel *Sims* als Ausgangspunkt, um zu umreißen, inwiefern es wünschenswert ist, sich seine eigene Identität und Welt zu gestalten und die „wahre" Welt hinter sich zu lassen. Andererseits soll auch gezeigt werden, welche Gefahren durch einen „Realitätsverlust" eingegangen werden (personale / gesellschaftliche Perspektive).
Dies wird auf der vierten Doppelseite fortgeführt und auf die Möglichkeiten einer „Als ob"-Welt übertragen. Während bis hierhin das Begründungsverhältnis von der Wirklichkeit auf die Virtualität hin untersucht wurde, geht es nun darum zu zeigen, inwiefern die Virtualität unsere Wirklichkeit z. B. durch die Technik verändert (gesellschaftliche Perspektive).
Abschließend sollen die Schülerinnen und Schüler auf Doppelseite 5 die vorher erarbeiteten Aspekte in die philosophische Dimension der Erkenntnistheorie einordnen und damit zu der Ausgangsfrage des Kapitels zurückkehren, was überhaupt (sicher) erkannt werden kann (ideengeschichtliche / gesellschaftliche Perspektive).

Methodisch-didaktische Hinweise

Das Kapitel bietet eine Vielzahl von Ansatzpunkten an die Lebenswelt der Jugendlichen, indem es mit Computerspielen und narrativen Texten arbeitet. Wesentliche Aspekte des Themas werden durch fiktive Dialoge und erklärende Texte ergänzt. Jedem Einzelaspekt sind bewusst Bildimpulse zugeordnet, da das Bild selbst bzw. die virtuelle Welt der Bilder ja Thema des Kapitels ist. Die individuelle Wahrnehmung besonders auch der gezeigten Kunstwerke von Dalí und Magritte (Doppelseiten 1, 2 und 5) durch die Jugendlichen sollte thematisiert, als Eröffnungsphase innerhalb des Unterrichts genutzt und in den Argumentationsverlauf der einzelnen Doppelseiten übernommen werden. So ist gewährleistet, dass die Argumentation nicht zu abstrakt wird.
Die meisten Beispiele, mit denen das Kapitel arbeitet, sind den Jugendlichen sicher bekannt, wenngleich die Tatsache, dass z. B. eventuell nicht jeder den Schwammkopf (Schülerband, Seite 221) kennt, genau das dort thematisierte Problem aufzugreifen vermag. Ganz wesentlich ist hier also wieder der Ausgang vom Bild zu der seinem Verständnis zugrunde liegenden philosophischen Dimension, die auch durch die im Kapitel – schülergerecht wiedergegebenen – philosophischen Texte angemessen unterstützt wird.
Verbindungen lassen sich vor allem zu den anderen Kapiteln dieses Fragenkreises herstellen.

Hinweise zur Konzeption der Doppelseiten und zu den Aufgaben

1 In welchen Welten leben wir? (Seite 218–219)

Die Frage danach, ob die Realität auch ein Traum sein kann, wird zum Ausgangspunkt für die Auseinandersetzung mit der Thematik genommen. Die Schwierigkeit, zwischen beiden zu unterscheiden, wird durch eine kurze Geschichte aufgerissen und durch zwei verschiedene philosophische Positionen hierzu vertieft, um anschließend den Begriff „Welt" in seiner Vielfalt und Relevanz zu umreißen.

A1 / A2 Das Bild M1 ist ein Ausschnitt aus dem Werk *Traum, verursacht durch den Flug einer Biene um einen Granatapfel, eine Sekunde vor dem Aufwachen* von Salvador Dalí (1904–1989). Dalí gilt als einer der bekanntesten Maler des 20. Jahrhunderts und kann dem Surrealismus zugerechnet werden. Thematisch kreisen seine Bilder um das Unbewusste, den Traum, den Rausch und die damit verbundenen irrealen Wahrnehmungen und Empfindungen. So erscheinen seine Bilder oft als eine realistisch gemalte Form wilder Assoziationen. Im Bildausschnitt erkennt man zwei im freien Sprung befindliche Tiger, von denen einer aus dem Maul eines Fisches springt, der wiederum aus einem aufgerissenen Granatapfel zu springen scheint. Im Hintergrund sieht man einen für Dalí typischen Elefanten mit Stelzenbeinen.
Die Schülerinnen und Schüler sollen nach der Beschreibung aller Elemente des Bildausschnitts den Titel des Bildes (s. Bildunterschrift) weiterführen. Damit soll die assoziative Dimension dieses Bildes aufgezeigt werden. Durch die unendliche Zahl an möglichen Verknüpfungen ergeben sich das Virtuelle und die grundsätzliche Offenheit des Traums. Dadurch, dass der Anfang des Titels vorgegeben ist, können die Versionen der Schüler anschließend mit dem Originaltitel (s. Schülerband, S. 219 unten) verglichen werden. Ziel ist es, die Irrationalität des Traums zu zeigen und ihn damit in seiner Virtualität aufzuweisen. Der Traum ist keinen Gesetzen unterworfen.

A3 Die Geschichte über König Maximilian bzw. des Schülers Max hat ihre Pointe darin, dass die Erwartungen des Lesers am Ende insofern nicht erfüllt werden, als nicht klar wird, ob Max jetzt „in Wirklichkeit" König oder Schüler ist. Träumt er nur? Ausgehend von diesem sozusagen dissonanten Ende sollen die Schüler ihre eigenen Erfahrungen zum Traum mit der Geschichte in Beziehung setzen. Ausschlaggebend sind hier die Begründungen, die die Schülerinnen und Schüler für ihre Wahl geben, welche Welt die wirkliche ist. Werden diese Begründungen an der Tafel gesammelt, ergibt sich ein Spektrum möglicher Kriterien für Traum und Wirklichkeit, das als Basis für die weitere Diskussion dient. Zentral sollte hierbei die Rolle der Gefühle in Traum bzw. Wirklichkeit sein. Aber auch die Tatsache, dass Max z.B. die Welt, in der er König ist, viel lieber mag (Z. 11-14), die Wiederholung der Ereignisse im vermeintlichen Traum (Z. 16f.), die Tatsache, dass man sich in beiden Welten mit mehr oder weniger langweiligen bzw. lästigen Aufgaben und Pflichten auseinandersetzen muss (Schule sowie Zahnarztbesuch einerseits, Empfänge andererseits). Es wird letztlich nicht klar, welche Welt geträumt ist. Aber die Tatsache, dass der Leser die Welt des Königreichs durch die Rolle des Königs und die Geschenke, die er erwartet, bevorzugen wird, zeigt auf eine vertiefende Dimension des Problems: Ist dies die Traumwelt auch deshalb, weil sie schöner ist als die Realität? Eine Diskussion dieser Frage wirft Aspekte auf, die schon auf spätere Doppelseiten verweisen.

A4 Diese produktionsorientierte Aufgabe eignet sich gut als Hausaufgabe zur Festigung des Diskutierten, kann aber auch je nach Lerngruppe vorgezogen und zur Sammlung der Aspekte genutzt werden (s. oben, Aufgabe 3). Im ersten Fall sollte der Fokus auf der Erweiterung durch die ganz persönliche Perspektive der Schülerinnen und Schüler liegen, während im zweiten Fall auch Partnerarbeit möglich wäre.

A5 In M3 wird die Position des Philosophen Blaise Pascal (1623–1662) zur Traumproblematik (verkürzt) dargestellt. Zentral ist dabei, dass dieser als Brief gestaltete Text die These unter-

stützt, dass die Welt des Königreichs die „wahre Welt“ ist (vgl. die Gestaltung und die Anrede). Pascals Aussage, dass das Leben „nur ein um ein Weniges weniger unbeständiger Traum“ ist, bedarf zunächst der Deutung, um daran anschließend zu klären, was das aus Sicht des Königs Maximilian bedeutet. Seine zentralen Kriterien sind, dass das Leben als Schüler Max den König weniger berührt und letztere Welt durch mehr Ereignisse unter Umständen sprunghaft erscheint. Ob diese Kriterien eine Lösung des Problems liefern, muss in einer Diskussion erörtert werden.
In M4 wird die Position des Philosophen René Descartes (1596–1650) wiedergegeben. Seine E-Mail richtet sich an den modernen Max, kann ihm aber ebenso wenig weiterhelfen, da er zwar auf die Bedeutung von unmittelbaren Empfindungen hinweist, aber dennoch auch bei diesen nicht ausschließen kann, dass sie eine Täuschung sind.

A6 Wie oben ausgeführt, können beide Positionen die Frage nicht eindeutig beantworten. Ein Vergleich der Positionen mit den in Aufgabe 3 gesammelten Gründen dürfte ergeben, dass eine eindeutige Unterscheidung zwischen virtueller Traumwelt und realer Welt nicht möglich ist, solange man sich auf die eigenen Empfindungen stützt. Diese Problematik wird in späteren Doppelseiten noch weiter entwickelt.

A7 Der Tatsache, dass wir uns der Realität zunächst einmal nicht sicherer sein können als der Traumwelt, soll mit M5 insofern Rechnung getragen werden, als die verschiedenen in der Alltagssprache vorkommenden Begrifflichkeiten hier einander zugeordnet werden. Eine Diskussion darüber, inwieweit wir als Menschen immer mit mehreren dieser Welten zu tun haben bzw. in ihnen leben, zeigt auf, inwiefern wir uns tatsächlich immer zwischen virtuellen, also Scheinwelten und vermeintlicher Wirklichkeit bewegen. Es bietet sich an, für die jeweiligen Begriffe Beispiele aus der Lebenswelt bzw. dem Alltag der Schülerinnen und Schüler zu erfragen.

2 Die Realität der Bilder (Seite 220–221)

Das Thema dieser Doppelseite ist die Frage, welche Form von Realität Bilder eigentlich einnehmen. Ausgehend von einer Bildbetrachtung und der alltagssprachlichen Bedeutung des Wortes „Bild“ wird der ideengeschichtliche Hintergrund zur Abbildtheorie aufgegriffen und schließlich die Untersuchung der Beziehung zwischen Vorstellung, Bild und Abgebildetem durch einen weiteren philosophischen Text vertieft.

A1 Die Beschreibung des Bildes wird genau das Problemfeld hervorbringen, das René Magritte (1898–1967) mit diesem Bild aufreißen wollte: Es ist eine Pfeife zu sehen, aber diese Pfeife ist nur das Abbild einer Pfeife. Die Schülerinnen und Schüler sollen diesen Unterschied mit Hilfe der Überschrift nennen und auf andere Beispiele übertragen. Die zentrale zu diskutierende Frage lautet: Was ist das, was wir im Bild sehen? Was am Bild ist real?

A2 Anhand der alltagssprachlichen Ausdrücke erarbeiten die Schülerinnen und Schüler jeweils, was mit „Bild“ hier gemeint ist und resümieren daraus, was „Bild“ in allen Bezeichnungen bedeutet oder bedeuten kann: Das Bild ist demnach etwas, das mit der Vorstellung verknüpft ist (bildliches Vorstellen), das einem Ideal entspricht (Vorbild, bildhübsch, Bilderbuch), das verschiedene Träger haben kann (Bildschirm), das nicht völlig gleich mit einem Original ist (Nachbildung), das ihm aber ähnlich ist und an es heranreicht (Phantombild, Spiegelbild) und das kreativer Einflussnahme unterliegen kann (Einbildung).

A3 Aufbauend auf den Ergebnissen zu Aufgabe 2 werden die in M3 erläuterten theoretischen Aspekte zum „Bild“ denjenigen aus M2 zugeordnet (vgl. oben). Die Abbildtheorie ist dabei die Grundlage für das Nachahmungsverhältnis und die Annahme, dass die Bilder „im Kopf“ sind und in der Realität nur Kopien dieser Bilder zu finden sind.

A4 Die Comic-Figur dürfte der Mehrzahl der Schülerinnen und Schüler bekannt sein. Die Abbildtheorie kann deshalb auch bei ihr sinnvolle Beschreibungen liefern, weil die Vorstellungen sich aus einzelnen Erfahrungen zusammensetzen können. Diese grundsätzlich empiristische Erklärungsweise beruht auf der (z.B. durch David Hume vertretenen) Annahme, dass erfahrene Teilaspekte zu einer neuen komplexen Gesamtheit zusammengesetzt werden. Dementsprechend sollten die Schülerinnen und Schüler hier auch aufgefordert werden, den Schwammkopf zu beschreiben: „Es ist ein gelber, viereckiger Schwamm mit großen Augen und einem großen Mund ..."

A5

Was sich in der Vorstellung befindet, ...	... wie zum Beispiel
... gibt es gar nicht wirklich	... Spongebob Schwammkopf
... gab es zu einer anderen Zeit, aber gibt es jetzt nicht mehr	... Jean-Paul Sartre
... gibt es, aber nicht jetzt an diesem Ort	... die Freiheitsstatue in New York

A6 Die „anschauliche Abwesenheit" bezeichnet das in der Anschauung Präsente, das aber gemäß der oben gemachten Unterscheidungen nicht wirklich „da" ist: Die Pfeife ist „anschaulich abwesend", weil man sie einerseits zwar als Bild sieht, weil das Bild selbst aber zunächst einmal nur aus dem Bildträger (hier die Buchseite) besteht und die Pfeife selbst nicht da ist. „Ich sehe eine Pfeife" heißt demnach hier, dass man eine Pfeife in der Vorstellung sieht, aber letztlich nicht im Buch, denn dort sieht man das Bild eines Bildes der Pfeife, das von Magritte gemalt wurde.

3 Realitätsverlust (Seite 222–223)

Die Doppelseite vermittelt die Fortschritte im Bereich der Simulationsspiele. Das Spiel *Die Sims* ist als eher harmlos einzuschätzen gegenüber sogenannten „Killerspielen", die ebenfalls äußerst realitätsgetreu simulieren. Die Schülerinnen und Schüler sollen daran und an den im Prosatext M3 vermittelten Gefahren erkennen, dass Computerprogramme in der Lage sind, Alltag zu simulieren, dass das Ganze aber eben deshalb ein Spiel bleibt, weil der Spieler selbst die Fäden in der Hand behält, wenn er sich nicht vollständig dem Spiel hingibt.

A1 Die (beständig voranschreitende) Entwicklung des Spiels ist durch das Internet schnell zu recherchieren. Ein Grund für den Erfolg von Simulationsspielen kann unter anderem die Tatsache sein, dass man die Gestaltung „seines" Lebens frei übernehmen kann, ohne letztendliche Verantwortung tragen zu müssen. Indem man alles ausprobieren und so realistisch wie möglich gestalten kann, hat man in Simulationsspielen die Chance, eine Parallelwelt zum eigenen Alltag bzw. eine alternative Persönlichkeit zu entwerfen.

A2 Auf der Grundlage des Textes und eventuellem Vorwissen können die Schülerinnen und Schüler eigene Ergebnisse begründet darstellen. Gründe dafür, sich selbst im Spiel möglichst „getreu" zu gestalten, wären zum einen, dass man damit die Kontrolle über das eigene Leben simuliert: Komplexität, Unwägbarkeit und Probleme des realen Lebens werden auf ein erträgliches, überschaubares Maß reduziert und man hält letztlich als Gestalter des Spiels immer alle Fäden in der Hand. Zum anderen kann man damit auch eine „bessere" Version seiner selbst schaffen, bei der man aber keine Verantwortung zu übernehmen braucht und unter Umständen Entscheidungen auch rückgängig machen kann. Man kann seine Träume simulieren und tun, was man sich sonst nicht traut. Problematisch ist, dass man unter Umständen den Unterschied zur wahren Welt aus dem Blick verliert. Die Nähe zu den Charakteren birgt die Gefahr der Identifikation und der fehlenden Distanz zum virtuellen Geschehen.

A3 Die Geschichte kann grundsätzlich wahr sein und knüpft letztlich auch an die Problematik der ersten Doppelseite des Kapitels an („In welchen Welten leben wir?", s. Schülerband, S. 218–219). Das Besondere hier ist, dass z.B. – parallel zum Spiel *Die Sims* – die Fragen gestellt werden können, wer der Spieler bzw. Programmierer ist und was passiert, wenn der Computer ausgeschaltet wird. Dies kann zum einen religiös beantwortet werden oder als unerklärbar stehenbleiben. Die Konsequenzen sind auf dieser Argumentationsebene letztlich die gleichen:

Es ändert zunächst an der Art, wie wir unser Leben führen, nichts, eröffnet aber eine metaphysische Dimension des Ganzen.

A4 Im 2010 erschienenen Jugendroman *Erebos* von Ursula Poznanski geht es um das gleichnamige Computerspiel, das an einer Schule in London als Raubkopie kursiert:
Dabei sind die Spielregeln äußerst streng: Jeder hat nur eine Chance, Erebos zu spielen. Er darf mit niemandem darüber reden und muss immer allein spielen. Und – wer gegen die Spielregeln verstößt oder seine Aufgaben nicht erfüllt, fliegt raus und kann das Spiel auch nicht mehr starten. Merkwürdig ist aber, dass die Aufgaben, die Erebos stellt, nicht in der Welt von Erebos, sondern in der Wirklichkeit ausgeführt werden müssen. Die Fiktion des Spiels und die Realität verschwimmen auf irritierende Weise. Auch Nick ist süchtig nach Erebos, bis das Spiel ihm befiehlt, einen Menschen umzubringen. Natürlich führt er diesen Auftrag nicht aus und wird prompt vom Spiel ausgeschlossen. Als auch noch sein bester Freund Jamie schwer verunglückt, begreift Nick: Erebos ist weitaus mehr als nur ein harmloses Computerspiel! *Werbetext (Stand: 25.04.2011) zu Ursula Poznanski, Erebos*

A5 Nicks Gedanken zeigen, dass er die Welt des Irrealen der Realität vorzieht. Seine Gründe beziehen sich dabei darauf, dass die Realität dem Einzelnen eine Auseinandersetzung abverlangt, der er im Irrealen aus dem Weg gehen kann. Alles, was uns an der Wirklichkeit stören kann – Ordnungslosigkeit, Geräusche, Unvorhersehbarkeit, Bedürfnisse, Schmerzen –, sind genau die Aspekte, die uns zwingen zu handeln. Dagegen ist die irreale Welt verlockend, in der alles möglich ist, aber nichts dem Risiko der persönlichen Auseinandersetzung mit ihr ausgesetzt ist. Gefährlich sind diese Gedanken, weil zum einen die Endlichkeit des realen Lebens verweigert wird, was dazu führen kann, dass die Bedeutung des Umfelds für das Individuum verlorengeht. Andererseits ist die explizite Verweigerung dem Realen gegenüber eine Absage an alle Verantwortung gegenüber sich selbst und der Gesellschaft. Es besteht die Gefahr, dass die realen Bedeutungen irrelevant werden und damit z. B. das eigene Leben und dasjenige anderer keine Bedeutung mehr haben. Unter Umständen kann hier auch ein Exkurs zum immer wieder diskutierten Zusammenhang von Computerspielen und Amokläufen an Schulen angeschlossen werden (vgl. Schülerband, S. 100f., 104f.).

4 Realität, Simulation, Virtualität (Seite 224–225)

Die drei Begriffe „Realität“, „Simulation“ und „Virtualität“ werden in Bezug zueinander gesetzt, so dass die Schülerinnen und Schüler die Problematik der Wahrheits- und Wirklichkeitsebenen dieser drei Bereiche kennenlernen. Anhand einiger Beispiele und erklärender Texte soll gezeigt werden, inwiefern die Simulation nur „Abbild“ bleiben kann und inwiefern die zunehmende Rolle virtueller Welten in unserer Wirklichkeit das Verhältnis zwischen diesen Bereichen verzerren kann. Ziel ist die Reflexion über Möglichkeiten der Virtualität in Bezug zur Wahrnehmung der Wirklichkeit.

A1 Die Sammlung der Vor- und Nachteile soll deutlich machen, dass der zentrale Punkt solcher „Angebote“ darin liegt, die Unannehmlichkeiten des realen Lebens aus dem Weg zu räumen (z. B. lästiges Kindergeschrei, lange Wartezeiten beim Arzt, hoher Organisationsaufwand bei Familien, Gefahr bei Schlägereien, Auseinandersetzungen mit Mitschülern und Lehrern), zugunsten einer Bequemlichkeit, die zudem alles jederzeit verfügbar macht. Ein kritischer Ansatz kann die Frage „Lieben Sie Kinder, haben aber keine Zeit, sich um sie zu kümmern?“ aufgreifen, deren Moralität zur Diskussion gestellt werden sollte, da man daran (aber auch an den anderen Beispielen) festmachen kann, inwiefern gerade die Auseinandersetzung mit den Widrigkeiten des Lebens das Leben selbst ausmacht und damit eine Simulation oder Virtualität keine Alternative zum Leben sein kann. (Vgl. hierzu auch Aufgabe 3.)

A2 M2 bezieht sich auf die Tatsache, dass derjenige, der sich in die Virtualität begibt, immer zugleich er selbst ist, aber dennoch stets die Möglichkeit hat, sich selbst anders zu gestalten und auch zu verstehen. Man kann den Aspekt, dass virtuelle Welten das Selbstverständnis beeinflussen, vertiefen, z.B. durch Fragen wie: „Ist man ein Pilot, wenn man die Flugsimulation beherrscht?" „Ist man ein guter Autofahrer, wenn man eine Formel 1-Simulation immer gewinnt?" Der Weg in die Simulation bedeutet somit immer auch eine Spaltung der Lebenswelten. (Vgl. hierzu auch Aufgabe 3.)

A3 Am Beispiel der Flugsimulation können die Ergebnisse aus Aufgabe 1 und Aufgabe 2 (s.o.) konkretisiert werden.

A4 Während die Simulation dazu dient, wirkliche Situationen äußerst genau zu imitieren, um z.B. Reaktionen und Vorgehensweisen zu trainieren (vgl. Flugsimulator), dient die virtuelle Welt dazu, vollständige parallele Welten entstehen zu lassen, die der originalen Welt nur noch ähneln. So kann z.B. eine virtuelle Welt Naturgesetze außer Kraft setzen oder historische Daten ändern, um Möglichkeiten durchzuspielen. Einem simulierten Einzelaspekt steht eine ganze virtuelle Welt gegenüber, in der man sich verlieren kann, wenn man sie als solche anerkennt.

A5 Es sind Beispiele u.a. aus folgenden Bereichen möglich:
Simulationen: Computerspiele, Spielzeug, Ausbildung
Virtuelle Realitäten: Forschung, Filme, Internet

A6 Die These von Welsch lautet: Weil die Simulation einen Idealcharakter hat, nehmen die Menschen immer weniger das Reale, sondern zunehmend diese Idealvorstellung als Leitfaden. Durch die Simulation eines Babys, die uns vorgaukelt, dass alles einfach ist, werden die Eltern der Realität dazu verleitet, ihre Kinder nicht mehr als individuelle Personen, sondern als Abweichungen vom Ideal wahrzunehmen.
Diese Einflussnahme der virtuellen Realität auf die Wahrnehmung unserer Realität wird dadurch unterstützt, dass wir virtuell mehr erfahren (können) als real in der Begrenzung durch Raum und Zeit. Die Idealvorstellungen dessen, was wir z.B. nur aus Medien kennen, können dann in der Folge an der Realität scheitern. Als Beispiel dafür kann die Freiheitsstatue in New York dienen, die den meisten Schülerinnen und Schülern ein Begriff sein dürfte: Sie kann in der Realität unter Umständen (Wetter, Befindlichkeit) als eine Enttäuschung wahrgenommen werden, weil die durch die Medien produzierte Erwartung anders war.
Die kritische Diskussion dieser These von Welsch sollte von (solchen oder ähnlichen) konkreten Erfahrungen der Schülerinnen und Schüler ausgehen.

A7 Die Schülerinnen und Schüler können auf den Nutzen der Technologie verweisen und ihre Notwendigkeit mit Bezug zu dem vorher Besprochenen reflektieren. Eine Beantwortung der Frage im Titel von M6 sollte diskutiert werden.
Als kreativer Auftrag lässt sich z.B. auch denken, die Schülerinnen und Schüler ein Foto im Sinne der Augmented Reality (AR) kommentieren zu lassen. Aus der Präsentation lassen sich verschiedene Rückschlüsse auf die Vor- und Nachteile, den Nutzen und die Praktikabilität der Augmented Reality ziehen.

A8 Die genannte ethische Grenze bezieht sich auf die Grenze der Privatsphäre, die durch die dargestellten Möglichkeiten verzerrt wird. Die Schülerinnen und Schüler sollen hier reflektieren, was für sie noch zur Privatsphäre gehört, wie viel man von sich preisgeben kann und worin (überhaupt) die Gefahren liegen, wenn diese Möglichkeiten völlig ausgeschöpft werden.

5 Die Welt ist allem Anschein nach ... (Seite 226–227)

Diese Doppelseite soll das bis hierhin Erarbeitete auf erkenntnistheoretischem Niveau reflektieren. Dazu sollen ausgehend von einem Bildimpuls die im Kapitel an anderer Stelle schon aufgekommenen Fragen gesammelt und mögliche Antworten formuliert werden. Philosophische Texte zeigen die philosophische Dimension auf und lassen die Schülerinnen und Schüler das Thema „Virtualität" mit der Frage nach der Möglichkeit absoluter Erkenntnis verknüpfen.

A1 Die Auseinandersetzung mit dem Bild kann auf sehr unterschiedlichem Niveau erfolgen. Sicherlich wird es Schülerinnen und Schüler geben, die Probleme mit dem Abstraktionsniveau haben. Deshalb erscheint es sinnvoll, hier auch binnendifferenzierend heterogene Gruppen zusammenzusetzen, so dass Schülerinnen und Schüler verschiedener Niveaus miteinander arbeiten.

Nach einer Beschreibung dessen, was man auf dem Bild *La Condition humaine* von René Magritte (1898–1967) erkennen kann, soll zur Deutungsebene übergegangen werden. Hierzu sollen die Schülerinnen und Schüler die mit den Fragezeichen gekennzeichneten Aspekte erfragen und anschließend mit der Deutung verknüpfen. Als Leitfaden sollte die Überschrift „So erhält der Mensch die Vorstellung" dienen. Siehe hierzu Kopiervorlage, S. 174.

Die Beantwortung der Fragen spiegelt dabei die erkenntnistheoretische Diskussion zur Erkennbarkeit der Welt wider und führt zur Auseinandersetzung mit der Annahme, dass der Mensch sich seine Welt selbst bildet, die er vor das Eigentliche stellt und dieses dadurch gar nicht erkennen kann. Der Boden, auf dem diese Selbsttäuschung steht, könnte als der alltägliche Nutzen des Bildes bezeichnet werden, auf dem unsere konstruierte Wirklichkeit steht. Wird der Vorhang geschlossen, gibt es nur noch die Konstruktion. Das „Weltbild" steht vor keinem Hintergrund mehr, der es mit Wahrheitsanspruch versehen könnte.

A2 Der Ausschnitt aus der Theorie des Radikalen Konstruktivismus dient zur Vertiefung der in Aufgabe 1 erarbeiteten Problematik. Hier wird der narrative Text M2 als zweiter Zugang auch zum Bild M1 genommen. Es ist also auch möglich, die weiterführenden Fragen aus Aufgabe 1 (vgl. Kopiervorlage) erst nach der Bearbeitung dieser Aufgabe anzuschließen.

Die Pointe ist, dass unsere Wirklichkeit nur eine mögliche Form der Wirklichkeit ist, die sich als praktikabel bzw. plausibel erwiesen hat, so wie der Seeweg nur einer der möglichen Wege ist, die der Kapitän hätte nehmen können. Entscheidend dafür, welche Antworten auf die Probleme unserer Wirklichkeit wir anerkennen, ist der Erfolg im Alltag. Was die Wahrheit ist, können wir nicht bestimmen, denn wir kennen ja nur den Weg, den wir gegangen sind und der sich als erfolgreich herausstellte.

A3 Das Zitat zielt auf die Beziehung zwischen Vorstellung und Wirklichkeit und deren gegenseitige Beeinflussung ab. Im Essay sollten die Schülerinnen und Schüler diesen Ausgangspunkt zunächst formulieren, um dann mit Argumenten für und wider diese These eine eigene Einschätzung abzugeben, die sich auf die Ergebnisse aus den vorherigen Aufgaben und der Diskussion sowohl zu dieser Doppelseite als möglicherweise auch zur vorangegangen beziehen kann.

Diese Aufgabe bietet sich als Hausaufgabe oder auch zur Feststellung des Leistungsstandes an. Für Letzteres sollten die Grundlagen, d. h. die Texte und Seiten, auf die sich der Essay beziehen soll, vorher geklärt sein, damit ein Erwartungshorizont und auch eine Vergleichbarkeit gegeben sind.

A4 Die Position von Immanuel Kant (1724–1804) bringt die Problematik dieser Doppelseite auf den Punkt, indem sie hier die Subjektivität alles Wissens und seine unmögliche Absolutheit kennzeichnet. Wir können nicht wissen, wie die Welt ist, wenn oder während wir sie nicht wahrnehmen bzw. ohne uns selbst als Bedingung der Möglichkeit mitzudenken.

1. Schritt: Elemente der Beschreibung des Bildes *La Condition humaine* von René Magritte:

Landschaftsbild auf Leinwand vor einem Fenster; Staffelei; Fußboden; Vorhang; Klammer der Staffelei; Beine der Staffelei; Landschaft auf dem Bild geht in die Landschaft außerhalb des Raums über

2. Schritt: Fragen zum Bild formulieren (mit möglichen spekulativen Antworten):

„Wenn der Mensch die Vorstellung so erhält, ...	
... wofür steht das Bild?"	*„... das, was der Mensch als seine Realität annimmt und was er vor die ‚wirkliche' Welt stellt."*
... wofür steht dann der Vorhang?"	*„... den Rahmen, die Lebensspanne der menschlichen Welt, durch die er in der Lage ist, Erfahrungen von Simulationen abzugrenzen."*
... wofür steht die Klammer der Staffelei?"	*„... die Tatsache, dass das Weltbild fest gemacht ist bzw. wurde."*
... wofür steht die weiße Kante der Leinwand?"	*„... die Fehler, die Brüche, die unser Weltbild erschüttern können und uns daran erinnern, dass es dahinter etwas gibt."*
... wofür stehen die Beine der Staffelei?"	*„... die Sicherheit, auf der unsere Wirklichkeitsvorstellung steht."*
... wofür steht der Fußboden?"	*„... z. B. Naturgesetze, ohne die wir unsere Sicherheit nicht begründen könnten."*

3. Schritt: Weiterführende Fragen

„Wer hat das Bild gemalt?"	*„... wir selbst oder ein höheres Wesen."*
„Wer hat es vor unseren Blick nach außen gestellt?"	*„... wir selbst, andere, die uns täuschen wollen, ein höheres Wesen."*
„Was passiert, wenn die Vorhänge zugezogen werden?"	*„... dann ist da gar nichts mehr oder wir entdecken etwas völlig Neues in einer anderen Dimension."*
„Was ist hinter dem Bild?"	*„... vielleicht ist es die auf dem Bild gezeigte Wirklichkeit, vielleicht ist es eine bessere oder schlechtere Wirklichkeit."*

Vorurteil, Urteil, Wissen (Schülerband, Seite 228–237)

Einführung

In diesem Kapitel geht es um die inhaltliche Auseinandersetzung mit drei Begriffen, die eng zusammenhängen: Vorurteil, Urteil und Wissen. Das Kapitel setzt auf Doppelseite 1 mit der Frage ein, was man über eine bekannte Person zu wissen glaubt, um dann festzustellen, dass sich vermeintliches Wissen von tatsächlichem Wissen unterscheidet (personale / gesellschaftliche Perspektive). Im Anschluss daran (Doppelseite 2) soll gezeigt werden, dass wir uns in unseren Einschätzungen eines Menschen oft durch Äußerlichkeiten leiten lassen. Allerdings kann man in der Regel vom Aussehen eines Menschen nicht auf dessen Charakter schließen (personale Perspektive). Daran anschließend (Doppelseite 3) soll anhand von Zitaten, einem Gedicht, einer philosophischen Position und einem Experiment geklärt werden, was ein Vorurteil eigentlich ist (ideengeschichtliche / gesellschaftliche Perspektive).
Fallbeispiele, Experimente und eine Illusion sollen auf Doppelseite 4 dazu beitragen, zu zeigen, wie unser Urteilsvermögen beeinflusst wird (gesellschaftliche Perspektive), bevor auf Doppelseite 5 anhand von philosophischen Aussagen darüber nachgedacht wird, wie man vom Vorurteil zum Urteil und zu Wissen gelangt (ideengeschichtliche Perspektive).

Methodisch-didaktische Hinweise

Die Doppelseiten 1, 2 und 3 enthalten viele praktische Übungen: So sollen die Schülerinnen und Schüler z. B. Informationen über Persönlichkeiten zusammentragen, die im öffentlichen Leben stehen (und ihnen bekannt sein dürften), um dann benennen zu können, was sie *wirklich* über sie wissen (Doppelseite 1). Anhand von Portraits soll beurteilt werden, ob es sich bei den abgebildeten Personen um Künstler, Techniker, Mörder oder Menschenfreunde handelt (Doppelseite 2). Durch die individuell vorgenommene Klassifizierung soll gezeigt werden, dass äußere Merkmale nicht unbedingt zu einer richtigen Einschätzung von Menschen führen. Die Auseinandersetzung mit diesem Aspekt wird durch den Film *Der Schwarzfahrer* weitergeführt und auf amüsante Weise gezeigt, wie man Vorurteile bekämpfen kann. Dass sich kein Mensch von Vorurteilen freisprechen kann, soll durch eine selbst zu entwickelnde, durchzuführende und auszuwertende Umfrage schließlich klar werden (Doppelseite 3).
Der Schwerpunkt der Doppelseiten 4 und 5 liegt in der theoretischen Auseinandersetzung mit den Fragen, wie Vorurteile entstehen, welche Auswirkungen sie haben, wie man zu einem Urteil gelangt und wie Wissen erlangt wird. Literarische, soziologische, psychologische und philosophische Texte sollen die Vielschichtigkeit dieses Themenkomplexes verdeutlichen und zu eigenen Antworten anregen.

Hinweise zur Konzeption der Doppelseiten und zu den Aufgaben

1 Was weißt du eigentlich? (Seite 228–229)

Auf dieser Doppelseite sollen Schülerinnen und Schüler über die Betrachtung von Fotos bekannter Persönlichkeiten einen individuellen Zugang zum Thema finden, den sie anhand weiterer Texte problematisieren und vertiefen können.

A 1 An dieser Stelle sollten die Schülerinnen und Schüler Gelegenheit erhalten, ihr Vorwissen durch verschiedene Medien zu überprüfen.

Tokio Hotel: Die erfolgreiche Magdeburger Band *Tokio Hotel*, bestehend aus den Zwillingen Bill und Tom Kaulitz (* September 1989), Gustav Schäfer (* September 1988) und Georg Listing (* März 1987), gründete sich bereits 2001, damals bekannt unter dem Namen *Devilish*. Der Durchbruch gelang der Band allerdings erst 2003 durch Bills Teilnahme an einer Castingshow. Mit ihrer Debütsingle *Durch den Monsun*, die am 11. August veröffentlich wurde, landete sie sofort einen Nr. 1-Hit. Das Album wurde mit Doppelgold und die erste Single mit Platin ausgezeichnet. Die Karten für die erste Tournee waren restlos ausverkauft. Weitere Preise ließen nicht lange auf sich warten und so wurde die Band überhäuft mit Auszeichnungen. International wurde sie zu der besten Newcomer-Band gewählt und zahlreiche neue Songs wurden zu Hits.
Zinedine Zidane: Zinedine Yazid Zidane wurde am 23. Juni 1972 als Sohn algerischer Einwanderer in Marseille geboren. Er ist ein ehemaliger französischer Fußballspieler. Von der FIFA wurde er dreimal als Weltfußballer des Jahres ausgezeichnet und gilt als einer der besten Fußballer aller Zeiten. Als französischer Nationalspieler wurde er 1998 Weltmeister und 2000 Europameister. Er gewann 2002 mit seinem Verein Real Madrid die Champions League, zweimal wurde er mit seinem italienischem Club Juventus Turin und einmal mit dem spanischen Club Meister. Neben zahlreichen Auszeichnungen wurde Zidane zum wertvollsten Spieler der WM 2006 gewählt, geriet aber auch wegen des Kopfstoßes gegen seinen italienischen Mitspieler Materazzi in der 109. Minute des WM-Endspiels Frankreich-Italien in die Kritik. (Das Bild zeigt die anschließende rote Karte gegen Zidane: Er wurde vom Platz gestellt und Frankreich verlor das Finale im Elfmeterschießen mit 3:5.) Am 7. Mai 2006 bestritt Zidane sein letztes Spiel für Real Madrid und beendete anschließend seine Karriere im Vereinsfußball.
Angela Merkel: Angela Merkel wurde am 17. Juli 1954 als Angela Dorothea Kasner in Hamburg geboren. Ihre Eltern zogen kurz nach ihrer Geburt nach Quitzow in Brandenburg. Seit 1968 bereits politisch aktiv als Mitglied der SED-Jugendorganisation „Freie Deutsche Jugend" erlangte sie 1973 ihr Abitur und begann das Studium für Physik an der Universität in Leipzig. Sie heiratete 1977 den Physikstudenten Ulrich Merkel, von dem sie 1982 geschieden wurde. 1986 promovierte sie. Seit 1990 war Angela Merkel verstärkt in die Politik eingebunden und übernahm das Amt der stellvertretenden Regierungssprecherin in der ersten frei gewählten DDR-Regierung unter Lothar de Maizière. Sie trat in die CDU ein und man übertrug ihr zahlreiche Aufgaben, unter anderem wurde sie 1991 zur Ministerin für Frauen und Jugend unter Helmut Kohl. 1998 heiratete sie den Chemieprofessor Joachim Sauer. 2000 nominierte die CDU Angela Merkel als Kandidatin für den Parteivorsitz. Im November 2005 wurde Angela Merkel zur Kanzlerin der Bundesrepublik Deutschland gewählt und 2009 im Amt bestätigt.
Benedikt XVI.: Benedikt XVI. wurde am 16. April 1927 in Marktl geboren. Sein bürgerlicher Name ist Joseph Alois Ratzinger. Er ist Oberhaupt der römisch-katholischen Kirche und des Staats Vatikanstadt. Vor seinem Pontifikat war er zuletzt Dekan des Kardinalkollegiums und Präfekt der Kongregation für Glaubenslehre. Er galt als einer der einflussreichsten Kardinäle und als theologisch und kirchenpolitisch rechte Hand des früheren Papstes Johannes Paul II. Im Konklave am 19. April 2005 wurde er von 115 teilnehmenden Kardinälen im vierten Wahlgang zum Nachfolger von Johannes Paul II. gewählt. Er ist der erste deutsche Papst seit Hadrian VI. vor 482 Jahren. Drei Tage vor seiner Wahl zum Papst wurde Ratzinger 78 Jahre alt und ist damit einer der ältesten gewählten Kardinäle. Benedikt XVI. beherrscht mehrere Sprachen (Deutsch, Italienisch, Französisch, Latein, Englisch) und liest außerdem Altgriechisch und Hebräisch.

A2 Im Vergleich werden Unterschiede und Gemeinsamkeiten herausgearbeitet. Die Personen sind Teil der Öffentlichkeit und ihr Bild wird durch die Medien geprägt. Das persönliche Profil ist oft unwichtig und wird unterschiedlich dargestellt. Der eigentliche Mensch bleibt unbekannt. Das Amt bzw. die Rolle, welche sie bzw. er ausübt, ist geprägt von bestimmten Verhaltensweisen und Erwartungen. Was weiß man? Eigentlich nur den Namen und die momentan ausgeübte Rolle sowie das aktuelle Arbeitsergebnis. Interessant ist in diesem Zusammenhang eine Gegenüberstellung von Personen aus der Öffentlichkeit vor x Jahren. Hier kann man den Zeitfaktor, den Bekanntheitsgrad und die Popularität, die eine Person heute vielleicht nicht mehr hat, kritisch hinterfragen. Beispiele können angeführt werden.

A3 Die Fiktion von Weihnachten und der damit verbundene Zauber lösen sich für Nina durch die krasse Wirklichkeit auf. Sie wollte das Fest und die immer wieder ausgelösten Glücksgefühle erleben. Nun bleiben sie aus. Zwischen Realität und Wunschtraum, zwischen Erwachsenenwelt und Kindheit bestehen große Unterschiede und dies führt bei Nina zur Desillusion und zum Nachdenken, welche „Wahrheiten" tatsächlich Gültigkeit besitzen.

A4 Ähnliche Fälle: Idealbild von einem Menschen – Realität; Spitzensport – Doping, etc.

A5 Mögliche Darstellung:

Meinung	Glauben	Wissen
1	2	4
3	6	8
5	11	10
7		
9		

A6 Graphische Darstellung zu Meinen, Glauben, Wissen:

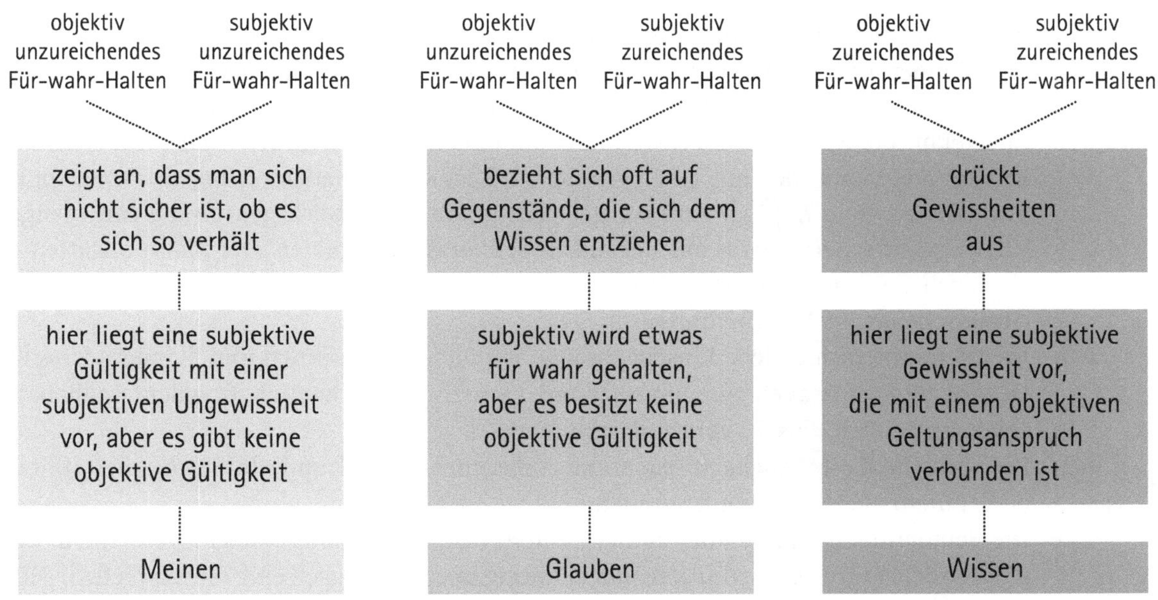

A7 Individuelle Arbeitsergebnisse können von den Schülerinnen und Schülern erstellt und in einer Gesprächsrunde andiskutiert werden.

2 Der erste Blick kann täuschen (Seite 230–231)

Thema dieser Doppelseite ist die eigene Wahrnehmung des Anderen. So sollen unter anderem Experimente deutlich machen, dass die Sichtweise auf einen Menschen und die damit oft verbundene Beurteilung häufig willkürlich und vorschnell erfolgen und dass darin eine große Gefahr liegt. M3 stellt die Frage nach Möglichkeiten des Umgangs mit Vorurteilen.

A1 Siehe Erläuterungen zu den Bildern auf Seite 231. Charaktereigenschaften aus den Gesichtszügen eines Menschen ablesen zu wollen kann sich als gefährlich erweisen. Diese Gefahr dürfte sich bei der Einschätzungsübung zeigen. (Und dennoch: Unsere erste Einschätzung eines Menschen geht über die Äußerlichkeit. Das, was man in der Regel zuerst wahrnimmt, ist das Gesicht eines anderen. In Bruchteilen von Sekunden entscheiden wir dann, ob uns jemand sympathisch ist oder nicht, und kommen zu einer Beurteilung.)

A2 Die Vorschläge zur Ergänzung der Überschrift sollten vor dem Lesen des Textes M2 notiert werden. Wahrscheinlich sind Äußerungen wie „dumm“, „gut im Bett“ und Ähnliches seitens der Jungen, während die Mädchen die Auffassungen der Jungen ablehnen und sie als vorurteilsbehaftet abtun werden. Aus den unterschiedlichen Sichtweisen kann sich eine spannende Diskussion entwickeln.

A3 Der Leser erfährt, dass Sabrina eine blonde, gut aussehende, gebildete und intelligente Frau ist.

A4 Die Sichtweise auf die Frau ist geprägt von den Vorurteilen, die in dieser Gesellschaft transportiert wurden (Blondinen-Witze etc.). Durch das äußere Erscheinungsbild zieht die Gesellschaft Rückschlüsse auf die Intelligenz der Person, obwohl niemand zuvor mit ihr gesprochen bzw. sie kennengelernt hatte.

A5 Die Party-Gäste sind verblüfft und irritiert, weil Sabrina nicht dem (aus Vorurteilen und negativen Äußerungen gespeisten) Bild entspricht, das man sich von ihr gemacht hat. Vorgefasste Meinung und Realität stimmen nicht überein, eine Korrektur der eigenen Sichtweise ist erforderlich.

A6 Individuelle Arbeitsergebnisse können von den Schülerinnen und Schülern erstellt werden, wenn sie den Text bearbeitet und in Gruppen diskutiert haben. An dieser Stelle kann deutlich werden, wie Beurteilungen zustande kommen und objektive Meinungsbildungen beeinträchtigen und kaum zulassen.

A7 Zwei Personen sitzen in einer Straßenbahn nebeneinander. Die linke Person ist eine weiße, ältere Frau mit Hut, Rüschenbluse und karierter Jacke. Sie hält eine Handtasche auf ihrem Schoß, über die sie beide Hände legt. Ihre Sitzhaltung ist gerade und gestreckt, dabei hält sie ihren Kopf leicht in die Höhe. Ihre Augen blicken ernst geradeaus und ihr Mund ist zusammengekniffen. Sie macht einen resoluten, dominierenden Eindruck. Neben ihr sitzt ein dunkelhäutiger Mann, der mit einer gestrickten Kappe und hellem saloppen Hemd und Jacke gekleidet ist. Sein Kopf ist zum Fenster geneigt, aber sein Blick geht in die entgegengesetzte Richtung. Er scheint etwas aus der linken Seitentasche zu holen. Der Mann blickt ein wenig skeptisch und unsicher. Beide Personen haben keinen Blickkontakt, aber die Schultern und Arme scheinen sich zu berühren.

A8 Hier sind unterschiedliche Einschätzungen von den Schülerinnen und Schülern zu erwarten. Denkbar sind Aussagen wie: unverschämt, rassistisch, überheblich, fremdenfeindlich, unwissend, unsachlich, falsch, vorurteilsvoll.

A9 Hier besteht die Möglichkeit, spontane Äußerungen der Gruppe in Form eines „Blitzlichts“ (s. Schülerband, S. 288) aufzugreifen.

A10 Die Schülerinnen und Schüler können unterschiedliche Lösungsvorschläge nennen. Denkbar sind Arbeitsergebnisse wie: jemanden anzeigen, sich wegsetzen, widersprechen, Hilfe bei Passanten suchen, ein Gespräch führen usw.

3 Was ist eigentlich ein Vorurteil? (Seite 232–233)

Die Texte und Aussagen der Doppelseite sollen deutlich machen, dass es verschiedene Formen von Vorurteilen gibt und eine allgemeingültige Definition nur schwer zu erstellen ist. Das Phänomen „Vorurteil“ ist bekannt, aber nicht greifbar. Hier können eigene Erfahrungen hinterfragt werden.

A1 Die Auffassungen der einzelnen Autoren bieten den Schülerinnen und Schülern ein breites Spektrum. In Gruppenarbeit können Aussagen umgeschrieben werden, die im Plenum zur Diskussion gestellt werden. Dabei können sich die Gruppen einer Darstellung zuordnen oder eine eigene entwerfen.

A2 Mögliche Einteilung (Einstein =1, Allport =2, Ustinov = 3, Bergmann = 4, Ebner-Eschenbach = 5; Hille = 6):
Gemeinsamkeiten: Problem, Vorurteile zu zerstören bzw. zu widerlegen (1, 3, 4, 5), negativer Bedeutungszusammenhang (2+4), Zerlegung des Wortes Vor-Urteil (5+6)
Unterschiede: in der Einschätzung der Möglichkeit, gegen Vorurteile etwas auszurichten (stabil, nie zu beheben: 3, 4, 5; sehr schwer, aber evtl. möglich: 1, 2, 6)

A3 Hier haben die Schülerinnen und Schüler die Möglichkeit, sich zu positionieren und eigene Vorstellungen und Überzeugungen zu begründen.

A4 Der Mensch muss sich stets neu orientieren und flexibel sein, sonst stagniert er, kommt nicht mehr zurecht und geht zugrunde. Ständige Anpassung unter neuen Rahmenbedingungen ist lebensnotwendig. Vorurteile helfen den Menschen sich im Leben zurechtzufinden und bieten daher Orientierungshilfen. Die ständige Anpassung sieht man auch an anderen Lebensformen (vgl. biologische Themen).

A5 Man kann nicht davon ausgehen, dass nur eine Sichtweise die richtige und allein gültige ist und bleibt. Kann man verschiedene Betrachtungen nicht zulassen, besteht die Gefahr der Vorverurteilung ohne akzeptable Begründung.

A6/A7 Hier bietet es sich an, Schülerinnen und Schüler in Gruppen arbeiten zu lassen und eine Auswertung im Plenum vorzustellen. In Form eines Projektes wird ein selbständiges, verantwortungsbewusstes Arbeiten ermöglicht, was eine besondere Sensibilisierung zur Folge hat. Ein möglicher Fragebogen könnte folgendermaßen aussehen:

1. Beurteile die folgenden Nationalitäten.

Amerikaner	Pirenianer	1 = absolut kein Problem
Italiener	Chinese	2 = kein Problem
Türke	Inder	3 = kleinere Vorbehalte bei einem Elternteil, aber immer noch kein Problem
Danieraner	Grieche	4 = kleinere Vorbehalte bei beiden Elternteilen
Engländer	Ghanaer	5 = größere Vorbehalte bei einem Elternteil
		6 = größere Vorbehalte bei beiden Elternteilen
		7 = kommt überhaupt nicht in Frage

2. Was würdet ihr davon halten, wenn sie die deutsche Staatsbürgerschaft beantragten?

Amerikaner	Pirenianer	1 = absolut zu befürworten
Italiener	Chinese	2 = sehr zu befürworten
Türke	Inder	3 = zu befürworten
Danieraner	Grieche	4 = noch zu befürworten
Engländer	Ghanaer	5 = eventuell ablehnen
		6 = ablehnen
		7 = gar nicht erst die Chance einräumen, einen Antrag auf Staatsbürgerschaft zu stellen

3. Was würden deine Eltern sagen, wenn dein(e) Freund(in) eine der folgenden Staatsbürgerschaften hätte?

Amerikaner	Pirenianer	1 = absolut kein Problem
Italiener	Chinese	2 = kein Problem
Türke	Inder	3 = kleinere Vorbehalte bei einem Elternteil, aber immer noch kein Problem
Danieraner	Grieche	4 = kleinere Vorbehalte bei beiden Elternteilen
Engländer	Ghanaer	5 = größere Vorbehalte bei einem Elternteil
		6 = größere Vorbehalte bei beiden Elternteilen
		7 = kommt überhaupt nicht in Frage

A 8 Verschiedene Arten von Vorurteilen (gegenüber: Traditionen, Hautfarbe, Sprache, Gewohnheiten, Äußerlichkeiten, Verhaltensweisen etc.), z. B.:
- sich für etwas Besseres halten
- gegen alles und jeden sein
- über Traditionen und Eigenheiten lachen
- Urteile fällen aufgrund von Äußerlichkeiten
- bewusste Absonderung
- sich selbst für vorurteilsfrei, perfekt und menschenfreundlich halten

A 9 Die Vorurteile werden in den ersten 6 Strophen auf immer größere Personengruppen bezogen: Strophen 1 und 2 beziehen sich auf das nächste Umfeld der Schüler (in Strophe 1 werden Vorurteile gegenüber dem Nachbarn und in Strophe 2 gegenüber der Schule beschrieben). Strophen 3 und 4 beziehen sich auf die Menschen, die nicht mehr im Umfeld der Schülerinnen und Schüler leben, aber auch noch nicht sehr weit entfernt (in Strophe 3 werden die Vorurteile in Bezug auf ein bestimmtes Stadtviertel, in Strophe 4 auf Nachbarorte oder -städte dargestellt). Strophen 5 und 6 beziehen sich auf weit entfernte Gebiete (es werden Vorurteile herausgestellt, die gegenüber anderen Bundesländern – Strophe 5 – bzw. anderen Nationen – Strophe 6 – herrschen).

A 10 Möglich: Deine Vorurteile ändern sich ständig, je nach Bedarf und Notwendigkeit. Mittlerweile sind viele angesammelt, aber in einer Situation, in der du Hilfe benötigst,
- kannst du auch lernen, diese über Bord zu werfen (positiv betrachtet)
- vergisst du sie gerne auch kurzfristig einmal, wenn es deinem Vorteil dient (negativ betrachtet).

4 Was alles unser Urteil beeinflusst (Seite 234–235)

Gedanken und Urteile sind – anders als der naive Realismus es annimmt – nicht einfach Widerspiegelungen dessen, was ist. Sie beruhen vielmehr darauf, dass das Gehirn die Daten, die den Sinnen gegeben sind, in mannigfaltiger Weise verarbeitet und interpretiert. Dabei können an verschiedenen Stellen Fehler auftreten, die zu Fehlurteilen führen. Was alles unser Urteil beeinflussen und verfälschen kann, wird auf dieser Doppelseite untersucht.

A 1 Der Eindruck vom Bild sollte etwa so formuliert werden: „Die Kreise drehen sich." Wenn man genau hinsieht, merkt man, dass die Drehung jeweils in verschiedene Richtungen erfolgt: einmal rechtsherum, einmal linksherum. Noch stärker ist der Effekt, wenn man die Grafik am Bildschirm betrachtet, siehe http://home.vrweb.de/~gandalf/VR/rotor2.gif.

A 2 Die Grafik ist so angelegt, dass unser Gehirn die zweidimensionalen statischen Form- und Farbmuster so interpretiert, dass der Eindruck von Bewegung entsteht. Die Bewegung kann, da es sich um eine zweidimensionale Darstellung handelt, nicht gegeben sein, sondern muss auf einer Interpretationsleistung des Gehirns beruhen.

A 3 Da optische Täuschungen und Illusionen sehr populär sind, dürften den Schülern weitere Beispiele geläufig sein, z. B.
- Kippfiguren, in denen man mal das eine, mal das andere Gesicht erkennt,
- Linien, die gebogen erscheinen, aber gerade sind,
- Treppen, die nicht aufwärts oder abwärts führen,
- unmögliche zweidimensionale Figuren, die mit der Illusion der 3. Dimension spielen usw.

A 4 *Gruppe 1:* Das Urteil „Das Benzin ist im Bundesland Kalifornien knapp" ist ursprünglich nicht richtig, letztlich jedoch wohl. Die Benzinknappheit wird verursacht durch die Reaktion der Autofahrer auf die falsche Nachricht.
Gruppe 2: Das Fehlurteil des Autofahrers besteht darin, dass er das Schließen der Tür beim Einsteigen in das Auto für die Ursache des Ertönens der Hupe hält. Das Fehlurteil lässt sich

dadurch erklären, dass der Mensch neigt, zwischen Dingen, die gleichzeitig auftreten, eine kausale Verbindung zu unterstellen.

Gruppe 3: Das Urteil der Frau „Du ziehst dich von mir zurück" ist zugleich richtig und falsch. Es ist richtig, insofern der Mann sich tatsächlich von ihr zurückzieht. Aus der Sicht des Mannes ist jedoch der mit dem Urteil verbundene Vorwurf falsch, insofern er sein Verhalten als Reaktion auf das ständige Nörgeln und die Kritik seiner Frau betrachtet. Beide sehen ihr Verhalten als Reaktion auf das Verhalten des Partners. Sie werfen sich gegenseitig vor, den Ehestreit verursacht zu haben.

Gruppe 4: Das Urteil „Leute wie dieser Kerl vergiften einem das Leben" ist nicht richtig, denn es ist letztlich nicht das Verhalten des Nachbarn (z.B. das flüchtige Grüßen), das den Ärger verursacht, sondern das, was der Mann als Absicht in dieses Verhalten hinein interpretiert („er hat etwas gegen mich").

Gruppe 5: Das Urteil „Das Medikament, das Sie mir verabreicht haben, hat mir geholfen" ist nicht richtig. Bei dem vermeintlichen Medikament handelte es sich um ein Placebo; daher kann nur der Glaube an die Wirksamkeit des Medikamentes ursächlich für die Genesung gewesen sein.

A5 Das Urteil wurde beeinflusst durch ...

Fall 1	die Reaktion der Autofahrer auf die Falschmeldung
Fall 2	die Annahme eines kausalen Zusammenhangs bei gleichzeitigen Ereignissen
Fall 3	das Verhalten des anderen, das eine Reaktion auf das eigene Verhalten darstellt
Fall 4	die eigene Interpretation des Verhaltens des anderen
Fall 5	durch den Glauben an die Wirksamkeit eines vermeintlichen Medikaments

5 Richtig urteilen (Seite 236–237)

Auf dieser Doppelseite geht es um zwei Fragen: Was ist ein Urteil und wie unterscheidet es sich vom Vorurteil? Wie kann man dem Vorurteil entgehen und zu richtigen Urteilen und gesichertem Wissen gelangen? Dazu wurden Auffassungen von Denkern aus verschiedenen Epochen zusammengetragen.

A1 Ein Vorurteil geht dem Urteil zeitlich voraus: es ist zeitlich früher, wird gefällt, bevor und ohne dass der Prozess des vernünftigen Nachdenkens einsetzt. Und es steht auch räumlich vor dem Urteil und verstellt damit sozusagen den Zugang zum richtigen Urteil.

A2 Wie in einem Gerichtsurteil eine strittige Sache durch den Richterspruch entschieden wird, werden in jedem Urteil Möglichkeiten, zwischen denen man schwanken kann, abgewogen und durch den Richterspruch der Vernunft entschieden.

A3 Der Lexikoneintrag könnte wie folgt formuliert sein:

> **Urteil:** vor Gericht eine Entscheidung einer strittigen Sache durch den Richter; allgemein die Entscheidung zwischen mehreren gegebenen Möglichkeiten aufgrund einer vernünftigen Abwägung.

A4 Richtig zu urteilen fällt nach Bollnow so schwer, weil es anstrengend ist, selbst zu denken und die eigene Vernunft einzuschalten. Bequemer ist es, mit Vorurteilen zu leben, d.h. vorgefertigte Urteile einfach zu übernehmen.

A5 Fehlurteile können vermieden und Wissen kann erlangt werden durch ...

Sokrates	Anführung von Gründen
Thomas von Aquin	Prüfung der Argumente für und gegen etwas
René Descartes	Versuch, alle möglichen Zweifel zu widerlegen
Immanuel Kant	Kritik, d. h. Scheidung des Falschen vom Richtigen
Max Horkheimer	Vermeiden unzulässiger Verallgemeinerungen und Prüfung des Einzelfalles
Hannah Arendt	Distanzierung, Betrachtung ohne vorgefasste Meinung und Parteilichkeit
Hans Georg Gadamer	Bewusstmachung und Prüfung des Vorverständnisses, das einen beim Urteil leitet
Max Frisch	Verzicht auf vorgefasste Bilder von anderen und Offenhalten für das, was sie wirklich sind

Quellen der Erkenntnis (Schülerband, Seite 238–247)

Einführung

Das Kapitel dient der Auseinandersetzung mit Faktoren, die unser Erkennen ermöglichen bzw. erschweren oder sogar verhindern. Zu den positiven Faktoren des Erkennens gehören: Vernunft, Logik, Erfahrung, sinnliche Wahrnehmung und Gefühle (einschließlich des „Bauchgefühls“, der Intuition). Erschwert oder verhindert wird das Erkennen durch: starres Festhalten an gemachten Erfahrungen, starke Gefühle, unzulässige Verallgemeinerungen, Schwarz-Weiß-Denken, Fehlschlüsse und die Differenz von Schein und Sein, die in vielen Bereichen eine große Rolle spielt. Die Klärung der Begriffe Wahrheit, Wissen, Meinen und Glauben ist im Zusammenhang mit dem Thema Erkenntnis unerlässlich. In der Diskussion sollte die Ambivalenz der Erfahrung, der sinnlichen Wahrnehmung, des Gefühls und des analytischen Denkens für das Erkennen deutlich werden. Da unsere Vorstellungen Auswirkungen auf unser Handeln und damit auf den Umgang mit anderen haben, hat das Erkennen eine ethische Dimension. Wir sind, wenn auch nicht immer, für unser Erkennen und Verkennen verantwortlich. Der geschichtliche Aspekt des Themas Erkenntnis wird in der Darstellung der Spannung zwischen Rationalismus und Empirismus sichtbar.

Methodisch-didaktische Hinweise

Dieses Kapitel ist eng mit dem vorausgehenden Kapitel *Vorurteil, Urteil, Wissen* (S. 228–237) verknüpft. Thematisch gibt es eine Reihe von Übereinstimmungen, allerdings mit einer anderen Akzentuierung: Es geht weniger um die praktische Frage, welche Auswirkungen Vorurteile haben und wie der Einzelne zu einem vorurteilsfreien und sicheren Wissen gelangen kann, als vielmehr um eine Hinführung zur theoretischen Frage nach den Quellen der Erkenntnis.
Dabei wird in der Regel von lebensweltlichen Erfahrungen ausgegangen, die u. a. in der Form des Briefs und des Filmausschnitts eingebracht werden. Die philosophischen Positionen des Rationalismus, Empirismus und Kritizismus werden in Form von fingierten Interviews mit Descartes, Locke und Kant dargestellt und an einer Reihe von exemplarischen Beispielen aus der philosophischen Diskussion der letzten Jahrhunderte veranschaulicht.
Die Doppelseite *Ist doch logisch – oder?* (S. 242–243) ließe sich noch ergänzen durch die Behandlung des „Satzes vom Widerspruch“ sowie der disjunktiven Schlüsse, der Relationsschlüsse und der – weit verbreiteten und zugleich höchst problematischen – kausalen Fehlschlüsse.

Hinweise zur Konzeption der Doppelseiten und zu den Aufgaben

1 Erfahrungen machen! (Seite 238–239)

Die Texte, Aufgaben und Übungen der Doppelseite sollen bewusst machen, wie wichtig die Erfahrung für das Erkennen und damit für die Lebensführung ist und wie man mit der eigenen Erfahrung umgehen sollte.

A1 Die Gemeinsamkeit zwischen den beiden Szenen besteht nur darin, dass es sich um eine Gruppe von Personen handelt, die eine Art Kreis bilden. Wesentlich sind die Unterschiede:
1. Szene: Streit, Handgreiflichkeiten, Unordnung, Lärm; es scheint nur darum zu gehen, Recht zu bekommen, die eigentliche Sache geht verloren.
2. Szene: Ruhige Atmosphäre, Friedlichkeit, freundlicher Gedankenaustausch.

A2 Durch die gemeinsame Erfahrung von lebensbedrohender Not haben die Schülerinnen und Schüler eingesehen, dass es besser ist, fair miteinander umzugehen, zu teilen, was man hat, Regeln einzuhalten und an die Gemeinschaft als Ganze zu denken. Vorher handelte es sich nur um eine Art Spiel ohne wirklichen Ernst, das vom Lehrer vorgegeben wurde.

A3 Folgende Begriffe von Erfahrung werden unterschieden:

1. Das Bescheid-Wissen und Können auf einem begrenzten Gebiet; Voraussetzung: langjährige Praxis. Hier ist vor allem die langjährige Berufserfahrung gemeint.
2. Die Lebenserfahrung ist nicht auf ein bestimmtes Gebiet beschränkt, sondern betrifft den angemessenen Umgang mit Menschen und schwierigen Situationen und allgemein die Sicherheit im Urteilen.

A4 Möglich: Für mich ist vor allem wichtig zu erfahren, wie ich mit anderen Menschen richtig umgehen soll, denn da bin ich oft noch zu unsicher. Wichtig wäre auch, wie ich lerne, andere Menschen richtig zu beurteilen. Nur wenn ich sie richtig beurteile, kann ich sie auch richtig behandeln.

A5 Lösungsbeispiel:

Liebe (Tante) Elsbeth,

danke für Deinen ausführlichen Brief. Besonders gut finde ich, dass Du davor warnst, den erfahrenen Mitmenschen blindlings zu vertrauen. Denn Erfahrung kann auch dazu führen, dass man sich dicht macht für neue Erfahrungen. „Das haben wir immer so gemacht", sagen die so genannten Erfahrenen, wenn einer mal was anderes machen will. Ich glaube auch nicht, dass man alle Erfahrungen am eigenen Leib machen muss. Oft reicht es ja, sich anzugucken, was aus denen wird, die unbedingt ausprobieren wollten, wie das mit Drogen ist. Aber erfahren möchte ich doch selbst, wie es ist, Bungee-Jumping zu machen, nachts allein über einen Friedhof zu gehen, vor vielen Menschen eine Rede zu halten oder allein in die Ferien zu fahren.

Ich möchte mich in Zukunft nicht auf meinen Erfahrungen ausruhen, sondern offen sein für etwas Neues.

Thx & LG

Deine Eva

A6 Man darf einzelne Erfahrungen nicht verallgemeinern. Wer eine schlechte Erfahrung mit einem Deutschen oder mit einem Holländer gemacht hat, darf das Erfahrene nicht auf alle Deutschen oder Holländer übertragen. Wer von jemandem angelogen worden ist, sollte zwar künftig vorsichtig sein, aber dem anderen auch eine Chance geben und ihm Vertrauen schenken. Wer von einem Handwerker, Arzt, Verkäufer ... einen Rat bekommen hat, der sich nicht als zweckmäßig erwiesen hat, sollte nicht auf Ratschläge überhaupt verzichten.

A7 Wahrscheinlich:

a) Andere werden freundlicher sein als sonst.
b) Die Mitmenschen sind gar nicht so unhöflich, wie man oft glaubt. Einige werden aber wegschauen.
c) Kaum auszuhalten, große Abhängigkeit.
d) Interessanter Typ. Mein Urteil über ihn war ein Vorurteil.
e) Toll, was es da alles zu sehen gibt.
f) Schärfung der Sinne, Großartigkeit des Sehens.
g) Die Welt ist reicher, als man glaubt.

Falls mehrere dieselbe Übung gemacht haben, können die Erfahrungen recht unterschiedlich sein.

2 Mogelpackung, Sinnestäuschung und Co. (Seite 240–241)

Eine Quelle vielfacher Irrtümer ist die Differenz von Schein und Sein, die es dem Menschen schwer macht zu erkennen, wie Dinge und Sachverhalte wirklich sind. Deutlich werden soll, in welchen Bereichen der Schein eine Rolle spielt, von wem er absichtlich eingesetzt wird und was dazu gehört, ihn durchschauen zu können.

A1 Sinnestäuschung in der Natur (Fata Morgana, Mondgröße); Tiere und Pflanzen täuschen durch Nachahmung; bei den Menschen: Vorspiegelung falscher Tatsachen (Kunstfälschung, geschönte Fotos usw.), optische Täuschungen.

A2 Chamäleons passen ihre Oberfläche der Farbe der Umgebung an, Frauen und Männer tragen Perücken, Frauen haben Silikonbusen, Filme zeigen realistisch wirkende Computeranimationen (Pflanzen, Tiere, Wesen, Landschaften), perspektivische Darstellungen vermitteln Tiefe.

A3 Der Begriff Mimikry wurde zunächst allgemein gebraucht für eine täuschende Nachahmung, die Vorteile bringt. Heute unterscheidet man:
Mimikry - Nachahmung einer Spezies durch eine andere,
Mimese - Nachahmung von Gegenständen der Umwelt.
Bei der abgebildeten Laubheuschrecke liegt also streng genommen „Mimese“ vor: Nachahmung eines angefressenes Blattes mit einer trockenen Stelle.

A4 Raffinierte Beleuchtung (Sonne scheinbar als Lichtquelle durch Schatten auf den Säulen), Helligkeitsabstufung der „Decke“ des Innenraumes, Angleichung an die Linienführung des Gebäudes, realistische Darstellungsweise.

A5 Vor allem, wenn man sich lange auf die die Lidränder konzentriert, scheint die Frau plötzlich, wenn auch nur kurz, die Augen aufzuschlagen. Flecken auf den Lidern sorgen dafür, dass unser Wahrnehmungsapparat eine neue Deutung des Dargestellten erprobt, die wie bei einem Kippbild auch wieder verschwindet.

A6 Heuchler, Scharlatan, Quacksalber, Plagiator, Falschmünzer, Wolf im Schafspelz. Ganz harmlos ist keiner der Genannten, wirklich gefährlich sind aber der Quacksalber und, wenn er sich als Arzt ausgibt, der Scharlatan, da sie die Gesundheit gefährden oder mögliche Heilung verhindern.

A7 In allen Fällen entspricht die gezeigte Freundlichkeit nicht den Gefühlen. Im ersten und vierten Beispiel wird Freundlichkeit um des eigenen Vorteils willen geheuchelt, in zweiten und dritten Fall überspielt jemand seine wahren Gefühle aus Rücksicht auf den anderen.

A8 Scheinbar Negatives erweist sich als Positives, scheinbar Positives erweist sich als etwas Negatives. Die erste, scheinbar naheliegende, momentane Deutung eines Sachverhaltes kann sich auf lange Sicht, in einem größeren Zusammenhang betrachtet, als falsch erweisen.

A9 Man darf nicht zu gutgläubig sein, sondern muss über eine gewisse Portion Skepsis verfügen. Man braucht Kenntnisse über die Natur (Fata Morgana, Mimikry) und über das Funktionieren unserer Wahrnehmung. Man darf nicht vorschnell urteilen („Woher wisst ihr ...?“), und man sollte davon ausgehen, dass Menschen zum Egoismus neigen und sich keineswegs immer moralisch verhalten.

3 Ist doch logisch – oder? (Seite 242–243)

Das den Alltag beherrschende intuitive Schließen ist zwar effektiv, aber auch anfällig für Fehler. Formalisierte Schlussverfahren können helfen, übliche Fehler zu vermeiden.

A1 Herr Müller: Gleich erfahre ich, ob eine Renovierung nötig ist. – Der Maurer: Der Putz klingt hohl, sitzt also nicht richtig.
Frau Fischer: Der Arzt sagt mir gleich genau, welche Krankheit ich habe. – Der Arzt: Am Blutbild erkenne ich, welche Krankheiten ausgeschlossen werden können.
Der Mathelehrer: Die Schüler werden sauer sein, wenn sie die Noten erfahren. – Die Schüler: Die Arbeit ist mit Sicherheit schlecht ausgefallen.
Frau Meier: Die Glühbirne ist defekt.

A2 Dieses Denken ist kein logisches Denken in dem Sinne, dass bewusst Sätze formuliert und bewusst die Regeln des Schließens angewandt werden, vielmehr ist es eher intuitiv oder auch halbbewusst. Dieses intuitive Denken kann durchaus zu richtigen Ergebnissen führen. Siehe hierzu auch Seite 11, M3 des Schülerbandes zur Rolle des Gefühls beim Urteilen.

A3 „Alle, die Grillabende lieben, sind Spießer." – unwahr
„Alle Menschen sind Indianer." – unwahr
„Kein Dummkopf ist ein Genie." – wahr

A4 „Einige von denen, die Grillabende lieben, sind Spießer."
„Einige Menschen sind Indianer."

A5 „Kein Katholik ist Protestant." „Einige Fußball-Fans sind Hooligans."

A6 a) Herr Seidel ist nicht allwissend.
b) Kein Schluss möglich. Es bleibt offen, ob Grünlinge auch gute Kämpfer sind.
Zu M3 und M4: Formal richtige Schlüsse führen nur dann zu richtigen Ergebnissen, wenn die Prämissen wahr sind.
Beispiel: Der Schluss „Einige Jungen sind geschickt" ist nur dann wahr, wenn die Prämissen „Einige Jungen sind Skateboard-Fahrer" und vor allem „Alle Skateboard-Fahrer sind geschickt" wahr sind.
Die in M3 wiedergegebenen Schlüsse nennt man „kategorische Schlüsse".

A7 Regel für das Sudoku: Die leeren Felder des Quadrats müssen so ausgefüllt werden, dass in jeder Zeile, in jeder Spalte und in jedem mit dickeren Linien gekennzeichneten 3x3-Kästchen alle Zahlen von 1 bis 9 stehen.
Beispiel: Nehmen wir das 3x3-Feld oben rechts in dem linken Kasten. Es fehlen die Zahlen 2, 4 und 8. Wohin kommt z.B. die 8? Da in der oberen Zeile schon eine 8 steht, kann die 8 nur in einem der beiden leeren Felder der Mittelzeile stehen. Da in der Spalte unter der 6 und der 1 ebenfalls schon eine 8 steht, bleibt nur das linke Feld als Platz für die 8 übrig. Nun ist es nicht schwierig, das Feld für die 8 im 3x3-Feld oben links und unten rechts zu finden. Usw.

3	7	9	**8**	4	1	2	**6**	**5**
2	6	**1**	5	9	**7**	8	4	**3**
4	**5**	8	6	**2**	3	**7**	**1**	**9**
1	**2**	**3**	7	6	9	**5**	**8**	4
9	**4**	5	3	8	**2**	**6**	**7**	1
6	8	7	1	5	**4**	9	3	2
7	**9**	4	2	1	**6**	**3**	5	8
8	3	2	**4**	7	5	1	9	**6**
5	1	6	9	3	**8**	4	**2**	7

8	3	6	4	1	**7**	5	9	**2**
2	**9**	4	8	3	**5**	6	**1**	7
1	7	5	2	9	6	**8**	4	**3**
4	**8**	7	**9**	5	2	3	**6**	1
3	6	2	**1**	7	8	**4**	5	**9**
9	**5**	1	**3**	6	**4**	**7**	2	**8**
7	**4**	9	5	8	**1**	2	3	6
6	**2**	3	7	4	9	**1**	8	**5**
5	1	8	**6**	**2**	**3**	9	7	4

A8 a) Nicht korrekt, siehe 2.
b) Nicht korrekt, siehe 3.
c) Korrekt, siehe1.
Die Schlüsse mit Wenn-Sätzen nennt man „hypothetische Schlüsse". Hier gilt auch: Nur wenn die Prämissen wahr sind, sind – bei formal korrektem Schließen – die Schlüsse wahr.

4 ... und nichts als die Wahrheit (Seite 244–245)

Ohne andere Bedeutungen von „Wahrheit" auszuklammern, thematisiert die Doppelseite in erster Linie „Wahrheit" im Sinne von Aussagenwahrheit und zeigt, dass es für das Wissen notwendig ist, Aussagen angemessen begründen zu können.

A1 Die Steinmaske „Mund der Wahrheit" befindet sich in Rom. Es heißt, sie beiße jedem Lügner die Hand ab, wenn er sie hineinsteckt.

In der Aufgabe wird sie als Instanz aufgefasst, die die Wahrheit sagt. Mögliche Wahrheiten:
- Schule für alle ist eine großartige Einrichtung, die nicht selbstverständlich ist.
- Schule in Deutschland ist ungerecht, da Unterschichtkinder nicht genügend gefördert werden.
- Mehr als 23 Millionen Menschen engagieren sich in Deutschland ehrenamtlich und ohne Lohn. Usw.

A2 Wahrheit ist die Übereinstimmung von Aussagen mit der Wirklichkeit oder mit dem, worauf sie sich beziehen. Diese Definition bezieht sich auf Aussagenwahrheit.

A3 Der Vortrag bezieht sich nur auf die *Wahrheit von Aussagen.*
Man benutzt den Begriff „Wahrheit" aber auch in einem vielfachen Sinne. Zum Beispiel sagt man vor einem Boxkampf: „Das ist die Stunde der Wahrheit." Gemeint ist hier, dass ans Licht kommt, was ein Mensch wirklich ist oder was er wirklich kann. Oder man spricht von einer Sache, „wie sie in Wahrheit ist". Hier kann man „Wahrheit" einfach durch „Wirklichkeit" ersetzen. Oder man sagt: „Das ist eben seine Wahrheit". Gemeint ist hier das, was jemand für die Wahrheit hält. In diesem Zusammenhang spricht man auch von der subjektiven Wahrheit.
Im Vortrag fehlt völlig eine Darstellung der Kriterien der Aussagenwahrheit: Woran erkennt man, ob eine Aussage wahr ist? Einige Antworten:
Überprüft wird der Anspruch der Wahrheit durch sinnliche Wahrnehmung (z. B. in einem naturwissenschaftlichen Experiment).
Als wahr gilt eine Aussage, wenn ihr alle Fachleute zustimmen (Konsenstheorie).
Als wahr gilt eine Aussage, wenn sie sich in einen Sachzusammenhang von als wahr anerkannten Aussagen widerspruchsfrei einfügen lässt (Kohärenztheorie).

A4 Gewöhnlich sagt man: „Das stimmt." Wenn es sich aber um eine wichtige Sache handelt und eine Person in einer für sie bedeutenden Angelegenheit betroffen ist, sagt man eher: „Das ist wahr." Dies klingt „feierlicher" als „Stimmt!".

A5 Viele werden die Frage mit Ja beantworten. Einige aber: „Ich möchte wirklich verstehen, weshalb es richtig ist, einen Satz anzuwenden."

A6 Mögliche Antwort: Wir begnügen uns oft damit, dass wir das Gefühl haben, wir wären uns ganz sicher, obwohl wir die Aussage nicht genauer begründen könnten.

A7
1. „Ich glaube, dass das schlechte Wetter von der Erwärmung der Erdatmosphäre kommt."
   „Ich glaube, dass wir pünktlich ins Kino kommen".
   Glauben bedeutet hier, aufgrund guter Argumente oder der eigenen Erfahrung etwas für höchst wahrscheinlich halten.
2. „Ich glaube ihm, dass er die CD nicht geklaut hat."
   „Ich glaube ihr, dass sie keine Vorurteile gegenüber Migranten hat."
   Glauben bedeutet hier, für wahr halten, was jemand sagt, da man die Person gut kennt und eine Unehrlichkeit nicht zu ihr passen würde.
3. „Ich glaube an das Gute im Menschen."
   „Ich glaube an meinen Freund; der würde so etwas nie tun."
   Glauben bedeutet hier ein Vertrauen darauf, dass ...

A8 Im Großen und Ganzen sollte man den Menschen die Wahrheit zumuten. Man nimmt sie nicht ernst, wenn man ihnen unangenehme Wahrheiten vorenthält. Allerdings kann es sinnvoll sein, Kindern und – in besonderen Fällen – Kranken nicht die ganze Wahrheit zu sagen.

5 Rationalismus oder Empirismus? (Seite 246–247)

Diese Doppelseite befasst sich mit dem Streit der philosophischen Positionen des Empirismus und Rationalismus und der Frage, was die sinnliche Wahrnehmung und das Denken zur Gewinnung von Erkenntnis beitragen.

A1 Die Schülerinnen und Schüler könnten in Bezug auf Descartes diskutieren, ob die Auffassung, dass das sinnlich Wahrgenommene bezweifelt werden kann und erst die Überprüfung durch den Verstand zu sicheren Erkenntnissen führt, richtig ist. In Bezug auf Locke könnten sie diskutieren, ob Erkenntnisse ausschließlich der sinnlichen Wahrnehmung entspringen und eine Vorstellung nur dann als Erkenntnis gelten kann, wenn sie sich auf etwas bezieht, das wir sinnlich wahrgenommen haben. Eine Mindmap zu Rationalismus und Empirismus könnte so aussehen:

Rationalismus (Descartes)	Empirismus (Locke)
• Was uns die Sinne vermitteln, kann bezweifelt werden (vgl. Sinnestäuschung). • Erst dadurch, dass wir das sinnlich Wahrgenommene mithilfe des Verstandes überprüfen, gelangen wir zu Erkenntnissen. • Wir wissen sogar unabhängig von der Erfahrung, durch angeborene Ideen, etwas über die Welt.	• Quelle der Erkenntnis sind allein die sinnlichen Wahrnehmungen (Erfahrungen). • Der Verstand leitet aus dem, was wir wahrgenommen haben, Ideen ab und setzt sie zu unterschiedlichen Vorstellungen zusammen. • Eine Vorstellung kann nur dann als Erkenntnis gelten, wenn sie sich auf etwas bezieht, was wir erfahren haben.

A2 Die Fragen 1 und 2 sind Fragen des Rationalismus; sie beziehen sich auf Gegenstände, die nicht sinnlich wahrnehmbar sind, sondern nur gedacht werden können. Die Fragen 3 und 4 beziehen sich auf den Empirismus; sie betreffen Dinge, die wir sinnlich wahrnehmen können.

A3 Die Schülerinnen und Schüler könnten in Bezug auf die Beweise skeptisch sein. Sie könnten einwenden, dass die Existenz von Engeln eine reine Vorstellung ist, die keiner Erfahrung entspricht, und dass die Harmonie der Substanzen reine Spekulation ist, die sich nicht durch Erfahrung beweisen lässt.

A4 Bis ins 16. Jahrhundert kannten die Menschen nur den Tag- und Nachtwechsel innerhalb von 24 Stunden, weil sie noch nicht in Gegenden nahe dem Polarkreis vorgedrungen waren, in denen Polarnacht bzw. Polartag herrscht.
Die Europäer des 16. Jahrhundert kannten nur weiße Schwäne und hatten von den in Australien beheimateten schwarzen Schwänen bis zu diesem Zeitpunkt noch keine Erfahrung.

A5 Kant zeigt, dass zur Erkenntnis sowohl sinnliche Erfahrung als auch das Denken notwendig sind. Ein Gedanke, dem keine sinnliche Anschauung entspricht, stellt ebenso wenig eine Erkenntnis dar, wie eine sinnliche Wahrnehmung, die mittels des Denkens nicht begriffen worden ist.

A6 Kant würde an Thomas von Aquins Behauptung der Existenz von Engeln und Leibniz' Auffassung einer Harmonie der Substanzen kritisieren, dass es sich um bloße Gedanken handelt, denen keine sinnliche Erfahrung entspricht. An den Behauptungen von Ptolemäus über den Tag-Nacht-Wechsel und von Paley über weiße Schwäne würde er kritisieren, dass sich aus bloßer Erfahrung noch keine Erkenntnisse ableiten lassen.

A7 Ein Empirist („Quelle der Erkenntnis ist die Erfahrung") würde sagen: Die Person ist nicht in der Lage, Kugel und Würfel zu unterscheiden, denn die Erfahrung des Tastsinns sagt ihr noch nicht, wie sich Würfel und Kugel dem Auge zeigen.
Ein Rationalist („Quelle der Erkenntnis ist das Denken") würde dies bestreiten, da er davon ausgeht, die Person habe eine gedankliche Vorstellung von dem Unterschied zwischen „rund" und „eckig", die ihr hilft, diese Kugel und den Würfel mit dem Auge zu identifizieren.
Kant („Erfahrung und Denken sind die Quellen der Erkenntnis") würde sich in diesem Falle dem Empiristen anschließen, da er die Auffassung vertritt, dass Kugel und Würfel nicht mit dem Auge identifiziert werden können ohne die Erfahrung, wie eine Kugel und ein Würfel aussehen.

Glück und Sinn des Lebens (Schülerband, Seite 248–257)

Einführung

Die Frage nach Glück und dem Sinn des Lebens ist ein existenzielles Thema des Menschen. Auch Kinder suchen schon früh bewusst nach Glücksmomenten und ein Verlust des Sinns im Leben kann bereits zu pubertären Depressionen führen. Insofern ist das persönliche Erleben (personale Perspektive) bei diesem Thema immer wieder einzufordern und einforderbar. Gesellschaftlich sind es vor allem Konsum- und Medienangebote, Werbeversprechen und virtuelle Idealwelten, welche die Frage nach dem erreichbaren Glück motivieren (gesellschaftliche Perspektive). Hierzu erstaunlich aktuell passend gibt es auch eine sehr alte philosophische Tradition, die bereits in der Antike grundlegende Themenaspekte in heute noch aktualisierbarer Weise durchdachte (Ideenperspektive). Für die Schülerinnen und Schüler der Klassen 7–9 bietet es sich an, bei Bildmaterial und alltagsweltlichem Erleben anzusetzen, um von dort aus die sprachanalytische (Doppelseite 1: Glück haben – glücklich sein), biologisch-psychologische (Doppelseite 2: Glücksgefühle) und philosophische Ebene (Doppelseite 3: Das Streben nach Glück) des Glücksbegriffs auszuloten und im Anschluss mit der Sinnfrage (Doppelseiten 4 und 5: Das macht Sinn! Die Suche nach dem Sinn) zu verbinden.

Methodisch-didaktische Hinweise

Das Kapitel *Glück und Sinn des Lebens* ist als abgeschlossene, von den anderen Kapiteln des Buches unabhängige Einheit konzipiert. Es können aber auch sinnvolle Querverbindungen zu anderen Themen hergestellt werden. Direkte Verbindungen bieten sich an zum Kapitel *Gefühl und Verstand* (Seite 8–17), *Geschlechtlichkeit und Pubertät* (Seite 18–27), *Lust und Pflicht* (Seite 88–97) oder zum Kapitel *Ethische Grundsätze in Religionen* (Seite 258–267).
Die eingesetzten Textsorten und Methoden sind breit gefächert, sodass die Schülerinnen und Schüler verschiedene Zugänge finden, sich für das Thema zu interessieren. Der Schwerpunkt liegt auf Konkretisierendem wie Bildern, Erzählungen und Cartoons, es werden aber auch Begriffserklärungen, Sachberichte, wissenschaftliche wie philosophische Texte und Aphorismen in lesefreundlicher Aufbereitung angeboten. Dazu werden Methoden wie tabellarische Gegenüberstellung, Gruppenpuzzle, Textanalyse sowie Textproduktion, graphische Darstellung, Diskussion und ein Projekt mit Museumsgang empfohlen (s. hierzu auch die Hinweise im Methodenüberblick des Schülerbandes, S. 288–293).

Hinweise zur Konzeption der Doppelseiten und zu den Aufgaben

1 Macht Glück glücklich? (Seite 248–249)

Die deutsche Sprache macht keinen Unterschied zwischen Glück als Zufallsglück (Glück haben im Sinne von *luck, bonne chance, fortuna*) und Glück als Gefühlszustand (glücklich sein im Sinne von *happiness, bonheur, beatitudo*). Dies macht im Alltagssprechen auch eine Unterscheidung der dahinterstehenden Phänomene immer wieder schwierig. Die angebotenen Materialien und Aufgaben sollen eine schrittweise Annäherung bis zur definitorischen Klärung herbeiführen.

A1 M1 „Goofy im Glück“ steht für den Widerspruch zwischen Glück haben (Goofy hat in dem Comic offensichtlich viel Pech!) und glücklich sein (Goofy bestätigt die Glückstag-Vorhersage am Schluss!). So ist im Zettel der Glückswaage zwar mit „Fortuna“ eindeutig die Schicksalsgöttin (Zufallsglück) angesprochen, deren „Glückstag“-Vorhersage somit nicht die

Ebene des Glücksgefühls betrifft. Die Bilderfolge zeigt aber im Sinne des Zufallsglücks mindestens sieben Missgeschicke (Stolpern, Zettel wird weggeweht, Zusammenstoß mit Roller-Klub, vom Auto angefahren werden, von einer Ziege gerammt, von einem Wasserfahrzeug geflutet, von einem Pferd niedergedrückt). Lediglich das am Ende gefundene vierblättrige Kleeblatt könnte als positives Zufallsglück gedeutet werden, welches aber wie der Zettel nur symbolische Bedeutung hat. Gefühlsmäßig aber (glücklich sein) ist Goofy am Schluss mit sich im Reinen. Er ist glücklich mit dem gefundenen Kleeblatt und sein „Na bitte" im letzten Bild bestätigt die Glückstag-Vorhersage. Offensichtlich befindet sich sein „Glück" auf der Empfindungsebene des Glücklich-Seins.

A2 Die Frage, ob der Kurs einen solchen Tag ebenfalls als Glückstag hätte erleben können, soll zum Widerspruch reizen, ggf. aber schon den Gedanken einer relativen Unabhängigkeit inneren Glücksempfindens von äußeren Ereignissen provozieren.

A3 M2 „Gustav Gans zieht das große Los" bezieht sich auf einen Comic-Charakter, der gerade durch sein Zufallsglück charakterisiert ist. Im Streit darum, wer der umworbenen Daisy ein Getränk ausgeben darf, drängt Gustav den glücklosen Donald zurück. Als er bestellen will, gewinnt er als zehntausendster Gast die freie Auswahl (Zufallsglück). Seine Reaktion („Das ist ... gähn ... nett!") zeigt allerdings deutlich, dass ihn das gefühlsmäßig nicht besonders glücklich macht. Wer die immer wiederkehrende Begegnung von Gustav Gans und Donald Duck kennt, der weiß, dass sie die genauen Gegenpole in Bezug auf das Zufallsglück darstellen. Während Donald ständig Pech hat, hat Gustav immer Glück in Zufallsdingen. In einer Hinsicht allerdings ist Donald stets obenauf: Er gewinnt am Ende immer das Herz der umworbenen Daisy und ist damit der „Glücklichere" im Sinne des erreichten Glücksempfindens.

A4 M3 erklärt die Begriffe „Glück haben" und „glücklich sein" in definitorischer Weise. Hier eine beispielhafte grafische Zusammenfassung:

Glück haben	glücklich sein
engl.: *luck* franz.: *bonne chance* lat.: *fortuna*	engl.: *happiness* franz.: *bonheur* lat.: *beatitudo*
erfreulicher Zufall, z. B. – zufällig richtige Testlösung – Glückstreffer im Fußball	Empfindung bzw. Gefühl, z. B. – Hochgefühl nach Erfolg – körperliches Wohlfühlen
wenn das geschieht, – was wir gehofft haben – was wir nicht sicher erreichen konnten – was vielleicht sogar unwahrscheinlich war	Empfinden, das nicht unbedingt von dem abhängt, was geschieht, – unterschiedliches Empfinden in gleichen Situationen – z. B. bei einem „ausreichend" in einer Arbeit
Glücksgüter: – Gesundheit – besondere Erfolge – Wohlstand – ein „glückliches Händchen"	Empfindung von: – Spaß – Vergnügen – Genuss – „Glück"

Grundsätzlich stellt sich die Frage, ob und – im Falle einer positiven Beantwortung dieser Frage – wie die beiden Seiten der Tabelle zusammenhängen. Bei Goofy und Gustav Gans kann die Frage wie folgt beantwortet werden: Goofy hat zwar ständig Pech (kein Zufallsglück), ist aber immer glücklich (Glücksgefühl). Gustav Gans hat zwar immer Glück (Zufallsglück), wird damit aber nie so richtig glücklich (Glücksgefühl). Insofern passt zur Figur des Goofy „glücklich sein" und zu der des Gustav Gans „Glück haben" – und beide

Bedeutungsebenen treten getrennt voneinander auf. Im Alltagserleben aber wird häufig ein Zusammenhang zwischen den beiden Ebenen hergestellt: Wenn ich Glück habe, werde ich glücklich! Dies aber ist eine diskussionswürdige Behauptung.

A5 Ggf. im Anschluss an die grafische Gegenüberstellung können nun den beiden Seiten der Tabelle Schülererlebnisse oder andere Schülerbeispiele zugeordnet werden. Hier kann sich zeigen, dass die Unterscheidung im Konkreten nicht immer ganz einfach fällt und durch das Fehlen einer klaren sprachlichen Trennung im Deutschen auch die inhaltliche Trennung manchmal nur unscharf wahrgenommen wird. Daher ist es durchaus wertvoll, hier eine Menge Beispiele – ggf. durch kooperative Arbeitsformen gestützt – suchen zu lassen. So können zunächst in Einzelarbeit Beispiele gesucht werden, die in Partnerarbeit auf ihre richtige Zuordnung hin überprüft werden. In etwas größeren Gruppen können dann die klarsten und überzeugendsten zwei Bespiele für jede Seite ausgewählt werden, die im Plenum vorgetragen und in der Tabelle festgehalten werden.

A6 In der Anekdote M4 hat ein Schäfer sein Glücksempfinden vom Zufallsglück unabhängig gemacht. Indem er nicht auf das wartet, was er gerne hätte, sondern das zu mögen gelernt hat, was er bekommt, kann er sich seines Glücks (Gefühlszustand) sicher sein. An dieser Stelle bietet es sich ggf. an, die Schülerinnen und Schüler über eine Übertragbarkeit dieses Konzeptes nachdenken zu lassen.

A7 M5 erzählt die Geschichte eines über die Enge in seiner Hütte unglücklichen Mannes, der nach dem Erleben von noch mehr Enge über den empfindungsmäßig neu gewonnenen ursprünglichen Platz glücklich wird. Im Grunde unternimmt der Rabbi in der Geschichte eine Art „paradoxe Intervention". Der Mann wünscht sich mehr Platz, um glücklich zu werden. Durch die vom Rabbi provozierte Erfahrung von noch mehr Enge lernt er aber, den gegebenen Platz neu wertzuschätzen. Insofern wird er glücklicher, indem er nicht das Zufallsglück (z. B. durch die Erbschaft einer größeren Hütte), sondern das Empfindungsglück (Wertschätzung des gegebenen Platzes) erreicht. Wie schon in M4 wird „glücklich sein" als Fähigkeit dargestellt, die unabhängig von „Glück haben" (im Sinne des Erwerbs äußerer Güter) entsteht.

2 Glücksgefühle ... (Seite 250–251)

Diese Doppelseite stellt Glück als ein auch körperliches Phänomen dar. Dies ist eine einerseits irritierende, andererseits heute viel diskutierte Sicht auf das Glück als Glücksempfinden.

A1 Glück kann gefühlt werden – auch körperlich. Daher sollte die Vorstellungsübung, wenn der Kurs sich darauf einlässt, am besten mit geschlossenen Augen durchgeführt werden. Bei der Vorstellung eines erlebten intensiven Glücksmoments mit geschlossenen Augen ist die Chance am höchsten, dass die körperlichen Empfindungen dieses Moments wieder aktualisiert werden können. Nach der Übung sollte Raum sein, dass die Schülerinnen und Schüler die erinnerten Empfindungen schildern können. Natürlich darf hier niemand zu persönlichen Äußerungen gezwungen werden, aber da nicht die Ursachen, sondern nur die Empfindungen geschildert werden, dürfte ausreichend Raum für eine geschützte Privatsphäre bleiben.

M1 „Dem Glück auf der Spur" bietet neben einem Spiegel-Titelcover zum Thema eine kurze Beschreibung der körperlichen Auswirkungen von Glücksempfinden aus medizinisch-wissenschaftlicher Sicht an: erhöhter Puls, erhöhte Körpertemperatur, verbesserte Durchblutung, niedrigerer elektrischer Hautwiderstand. Bei der vorgeschalteten Übung mit der Schilderung eigener Empfindungen (s. o.) werden die Schülerinnen und Schüler in der Regel die meisten der aufgezählten Phänomene bereits angesprochen haben, wenn auch in anderer sprachlicher Form (z. B.: „Mir ist ganz heiß geworden") und häufig begleitet von weniger körperlichen Empfindungen (z. B.: „Ich hatte das Gefühl, ich könnte alles erreichen").

A2 M2 „Schokolade essen!" bietet Daten an, die eine glücklich machende Wirkung von Schokolade auf chemisch-biologische Weise erklären. Vielleicht kennen einige Schülerinnen oder Schüler das Erlebnis, dass sie bei Frustrationen gerne zu Schokolade greifen – und dass diese ihnen dann hilft. Allerdings muss an dieser Stelle angemerkt werden, dass die Geringfügigkeit der Mengen der genannten Stoffe eine körperliche Wirkung von Schokolade in der beschriebenen Weise in der wissenschaftlichen Diskussion eher als unwahrscheinlich erscheinen lässt und dass eine psychologische Erklärung (frühkindliche Erlebnisse mit Schokolade zu „schönen" Anlässen wie Geburtstag und Weihnachten) als wahrscheinlicher angenommen wird.

A3 Die Aufgabe fordert zu einer Art Gruppenpuzzle auf, das mit den Materialien 3 und 4 arbeitet. M3 „Sport – nur eine überflüssige Anstrengung?" legt dar, dass man durch eine gewisse Intensität in der sportlichen Betätigung (hier am Beispiel Laufen) den inneren Hormonhaushalt positiv in einer Weise beeinflussen kann, die der Autor Ulrich Strunz mit „Glück" gleichsetzt. M4 „Wie wirkt Alkohol?" beschreibt im ersten Schritt einen ähnlichen Effekt (angeregt, erwärmt, entspannt, heiter, gesprächig, frei). Allerdings zeigt die Schilderung in den nächsten Schritten stark negative Auswirkungen auf, die den Schülerinnen und Schülern sicher nicht völlig unbekannt sind, sei es aus Erzählungen, Miterleben oder bereits eigenen Erlebnissen.

Nach der Teamarbeit zum Vergleich der Auswirkungen von Sport und Alkohol kann im Anschluss noch die Frage nach dem Zusammenhang mit „Glück" thematisiert werden. Hier sollte Raum für eigene Einschätzungen und Problematisierungen sein, da einerseits „Glücksgefühle" schon sprachlich eng mit „Glück" zusammenhängen, andererseits das kleine Glück von Sport oder Alkoholgenuss sicher deutlich geringer geschätzt wird als die Frage nach einem ge-„glück"-ten Leben.

A4 M5 „Shoppingsüchtig – erkauftes Glück" handelt von Kaufsucht, die aus der Ich-Perspektive dargestellt wird. Insofern ist der Auftrag, zu begründen, warum es so schwer ist, dem „kleinen T-Shirt-Glück" zu widerstehen, eine Art Empathieübung, in die aber eigene Erfahrungsanteile eingehen. Sicher kennen viele Schülerinnen und Schüler das Gefühl, dass sie unbedingt etwas haben wollten (Handy, Spielekonsole, Sportgerät, Klamotten, Schuhe ...), was in dem Moment nicht erschwinglich war. Insofern kann an die Aufgabe auch eine Diskussion anschließen, wie mit solchen Gefühlen wie denen des Mädchens aus M5 sinnvoll umgegangen werden kann.

A5 Der Schreibauftrag, einen Brief zu verfassen, kann die individuell aus der Diskussion erwachsenen Erkenntnisse oder Einschätzungen verschriftlichen lassen. Hier kann ggf. im Anschluss ein Austausch der Produkte stattfinden, so dass ein weiterer Auftrag die Beantwortung eines solchen Briefes aus der Perspektive des Mädchens aus M5 wäre.

3 Das Streben nach Glück (Seite 252–253)

Die Doppelseite vermittelt mit Diogenes, Aristoteles und Seneca philosophische Sichtweisen zum Glück (ideengeschichtliche Perspektive).

A1 Am Beispiel des Diogenes von Sinope (*um 400 v. Chr. in Sinope; † 323/24 v. Chr. in Korinth) wird gezeigt, wie ein Leben in Bedürfnislosigkeit gelebt werden kann. Diogenes, der wohl schon zu Lebzeiten geachtet und gefürchtet war, stellte die Werte der Gesellschaft in Frage und hatte keine Scheu davor, angesehene Bürger öffentlich bloßzustellen. Im Textauszug können folgende Aussagen zu seinem Streben nach Glück gefunden werden:

- Missachtung dessen, was gesellschaftlich als erstrebenswert gilt
- einfaches Leben in Bedürfnislosigkeit
- Verzicht auf Wohnung (Ölfass) und Stadt (vor den Toren)
- Verzicht auf Besitz (selbst Essensschale und Trinkbecher)
- Provokation der selbstgerechten Bürger Athens (Laterne, Menschen)
- Missachtung politischer Macht (König Alexander der Große)
- Genuss dessen, was die Natur von sich aus bietet (Sonne)

A2 In dem Bild sind folgende Elemente zu erkennen:

- Im Zentrum sieht man Diogenes, der einfach und spärlich bekleidet ist. Dies zeigt seine Bedürfnislosigkeit.
- In der Hand hält er eine Laterne. Das verweist auf seine Provokation durch die Suche nach „wirklichen Menschen".
- Er sitzt in einer Tonne (Ölfass). Dies verweist auf seine Wohnung.
- An der Tonne lehnt ein Stock, an den ein Tuch gebunden ist und unter dem vielleicht ein weiteres Tuch liegt. Dies verweist auf seinen geringen Besitz.
- Die Tonne befindet sich vor einer Säule. Im Hintergrund ist die Stadt zu erkennen. Dies verweist darauf, dass er außerhalb, vor den Mauern der Stadt lebte, deren Prunksucht er verachtete.
- Um ihn herum sitzen Hunde. Dies verweist auf sein Leben „wie ein Hund", weshalb er den Beinamen „Kynikos" (Hund) erhielt.

A3 M2 zeigt in Form eines fiktiven Interviews einige Hauptgedanken des aristotelischen Eudämonismus, welcher das Glück als höchstes Ziel des Menschen sieht. Es können drei Schritte festgehalten werden:

1. Das *„Wozu"-Fragespiel* (auch mit den Schülerinnen und Schülern vor der Textlektüre durchführbar): Aristoteles geht davon aus, dass alles, was wir tun, ein Ziel (ein „Wozu") verfolgt. So kann man z. B. fragen:
   „Wozu kommst du zur Schule?" – „Damit ich keinen Ärger bekomme!"
   „Wozu willst du Ärger vermeiden?" – „Weil das Stress macht."
   „Wozu willst du Stress vermeiden?" – „Weil Stress keinen Spaß macht!"
   „Wozu willst du Spaß haben?" – „Weil mich das glücklich macht!"
   „Wozu willst du glücklich sein?" – „Weil ich glücklich sein möchte!"
   Glück wird also von Aristoteles als das höchste Gut angesehen. (Wenn man dieses Spielchen mit Schülerinnen und Schülern durchführt, kann es sein, dass sie andere Ziele als höchstes Gut herausfinden. Dies sollte man gelten lassen und Aristoteles Ziel einfach vergleichend danebenstellen.)
2. Bei der *Frage nach der Beschaffenheit menschlichen Glücks* wendet Aristoteles einen Trick an: Er leitet die Definition des Glücks von seiner Vorstellung vom Menschen als einzig vernunftbegabtem Wesen ab. Folglich müssen spezifisch menschliche Fähigkeiten menschliches Glück hervorrufen. (Hierdurch vermeidet er auch ein Auseinanderfallen von Moralität und Glücksstreben, weil die Vernunft uns nach seiner Auffassung das „gute" Leben empfiehlt.)
3. Aristoteles geht in seiner *Mesotes-Lehre* davon aus, dass das richtige Maß zwischen einem „Zuviel" und einem „Zuwenig" zu finden ist. Hierzu kann man viele Beispiele nennen, z. B. Feigheit – Mut – Tollkühnheit; Geiz – Großzügigkeit – Verschwendungssucht; Faulheit – Fleiß – besessener Ehrgeiz. (Ggf. kann man solche Beispiele auch durch die Schülerinnen und Schüler suchen lassen, wobei es sich herausstellen kann, dass manche Dinge, wie etwa Missgunst, an sich schlecht sind und auch durch das rechte Maß nicht positiv gewendet werden können.)

A4 Seneca nennt „seelische Stärke und Gelassenheit" als Rezept zum Glücklichsein. Hierzu gibt er Ratschläge, was zu vermeiden und was zu erstreben sei:

erstrebenswert	vermeidenswert
– nach dem fragen, was richtig ist – unabänderliche Dinge hinnehmen – sich durch etwas Sport und vernünftige Ernährung um seinen Körper kümmern – besondere Dinge genießen, mit einfachen Dingen zufrieden sein – sich frei machen von (inneren) Zwängen – erkennen, dass vieles unbedeutsam, kurzlebig, manchmal sogar schädlich ist	– nach dem fragen, was üblich ist – sich über Unvermeidliches aufregen – Wettkämpfe gewinnen wollen – in seinem Glück abhängig von besonderen Dingen sein – sich durch viele Dinge reizen und abschrecken lassen – nicht alles besitzen wollen, was man bei anderen sieht

Als Ergebnis der Befolgung seiner Ratschläge verspricht er eine unendlich große, unerschütterliche und gleichbleibende Freude, dazu Friede, Harmonie der Seele und innere Größe, verbunden mit Großzügigkeit gegenüber den Schwächen von anderen.

A5 Die Frage nach einer möglichen Aktualität der drei philosophischen Positionen kann natürlich auch bereits nach jeder einzelnen Materialbearbeitung gestellt werden. Es ergeben sich in der Gesamtschau Gemeinsamkeiten und Unterschiede – und deutliche Bezüge zu dem, was auf den vorangegangenen Doppelseiten thematisiert wurde:

- *Diogenes* mit seiner Extremposition der Bedürfnislosigkeit kann insbesondere zur Doppelseite 2, M5 in Bezug gesetzt werden. Der dort ausgeführten Gefährdung des „erkauften Glücks" entgeht er mit höchster Konsequenz.
- *Aristoteles* mit seiner gemäßigteren Position des mittleren Weges kann z.B. gut mit der Doppelseite 2 „Glücksgefühle ..." in Beziehung gesetzt werden, bei der auch ein Zuviel als Problem erkannt werden sollte.
- *Senecas* Forderung nach seelischer Stärke und Gelassenheit kann besonders gut mit Doppelseite 1 „Macht Glück glücklich?" in Bezug gesetzt werden, da seine Forderung, unabänderliche Dinge hinzunehmen, die Unabhängigkeit des „Glücklich-Sein" vom „Glück haben" zum zentralen Ziel hat.

A6 Die Aphorismen zum Glück stammen aus unterschiedlichsten Kontexten:

Erasmus von Rotterdam (1465/69–1536), niederländischer Gelehrter des europäischen Humanismus, war jemand, der gerne mit Ironie spielte. Insofern ist „Verrücktheit" an dieser Stelle nicht mit Dummheit oder Ungebildetheit gleichzusetzen, sondern verweist eher auf eine Fähigkeit zum „Querdenken", d.h. Fehler auch im als normal Akzeptierten aufzuspüren.

Arthur Schopenhauer (1788–1860), deutscher Philosoph, der eine insgesamt eher pessimistische Weltsicht vertrat, warnt entsprechend vor zu hohen Erwartungen an das Glück.

Theodor Fontane (1819–1898), deutscher Schriftsteller und Vertreter eines poetischen Realismus, verweist auf die „Kosten" dessen, was wir uns im Leben gönnen.

Friedrich Nietzsche (1844–1900), deutscher Philosoph, vertrat eine radikale Lebensbejahung, die auch das Flüchtige zu fassen versuchte.

Nicolas-Sebastian Roch Chamfort (1741–1794), französischer Schriftsteller der Aufklärung, durchlebte mit der Französischen Revolution wechselvolle Zeiten, in denen er vor einer zweiten Verhaftung Selbstmord beging.

Sigmund Freud (1856–1939), Begründer der Psychoanalyse, beschäftigte sich auf wissenschaftliche Weise mit der Beschaffenheit der menschlichen Psyche und ihren inneren Kräften.

John Locke (1632–1704), englischer Philosoph und Aufklärer, beeinflusste als sogenannter Vater des Liberalismus stark die Unabhängigkeitserklärung und die Verfassung der USA.

Bertrand Russell (1872–1970), britischer Philosoph, Mathematiker und Logiker, vertrat als Agnostiker eine nichtreligiöse diesseitige Lebensorientierung.

4 Das macht Sinn! (Seite 254–255)

Die Doppelseite bietet unterschiedliche Zugänge, um sich der Sinnfrage zu nähern, und regt anhand von M3 zu einem weiterführenden Projekt an.

A1 Im Cartoon M1 stehen sich der „wunschlos glückliche" Tiger Hobbes und der von „Tatendrang" erfüllte Calvin gegenüber. Insofern steht Hobbes für eine den Augenblick genießende, eher bedürfnislose innerliche Glücksvorstellung, während Calvin für eine ehrgeizig nach Reichtum und Macht strebende äußerliche Glücksvorstellung steht.

A2 M2 greift in beispielhaft konkretisierender Form die psychologische Theorie des „Flow" von Mihaly Csikszentmihalyi auf. Der Psychologe hatte das Aufgehen in einer Tätigkeit als wesentlichen Faktor für das Glücksempfinden des Menschen entdeckt. Aus dem Text heraus könnte man Flow beschreiben als:

- in einer Tätigkeit aufgehen

- Probleme und Bedürfnisse über eine Tätigkeit vergessen
- vollständige Fesselung der Aufmerksamkeit an eine Tätigkeit
- keine überschüssige psychische Energie für andere Informationsverarbeitung mehr haben
- Konzentration aller Aufmerksamkeit auf die wichtigen Reize
- optimale Erfahrung
- man vergisst alles, auch sich selbst
- man lässt alles hinter sich
- man sieht nur noch das für die momentane Tätigkeit Wichtige

A3 In M3 wird eine Episode aus *Hectors Reise oder die Suche nach dem Glück* zitiert, in der ein Arzt in einem Entwicklungsland intensiv in seinem Engagement aufgeht. Am Ende des Textauszugs äußert er sein „Glauben" daran, dass er glücklich ist. Als Gründe nennt er:

- Liebe zu seiner Arbeit
- Gefühl, seine Arbeit gut zu machen
- Gefühl, eine nützliche Arbeit zu verrichten
- gute Zusammenarbeit mit anderen Menschen
- Gefühl, ein sinnvolles Leben zu leben

Dagegen könnten die Schülerinnen und Schüler feststellen, dass er als Arzt in einem reichen Industrieland deutlich komfortabler, reicher und gesellschaftlich angesehener leben könnte. Er hätte dort eine bessere medizinische Ausstattung und kompetentere Kolleginnen und Kollegen zur Verfügung. Vielleicht hätte er sogar mehr Freizeit.

Es geht hier also wieder um die Gegenüberstellung von äußeren Glücksgütern und innerem Empfinden, wobei das letztere hier vor allem durch ein Aufgehen in einer Tätigkeit (Flow) verursacht wird. Darüber hinaus aber wird eine weitere Kategorie eingeführt, die des sozialen Bezugssystems und des „Sinns".

A4 M4 „Was macht uns wirklich glücklich?" verweist auf den nach Wilhelm Schmid dem Glück übergeordneten Begriff Sinn. Schmid unterstellt, dass wir manchmal die Begriffe verwechseln, und bietet als Definition von Sinn das Vorhandensein von Beziehung und Zusammenhang an. Dahinter steht die Unterstellung, dass wir beim Erleben von Sinn glücklich sind.

A5 Die Aufgabenstellung soll zu einer rückblickenden Verbindung der Theorie des Flow nach Csikszentmihalyi und des Blicks auf Sinn nach Schmid mit der Episode aus Hectors Reise führen. So kann man bei dem Romanauszug alle Elemente verbunden sehen: Jean-Michel geht in einem Tun auf (Flow) und ist in soziale Beziehungen positiv eingebunden (Sinn). Zudem bietet der Romanauszug eine kurze Zwischensequenz, in der Hector mit einem „Marcel" redet, der ebenfalls für die zufriedeneren Leute auf dem Land den sozialen Zusammenhalt (Beziehung, Zusammenhang) im Sinne von Schmids Sinndefinition verantwortlich macht.

Projekt: Hectors Lektionen über das Glück

1 Die Ausgangsüberlegung des Buches fasst der Umschlagtext des Buches wie folgt zusammen: „Es war einmal ein ziemlich guter Psychiater, sein Name war Hector, und er verstand es, den Menschen nachdenklich und mit echtem Interesse zuzuhören. Trotzdem war er mit sich nicht zufrieden, weil es ihm nicht gelang, die Leute glücklich zu machen. Also begibt sich Hector auf eine Reise durch die Welt, um dem Geheimnis des Glücks auf die Spur zu kommen."

2 Die Erlebnisse, die Hector auf dieser Reise macht, fasst er in Form von „Lektionen" zusammen. Auf Seite 142/143 der Taschenbuchausgabe sind achtzehn Lektionen zusammengestellt, wobei die Liste mit Lektion 19 endet (weil Hector Lektion 18 nicht vorzeigen wollte). Wenn man das ganze Buch durchsieht, findet man sogar noch einige Lektionen mehr. Siehe hierzu Kopiervorlage, S. 198.

3 Eine Gewichtung der bei Lelord zu findenden Aspekte ist sicher nicht allgemeingültig möglich – zumal es auch in der Erzählung des Buches mehrfach versucht wird. Eine eigene Stellung zu den angesprochenen Aspekten zu finden kann aber subjektiv nützlich sein. Dies sollte im argumentativen Austausch Ziel dieser Aufgabe sein.

5 Die Suche nach dem Sinn (Seite 256–257)

Diese Seite bietet explizit ein Nachdenken über die Sinnfrage an, welche auf der vorangegangenen Doppelseite bereits angesprochen wurde.

A1 M1 „Keine Antwort?" stellt im Cartoon das Problem der Schwierigkeit bzw. Unmöglichkeit einer klaren, quasi objektiven Beantwortung der Frage nach dem Sinn des Lebens dar. Die angebotene Form einer Hypothese (hier als Vermutung oder versuchsweise Annahme übersetzbar) kann die Schülerinnen und Schüler einbeziehen. Ziel ist es wiederum, aus der personalen Perspektive heraus denkbare Antworten bewusst zu machen, in der Kursgruppe mitzuteilen und in ihren Begründungen auszutauschen.

A2 Auch in M2 bleibt die Frage nach dem Sinn unbeantwortet. Allerdings zeigt die 17-jährige Schülerin, die sich hier mit der Sinnfrage auseinandersetzt – im Gegensatz zum eher leicht daherkommenden Cartoon – ein existenzielles Interesse an ihrer Beantwortung. Die Schülerinnen und Schüler sollen an dieser Stelle überlegen, ob das Empfinden eines Sinns im Leben für sie eine notwendige Voraussetzung für Freude, Motivation und Glücksempfinden ist.

A3 Der Textausschnitt aus Ragnar Ohlssons Buch *Der Sinn des Lebens* bietet verschiedene Sinnverständnisse an. Eine grafische Darstellung könnte entweder den einzelnen genannten Personen folgen oder die prinzipielle Unterscheidung zwischen „objektivem", d. h. außerhalb von uns selbst liegendem Sinn und „subjektivem", d. h. durch eigenes Empfinden oder selbstgesetzte Ziele empfundenem Sinn herausstellen. Eine grafische Darstellung dieser Unterscheidung könnte z. B. wie folgt aussehen:

objektiver Sinn (außerhalb von mir selbst, z. B. durch einen Gott oder andere Menschen gesetzt)		**subjektiver Sinn** (in mir selbst empfunden, durch mich selbst durch eigene Ziele gesetzt)	
Sinn durch religiösen Glauben	*Sinn durch Verliebtsein*	*ein lebenswertes Leben*	*ein Leben mit Zielen und Sinn*
Mein Leben hat Sinn, wenn ich mich nach den göttlichen Regeln verhalte.	Mein Leben hat Sinn, wenn ich für die / den Geliebte/n da sein kann.	ein Leben, das mich glücklich macht („Rockstar") – aber: Ist ein glückliches Leben schon an sich sinnvoll?	ein Leben, das ich sinnvoll finde („Entwicklungshelfer") – aber: Ziele können beliebig gesetzt werden.

Problem für den Einzelnen:
Wird ein Leben dadurch, dass man das Falsche für gut gehalten hat, sinnlos?
Anforderung an den Einzelnen:
Wir müssen einen guten Grund für das haben, was wir tun, um eine gute Chance auf ein sinnvolles Leben zu haben.

A4 M4 „Die Wozu-Frage" bietet eine Erklärung für das Dilemma der nie allgemein lösbaren Sinnfrage an:
- Der denkende Mensch kommt immer wieder in Situationen, in denen sich ihm die „Wozu-Frage" stellt. Dies ist seine Veranlagung.
- Weil die Frage zu groß erscheint, wird sie durch selbst gesetzte Ziele für „Teilstrecken" beantwortet. Bei deren Erreichen allerdings stellt sie sich von neuem. So wird der Mensch durch die Sehnsucht nach ihrer Beantwortung von Aufgabe zu Aufgabe und von Krise zu Krise weitergeführt.

- Luise Rinser deutet dies als Aufforderung an den Menschen weiterzugehen und sieht die Wozu-Frage als Motor unseres geistigen Lebens sowie als Garantie dafür, dass wir eines Tages die Antwort finden werden.

In der geforderten Stellungnahme haben die Schülerinnen und Schüler die Möglichkeit, sich kritisch mit dem Schluss von Luise Rinser auseinanderzusetzen: Zwar bietet er sich als tröstliche Perspektive an, aber sowohl die Ablehnung der Annahme einer späteren Antwort als auch das Verwerfen des Anspruchs ihrer Beantwortung wären alternativ einnehmbare Positionen.

A5 Der abschließende Schreibauftrag zur subjektiven Beantwortung der Wozu-Frage kann als zusammenfassender Abschluss des Kapitels verstanden werden. Allerdings sollte man eine Veröffentlichung der Ergebnisse (Vorlesen vor dem Kurs) nicht einfordern, da sich hieraus eine sehr persönliche Stellungnahme ergeben kann.

Hectors Lektionen über das Glück

(Hinweis: Wenn die Seitenangaben zu einer Lektion fehlen, bezieht sich die darauf folgende Seitenangabe mit auf diese Lektion.)

Lektion Nr. 1: Vergleiche anzustellen ist ein gutes Mittel, um sich sein Glück zu vermiesen.
Lektion Nr. 2: Glück kommt oft überraschend. (Seite 23–27)
Lektion Nr. 3: Viele Leute sehen ihr Glück nur in der Zukunft.
Lektion Nr. 4: Viele Leute denken, dass Glück bedeutet, reicher oder mächtiger zu sein. (Seite 28–32)
Lektion Nr. 5: Manchmal bedeutet Glück, etwas nicht zu begreifen. (Seite 33–37)
Lektion Nr. 6: Glück, das ist eine gute Wanderung inmitten schöner unbekannter Berge. (Seite 41–43)
Lektion Nr. 7: Es ist ein Irrtum zu glauben, Glück wäre das Ziel. (Seite 44–47)
Lektion Nr. 8: Glück ist, mit den Menschen zusammen zu sein, die man liebt. (Seite 48–53)
Lektion Nr. 8b: Unglück ist, von den Menschen, die man liebt, getrennt zu sein. (Seite 60–64)
Lektion Nr. 9: Glück ist, wenn es der Familie an nichts mangelt. (Seite 70–74)
Lektion Nr. 10: Glück ist, wenn man eine Beschäftigung hat, die man liebt. (Seite 79–83)
Lektion Nr. 11: Glück ist, wenn man ein Haus und einen Garten hat. (Seite 80)
Lektion Nr. 12: Glück ist schwieriger in einem Land, das von schlechten Leuten regiert wird. (Seite 76–79)
Lektion Nr. 13: Glück ist, wenn man spürt, dass man den anderen nützlich ist. (Seite 79–83)
Lektion Nr. 14: Glück ist, wenn man dafür geliebt wird, wie man eben ist. (Seite 84; 114–117)
Anmerkung: Zu einem lächelnden Kind ist man freundlicher (sehr wichtig). (S. 89–90)
Lektion Nr. 15: Glück ist, wenn man sich rundum lebendig fühlt. (Seite 92–107)
Lektion Nr. 16: Glück ist, wenn man richtig feiert. (Seite 108–111)
Frage: Ist Glück vielleicht einfach eine chemische Reaktion im Gehirn? (Seite 112–113)
Lektion Nr. 17: Glück ist, wenn man an das Glück der Leute denkt, die man liebt. (Seite 118–122)
[Lektion Nr. 18: Glück wäre, wenn man mehrere Frauen gleichzeitig lieben könnte. (Seite 38–40; 85–86; 126–127)]
Lektion Nr. 19: Sonne und Meer sind ein Glück für alle Menschen. (Seite 128–129)
Lektion Nr. 20: Glück ist eine Sichtweise auf die Dinge. (Seite 161–164)
Lektion Nr. 21: Rivalität ist ein schlimmes Gift für das Glück. (Seite 164–165)
Lektion Nr. 22: Frauen achten mehr auf das Glück der anderen als Männer.
Lektion Nr. 23: Bedeutet Glück, dass man sich um das Glück der anderen kümmert? (Seite 165–67)

Hector fragte sich, ob dies nicht eine weitere Lektion war:
Nimm dir Zeit, die Schönheit der Welt zu betrachten. (Seite 168–170)

François Lelord: Hectors Reise oder die Suche nach dem Glück.

Ethische Grundsätze in Religionen (Schülerband, Seite 258–267)

Einführung

Das Kapitel verfolgt das Ziel, Schülerinnen und Schüler dazu anzuhalten, die unterschiedlichen Wertmaßstäbe der einzelnen Religionen wahrzunehmen und gleichzeitig zu erkennen, dass die Religionen sich in ihren wichtigsten Grundsätzen nur unwesentlich voneinander unterscheiden. Auf diese Weise können die Schülerinnen und Schüler einen eigenen Standpunkt in Bezug auf die ethischen Positionen der einzelnen Religionen gewinnen.
Doppelseite 1 stellt über einen Cartoon zunächst die provozierende These von der nicht zu behebenden Differenz zwischen den monotheistischen Religionen in den Raum, zu der sich die Schülerinnen und Schüler positionieren können (personale Perspektive). Dann rücken die ethischen Grundsätze von Judentum, Christentum, Islam, Buddhismus und Hinduismus ins Zentrum des Interesses (ideengeschichtliche Perspektive) und werden zur Überprüfung der eingangs formulierten Sichtweise herangezogen. Anhand der Kleidungsvorschriften im Iran und der These von Hans Küng, Gebote seien nichts anderes als von Menschen gesetzte Normen, wird schließlich auch noch die gesellschaftliche Perspektive berührt. Auf Doppelseite 2 steht die jüdische Ethik im Blickpunkt. Ausgehend von den Zehn Geboten wird gezeigt, wie die Juden versuchen, die in Thora und Talmud enthaltenen allgemeinen ethischen Grundsätze in der Praxis anzuwenden (ideengeschichtliche / gesellschaftliche Perspektive). Für die Christen ist neben den Zehn Geboten unter moralischen Gesichtspunkten besonders die Bergpredigt von Bedeutung. Sie wird auf Doppelseite 3 vorgestellt. Darüber hinaus wird untersucht, welche Bedeutung sie heute noch gesamtgesellschaftlich und auf ökonomischem Gebiet hat (ideengeschichtliche / gesellschaftliche Perspektive).
Anhand von wesentlichen moralischen Aussagen aus dem Koran soll auf Doppelseite 4 der islamische Pflichtenkodex vorgestellt werden. Daran schließt sich die Diskussion an, inwieweit die moralischen Forderungen im Koran aufgrund (vermeintlicher) Widersprüche überhaupt (ein)haltbar sind und wie der Koran heute verstanden werden könnte (ideengeschichtliche / gesellschaftliche Perspektive). Doppelseite 5 zeigt auf, wie Siddhartha Gautama zu Buddha wurde und stellt seine beiden wichtigsten Lehren vor, nämlich die der vier edlen Wahrheiten und die des achtfachen Pfads (ideengeschichtliche Perspektive).

Methodisch-didaktische Hinweise

Die linke Seite jeder Doppelseite ist in diesem Kapitel ganzseitig dafür reserviert worden, um schülerorientiert anhand von Comics, Karikaturen, fiktiven Interviews oder Zitaten aus den unterschiedlichen heiligen Büchern in die ethischen Grundsätze der Religionen einzuführen. Anhand von Fallbeispielen, einem Auszug aus einem Kriminalroman, provokanten Statements, Erläuterungen, theoretischen Grundlagen und kritischer Auseinandersetzung mit religiös-ethischen Positionen sollen die gelegten Fundamente anschließend vertieft werden (jeweils rechte Seite).

Hinweise zur Konzeption der Doppelseiten und zu den Aufgaben

1 Die Religionen und die Ethik (Seite 258–259)

Auf dieser Doppelseite sollen die Schülerinnen und Schüler sich zunächst mit den Grundsätzen der fünf Weltreligionen vertraut machen und einen ersten Zugang zu ethischen Geboten erlangen. Außerdem sollen sie erarbeiten, dass Vorschriften immer von Menschenhand gemacht und daher immer wieder neu auf den Prüfstand zu stellen sind.

A1 Auf dem ersten Bild sieht man drei Geistliche, die nebeneinanderstehen. Es handelt sich (von links nach rechts) um einen Rabbi, einen Imam und einen Priester, die alle recht finster in Richtung eines zeichnenden Karikaturisten blicken. Der Rabbi ist schon recht alt, was sich an seinem langen weißen Bart festmachen lässt. Er trägt ein langes weißes Gewand, und unter dem Arm hält er die Thora, das heilige Buch der Juden. Neben ihm steht der Imam, der durch ein schwarzes Gewand und seinen dunklen Vollbart auffällt. Er hält das heilige Buch der Muslime, den Koran, in seiner linken Hand. Rechts von ihm steht schließlich der Priester, der nicht nur an seiner Priesterrobe, sondern auch an dem christlichen Kreuz zu erkennen ist. Als Einziger trägt er keinen Bart und keine Kopfbedeckung. Wie seine beiden Kollegen hält er das heilige Buch seiner Religion, die Bibel, in der linken Hand.
Das zweite Bild zeigt die Reaktion der drei Geistlichen auf die Aussage des Karikaturisten, er sei gerade dabei, ein Bild von einem Christen, einem Juden und einem Muslim zu zeichnen, die ihre Streitigkeiten begraben. Diese Aussage löst bei den Geistlichen Heiterkeit aus. Man sieht sie laut lachen (der Imam krümmt sich sogar vor Lachen) und wie aus einem Munde sagen: „Das ist wirklich lustig!"
Die Karikatur bringt einerseits zum Ausdruck, dass die drei monotheistischen Religionen einen Ursprung haben (= abrahamitische Religionen), weshalb die drei Geistlichen ja auch in ähnlichen Roben und gleicher Haltung nebeneinanderstehen, andererseits zeigt sie aber auch, dass sich die drei Religionen nicht positiv gegenüberstehen, denn die Geistlichen blicken einander nicht an, kommunizieren nicht und sind sich nur in ihrer Überzeugung einig, dass es keine Möglichkeit gibt, wie die Religionen ihre Streitigkeiten beilegen könnten.

A2 Die Aussagen können von den Schülerinnen und Schülern gewichtet und entsprechend sortiert werden.

Judentum
1. Gut ist, wer Gott liebt und gerecht ist zu den Menschen.
2. Wer nur *ein* Menschenleben rettet, rettet eine ganze Welt.
3. Es gibt keinen besseren Weg zu Gott als durch das Herz eines Mitmenschen.

Christentum
1. Gut ist, wer ein reines Herz hat.
2. Der Mensch kann von sich aus nichts Gutes tun, er ist auf die göttliche Gnade angewiesen.
3. Übe dich im Glauben und in der Nächstenliebe.

Islam
1. Der Mensch muss bestrebt sein, gute Taten zu begehen. Sie bringen ihm Glück und Seligkeit. Schlechte Taten lösen früher oder später Unglück aus.
2. Und wenn einer tut, was recht ist, und dabei gläubig ist, wird er ein angenehmes Leben führen können und den Lohn für seine Taten erwarten können.
3. Gott führt, wen er will, in die Irre. Und wen er will, den bringt er auf einen geraden Weg.

Buddhismus
1. Gut ist, wer ein Leben ohne Hass, Gier und Verblendung führt.
2. Wie einer handelt, wie einer wandelt, ein solcher wird er. Wer gut handelt, der wird Gutes, wer böse handelt, etwas Böses.
3. Nicht wer 1.000.000 Mann am Schlachtfeld besiegt hat; sondern wer sich selbst besiegt, der ist der stärkste Held.

Hinduismus
1. Es kommt auf das Gute in Gedanken, Worten und Werken an.
2. Nur durch Werke erreicht man Vollendung.
3. Die vier Stufen der wahren Existenz erreichen: Wissen und Erkenntnis, Hausvater, Waldeinsiedler und die Weltentsagung. (Der rechte Weg)

A3 Eine Gemeinsamkeit ist in allen Religionen zu verzeichnen, nämlich die Forderung, das Gute in Worten und Taten zu leisten. Das Gute bezieht sich dabei ganz konkret auf das Verhalten den Mitmenschen gegenüber, wobei die Akzentuierung unterschiedlich ist (v. a. Judentum und Christentum betonen das gute Handeln dem Nächsten gegenüber). Der Stellenwert des Glaubens und der göttlichen Gnade wird in den monotheistischen Religionen besonders hervorgehoben, die Selbstüberwindung spielt eher im Buddhismus und Hinduismus eine Rolle. Der Aspekt einer äußeren bzw. inneren Belohnung wird angesprochen im Islam (angenehmes Leben und Lohn für gute Taten werden erwartet) und im Hinduismus (Vollendung und wahre Existenz als Ziel, das der Mensch durch gute Werke und den rechten Weg erreichen kann).

A4 Da sich die ethischen Grundsätze in den monotheistischen Religionen sehr ähnlich sind, ist die Reaktion der drei Geistlichen nicht nachvollziehbar. Eigentlich könnten Judentum, Christentum und Islam friedlich nebeneinander existieren, ohne miteinander streiten zu müssen, welche Religion die wahre ist.

A5 Die strengen Bekleidungsvorschriften für Frauen sowie die geplanten Frisurvorschriften für Männer, die vom Kulturministerium als behördliche Vorgabe herausgegeben werden, sollen dazu dienen, „Sittsamkeit", „Gesetz" und „Kultur" im „islamischen Gottesstaat Iran" aufrechtzuerhalten. Vor allem die iranische Stadtjugend lehnt sich aber gegen die strengen Vorschriften auf. Vermutlich werden auch die meisten Jugendlichen in Deutschland Frisur und Kleidung eher als Privatsache ansehen und selbst darüber entscheiden wollen.

A6 Hans Küng sieht die ethischen Gebote der Religionen kritisch. Boten die religiösen Grundsätze in früheren Zeiten einen Halt, so muss man am Ende des 20. Jahrhunderts und am Anfang des neuen Jahrtausends die Frage stellen, inwieweit diese Grundsätze heute noch sinnvoll sind. Nach Küng sind „die Gebote, die die Religionen als Willen Gottes und damit als absolut und unumstößlich ausgeben" von Menschenhand gemachte Normen, die über Jahrhunderte tradiert worden sind. Solange eine Regel sich für das menschliche Leben bewährt, wird sie nicht in Frage gestellt. Mit der Zeit aber wird sie unterhöhlt und stellt sich als nicht mehr sinnvoll und zeitgemäß dar. Kurz: Hans Küng will darauf aufmerksam machen, dass religiöse Normen oder Gebote keine allgemeine Gültigkeit besitzen, sondern auch verworfen werden können. Allerdings – so schränkt Küng ein – handelt es sich bei ethischen Regeln zumeist um bewährte Verhaltensregeln, deren Bedeutung für das heutige Leben immer wieder überprüft werden muss.
Die Meinung der Schülerinnen und Schüler zu diesem Thema dürfte sehr konträr ausfallen. Jüdische und islamische Schülerinnen und Schüler, die der Tradition verhaftet sind, werden primär den Standpunkt vertreten, dass die Vorschriften aus der Thora bzw. dem Koran immer Gültigkeit besitzen, während christliche Schülerinnen und Schüler eher dazu neigen zu sagen, die Verhaltensregeln müssten der jeweiligen Epoche angepasst werden.

2 Jüdische Ethik (Seite 260–261)

Diese Doppelseite greift die Fragen nach dem Unterschied von Geboten und Verboten sowie der heutigen Bedeutung des Dekalogs auf. Außerdem sollen die Schülerinnen und Schüler erfahren, wie ein Rabbi nach dem Talmud Recht sprechen kann.

A1 Die Gebote 1–3 zeigen auf, wie der Mensch sein Verhältnis zu Gott zu gestalten hat: So soll der Mensch nichts und niemanden auf die gleiche Stufe mit Gott stellen (I.), Gott verehren und ihm huldigen, weil er der Erbauer der Welt ist (III.) und seinen Namen nur dann aussprechen, wenn es sich geziemt, aber nicht um zu drohen oder zu fluchen, weil er sonst mit einer Bestrafung durch Gott zu rechnen hat (II.).
Die Gebote 4–10 beziehen sich auf das Verhalten des Menschen seinen Mitmenschen gegenüber. Das 4. Gebot ist positiv formuliert und nennt als einziges einen Zweck („*Ehre* deinen Vater und deine Mutter, *damit* ..."), die Gebote 5–10 sind dagegen negativ, also als Verbote formuliert: Sie sind sozusagen eine Richtschnur, an der sich der Mensch orientieren kann,

weil sie vorgeben, was er zu unterlassen hat: Er soll nicht töten, nicht ehebrechen, nicht stehlen, nicht lügen, nicht das, was einem anderen gehört, begehren.
So scheidet man den Dekalog in Gebote und Verbote: Gebote – zu ihnen zählen die Gebote 1–4 – sind verbindliche Anweisungen, denen man folgen soll, während Verbote – dazu gehören die Gebote 5–10 – Anweisungen sind, die das Unterlassen einer Handlung fordern.

A2 Für jeden Gläubigen haben alle Gebote des Dekalogs Bedeutung, auch wenn festzustellen ist, dass insbesondere die Gebote 1–3 in unserer heutigen Zeit bei vielen Christen immer weniger Beachtung finden (Stellenwert von Konsum, Spaß, Freizeit; Sonntagsarbeit, verkaufsoffene Sonntage etc.). Dagegen besitzen die Gebote, die sich auf die Achtung von Leben, Eigentum und Würde des anderen beziehen, als (moralische) Grundregeln jeder Gemeinschaft religionsunabhängig globale Gültigkeit.

A3 Ein *din-tojre* ist eine Art Gerichtsverhandlung, die allerdings nicht Bestandteil eines öffentlichen Gerichts ist, sondern unter der Leitung eines Rabbiners steht. Der mit einem *din-tojre* beauftragte Rabbi gelangt nach Anhörung und Abwägung aller Argumente der beiden streitenden Parteien zu einem Urteilsspruch aufgrund der Auslegung des Talmuds. Die beiden Parteien müssen sich im Vorhinein damit einverstanden erklären, dem Urteilsspruch des Rabbi Folge zu leisten.

A4 *Das Problem:* Ben Schwarz hatte sein neues Auto an Abe Reich verliehen, damit dieser Mrs. Weizenbaum nach Hause fahren konnte, weil eines ihrer Kinder in einen Unfall verwickelt war. Auf der Rückfahrt verlor das Auto Öl und es kam zu einem Motorschaden. Ben Schwarz fordert nun Schadensersatz von Abe Reich.
Die Darstellung der Schädigung durch Ben Schwarz:
1. Vor der Abfahrt in den Skiurlaub hat er das Auto getankt und zwei Liter Öl nachgefüllt. 2. Seine Frau und er haben Mrs. Weizenbaum in ihrem Wagen mitgenommen. 3. Die Eheleute Reich sind mit ihrem eigenen Auto zum Urlaubsziel gereist. 4. Abe Reich erkrankte am ersten Abend an Fieber und wollte nach Hause. 5. Mrs. Weizenbaum erhielt einen Anruf, eines ihrer Kinder hätte einen Unfall gehabt. 6. Ben Schwarz überlässt seinen Wagen Abe Reich, um Mrs. Weizenbaum nach Hause zu fahren. 7. Als Ben Schwarz aus dem Urlaub zurückkehrt, erfährt er von Abe Reich, dass sein Wagen kurz vor dem Heimatort stehengeblieben und in die örtliche Werkstatt abgeschleppt worden ist. 8. Der Motor ist irreparabel geschädigt.
Die Schilderung von Abe Reich:
Seine Darstellung des Falles deckt sich mit der von Ben Schwarz.
Der Urteilsspruch durch Rabbi David Small aufgrund seiner Auslegung des Talmuds:
1. Abe Reich hat sich den Wagen nicht von Ben Reich ausgeliehen. 2. Wäre Abe Reich der Entleiher des Wagens, wäre er für ihn verantwortlich gewesen. 3. Ben Schwarz hat Abe Reich bevollmächtigt, Mrs. Weizenbaum mit seinem Wagen nach Hause zu fahren. 4. Als Bevollmächtigter musste Abe Reich voraussetzen, dass der Wagen in einwandfreiem Zustand war. 5. Ben Schwarz ist somit für den Zustand des Wagens verantwortlich. 6. Abe Reich wäre nur dann für den Zustand des Wagens verantwortlich, wenn er fahrlässig gehandelt hätte. 7. Ben Schwarz wusste, dass sein Auto Öl verlor und hat Abe Reich nicht darauf hingewiesen. 8. Damit ist Abe Reich von jeder Fahrlässigkeit freizusprechen. 9. Ben Schwarz hat dem Autohaus, in dem er seinen Wagen gekauft hat, mitgeteilt, dass sein Auto Öl verlieren würde. 10. Ben Schwarz erhielt von einem Vertreter des Autohauses die Auskunft, eine Dichtung wäre defekt und sie würde bei der nächsten Inspektion ausgetauscht. Es wäre aber kein Problem, mit dem Wagen weiterzufahren. 11. Niemand konnte ahnen, dass sich das Problem mit der Dichtung verschlimmern würde. 12. Da auch Ben Schwarz nicht fahrlässig gehandelt hat, liegt die Verantwortung beim Hersteller, der seiner Garantiepflicht nachkommen muss.
Der Talmud gibt dabei keine Lösung für spezielle Einzelfälle vor, behandelt aber grundsätzliche Fragestellungen wie die verschiedenen Verantwortlichkeiten im Zusammenhang mit der Schadensersatzpflicht und kann deshalb auch auf Fälle der Gegenwart übertragen werden, hat also eine Orientierungsfunktion.

3 Christliche Ethik (Seite 262–263)

Die Schülerinnen und Schüler sollen sich auf dieser Doppelseite nicht nur mit den Forderungen der Bergpredigt auseinandersetzen, sondern auch der Frage nachgehen, inwieweit die Lehre Jesu auch heute noch von Bedeutung ist.

A1 Die Bergpredigt beginnt mit der sogenannten Seligpreisung. Damit ist gemeint, dass bestimmten Gruppen die Teilnahme am Reich Gottes versprochen wird, nämlich denjenigen, die benachteiligt sind, die trauern, die hungern, die friedliebend sind, die barmherzig sind und die ein reines Herz haben. Sie alle werden eines Tages von Gott in sein Reich aufgenommen werden.
Jesus fordert in seiner Predigt, dass wir unsere Mitmenschen nicht richten, sondern Verständnis für sie aufbringen sollen. Die einfachste Art, Verständnis für einen anderen zu erlangen, besteht darin, dass man sich in seine Lage versetzt. Erst wenn alle Menschen umdenken, wird es keine Streitigkeiten mehr zwischen ihnen geben.
Das folgende Beispiel soll deutlich machen, was Jesus mit seiner Predigt zum Ausdruck bringen wollte: Nehmen wir an, du schlägst jemanden auf die rechte Wange. Du musst nun davon ausgehen, dass der Geschlagene – als Reaktion auf deine Aktion – dich ebenfalls schlagen wird. Sofern er dazu in der Lage ist, wird er versuchen, dich heftiger zu treffen als du ihn. Wenn Jesus aber sagt, man soll seinem Gegner sogar noch die linke Wange hinhalten, dann will er damit zum Ausdruck bringen, dass eigentlich keiner geschlagen werden möchte: Da ich nicht möchte, dass du mich schlägst, werde ich dir möglichst keinen Grund dafür liefern. Umgekehrt wirst auch du mir keinen Grund liefern, dich zu schlagen, weil du nicht willst, dass ich dich schlage. Handelten alle Menschen nach diesem Grundsatz, würde es kein Leid geben und alle Menschen könnten in Frieden leben. Damit ist in diesem Ausschnitt der Bergpredigt implizit die Goldene Regel enthalten (vgl. Schülerband, S. 86).

A2 Das Urteil des sich von der Predigt entfernenden Juden über Jesus („Dieser Mann ist ohne Verstand!“) beinhaltet jene Kritik, die oft an der Bergpredigt geübt worden ist: Die Bergpredigt sei eine Übersteigerung des Menschenmöglichen, eine Wunschvorstellung, eine Utopie, eine gesellschaftliche Radikalität, wodurch sie als Maßstab für das tägliche Leben ungeeignet erscheint. Die Frage, ob dieses Ideal überhaupt gelebt werden kann und welche Folgen das hätte, wird vermutlich auch bei der Diskussion der Schülerinnen und Schüler über ihre Einschätzung zur Aussage des Mannes (M1, Bild 4) von zentraler Bedeutung sein.

A3 Die Antwort Jesu auf die Frage des Gelehrten, welches denn das wichtigste Gebot sei, ist zweigeteilt. Zum einen verweist er auf die Liebe, die wir Menschen Gott schenken sollen, und zum anderen auf die Liebe, die wir uns gegenseitig schenken sollen. Vergleicht man Jesu Aussage mit den Zehn Geboten, so wird ersichtlich, dass es keinen Unterschied in der Lehre gibt: Während sich die ersten drei Gebote auf das Verhältnis zwischen dem Menschen und Gott beziehen, haben die Gebote vier bis zehn das zwischenmenschliche Verhältnis im Auge (vgl. auch Antwort zu Doppelseite 2, Aufgabe 1 in diesem Kapitel).

A4 Die in der Bergpredigt enthaltene Lehre ist auch heute immer noch relevant. Dies zeigen die Aussagen der Politiker, Theologen und Philosophen in M3. Auch wenn Forderungen der Bergpredigt im Einzelnen das Menschenmögliche übersteigen, so darf man sie nicht als ein unerfüllbares Ideal betrachten. Vielmehr sollte man versuchen, so gut wie möglich nach der Bergpredigt zu leben oder zumindest nach einigen der darin enthaltenen Forderungen.
Dies macht insbesondere die Aussage von *Albert Schweitzer* deutlich, der erkennt, dass derjenige, der dem „Geist des Friedens“ ernsthaft Folge leistet, „etwas“ – und die Betonung liegt auf „etwas“ – von der Seligpreisung der Friedfertigen erleben wird.
Auch *Heinrich Albertz* ist sich bewusst, dass die Bergpredigt nicht in ihrer Gesamtheit umgesetzt werden kann. Er fordert deshalb eine schrittweise Annäherung an die in ihr enthaltenen Grundwerte.
Richard von Weizsäcker weist auf die Tatsache hin, dass die Menschen nicht die Kraft besitzen, gemäß der Bergpredigt zu handeln. Deshalb kann er den Wunsch, die „großen Konflikte

der Zeit“ wären zu lösen, wenn die Menschen sich an der Bergpredigt orientierten, auch nur im Konjunktiv formulieren.
Mahatma Gandhi schließlich geht noch einen Schritt weiter. Als „radikaler“ Pazifist war er davon überzeugt, dass nicht nur zwischenstaatliche Probleme, sondern die Probleme der ganzen Welt gelöst würden, könnten bzw. würden die Menschen den Richtlinien der Bergpredigt folgen.

A5 Jean-Daniel Gerber vertritt zwei unterschiedliche Standpunkte. Zum einen bezieht er den Begriff der Nächstenliebe auf die Wirtschaft selbst, die langfristig nur dann gerecht funktionieren kann, wenn bestimmte Subventionen gestrichen werden: Seiner Auffassung nach können einige Wirtschaftszweige nur deshalb überleben, weil sie durch die Steuerzahler subventioniert werden. Eine solche politische Vorgehensweise geht einerseits zu Lasten der ehrlichen Steuerzahler, andererseits zu Lasten der wettbewerbsfähig werdenden Entwicklungsländer, die nicht stärker auf den internationalen Markt gelangen können. Er vergleicht die subventionierten Unternehmen mit einem Bettler. So wie der Bettler nicht arbeiten wird, solange er Almosen erhalten kann, wird ein Unternehmen sich nicht neu aufstellen, solange es vom Staat unterstützt wird. Nächstenliebe kann oder muss also in der Wirtschaft auch darin bestehen, „dass man nicht hilft“. Zum anderen sieht Gerber eine Umsetzung der Nächstenliebe durch die Wirtschaft als gegeben an, weil sie – im 21. Jahrhundert in der westlichen Welt – über Abgaben und Versicherungssysteme die finanzielle Unterstützung für den Bedarfsfall (Arbeitslosigkeit, Alter, Berufsunfähigkeit) bereitstellt, für die man zur Zeit Jesu von Angehörigen und Freunden abhängig war. Dies sei aber nur möglich, solange die Wirtschaft in der Lage ist, möglichst große Gewinne zu erzielen. Ansonsten wäre es ihr nämlich nicht möglich, die Beträge, die sie momentan einzahlt, zu leisten.
Die erste Sichtweise, der die Jugendlichen sicher zustimmen werden, könnte den Schülerinnen und Schülern anhand konkreter Beispiele durch die Lehrkraft weiter veranschaulicht werden (s. hierzu z. B. http://www.sueddeutsche.de/wirtschaft/lebensmittel-toedliche-tomaten-und-billige-haehnchen-1.218502). Eine interessante Diskussion kann sich anschließen, wenn man unterstellt, dass entweder ihr Vater oder ihre Mutter für einen subventionierten Betrieb arbeitend tätig ist und sie bzw. er arbeitslos werden würde, weil die staatliche Unterstützung ausbleibt. Bei der zweiten Sichtweise werden die Schülerinnen und Schüler darauf verweisen, dass die Wirtschaft genügend Gewinne erzielt, so dass es ihre Pflicht sei, Abgaben an den Staat zu leisten, damit Bedürftige unterstützt werden können. Auch hier kann konkretisiert und diskutiert werden: Eine solche Auffassung mag vielleicht für die Großindustrie zutreffen, aber wie sieht es mit solchen Zahlung bei kleinen oder mittelständischen Betrieben aus? Könnten diese Zahlungen nicht dazu führen, dass diese Betriebe dem Wettbewerb nicht standhalten können? Weiterhin könnten die Schülerinnen und Schüler kritisch hinterfragen, ob die Rolle der Angehörigen und Freunde wirklich durch die Wirtschaft „ersetzt“ werden kann und ob das notwendige Streben nach stetiger Gewinnmaximierung als Folge wünschenswert und mit christlicher Ethik vereinbar ist.

4 Muslimische Ethik (Seite 264–265)

Anhand von Zitaten aus dem Koran sollen die Schülerinnen und Schüler Kernaspekte der islamischen Ethik erschließen und Möglichkeiten erarbeiten, wie die genannten Forderungen in der heutigen Zeit umgesetzt werden können.

A1 Sure 17,22–38: Hier sind 11 wesentliche Gebote für die Gläubigen zusammengestellt, die zum großen Teil an die Zehn Gebote erinnern.
Sure 3,104: Die Gemeinschaft der Muslime soll von jedem das Gute einfordern, das Richtige gebieten und alles Verwerfliche unterlassen.
Sure 5,8: Man soll gerecht gegenüber jedermann sein, auch gegenüber Menschen, zu denen man keine positive Beziehung hat und die man eventuell als Feinde bezeichnet.

Sure 5,3: Jeder soll dem anderen helfen, sofern man nichts Unrechtes tut.
Sure 8,61: Jedermann ist verpflichtet, Frieden zu suchen.
Sure 107,1-7: Jedermann ist angehalten, Bedürftige zu unterstützen, sei es durch Geld, sei es durch Naturalien.
Sure 22,30: Jedermann soll ausschließlich Allah huldigen und sich nicht verleiten lassen, falsche Aussagen zu machen.
Sure 9,60: Nicht jedem Menschen sollen Almosen zugutekommen, sondern nur jenen, die arm und bedürftig sind, die aus Gefangenschaft ausgelöst werden müssen, die ihre Schulden nicht bezahlen können, die für die Förderung des Islam eintreten, und Wanderern.

A2

Die Zehn Gebote	Der islamische Pflichtenkodex
I. Du sollst keine anderen Götter neben mir haben! [...]	Im Namen des barmherzigen und gnädigen Gottes. Setz nicht dem einen Gott einen anderen Gott zur Seite. Und dein Herr hat bestimmt, dass ihr ihm allein dienen sollt.
II. Du sollst den Namen des Herrn, deines Gottes, nicht unnütz aussprechen; denn der Herr lässt denjenigen nicht ungestraft, der seinen Namen unnütz ausspricht.	Und zu den Eltern sollst du gut sein.
III. Gedenke des Sabbattages, um ihn heilig zu halten. Sechs Tage sollst du arbeiten und alle deine Geschäfte verrichten. Doch der siebte Tag ist ein Ruhetag für den Herrn, deinen Gott. [...]	Und gib dem Verwandten, was ihm zusteht, ebenso dem Armen und dem, der unterwegs ist.
IV. Ehre deinen Vater und deine Mutter, damit du lange lebst in dem Lande, das der Herr, dein Gott, dir gibt!	Und tötet nicht eure Kinder aus Furcht vor Verarmung.
V. Du sollst nicht töten!	Und tötet niemand, den Gott zu töten verboten hat.
VI. Du sollst nicht ehebrechen!	Und lasst euch nicht auf Unzucht ein.
VII. Du sollst nicht stehlen!	Und tastet das Vermögen der Waise nicht an.
VIII. Du sollst gegen deinen Nächsten kein falsches Zeugnis abgeben.	Und erfüllt die Verpflichtung, die ihr eingeht.
IX. Du sollst nicht das Haus deines Nachbarn begehren!	Und gebt, wenn ihr zumesst, volles Maß und wägt mit der richtigen Waage.
X. Du sollst nicht begehren die Frau deines Nächsten und auch nicht seinen Knecht, seine Magd, sein Rind, seinen Esel und nichts von dem, was deinem Nächsten gehört!	Und geh nicht einer Sache nach, von der du kein Wissen hast.
	Und schreite nicht ausgelassen auf der Erde einher.

In großen Teilen stimmen der Dekalog und der islamische Pflichtenkodex überein (siehe Markierungen in der Grafik). Sie unterscheiden sich dahingehend, dass in den Zehn Geboten die Gottesverehrung stärker eingefordert wird als im Pflichtenkodex. Hinzu kommt, dass drei Gebote aus dem Dekalog nicht im Pflichtenkodex und fünf Gebote des Pflichtenkodex nicht im Dekalog vertreten sind (vgl. Grafik).

A3 Im Gespräch des Korans mit sich selbst fällt auf, dass sich Sure 5,11 und Sure 47,4 ebenso widersprechen wie Sure 2,257 und Sure 4,91.

A4 Die friedliebende Haltung, die sich in den zwei grün gedruckten Äußerungen findet, steht nur scheinbar im Konflikt mit den rot abgedruckten, kämpferisch wirkenden Aussagen, da sich die Haltung von Liebe und Mitgefühl nur auf die Mitglieder der eigenen Religion bezieht. Andersgläubige sollen entweder dem Islam beitreten oder werden als Feinde betrachtet. Man sollte an dieser Stelle aber darauf hinweisen, dass jeder Absolutheitsanspruch einer Religion im Laufe der Geschichte immer wieder zu Kriegen und Gewalt geführt hat – insbesondere bei missionarisch ausgerichteten Religionen wie Christentum und Islam.

A5 Fazlur Rahman schlägt folgendes Drei-Schritt-Verfahren zur Auslegung des Korans vor:

1. Schritt: Der Koran sollte als historisches Werk verstanden und im Kontext seiner Entstehungszeit interpretiert werden, denn alles, was Mohammed gesagt hat, hat er auf konkrete Situationen bezogen.

2. Schritt: Es müssen die allgemeingültigen ethischen Prinzipien erschlossen werden.

3. Schritt: Der Text des Korans muss auf die Gegenwart übertragen werden. Dabei ist es wesentlich, herauszuarbeiten, was die erschlossenen ethischen Prinzipien in der heutigen Zeit bedeuten, ob sie noch Anwendung finden können oder ob sie keine Relevanz mehr besitzen.

A6 Das religiös-ethische Prinzip, das hier angesprochen wird, lautet: Du sollst nicht begehren die Frau (den Mann) deines Nächsten (vgl. auch das 10. Gebot in der jüdisch-christlichen Tradition). Mag man vor 1500 Jahren jemanden für Ehebruch mit hundert Peitschenhieben bestraft haben und der iranische Staat selbst heute noch nach § 83 des Strafgesetzbuches eine Bestrafung von Frauen für dieses Vergehen durch Steinigung praktiziert, so ist eine solche Maßnahme weder human noch zeitgemäß. Eine öffentliche Bestrafung sollte für dieses Vergehen überhaupt nicht vorgesehen sein. Vielmehr sollte es den Partnern überlassen bleiben, wie sie mit einem Problem umgehen, das nur sie beide betrifft. So können sie entweder ihre Ehe fortsetzen, auch wenn ein Vertrauensverlust damit einhergeht, oder ein Ehepartner reicht die Scheidung ein, um sich legal vom anderen Ehepartner zu trennen.

A7 Der deutsche Philosoph Nicolai von Hartmann macht in seinem Buch *Ethik* (1949) darauf aufmerksam, dass sich Werte nur eine gewisse Zeit halten, bis sie durch andere Werte ersetzt werden. Dementsprechend müssen sich alle Werte einer ständigen Überprüfung unterziehen lassen. In Bezug auf die heiligen Schriften der Religionen bedeutet das, dass auch Gebote und Regeln sich im Laufe der Jahrhunderte ändern, was auf den Prozess der Werteverschiebung zurückgeführt werden kann. Folglich kann es sein, dass bestimmte Gebote und Regeln heute nicht mehr in derselben Form gültig sind wie zu dem Zeitpunkt als die heiligen Schriften verfasst worden sind.

5 Buddhistische Ethik (Seite 266–267)

Auf dieser Doppelseite sollen die Schülerinnen und Schüler sich mit der Lebensethik Buddhas auseinandersetzen, die darstellt, wie man dem Leiden, dass unser Leben kennzeichnet, entrinnen kann.

A1 Siddhartha Gautama lebt als Prinz abgeschieden von der Umwelt im Palast seines Vaters, König Suddhodana, der ihn von der Außenwelt fernhält, so dass er noch nie mit dem Anblick von Leid und Not konfrontiert worden ist. Im Alter von 29 Jahren äußert Siddhartha den Wunsch, die Umgebung zu erkunden. Um den Wunsch seines Sohnes zu erfüllen, veranlasst sein Vater, alle Anzeichen von Leid aus den Straßen zu entfernen. Dennoch nimmt Siddhartha auf seinen Ausflügen wahr, dass es Alter und Gebrechlichkeit, Krankheit und Schmerz sowie Tod gibt. Das Leiden der Menschen setzt Siddhartha so zu, dass er sich entschließt, sich vom weltlichen Leben zurückzuziehen. Er erlernt Yoga und wird zum Asketen. Nach sechs Jahren und nahezu verhungert wird ihm klar, dass die asketische Lebensform nicht geeignet ist, ihm den rechten Weg zu weisen. Dies geschieht erst, als er sich im Alter von 35 Jahren unter einer Pappelfeige niederlässt und bald darauf Licht sieht. Siddhartha erlangt in diesem Moment Bodhi (Erwachen) und wird zum Buddha, zum Erwachten. Von diesem Zeitpunkt an lehrt er 45 Jahre den achtfachen Pfad von Tugend, Meditation und Weisheit, der zum Erwachen führt.

A2 Mögliche Plakate zu den vier edlen Wahrheiten und zum achtfachen Pfad: s. Kopiervorlagen, S. 208–209.

A3 Die ethischen Grundsätze des Buddhismus sollen zu einer rechten Lebensweise führen und haben wahrscheinlich sowohl in den Philosophien der griechischen Antike ihren Niederschlag gefunden als auch in den monotheistischen Religionen.

Schülerinnen und Schüler werden darauf aufmerksam machen, dass die von Buddha geforderte Haltung viel theoretischer ist als in den Lehren des Judentums, der Christen und des Islam. Andererseits gibt es zahlreiche Parallelen zu den Zehn Geboten der jüdisch-christlichen Tradition oder zum Pflichtenkodex des Islam, die sie aufzeigen können. Sie sollten dann aber als entscheidenden Unterschied auch benennen, dass der Mensch nach buddhistischer Lehre seine Erlösung selbst herbeiführen kann und nicht von der Gnade eines Gottes abhängig ist.

a) Die vier edlen Wahrheiten

1. Wahrheit: Das Leiden

Alle fünf Aneignungen sind Leiden:
- Geburt (sie tut weh)
- Altern (Vergänglichkeit)
- Tod (Vergänglichkeit)
- Kummer, Lamentieren, Schmerz und Verzweiflung (sie tun weh)
- Zusammensein mit dem, was man nicht liebt, und das, was man sich wünscht, nicht zu bekommen (sie tun weh)

Der Mensch ist gefangen im Kreislauf der Wiedergeburten. Er muss theoretisch das Leiden bis in alle Ewigkeit weiterleben.

2. Wahrheit: Entstehung des Leidens

Das Leiden entsteht durch Unwissenheit und übertriebene Leidenschaften:
- Hass (Abneigung oder negatives Begehren) führt zu unheilvollen Taten
- Glück (Begehren) ist ein starker Reiz
- Verlangen (auch: Durst) nährt die Leidenschaften wie z. B. Sinneslust, Geld oder Macht

Dieser Gier folgen Absichten oder Taten. Durch beides häuft der Mensch *karma* an, wodurch er die nächste Existenzform im Kreislauf der Wiedergeburten bestimmt. Gute Taten haben eine günstige Wiedergeburt zur Folge (vorteilhaft, um erlöst zu werden), schlechte eine widrige. So kann man – je nach Lebenswandel – als Höllenwesen, Tier, Geist, Mensch oder Gott wiedergeboren werden.

3. Wahrheit: Die Leidenserlöschung

Ziel des Buddhisten ist es, aus dem unfreiwilligen Kreislauf der Wiedergeburten erlöst zu werden. Dazu müssen
- Unwissenheit,
- Hass,
- Gier

überwunden werden.

Durch Abkehr vom Verlangen erlischt das Leiden. Dies kann der Einzelne nur durch geistige Übung und Einsicht erlangen.

4. Wahrheit: Der Weg zur Leidenserlöschung durch den achtfachen Pfad

Jeder Mensch kann durch das Befolgen von acht Geisteshaltungen und Verhaltensweisen den Weg zur Erlösung beschreiten:
- Rechte Anschauung
- Rechte Rede
- Rechtes Handeln
- Rechter Lebensunterhalt
- Rechtes Streben
- Rechte Achtsamkeit
- Rechte Konzentration

b) Der achtfache Pfad

1. Pfad: Rechte Anschauung Damit ist die Erkenntnis von den vier edlen Wahrheiten gemeint: 1. das Leiden 2. die Entstehung von Leiden 3. die Leidenserlöschung 4. der Weg zur Leidenserlöschung durch den achtfachen Pfad	**2. Pfad: Rechter Entschluss** Manchmal heißt der „Rechte Entschluss" auch „Rechtes Denken", womit gemeint ist, – sich von weltlichen Verstrickungen, Böswilligkeiten und falschen Ansichten fernzuhalten, – sich zum Wohle aller Lebewesen einzusetzen.	**3. Pfad: Rechte Rede** Die Sprache soll dazu dienen, den Menschen zum ethisch Guten anzuleiten, daher soll er – nicht lügen, – nicht verleumden, – sich von Klatsch und Tratsch fernhalten.	**4. Pfad: Rechtes Handeln** Das rechte Handeln verbietet – zu töten (und zwar jegliches Lebewesen), – das Nehmen von Gegenständen, die einem nicht übergeben worden sind, – jegliche Art von Ausschweifung (Sex, Alkohol, Drogen etc.).
5. Pfad: Rechter Lebensunterhalt Diesen Pfad können nur Menschen erlangen, die Berufe ausüben, die keinem anderen Leid zufügen. Das verbietet den Handel mit Waffen, Lebewesen, Fleisch, berauschenden Getränken und Gift. Schlächter, Jäger, Fischer, Henker oder Kerkermeister können den fünften Pfad nicht begehen.	**6. Pfad: Rechtes Streben** Dieser Pfad führt zur Abwehr unheilsamer und zur Erzeugung heilsamer Geistesinhalte. Die Kontrolle der Sinneswahrnehmungen verhindert ein Anklammern an die Erscheinungen der äußeren Welt. Wer diesen Pfad begeht, zeigt keine emotionale Reaktion auf äußere Reize.	**7. Pfad: Rechte Achtsamkeit** Wer diesen Pfad beschreitet, macht alle Verrichtungen – bis hin zu so selbstverständlichen Tätigkeiten wie Atmen oder Liegen – bewusst. Die Achtsamkeit auch beim Denken und bei Sinnesempfindungen kontrolliert den Geist und erhält die Disziplin.	**8. Pfad: Rechte Konzentration** Erst wenn der Geist sich von der äußeren Welt ab- und sich der inneren Stille zugewandt hat, werden sich ihm höhere Einsichten eröffnen. Er ist dann frei, weil er keinen Durst mehr nach weltlichen Dingen verspürt.

Sterben und Tod (Schülerband, Seite 268–277)

Einführung

Das Kapitel setzt mit der Fokussierung ein, an der der Tod in unserer Gesellschaft besonders deutlich wird, nämlich auf dem Friedhof (Doppelseite 1). In einer zunehmend multikulturellen Gesellschaft ist es wesentlich, die unterschiedlichen Arten von Gräbern kennenzulernen, um zu verstehen, dass die Trauer um einen geliebten Menschen überall auf der Welt gleich ist (personale / gesellschaftliche Perspektive). Im Anschluss daran wird die Frage erörtert, ob die eigene Angst vor dem Tod eigentlich gerechtfertigt ist (Doppelseite 2). Bereits hier wird anhand von Bildern und philosophischen Positionen die ideengeschichtliche Perspektive aufgegriffen. Sie setzt sich in der Diskussion fort, ob ein Weiterleben nach dem Tod möglich ist (Doppelseite 3) und inwieweit der Tod zum Leben gehört (Doppelseite 4). Das Kapitel schließt mit einer personalen / gesellschaftlichen Perspektive. Die Schülerinnen und Schüler werden mit der Frage konfrontiert, was man alles tut, um sein Leben zu verlängern und dem Tod zu entfliehen. Gleichzeitig soll aber auch darüber nachgedacht werden, ob es wünschenswert wäre, ein unsterbliches Leben zu führen (Doppelseite 5).

Methodisch-didaktische Hinweise

Methodisch ist dieses Kapitel primär textanalytisch konzipiert. Dies liegt in dem Umstand begründet, dass insbesondere Philosophen sich diesem Thema zugewandt und wichtige Positionen dazu ausgearbeitet haben. Da hier der besondere Akzent auf der Erfassung der philosophischen Gedanken zum Tod liegt, gibt es keine direkte Querverbindung zu den anderen Themengebieten, wie dies in anderen Kapiteln der Fall ist.
Während die Doppelseite 1 über Bilder von Gräbern, eine Todesanzeige und einen Text über den Verlust eines Freundes in die Thematik einführt, bildet die Analyse philosophischer Texte den Schwerpunkt auf den Doppelseiten 2, 3 und 4. Um den Inhalt von Doppelseite 5 zu erschließen, eignen sich die angebotenen Gedankenexperimente und die Bildbeschreibung.

Hinweise zur Konzeption der Doppelseiten und zu den Aufgaben

1 Der Tod hautnah (Seite 268–269)

Auf dieser Doppelseite sollen die Schülerinnen und Schüler sich zunächst mit den Grabsteinen aus jüdischer, christlicher und islamischer Kultur auseinandersetzen, bevor sie über den Aufbau einer Todesanzeige zu der Frage gelangen, was es bedeutet, einen geliebten Menschen zu verlieren.

A1 Der deutlichste Unterschied besteht darin, dass auf dem christlichen Grabstein (in der Regel) kein Grabspruch bzw. kein Gebet zu finden ist. Ungewöhnlich ist dagegen für einen christlichen Grabstein, dass Geburts- und Todestag nicht vermerkt sind.
Ein weiterer Unterschied zwischen den Gräbern besteht darin, dass es sich bei dem christlichen Grab um ein Familiengrab, bei dem jüdischen Grab um ein Doppelgrab (für ein Ehepaar) und bei dem muslimischen Grab um ein Einzelgrab handelt.

A2 Das christliche Grab zeigt „betende Hände“ und ein „Kreuz“. Die zum Gebet gefalteten Hände sollen die Bitte der Toten verdeutlichen, in den Himmel zu Gott aufgenommen zu werden. Das Gebet gilt als Zeichen des Vertrauens zu einem nahen Gott, der die Menschen erhört. Das Kreuz zeigt die Auferstehung an und dass die Verstorbenen daran glauben, an der Auferstehung teilzunehmen.

Der jüdische Grabstein zeigt einerseits den „Stern Davids" und andererseits die „Menora". Der „Stern Davids" besteht aus zwei ineinandergeschobenen, gleichseitigen Dreiecken. Dieses Zeichen wurde zum ersten Mal 1527 als Symbol der jüdischen Gemeinde Prag benutzt. Erst im 19. Jahrhundert wird der Stern zum religiösen Symbol des Judentums und der zionistischen Nationalbewegung. Er ist vergleichbar mit dem Kreuz im Christentum. Die „Menora" symbolisiert ewiges Leben, geistliches Licht und Heil. Sie wird fast ausschließlich auf Gräbern von Frauen abgebildet, weil diese die Sabbatlichter anzünden.

Die ursprüngliche muslimische Gemeinschaft verfügte noch über kein eigenes Symbol. Erst im Osmanenreich wurden Mondsichel und Stern mit der muslimischen Welt in Verbindung gebracht. Folgt man der Legende, so hat der Gründer des osmanischen Reiches, Osman I., im Traum eine Mondsichel gesehen, die über die ganze Erde ausgebreitet war. Da er dieses Zeichen als gutes Omen deutete, nahm er die Mondsichel als Symbol seiner Dynastie auf. Heute gilt die Mondsichel als Zeichen des Islam, so wie das Kreuz das Christentum und der Davidstern das Judentum verkörpern. Die graphische Andeutung einer Moschee mit zwei Minaretten verdeutlicht, dass der Verstorbene gläubig war und zu Allah ins Paradies eintreten soll.

A3 Der Friedhof ist ein Platz der Ruhe, ein Ort, an dem man Verstorbene besuchen kann. Außerdem werden Tote aus hygienischen Gründen an einem separaten Ort beigesetzt.

A4 Die äußere Form der Todesanzeige beinhaltet einen doppelten Rand, ein Kreuz, unterschiedliche Schrifttypen, Kursiv- und Fettdruck, unterschiedliche Schriftgrößen.

Die Todesanzeige beginnt mit einer Sentenz des amerikanischen Schriftstellers Ernest Hemingway, die besagt, dass nur derjenige wirklich tot ist, an den keiner mehr denkt. Alle anderen Toten weilen zwar nicht mehr auf der Erde, sind aber, da sie Teil unserer Gedanken sind, noch bei uns, obwohl sie sich an einem weit entfernten und für uns nicht erreichbaren Ort befinden.

Es folgt der Namen der Verstorbenen, ihr Mädchenname und darunter Geburts- und Todestag. Dieser Teil der Todesanzeige ist ebenso faktisch wie der Block mit der Auflistung der engsten Familienmitglieder, die um die Verstorbene trauern. Zu den Fakten zählen auch noch folgende Angaben: Datum, Uhrzeit, Ort und Art der Bestattung.

Der letzte Teil der Todesanzeige enthält drei Bitten: 1. wird darum gebeten, dass der ambulante Palliativdienst Spenden erhält, 2., dass alle, die nicht der Familie angehören, der Beisetzung fernbleiben und 3., dass diejenigen, die keine Benachrichtigung erhalten haben, nachsichtig sein und die Todesanzeige als Ersatz betrachten sollen.

A5/ A6 Die Seite mit den Todesanzeigen gehört zu den beliebtesten Rubriken jeder Tageszeitung. Hatte sie zwischen 1902 (hier traten die ersten Todesanzeigen auf) und ca. 1950 noch primär einen informativen Charakter, so wird die Todesanzeige inzwischen immer mehr als Mittel zur Trauerbewältigung der Angehörigen genutzt. Die Hinterbliebenen rücken nicht den Verstorbenen, sondern sich und ihre Gefühle ins Zentrum. Daher wird oft in Todesanzeigen auch die Beziehung zum Verstorbenen dargestellt. Außerdem versuchen die Angehörigen dem Tod einen positiven oder negativen Sinn zu geben. Positiv verstanden werden z. B. die Erlösung von einer schweren Krankheit oder auch der Umstand, dass jemand auf Grund seines hohen Alters verstorben ist. Dagegen werden z. B. der Tod nach einem Unfall oder plötzliches Herzversagen negativ betrachtet.

A7 Obwohl Augustinus seinen Freund erst seit einem Jahr kannte, leidet er sehr stark unter dessen Tod. Alle Orte, die sie gemeinsam besuchten, werden für ihn zur Qual, da sie in ihm immer wieder Erinnerungen an den Verstorbenen hervorrufen. Der damit verbundene Schmerz führt dazu, dass Augustinus häufig weinen muss. Der Philosoph fühlt sich elend, empfindet keine Freude mehr und erachtet sogar das Weinen als bitter. Gleichzeitig ist er aber froh, sein eigenes Leben noch zu haben und er würde es auch nicht hingeben, wenn dadurch der Freund wieder unter den Lebenden weilen könnte. Den Tod betrachtet Augustinus als Feind, dem er nicht nur Hassgefühle entgegenbringt, weil er ihm den Freund genommen hat, sondern auch deshalb, weil er alle anderen Menschen „wegraffen" wird.

2 Angst vor dem Tod? (Seite 270–271)

Anhand von Bildern einerseits und zwei philosophischen Positionen andererseits wird auf dieser Doppelseite den Fragen nachgegangen, ob wir mit dem Tod an einen besseren Ort gelangen, an dem man sich viel wohler fühlt als auf Erden, oder ob der Tod etwas Beunruhigendes ist und eine begründete Angst vor ihm besteht, oder ob mit dem Tod jegliches Leben ein Ende hat.

A1/ A2 *Der Totentanz* von Hans Holbein d. J. umfasst insgesamt 36 Bilder. Eines davon ist *Tod und der Krämer*. Wie in allen Totentänzen des 16. Jahrhunderts ist der „Sensenmann" die Hauptfigur. Ohne Rücksicht auf Stand, Alter, Geschlecht oder Schönheit holt er all jene zu sich, deren Zeit abgelaufen ist. Allerdings ist der auf dem vorliegenden Bild dargestellte Krämer noch gar nicht willens, dem Tod zu folgen. Seine rechte Hand deutet an, dass er seinen Weg noch fortsetzen muss, denn sein Korb ist mit Waren beladen, die er entweder zu einem bestimmten Ort bringen muss oder an einem bestimmten Ort verkaufen möchte. Da der Krämer – wie auch der Schritt anzeigt, den er gerade macht – sich in Bewegung befindet, muss der Tod, der hier – wie übrigens in allen Darstellungen von Holbein – als Skelett daherkommt, sich gewaltig anstrengen, um den Krämer bei sich zu behalten. Mit beiden Armen reißt er an der Jacke des Krämers und auch der Ausfallschritt bezeugt die Anstrengungen, die der Tod auf sich nehmen muss, um den Krämer vom Diesseits ins Jenseits zu befördern.

Holbeins Bild zeigt einerseits die Personifizierung des Todes und andererseits, dass jeder von uns zu jeder Zeit damit rechnen muss, aus dem Leben „gerissen" zu werden. Holbein zeigt nicht, dass der Mensch Angst vor dem Tod haben muss, sondern vielmehr, dass der Mensch überrascht ist, wenn ihn der Tod ereilt.

A3 Die Hölle ist
- die Unterwelt,
- der Ort, an dem sich ein oder mehrere Teufel oder Schreckensgestalten aufhalten,
- der Ort, an den diejenigen gelangen, die in der Oberwelt Sünder, Übeltäter und Bösewichte waren,
- ein Feuerschlund,
- Bestrafung,
- Verdammnis.

A4 Der Ausschnitt aus dem rechten Teil des *Triptychons des Weltgerichts* von Hans Memling zeigt, dass diejenigen den Tod zu fürchten haben, die in die Hölle stürzen. Die vorherrschenden Farben rot, gelb, braun und schwarz lassen den Betrachter nichts Gutes erahnen. Rot und gelb schießen Flammen gefährlich in die Höhe, die zumindest von jenen Toten Besitz ergreifen, die bei ihrem Sturz in die dunkle, braune Hölle nicht von irgendwelchen Teufeln aufgefangen und festgehalten werden. Die Herabstürzenden blicken nicht nur ängstlich drein, sondern machen den Eindruck, als wünschten sie sich, ein besseres Leben geführt zu haben und sich an einem anderen Ort aufhalten zu können. Diejenigen von ihnen, die die Teufel zu packen bekommen, werden entweder mit Peitschen und anderen Folterinstrumenten malträtiert oder sie werden noch tiefer in die Flammen der Hölle geworfen.

Wie in Holbeins Bild wird auch hier der Tod personifiziert. Aber die Aussage ist bei Memling eine völlig andere: Wenn du im Diesseits nicht ein rechtschaffenes Leben führst, dann wirst du im Jenseits dafür bestraft.

A5 Ensors Selbstbildnis zeigt ihn einmal als jungen, gut aussehenden Mann und einmal als Skelett. Ensor zeigt sich in beiden Bildern in selbstbewusster Siegerpose und macht auf diese Weise deutlich, dass er das Vergehen von Schönheit als etwas Selbstverständliches ansieht. Er ist sich dementsprechend auch bewusst, dass er das Leben nicht festhalten kann, ja dass es ebenso wie die Schönheit vergehen wird.

A6 Die Schülerinnen und Schüler könnten zum Selbstportrait von James Ensor z. B. Folgendes äußern:

Auf dem ersten Bild sieht man mich in meinen besten Mannesjahren. Mein Blick verrät, dass keiner mir etwas anhaben kann und ich keinen Gedanken an den Tod verschwende. Eher – so muss ich selbstkritisch zugeben – wirke ich überheblich und selbstverliebt.

Im zweiten Bild ist die gleiche Situation dargestellt, nur mit dem Unterschied, dass ich dieses Mal meinen Kopf als Totenkopf dargestellt habe. Damit will ich einerseits meine, aber auch die Vergänglichkeit generell zum Ausdruck bringen. Keiner darf so überheblich sein und glauben, er sei unsterblich und seine Jugend und Schönheit würde nie verblassen.

A7/ A8 Sokrates steht dem Tod in keiner Weise negativ gegenüber. Entweder ist der Tod dem Schlaf ähnlich; dann ist er ein Gewinn, weil einem der Tod dann nicht länger vorkommen würde als eine Nacht, oder der Tod – und darauf beruhen seine Hoffnungen – ist eine Versetzung der Seele an einen anderen Ort, an dem sie mit den größten Dichtern und Geschichtsschreibern Philosophie betreiben kann. Sokrates ist der festen Überzeugung, dass die Seele an dem Ort, an dem sie dann sein wird, glücklicher ist als auf Erden. Er bedauert nahezu diejenigen, die noch nicht den Schritt gehen können, den er gehen wird. Dies sagt er dann auch seinen Richtern, die ihn zum Tode verurteilt haben.

A9/ A10/ A11 Epikur vertritt die Auffassung, dass der Tod sowohl für die Lebenden als auch für die Toten bedeutungslos ist. Für die Lebenden gilt: Solange wir leben, ist der Tod nicht anwesend. Für die Toten gilt: Wenn der Tod anwesend ist, sind sie (die Toten) nicht da.

Aus diesem Grund verhöhnt Epikur diejenigen, die sagen, es sei das Beste, erst gar nicht geboren zu werden, und werde man doch geboren, so solle man zusehen, dass man schnell wieder dahin zurückkehrt, woher man gekommen ist. Epikur hält den Vertretern dieser Ansicht entgegen, dass keiner, der lebt, zusieht, dass er schnell stirbt, ja, es gibt (nahezu) keinen, der freiwillig aus dem Leben scheidet.

A12

<table>
<tr><th colspan="2">Nach Sokrates bedeutet „Totsein"</th></tr>
<tr><th>entweder</th><th>oder</th></tr>
<tr><td>• ins Nichts zu fallen und keine Empfindung mehr zu haben</td><td>• eine Versetzung der Seele an einen anderen Ort</td></tr>
<tr><td>• wenn der Tod wie ein Schlaf ist, dann ist er ein Gewinn, weil der Tod dann nicht länger erscheint als eine Nacht</td><td>• wenn der Tod eine Auswanderung an einen anderen Ort ist, dann ist er das größte Gut,</td></tr>
<tr><td rowspan="3"></td><td>denn
an diesem Ort gibt es
• im Gegensatz zum Diesseits Richter, die wirklich Recht sprechen</td></tr>
<tr><td>• viele Dichter, mit denen man sich über ihre Werke unterhalten kann (Orpheus, Hesiod, Homer etc.)</td></tr>
<tr><td>• die Beantwortung der Frage, wer wirklich weise ist und wer sich nur für weise hält, obwohl er es tatsächlich nicht ist</td></tr>
<tr><td colspan="2">Sokrates beendet seine Rede mit dem Hinweis, dass die Richter, die ihn zum Tode verurteilt haben, weiterleben müssen, er jedoch in Kürze sterben werde. Dabei geht er davon aus, dass er dann an einem glücklicheren Ort verweilen wird, als es das Diesseits ist, in dem die Richter verbleiben müssen.</td></tr>
</table>

Epikurs Argumentation:

das Gute / **das Schlimme** → beruhen auf Empfindung

der Tod = Aufhebung der Empfindung

▼

Der Tod ist bedeutungslos.

Daher gilt:
1. Wir können das kurze Leben genießen, ohne vom Gedanken an eine endlose Fortsetzung belastet zu sein.
2. Dem Verlangen nach Unsterblichkeit wird ein Ende bereitet, denn das Leben kann für denjenigen nicht schlimm sein, der sich darüber im Klaren ist, dass im Nichtleben nichts Schreckliches liegt.

Kurz gesagt: Solange wir leben, ist der Tod nicht da, und wenn der Tod da ist, sind wir nicht mehr da.

Folgerung 1: Der Tod hat für die Lebenden keine Bedeutung, weil er sie nicht betrifft.
Folgerung 2: Der Tod hat für die Toten keine Bedeutung, weil sie nicht da sind.

A13 Wenn Sokrates und Epikur mit ihren Theorien recht haben (vgl. Schaubilder in Aufgabe 12) und der Tod die Versetzung der Seele an einen besseren Ort bedeutet bzw. bedeutungslos ist, dann muss man sich weder an das irdische Leben klammern wie der Krämer in Holbeins Bild noch sich vor Strafe und Verdammnis fürchten wie in Memlings Höllendarstellung. Die Zwangsläufigkeit des eigenen Todes und das Ende zumindest unserer körperlichen Existenz sind nicht zu ändernde Fakten, die man nüchtern und ruhig feststellen und betrachten kann bzw. muss (wie bei Ensor).

3 Weiterleben nach dem Tod? (Seite 272–273)

Auf dieser Doppelseite werden unterschiedliche philosophische und theologische Positionen aufgezeigt, die den Dualismus von Leib und Seele verdeutlichen. So wird unter anderem versucht zu beweisen, dass die Seele unsterblich ist und wie sie im Jenseits weiter existieren wird.
Diese und die folgende Doppelseite sind als Gruppenpuzzle konzipiert. Wie ein Gruppenpuzzle funktioniert, ist im Methodenteil von philopraktisch 2B auf S. 290 erklärt. Zur Bearbeitung der Doppelseiten 3 und 4 sollten insgesamt vier Gruppen gebildet werden, wobei sich Gruppe 1 mit M1-M3 auf S. 272, Gruppe 2 mit M4-M5 auf S. 273, Gruppe 3 mit M1-M3 auf S. 274 und Gruppe 4 mit M4-M5 auf S. 275 auseinandersetzt.

A1 Sempé bringt mit der Karikatur zum Ausdruck, dass André-Paul Poulot die Auffassung vertritt, das Leben bestehe aus zwei Teilen. Der erste Teil, der mittlerweile durch den Tod von Poulot beendet wurde, fand im Diesseits statt. Der zweite Teil – so die Überzeugung des Verstorbenen – wird dagegen im Jenseits fortgesetzt.

A2 Seneca sieht das Leben auf Erden als ein Vorspiel zu einem besseren und längerem Leben an. Nicht das sterbliche Leben ist das eigentliche Leben, sondern jenes, das uns nach Eintritt des Todes erwartet.
Für den römischen Philosophen steht der Dualismus von Leib und Seele fest. Um dies deutlich zu machen, zieht er als Analogie die Geburt heran. So wie wir zehn Monate lang im Mutterleib heranwachsen, um körperlich ausgebildet zu werden, damit wir unser irdisches

Leben bestehen können, so ist die Zeit, die wir auf der Erde verbringen, die Vorbereitungszeit auf die neue Geburt, die wir durch den Tod erfahren. Werfen wir, wenn wir auf die Welt kommen, „die Umhüllung des Mutterleibs“ ab, so werfen wir mit dem Tod unsere körperliche Hülle ab. Mit jeder Geburt gehen die Hüllen zugrunde. Bei der Geburt wird die Fruchtblase zerstört, beim Übergang in das neue Leben der Körper: „Er wird zerstückelt, vergraben, vernichtet werden.“ Für den Körper ist die „Entscheidungsstunde“ die letzte, aber nicht für die Seele, denn sie wird aus dem scheußlichen und stinkenden Leib befreit.

A3 Wie Christus von den Toten auferstanden ist, so werden auch die gläubigen Christen eines Tages von den Toten auferstehen, denn der letzte Feind, den Gott, Christus‘ Vater, vernichten wird, ist der Tod.

A4 Den (männlichen) muslimischen Gläubigen wird ein Leben im Paradies versprochen: ihre Gesichter werden Fröhlichkeit ausstrahlen, sie werden mit einem Quellwasser versorgt, das sie nicht betrunken macht, sie dürfen so viele Früchte und Hähnchenfleisch essen wie sie wollen und ihnen stehen Houris (zauberhafte Jungfrauen) zur Verfügung, die so schön sind wie Perlen.

A5 Folgende Todesvorstellungen sind möglich: a) es gibt ein Leben nach dem Tod (in Himmel oder Hölle) – monotheistische Religionen, b) es gibt eine Wiedergeburt (allerdings weiß man nicht, in welcher Form man wieder auf die Erde zurückkehrt) – Buddhismus, Hinduismus.

A6 Platon argumentiert folgendermaßen:
Ausgangsthese: Etwas kann nie sich selbst zum Gegensatz werden.
Beispiel 1: Schnee kann nicht Wärme in sich aufnehmen, denn Feuer bringt Schnee zum Schmelzen. Umgekehrt kann Feuer keine Kälte in sich aufnehmen, denn Schnee oder Wasser wird es löschen.
Beispiel 2: Die Zahl „3“ birgt das Ungerade in sich. Sie trägt den Gegensatz zum Geraden in sich, und sie schließt den Begriff des Geraden aus.
Beweisführung, dass die Seele unsterblich ist:
- Wenn ein Leib leben will, so benötigt er eine Seele. Wovon eine Seele Besitz ergreift, enthält Leben.
- Das Leben ist dem Tod entgegengesetzt.
- Die Seele muss das ihr Entgegengesetzte, nämlich den Tod, ausschließen.
- Diese Folgerung ergibt sich aus den Beispielen 1 und 2.
- Das dem Tod Entgegengesetzte ist die Unsterblichkeit, die Seele aber schließt den Tod aus.

Schlussfolgerung: Die Seele ist unsterblich.

4 Der Tod gehört zum Leben (Seite 274–275)

Im Gegensatz zu den auf den Seiten 272–273 dargestellten Positionen, erklären die Philosophen auf dieser Doppelseite, warum sie die Auffassung vertreten, dass der Tod zum Leben gehöre, es aber kein Leben nach dem Tod gibt.

A1 Hier stellt sich die Frage, ob das Wortspiel zu einer richtigen Aussage führt. Der Raum kann kein Nichts sein, weil er etwas Seiendes ist, über das eine Aussage gemacht werden kann wie beispielsweise: Dies ist ein Raum, weil er vier Wände, eine Bodenplatte, eine Decke und eine Tür hat (durch die man in ihn gehen kann). Nur weil im Raum nichts ist, er also leer ist, heißt dies noch nicht, dass der Raum selbst nichts ist.

A2/ A3 Feuerbach geht davon aus, dass der Mensch aus dem Nichts in die Welt geworfen wird, um dann wieder ins Nichts zurückzukehren. Aus diesem Grund kann es für ihn kein Leben nach dem Tod geben. Die einzelnen Schritte seiner Theorie können folgendermaßen zusammengefasst werden:

1. Der Tod ist weder ein äußeres Gesetz noch eine Naturnotwendigkeit, sondern stammt allein aus einem Wesen, das denken kann, also Geist besitzt und somit auch Bewusstsein hat.
2. Tiere besitzen weder Geist noch Freiheit und damit keine innere Natur (= Bewusstsein). Daher wissen sie auch nicht, was der Tod ist.

3. Da der Tod aber Geist bzw. Bewusstsein voraussetzt, kommt der Tod aus dem Menschen in den Menschen.
4. Wenn der Mensch Bewusstsein besitzt, dann kann nach dem Tod nichts mehr sein.
5. Wenn der Mensch nicht Bewusstsein besitzt, dann bleibt nach dem Tod alles übrig, was der Mensch selbst nicht war.
6. Wenn der Mensch aber Bewusstsein ist, dann ist mit seinem Tod alles aus.
7. Dann kann der Tod nur noch ein ewiger Schlaf, die bewusstlose Ruhe des Nichts oder die Beraubung des Bewusstseins sein.

A4

Nach der Theorie des Dualismus besteht jede Person aus

Leib und Seele

Der Dualismus lehrt, dass nach Eintritt des Todes

der Körper nur noch Hülle ist, er keinen Nutzen mehr hat und zerstört wird.

die Seele alleine weiter ohne den Körper lebt. Sofern dies stimmt, heißt das, dass

▼

- sie ein inneres Leben ohne Körper haben müsste.
- sie den Körper verlassen könnte, wenn dieser stirbt, und dabei unversehrt bleiben müsste.
- sie möglicherweise in direkter Kommunikation zu anderen Seelen stehen könnte (denn zu einem psychischen Leben des Handelns und der sinnlichen Wahrnehmung ist sie nicht mehr in der Lage, weil ihr dazu der Körper fehlt).

Feuerbach kennt im Gegensatz zu Nagel keinen Dualismus. Für ihn ist mit dem Tod das Ende jeglicher Lebensform erreicht. Nagel dagegen zeigt, dass mit dem Eintreten des Todes zwei unterschiedliche Möglichkeiten bestehen: 1. Es kann (unter der Voraussetzung, dass die Lehre vom Dualismus richtig ist) ein Leben nach dem Tod geben. 2. Gibt es keinen Dualismus, dann – und darin stimmt Nagel mit Feuerbach überein – gibt es auch kein Leben nach dem Tod.

A5 Der in der Zukunft liegende Tod verweist auf die Gegenwart, weil der Mensch den Tod als sein Los denkt. Auf diese Weise vollzieht der Mensch zwei Gedanken: 1. Ich existiere, und 2. der Tod existiert (ebenfalls). Der Tod ist immer gegenwärtig und ich weiß nicht, wann er eintritt. Kierkegaard macht dies durch das Bild des zu fällenden Baums deutlich: Nicht nur der Baum, der kaum Früchte trägt, sondern jeder Baum wird eines Tages einer Axt zum Opfer fallen. Es mag die Axt schon an der Wurzel des Baumes liegen, aber es bleibt die Ungewissheit, wann der Schlag ausgeführt wird.

A6 Gegen den Tod kann der Mensch nichts „tun“. Aber jeder Mensch muss sich entscheiden, ob er ein gutes oder ein schlechtes Leben führen will. Kierkegaard ist der Auffassung, dass der Gedanke an den Tod zum rechten, d. h. guten Leben und dem nötigen Blick dafür führt. Der Tod ist damit zugleich der Antrieb für den Menschen, keine ihm gestellte Aufgabe als zu gering zu erachten, sie in angemessener Zeit zu erledigen und so gut wie möglich zu arbeiten.

A7 Heidegger sagt, dass der Tod ein Phänomen des Lebens ist, weil der Mensch um seinen Tod weiß, weil er sich bewusst ist, dass sein In-der-Welt-sein durch den Tod beendet wird. Da ein Tier nicht um seinen Tod weiß, muss es sterben, während der Mensch durch die Bewusstheit seiner Sterblichkeit zu einem sinnvollen Leben findet.

A8 „In-der-Welt-sein“ bedeutet nicht „auf der Welt zu sein“. Vielmehr besagt dieser Begriff, dass der Mensch sein Leben auf-den-Tod ausrichtet: Jeder von uns fürchtet den Tod und versucht daher alles, um ihn zu vermeiden. Heidegger nennt dies ein „zerstreutes Leben“, weil man einfach vor sich hin lebt (wie die anderen Menschen auch) und man nicht so genau weiß, worum es im Leben eigentlich geht. Erst wenn man sich seiner eigenen Sterblichkeit bewusst wird, stellt man fest, dass das eigene Leben begrenzt und einmalig ist. Mit dieser Feststellung tritt zugleich der Tod in das Leben. Damit, so Heidegger, ist der Tod dafür verantwortlich, dass man zu sich selbst findet und sich die Frage stellt, was in seinem Leben wichtig ist. In diesem Moment hört man auf, vor sich hin zu leben, und beginnt, ein sinnvolles Leben zu führen, weil man sich seiner eigenen Sterblichkeit bewusst wird.

5 Überwindung des Todes (Seite 276–277)

Auf der letzten Doppelseite dieses Kapitels sollen die Schülerinnen und Schüler sich mit der Frage auseinandersetzen, ob es tatsächlich Möglichkeiten gibt, dem Tod zu entfliehen. Es werden Ergebnisse der Altersforschung ebenso angeführt wie die Möglichkeit, sich eines Tages wiederbeleben zu lassen. Zum Schluss steht die Überlegung, ob es überhaupt wünschenswert ist, unsterblich zu sein.

A1 Das Bild von Cranach ist dreigeteilt. Auf der linken Seite kann man sehen, wie alte Menschen zu einem Brunnen reisen, gebracht oder geradezu „gekarrt“ werden. Dort legen sie ihre Kleidung ab und steigen in ihn. Die Mitte des Bildes wird vom Brunnen dominiert, durch den die alten und / oder gebrechlichen Menschen schwimmen. Wenn sie auf der gegenüberliegenden (rechten) Seite des Brunnens steigen, so sind sie wieder jung, grazil und schön. Der Titel des Bildes könnte z.B. „Verjüngung“ oder „Aus alt mach jung“ oder ähnlich lauten. Cranach selbst hat sein Bild *Der Jungbrunnen* genannt.

A2 Die Frage kann sowohl mit „Ja“ als auch mit „Nein“ beantwortet werden. „Ja“, weil die Jugend vielleicht die schönste und unbeschwerteste Zeit im Leben eines Menschen ist, und „Nein“, weil manche Menschen Erfahrungen gemacht haben, die sie kein zweites Mal mehr machen möchten. Andere wiederum wollen die Reife, die das Alter mit sich bringt, nicht mehr missen.

A3 Der Altersforscher de Grey sucht nach Wegen, um das menschliche Leben zu verlängern. Mit seinen Untersuchungen will er erreichen, dass jeder Mensch bestimmen kann, wie lange er leben möchte. Bei Mäusen hat de Grey mittlerweile die Lebensspanne um fast 70 %, von drei auf fünf Jahre, verlängern können. Er glaubt, den Alterungsprozess, den er auf eine Häufung von Fehlern auf zellulärer Ebene zurückführt, in den nächsten 10 Jahren deutlich verlangsamen zu können. Ein solches Ziel ist gar nicht unrealistisch, wenn man in Betracht zieht, dass die Lebenserwartung insbesondere im 20. Jahrhundert rasant angestiegen ist. Sein eigentliches Ziel, nämlich das Altern komplett aufzuhalten, wird de Grey aber wohl verfehlen, denn die durch seine Forschung erzielten Ergebnisse gelten zwar für Mäuse, aber sie können derzeit nicht auf den Menschen übertragen werden.

A4 Wenn man die beiden Bilder betrachtet, gewinnt man den Eindruck, dass es sich nicht um dieselbe Person handelt. Auf dem ersten Bild scheint eine ältere, ungepflegte Frau abgebildet zu sein, die ohne Zuversicht, ja mut- und ziellos vor sich hin starrt. Auf dem zweiten Bild strahlt dem Betrachter eine Schönheit entgegen, die fröhlich, optimistisch und entspannt in die Kamera blickt.

A5 Die Menschen, die sich Botox injizieren lassen, möchten zunächst einmal eine glatte, faltenlose Haut erhalten. Die damit verbundenen „Nebenwirkungen“ bestehen wahrscheinlich in der Erfüllung des Traums von der „ewigen Jugend“ (zumindest für eine gewisse Zeit) und etwas „für das eigene Ego zu tun“, um sich wohl zu fühlen.

A6/ A7 Um sich den Traum der ewigen Jugend zu erfüllen, unterziehen sich immer mehr Menschen (meist unnötigen) Schönheitsoperationen und lassen sich z.B. liften, das Fett absaugen der die Brüste vergrößern oder verkleinern. Andere Möglichkeiten, Jugend zu bewahren, bestehen in ausgewogener Ernährung, darin, dass man Sport treibt, sich jugendlich kleidet oder Kontakt zu Jugendlichen pflegt.

A8 Manche Schülerinnen und Schüler werden diese Frage positiv, andere wiederum negativ beantworten wollen. Beide Möglichkeiten haben ihren Stellenwert, solange sie begründet sind.

A9/ A10 Zu Beginn des Gedankenexperiments finden es viele Schülerinnen und Schüler reizvoll, länger als alle anderen Menschen zu leben, verschiedene Jahrhunderte kennenzulernen und Geschichte hautnah zu erfahren und eventuell sogar zu gestalten. Aber schon nach kurzer Zeit treten Überlegungen in den Vordergrund, die laute Zweifel an dem eigenen Wunsch nach Unsterblichkeit aufkommen lassen: Man muss sich – und das immer wieder – nach einigen Jahrzehnten völlig neu orientieren, weil man seine ganze Familie, Verwandte, Freunde und Bekannte verloren hat. Der damit verbundene Schmerz bzw. erleben zu müssen, wie geliebte Menschen sterben und einen für immer verlassen, ist für die meisten Schülerinnen und Schüler Anlass genug, nicht unsterblich sein zu wollen. Und selbst wenn man keine Verluste erleiden müsste, weil alle Menschen unsterblich sind (verändertes Gedankenexperiment), erscheint der Gedanke an endlose Wiederholungen bestimmter Situationen und Erfahrungen abschreckend.

A11 Die Vorteile der Unsterblichkeit können unter anderem darin bestehen: Man kann die Entwicklung der Geschichte verfolgen; man kann sich ein sehr großes Wissen aneignen; man kann (wenn man auch nicht krank oder verletzt werden kann) tun und lassen, was man will.
Die Nachteile der Unsterblichkeit können unter anderem darin bestehen: Sofern man den Alterungsprozess nicht aufhalten kann, wird das Leben im Laufe der Zeit immer mühsamer; man bleibt alleine zurück, denn man muss miterleben, wie Verwandte und Freunde sterben (dieser Prozess wiederholt sich immer wieder, sofern man nicht alleine leben will).
Es ist wahrscheinlich, dass die Schülerinnen und Schüler eine Unsterblichkeit als Belastung empfinden werden und sie als nicht wünschenswert einstufen.

Menschen- und Gottesbilder in Religionen

(Schülerband, Seite 278–287)

Einführung

Ausgehend von persönlichen Gottesvorstellungen von Jugendlichen (Doppelseite 1) werden polytheistische, monotheistische, pantheistische Gottesbilder thematisiert (Doppelseite 2) sowie die Frage gestellt, ob man Gottes Existenz beweisen kann (Doppelseite 3). Sodann werden verschiedene religiöse Menschenbilder dargestellt. Die letzte Doppelseite ist dem heute besonders wichtigen Thema des Dialogs der Religionen gewidmet, zu dem auch Projekte vorgeschlagen werden.
Das Kapitel beginnt und endet mit der personalen Perspektive. Die Ideenperspektive kommt besonders auf den Doppelseiten 2, 3 und 4 ins Spiel, gesellschaftliche Aspekte auf den Doppelseiten 4 und 5.

Methodisch-didaktische Hinweise

Glaube an Gott und religiöses Bekenntnis beruhen auf freien Entscheidungen. In diesem Bereich kann es nicht um „richtig“ oder „falsch“ gehen, nicht darum, den Schülerinnen oder Schülern bestimmte Vorstellungen aufzuoktroyieren. Wichtig ist vielmehr, Jugendliche durch entsprechende Angebote dazu anzuhalten, ihre persönlichen Vorstellungen zu artikulieren und dadurch explizit zu machen. Sie sollen motiviert werden, sich mit den Fragen, die sich für sie persönlich daraus ergeben, und auch mit den Fragen, die sich für Menschen im Laufe der Religions- und Kulturgeschichte daraus ergeben haben, auseinanderzusetzen. Ziel dieses pädagogischen Prozesses sind die Klärung der eigenen Vorstellungen sowie die Entwicklung von Toleranz gegenüber andersartigen Vorstellungen bzw. die Bereitschaft zum Dialog mit Vertretern anderer Religionen. Daher sind die Materialien als Angebot zu verstehen, mit dem offen und sensibel umgegangen werden soll.

Hinweise zur Konzeption der Doppelseiten und zu den Aufgaben

1 Ist Gott cool? (Seite 278–279)

Diese Doppelseite soll Jugendlichen einen lebensweltlichen Zugang zum Thema Religion und Gott ermöglichen. Ausgehend von einem Titelbild der Jugendzeitschrift BRAVO werden persönliche Gottesvorstellungen von Jugendlichen zur Sprache gebracht und auf erste Weise vertieft.

A1 Bezüglich der Abbildung des Papstes auf der Titelseite der BRAVO kann man geteilter Meinung sein. Man mag die Platzierung des Bildes zwischen Popstars als unangemessen empfinden, kann es aber auch als Indiz für die Popularität Benedikts XVI. bei Jugendlichen werten.

A2 Die Tatsache, dass eine Jugendzeitschrift wie BRAVO über den Papst berichtet, macht nicht nur deutlich, dass der höchste Repräsentant der katholischen Kirche – im Zusammenhang mit dem 20. Weltjugendtag 2005 in Köln – bei den Jugendlichen wahrgenommen wird, sondern auch, dass die Botschaft der Kirche bzw. dieses Weltjugendtages den Jugendlichen inhaltlich etwas bedeutet. Slogans wie „Glauben ist cool“ machen diesen Sachverhalt in der Sprache der Jugendlichen deutlich.

A3 Die Äußerungen der Jugendlichen repräsentieren jeweils gängige religiöse und agnostische bzw. atheistische Positionen in Bezug auf Gott:
Religiöse Auffassungen: Gott ist der Schöpfer der Welt. (Mike) – Gott ist Liebe. (Vanessa) – Gott ist derjenige, der uns verzeiht. (Gloria) – Gott setzt ethische Maßstäbe. (Marcel) – Gott ist eine Art Stimme, mit der ich spreche. (Silke) – Glaube an Gott ist wichtig, auch wenn Gott sich nicht beweisen lässt. (Peter)

Agnostische bzw. atheistische Auffassungen:
Gott interessiert mich nicht. (Thomas) – Ich weiß nicht, ob es Gott gibt. (Dana) – Gott ist eine bloße Illusion. (Jonas) – Gott ist eine von den Menschen geschaffene Institution. (Hannah)
Es empfiehlt sich, diese Positionen herauszuarbeiten und die Schülerinnen und Schüler Stellung nehmen zu lassen, mit welcher Auffassung sie sich am ehesten identifizieren.

A4 Allen drei Religionen gemeinsam ist die Vorstellung eines einzigen Gottes, der als der wahre Gott gilt. An ihn sollen die Menschen glauben, ihn sollen sie lieben, seine Existenz durch das Glaubensbekenntnis bezeugen.
Unterschiede bestehen im Namen des einen Gottes, der bei den Juden JHWH heißt, der von Jesus mit Abba angeredet wird, den die Muslime Allah nennen. Als eine Besonderheit des Judentums wird die Vorstellung eines Bundes zwischen Gott und dem Volk Israel erwähnt, dessen äußeres Zeichen die Beschneidung darstellt. Eine Besonderheit des Christentums ist in der Vorstellung Gottes als einer Dreifaltigkeit (Vater, Sohn, Heiliger Geist) zu sehen. Als Charakteristikum des Islam wird erwähnt, dass Allah nicht als Vaterfigur, sondern einerseits als der zu Fürchtende, andererseits als der sich Erbarmende vorgestellt wird.

2 Viele Götter oder ein Gott? (Seite 280–281)

Auf dieser Doppelseite werden die unterschiedlichen Gottesbilder der polytheistischen Religion des antiken Griechenland, des jüdisch-christlichen Monotheismus und des Pantheismus dargestellt.

A1 Poseidon wird in der griechischen Mythologie als Gott des Meeres verehrt, Apollon als Gott der Künste, Artemis als Göttin der Jagd. Aphrodite ist die Göttin der Schönheit und der Liebe, Ares der Gott des Krieges. Andere bekannte griechische Götter sind z. B. Zeus, der oberste Gott; Hermes, der Götterbote.

A2 In der griechischen Vorstellung des Göttlichen spricht sich die Erfahrung des Übermächtigen aus, dem gegenüber der Mensch sich als ohnmächtig erweist, z. B. das Übermächtige der Liebe (Aphrodite) oder des Krieges (Ares).

A3 Die Zitate aus der Bibel und dem Koran bringen die Vorstellung der Einzigkeit Gottes zum Ausdruck: Es soll nur ein Gott verehrt werden.

A4 Einer der Gründe für die Ausbreitung des Monotheismus ist die Vorstellung, dass die Vielheit der Erscheinungen auf ein einziges Prinzip zurückführbar ist; in den vielen Göttergestalten kommt ein einziges göttliches Prinzip zum Ausdruck. Außerdem ist Allmacht Gottes nur vorstellbar in Verbindung mit der Idee des Monotheismus; viele Götter würden sich in ihrer Macht gegenseitig beschränken.

A5 Monotheistisch gedacht zeichnet sich Gott u. a. aus durch Allmacht, Vollkommenheit, Absolutheit.

A6 Monotheistisch sind die drei abrahamitischen (sich auf Abraham zurückführenden) Religionen: Judentum, Christentum, Islam, sowie die neuzeitliche Religion der Bahai. Polytheistisch sind alle übrigen, also z. B. die Religion der alten Babylonier, Ägypter, Griechen, Römer, Kelten, Germanen, die traditionellen Religionen Afrikas und Asiens, hier z. B. der Hinduismus.

A7 Unter Pantheismus versteht man die Vorstellung, dass Gott in allem ist; alle Erscheinungen der Welt werden als göttlich angesehen.

A8 Die Mindmap könnte z. B. wie folgt aussehen:

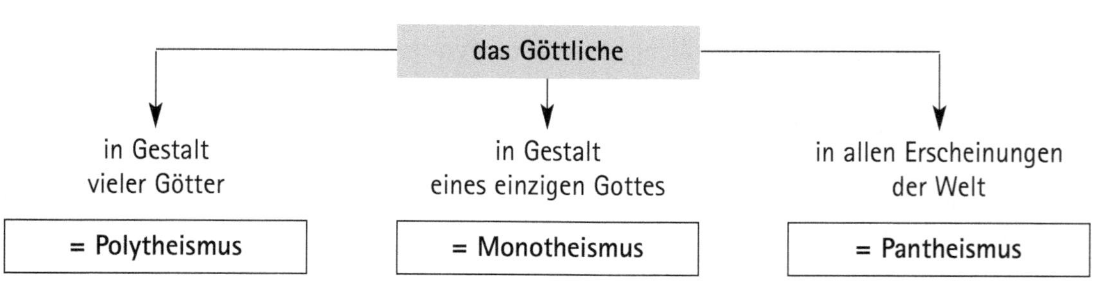

3 Ist Gott beweisbar? (Seite 282–283)

Die Materialien auf dieser Doppelseite halten zu einer Beschäftigung mit der Frage an, ob die Existenz Gottes mit Mitteln der Ratio bewiesen werden kann und was es bedeutet, wenn ein solcher rationaler Beweis nicht möglich ist.

A1 Die Karikatur konfrontiert die Schülerinnen und Schüler in pointierter Form mit der Frage nach der Existenz Gottes. Zu sehen ist ein über den Wolken thronender alter Mann – offenbar Gott –, der sich fragt, ob es ihn gibt. Dieser Gedanke ist absurd, denn im Bild wird seine Existenz ja anschaulich dargestellt. Was den in dieser Karikatur dargestellten Gott angeregt haben könnte, über diese Frage nachzudenken, ist vermutlich der Zweifel vieler Menschen an seiner Existenz. Ob ein derartiger Zweifel durch rationalistische Beweise ausgeräumt werden kann, ist das Thema dieser Doppelseite.

A2 Sofie setzt sich in diesem Text mit der Frage auseinander, woher die Welt stammt, die im Zusammenhang mit der Frage der Beweisbarkeit der Existenz Gottes steht. Eine schematische Darstellung der Gedankenschritte könnte beispielsweise so aussehen:

Frage:	**Woher kommt die Welt?**
1. Antwort:	Der Weltraum hat schon immer existiert.
Frage:	**Ist es möglich, dass der Weltraum schon immer existiert hat?**
Analyse:	Alles, was existiert, muss einen Anfang haben. Daher muss der Weltraum aus etwas anderem entstanden sein. Das andere muss folglich wiederum aus etwas anderem entstanden sein, welches wiederum ... usw. Dadurch wird aber das Problem des Anfangs nur verschoben. Letztlich muss irgendwann irgendetwas aus null und nichts entstanden sein.
2. Antwort:	Irgendwann ist irgendetwas aus null und nichts entstanden.
Frage:	**Ist es möglich, dass etwas aus null und nichts entsteht?**
Analyse:	Die Vorstellung, dass etwas aus null und nichts entsteht, ist ebenso unmöglich wie die Vorstellung, dass es die Welt schon immer gegeben hat.
3. Antwort:	Gott hat die Welt erschaffen.
Frage:	**Woher kommt Gott?**
Möglichkeit a:	Gott hat sich selbst aus null und nichts erschaffen.
Analyse:	Es ist nicht möglich, dass Gott sich selbst erschafft, bevor er ein Selbst hat, mit dem er erschaffen kann.
Möglichkeit b:	Gott gab es schon immer.
Analyse:	Es ist nicht möglich, dass es Gott schon immer gab, denn alles, was existiert, muss einen Anfang haben.
Schlussfolgerungen:	Wir können nicht mit Bestimmtheit sagen, woher die Welt kommt. Wir können nicht mit Bestimmtheit sagen, ob es Gott gibt oder nicht.

Es ist nicht nötig, dass die Schülerinnen und Schüler die Gedankenschritte in dieser Genauigkeit darstellen; eine Annäherung reicht hier aus.

A3 Für die Annahme der Existenz Gottes spricht die Vorstellung, dass alles, was existiert, einen Anfang haben muss und nicht immer schon existiert haben kann.
Gegen die Annahme der Existenz Gottes spricht, dass die Herkunft Gottes nicht erklärt werden kann. Gott kann nicht aus anderem entstanden sein und er kann sich nicht selbst erschaffen haben, bevor er existierte.

A4 Anselm von Canterbury hält die Existenz Gottes durch folgende Argumente für beweisbar:

1. Wir glauben, dass Gott das Größte ist, was gedacht werden kann.
2. Das Größte, was gedacht werden kann, kann nicht nur eine Vorstellung im Geiste sein, sondern muss auch wirklich existieren.
3. Das kann man indirekt dadurch beweisen, dass man annimmt, Gott würde *nur im Geiste* und nicht in der Wirklichkeit existieren.

4. Wenn das richtig wäre, dann wäre Gott nicht das Größte, was gedacht werden kann, denn es ließe sich etwas denken, das noch größer ist: nämlich etwas, das nicht nur im Geiste, sondern auch in der Wirklichkeit existiert.
5. Das aber kann nicht sein; es widerspricht der Vorstellung von Gott als dem Größten, das gedacht werden kann.
6. Schlussfolgerung: Aus der Annahme, dass Gott das Größte ist, das gedacht werden kann, folgt, dass dieses *nicht nur im Geiste, sondern auch in Wirklichkeit* existiert.

A5 Douglas Gasking stellt die Existenz Gottes unter Nutzung des Argumentationsmusters Anselms in Frage. Kern seiner Überlegungen ist, dass sich die Leistung eines Schöpfers an den Hindernissen bemessen lässt, die er überwindet. Das größte Hindernis für einen Schöpfer besteht darin, etwas zu schaffen, ohne dass er existiert. Wenn wir annehmen, dass das Universum das Produkt eines Schöpfers ist, der existiert, so lässt sich ein noch größeres Wesen vorstellen: nämlich eines, das die Welt erschaffen hat, obwohl es nicht existiert. Also folgt aus der Annahme, dass die Welt die größte vorstellbare Errungenschaft ist, dass Gott nicht existiert. In dieser Argumentation wird auf absurde Weise versucht, aus dem bloßen Begriff von etwas (die Erschaffung der Welt als größte Errungenschaft) die Existenz bzw. Nichtexistenz von etwas (Gott) herzuleiten. Damit zeigt Gasking aber die Schwachstelle der Argumentation Anselms auf, der ebenso vorgeht. Auch Anselm versucht, aus dem bloßen Begriff von Gott (das Größte, über dem nichts anderes denkbar ist) die Existenz Gottes abzuleiten. Immanuel Kant hat dieses Argumentationsmuster des sogenannten „ontologischen Gottesbeweises" in seiner *Kritik der reinen Vernunft* (B 620-630) kritisiert. Aus der Tatsache, dass etwas als denknotwendig erscheint, folgt noch nicht, dass es wirklich existiert.

A6/ A7 Unter der angegebenen Adresse im Internet finden die Schülerinnen und Schüler Hinweise auf weitere Argumentationen, die den Anspruch erheben, die Existenz Gottes beweisen zu können, und eine kritische Auseinandersetzung damit. Hier eine Zusammenstellung der wichtigsten Argumentationsmuster:

Gottesbeweis	Kritik
• *Kosmologischer Gottesbeweis* (Hauptvariante): Alles in der Welt hat eine Ursache, die selbst wieder Wirkung einer anderen Ursache ist. Es muss eine erste Ursache geben, von der die Ursache-Wirkungskette ihren Ausgang nimmt.	• Man kann aufgrund der Ursache-Wirkungskette auch die Hypothese aufstellen, dass die Welt keinen Anfang hat. Dann erübrigt sich die Annahme einer ersten Ursache (vgl. die Überlegung Sofies in M2).
• *Teleologischer Gottesbeweis:* Die Welt ist zweckmäßig eingerichtet, Vorgänge laufen zielgerichtet ab. Es muss etwas geben, das diese Zweckmäßigkeit und Zielgerichtetheit erzeugt.	• Seit Darwin erklärt die Wissenschaft die Entwicklung immer komplexerer Gebilde nicht teleologisch durch anfängliche Zielgerichtetheit, sondern kausal als Wirkung des Zusammenspiels von Mutation und Selektion.
• *Moralischer Gottesbeweis:* Sittliches Handeln ist praktische Gottesbejahung und nicht möglich ohne den Glauben an Gott. Wenn es Gott nicht gäbe, gäbe es nicht den Unterschied zwischen Gut und Böse.	• Sittliches Handeln kann durch ein Pflichtgefühl motiviert sein, das nicht auf die Existenz Gottes verweisen muss. Was gut und böse ist, ergibt sich aus den menschlichen Bedürfnissen.
• *Pragmatischer Gottesbeweis:* Der Glaube an Gott führt zu Optimismus, Vertrauen in die Zukunft, die Leugnung Gottes zu Pessimismus, Hoffnungslosigkeit usw. Deshalb ist der Gottesglaube wahr und die Gottesverneinung falsch.	• Es gibt unter Atheisten und Skeptikern viele optimistische und in die Zukunft vertrauende Menschen wie es unter den Gottgläubigen Menschen gibt, die zu Pessimismus und Hoffnungslosigkeit neigen.

A 8 Nach Hans Küng kann Gott nicht mit Mitteln der Vernunft bewiesen werden und eine atheistische Einstellung ist unwiderlegbar. Die Gottesbeweise sind als fixe Antworten unzureichend, aber als Fragen unabweisbar. Sie bringen uns das Grundrätsel der Wirklichkeit in Erinnerung.

A 9 Daraus, dass Gott nicht bewiesen werden kann, folgt für Hans Küng nicht, dass der Gottesglaube unvernünftig ist. Vielmehr ist der Glaube die einzig mögliche Zugangsart zu Gott. Er lebt aus einem letztlich begründeten Grundvertrauen: Im Ja zu Gott entscheidet sich der Gläubige für einen ersten Grund, tiefsten Halt und ein letztes Ziel der Wirklichkeit.

A 10 Das Vorhaben, die Existenz Gottes zu beweisen, folgt letztlich dem scholastischen Programm „*fides quaerens intellectum*“ (der Glaube sucht Bestätigung durch die Vernunft). In heutiger Zeit wird von Philosophen und Religionspädagogen eher die Ansicht vertreten, dass die Existenz Gottes keine Frage rationalistischer Beweise ist, sondern allein auf einer Glaubensentscheidung beruht. Zwischen diesen beiden Polen können die Schülerinnen und Schüler sich in ihrer Stellungnahme positionieren.

4 Religiöse Vorstellungen vom Menschen (Seite 284–285)

Auf dieser Doppelseite werden Elemente verschiedener religiöser Menschenbilder dargestellt: Auffassungen des Menschen in der babylonischen Mythologie, der Bibel, im Islam und im Buddhismus.

A 1 Die Geschichte von Kurt Buchner macht deutlich, dass das irdische Leben aus Sicht der Mönche nur eine Zwischenstation, nicht die Endstation der menschlichen Existenz darstellt.

A 2 In der babylonischen Mythologie wird der Mensch als ein vom Gott Marduk aus dem Blut des Meeresdrachens Kingu geschaffenes Lebewesen vorgestellt, dem der Arbeitsdienst für die Götter auferlegt ist. (M2)

Das biblische, jüdisch-christliche Menschenbild sieht den Menschen als Schöpfung Gottes. Er wurde von Gott als dessen Abbild geschaffen und als Herrscher über die Erde eingesetzt. (M3)

Der hier vorgestellte Mythos aus dem Koran, der mit der in dem Gemälde Cranachs dargestellten biblischen Geschichte übereinstimmt, sieht den Menschen als ein Wesen, das der Versuchung durch den Satan nicht widerstehen kann und wegen des Ungehorsams gegenüber Gottes Gebot, die Früchte eines bestimmten Baumes nicht zu essen, aus dem Paradies vertrieben wird. Der gläubige Mensch wird beim Jüngsten Gericht belohnt, die Ungläubigen werden zum Aufenthalt in der Hölle verdammt. (M4)

Das buddhistische Menschenbild ist durch den Gedanken der Wiedergeburt (Reinkarnation) bestimmt. Laien haben die Hoffnung auf eine bessere Wiedergeburt, Mönche können durch Meditation „erwachen“, sie durchbrechen den Kreislauf der Wiedergeburt, indem sie nach ihrem Tod ins Nirvana eingehen, in der sich die Einzelseele mit der Weltseele verbindet. (M5)

A 3 Das christliche und islamische Menschenbild stimmen darin überein, dass sie den Menschen als ein wegen Ungehorsams gegenüber Gott aus dem Paradies vertriebenes Wesen auffassen, das die Möglichkeit hat, durch ein gottesfürchtiges Leben wieder in einen paradiesischen Zustand zurückzukehren.

A 4 Offenbar finden sich im Judentum, Christentum und Islam sowie auch im Buddhismus Übereinstimmungen mit der Idee, dass das irdische Leben des Menschen nur eine Durchgangsstation zu einer höheren Lebensform ist.

A 5 Eine gute Quelle, um sich im Unterricht mit den religiösen Vorstellungen (und dem damit verbundenen Menschenbild) der Aborigines, Chinesen, Christen, Hindu, Humanisten, Juden, Sanema, Yoruba und des Islams auseinanderzusetzen, ist das Buch:

Esther Bisset / Martin Palmer: *Die Regenbogenschlange. Geschichten vom Anfang der Welt und von der Kostbarkeit der Erde*, Zytglogge Verlag, Bern 1987

Alle Texte haben eine für den Unterricht geeignete Länge und sind sprachlich einfach gehalten.

5 Dialog der Religionen (Seite 286–287)

Hier geht es um die Frage, wie ein friedliches Miteinander von Anhängern verschiedener Religionen hergestellt werden kann und welche Rolle dabei der Dialog spielen kann.

A1 Die Abbildung ist (verdeckt) ambivalent. Oberflächlich gibt sie durch die Gestik der drei Religionsvertreter (Christentum, Islam, Judentum) das Motto des Dialogs der Religionen wieder, dass es verschiedene Wege zu Gott gibt. Unter dem Tisch versteckt, nur andeutungsweise erkennbar sind Waffen (Munition, Gewehrlauf, Messer), die darauf hindeuten, dass es sich bei den Bekenntnissen zum Dialog nur um Lippenbekenntnisse handelt und die Vertreter den Absolutheitsanspruch ihrer Religion mit Gewalt durchsetzen (wollen). Dass sich so aber ein Dialog der Religionen nicht führen lässt, soll in der Zeichnung kritisch zum Ausdruck gebracht werden.

A2 Voraussetzungen für einen Dialog der Religionen, der gelingen kann, sind: Verzicht auf Gewalt und Androhung von Gewalt, Aufgabe eines Absolutheitsanspruchs und Anerkennung, dass auch andere Religionen einen Weg zu Gott darstellen.

A3 Hans Küng fordert den Dialog der Religionen, um Frieden in der Welt zu stiften bzw. zu erhalten.

A4 Formen des religiösen Dialogs nach *Hans Küng*:
- religiöse Konferenzen nach dem Vorbild der „Weltkonferenz der Religionen für den Frieden“
- philosophisch-theologischer Dialog der Theologen und Religionswissenschaftler
- alltäglicher Dialog der Menschen verschiedener Religionen (bei gemeinsamen sozialen Projekten, anlässlich religiöser Feiertage usw.)
- innerer Dialog (Auseinandersetzung mit uns selbst, wenn wir anderen Religionen begegnen)

A5 Bedingungen für das Gelingen eines Dialogs der Religionen nach *Kofi Annan*:
- Akzeptanz von Koexistenz
- Bewusstsein der Präsenz des anderen als eines potenziellen Gesprächspartners
- Aufbau von Vertrauen und Achtung
- Entwicklung von Verständnis füreinander
- Bewusstsein von der Reichhaltigkeit und Vielfalt der spirituellen Ressourcen

Was einen Dialog der Religionen verhindert:
- Streben nach Hegemonie
- Ausgrenzung des anderen
- bloße Toleranz

A6 Der andere wird in einem solchen Dialog als jemand gesehen,
- der für uns belangvoll und wichtig ist,
- von dem wir etwas lernen können.

Überwunden werden muss der Drang,
- andere unbedingt von unseren Ideen überzeugen zu wollen,
- die Zustimmung der anderen für unsere Ansichten zu gewinnen,
- Übereinstimmung im Hinblick auf das zu erzielen, was wir für wahr halten,
- unsere tiefsten Überzeugungen durchzusetzen.